科学出版社“十四五”普通高等教育本科规划教材

项目融资

（第三版）

李春好　曲久龙◎编著

PROJECT FINANCE

科学出版社

北　京

内 容 简 介

为适应教学思路与教学方法的优化并反映项目融资理论与实践的发展，本书在前两版《项目融资》教材的基础上，对各章的板块结构进行了重新设计，并对全书的内容体系进行了必要的优化与调整。本书中各章板块包括：导读、引导讨论、正文、案例和思考题五个部分。本书的主要内容包括：项目筹资概述；项目融资概述；项目融资风险管理；项目投资结构；项目融资担保；项目融资模式基础；基础设施项目融资模式；ABS 融资模式；项目融资的资金选择。本书还在附录中列举了我国与项目融资相关的政策法规清单。

本书可供工程管理（项目管理）及工商管理等专业的本科生或研究生作为教材使用，也可供对项目融资感兴趣的读者阅读参考。

图书在版编目（CIP）数据

项目融资 / 李春好，曲久龙编著. -- 3 版. -- 北京 ：科学出版社，2025. 9. --（科学出版社“十四五”普通高等教育本科规划教材）. -- ISBN 978-7-03-083145-3

Ⅰ. F830.45

中国国家版本馆 CIP 数据核字第 20250PX457 号

责任编辑：王京苏 / 责任校对：贾娜娜

责任印制：吴兆东 / 封面设计：有道设计

科学出版社 出版

北京东黄城根北街 16 号

邮政编码：100717

http://www.sciencep.com

北京富资园科技发展有限公司印刷

科学出版社发行　各地新华书店经销

*

2004 年 8 月第　一　版　开本：787×1092　1/16

2009 年 6 月第　二　版　印张：19 3/4

2025 年 9 月第　三　版　字数：469 000

2025 年11月第二十一次印刷

定价：78.00 元

（如有印装质量问题，我社负责调换）

前　言

项目融资作为一种新型的资金筹集方式，在国内外有很多成功的实践范例，对项目融资的理论研究也在不断走向成熟。与此同时，国内一些高校的工程管理或项目管理类专业都相继开设了项目融资课程。2004 年，在吉林大学的支持下，作者编写了《项目融资》第一版，并由科学出版社出版。2009 年，通过对第一版教材进行调整和完善，出版了《项目融资》第二版。近些年项目融资理论研究和实践发展取得了很多新的成果，在教学实践中新的教学理念和方法不断被引入并取得了良好效果，因此作者进行了《项目融资》第三版的编写。

《项目融资》第三版对各章的内容板块进行了重新设计，书中各章均设置了导读、引导讨论、正文、案例、思考题等五个板块；同时，对全书的内容体系进行了优化调整，主要的调整包括：补充了项目融资的文件体系相关内容、充实了对我国公共设施领域和基础设施领域中应用较多的 PPP 模式和 PFI 模式的介绍、删除了项目融资案例分析一章、将附录调整为我国与项目融资相关的政策法规。

本书共包括 9 章，主要内容如下。

第 1 章　项目筹资概述，主要介绍项目筹资主体、项目筹资程序及筹资方式、项目资金来源、项目筹资分析与决策等内容。

第 2 章　项目融资概述，主要介绍项目融资的定义、项目融资的产生和发展、项目融资的优势和劣势、项目融资的参与者、项目融资的运作程序及文件体系、项目融资的可行性及成功条件分析、项目融资的应用领域等内容。其中，项目融资的文件体系为本次修订增加的内容。

第 3 章　项目融资风险管理，主要介绍项目融资风险管理概述、项目融资风险种类、项目融资风险的定量分析方法、项目融资风险评价指标及项目融资风险管理的内容与工具等内容。

第 4 章　项目投资结构，主要介绍项目投资结构设计及其应考虑的主要因素、公司型投资结构、合伙型投资结构、非公司型投资结构、信托基金结构及合资协议的主要条款等内容。

第 5 章　项目融资担保，主要介绍项目融资担保概述、项目融资担保人、项目融资担保范围、项目融资担保类型及项目融资的主要担保形式等内容。

第 6 章　项目融资模式之一——融资模式基础，主要介绍项目融资模式设计的原则、项目融资模式的结构特征、根据融资主体不同划分的项目融资模式和以特殊协议为基础的项目融资模式等内容。

第 7 章　项目融资模式之二——基础设施项目融资模式，主要介绍在基础设施和公共设施领域应用较为普遍的 BOT 模式、PPP 模式和 PFI 模式等内容。本次修订对 PPP 模式和 PFI 模式的相关内容进行了充实。

第 8 章 项目融资模式之三——ABS 融资模式，主要介绍 ABS 融资概述、ABS 融资的运作程序、MBS 的使用范围和种类、ABS 融资的特点及作用等内容。

第 9 章 项目融资的资金选择，主要介绍项目资金的结构与选择、股本资金与准股本资金、债务资金、商业银行贷款和国际银团贷款、欧洲债券和欧洲债券市场、美国商业票据和美国商业票据市场、租赁融资、双货币贷款/双货币债券和商品关联贷款、发展中国家的债务/资产转换计划等。

本书第 1 章至第 3 章及附录由李春好编写，第 4 章至第 9 章由曲久龙编写，李春好负责全书的统稿工作。

党的二十大报告指出："我们要坚持教育优先发展、科技自立自强、人才引领驱动，加快建设教育强国、科技强国、人才强国，坚持为党育人、为国育才，全面提高人才自主培养质量，着力造就拔尖创新人才，聚天下英才而用之。"①教材是教学内容的主要载体，是教学的重要依据、培养人才的重要保障。在优秀教材的编写道路上，我们一直在努力。

在本书的编写和修订过程中参考了大量国内外公开出版的项目融资类教材和论文等资料，由于数量较多不便一一列举，在此一并表示感谢。

本次教材的修订工作获得了吉林大学"十三五"规划教材建设项目立项支持。

作 者

2025 年 8 月于长春

① 《习近平：高举中国特色社会主义伟大旗帜 为全面建设社会主义现代化国家而团结奋斗——在中国共产党第二十次全国代表大会上的报告》，https://www.gov.cn/xinwen/2022-10/25/content_5721685.htm。

目　录

第 1 章

项目筹资概述

◆ 本章导读

本章主要介绍项目筹资主体、项目筹资程序及筹资方式、项目的主要资金来源以及项目筹资分析与决策的内容与方法。

本章的主要知识点包括：

- 既有法人筹资和新设法人筹资的应用情境；
- 项目筹资的基本程序；
- 直接筹资与间接筹资的概念、主要方式及其差别；
- 权益资本筹资与债务资本筹资的概念及其主要方式；
- 项目主要的权益资金来源及债务资金来源；
- 项目资金筹集的原则；
- 项目资金来源可靠性分析的内容；
- 资本结构的内涵及资本结构分析的重要性。

◆ 引导讨论

我国道路建设取得的成就

新中国成立70多年以来，我国交通运输业蓬勃发展，实现历史性跨越，综合交通运输网络日趋完善，多种运输方式齐头并进；运输服务保障能力显著提升。

新中国成立初期百废待兴，交通运输建设力度逐步加大。新中国成立之初，交通运输面貌十分落后，全国公路里程仅8.1万公里，没有一条高速公路。

从新中国成立到改革开放前的近30年，交通运输作为国民经济的先导性领域，在政府政策和资金支持下，基础设施建设力度逐步加大，取得阶段性成效。随着改革开放力度加大，交通基础设施建设加速推进，极大地满足了社会经济发展和人们物质生活不断升级对交通运输发展的需求。党的十八大以来全面深化改革持续推进，综合交通运输建设成绩斐然。

我国目前公路路网四通八达，高速公路建设成效显著。新中国成立后，在修复原有公路的基础上，陆续修建了康藏、川藏等公路干线。到1978年，全国公路通车里程达89.0万公里，是新中国成立初期的11.0倍。改革开放后，国家持续加大公路基础设施建设投资力度，公路总里程迅猛增长，路网通达度显著提高。到2018年末，全国公路总里程达到485万公里，是1949年的60.0倍，年均增长6.1%；公路密度达到50.5公里/百平方公里，每百平方公里公路密度提高了49.6公里。党的十八大以来，国家深入开展“四好农村路”建设，实施“百项交通扶贫骨干通道工程”等工程，农村公路覆盖面和质量进一步提升。到2018年末，农村公路里程达到404万公里，通硬化路乡镇和建制村分别达到99.6%和99.5%。

自1988年我国第一条高速公路沪嘉公路建成通车以来，高速公路发展不断提速，实现从无到有再到覆盖成网的跨越式发展。到2018年末，我国高速公路总里程14.3万公里，年均增长25.8%，总里程居世界第一位。据统计，每1元公路建设投资带动的社会总产值约为3元。而如今，中国高速公路总里程突破了14万公里，其创造的价值无以计数。

此外，我国的城市交通设施也发生了翻天覆地的变化。新中国成立初期，我国交通设施十分落后，出行非常不便。1949年末，全国城市道路面积8432万平方米，拥有公共交通设施的城市仅27个，公共汽（电）车也只有2299辆，黄包车、自行车是大城市比较普遍的交通工具。改革开放以来，交通基础设施快速改善，铁路、公路、航空和水路等路网四通八达，城市公交、地铁、城铁、出租车、网约车和共享单车极大地方便了城市居民的出行。2017年，全国城市道路面积达78.9亿平方米，地级以上城市营运公共汽（电）车50.0万辆。2018年，城市客运量为1262亿人次，年末公交专用车道长度达12 850公里；30多个城市开通了轨道交通，轨道交通运营线路171条，运营里程5295公里。

（资料来源：http://www.gov.cn/xinwen/2019-08/15/content_5421382.htm; https://www.gov.cn/xinwen/2019-08/13/content_5420891.htm）

企业在经营和发展过程中往往会根据经营环境的变化，在充分考虑企业经营和战略发展需要的情况下合理地安排项目建设，以保持企业具有持续的市场竞争力和长远发展能力。项目的资金筹集问题，是项目决策阶段必须考虑的重要问题，将直接影响着项目能否顺利建成以及项目的运营状况和效果。

项目筹资不仅是关系项目成败的关键，也是影响企业生存和发展的重大问题。此处所说的项目筹资，是指项目的建设主体通过各种途径和手段获取项目建设所需资金的活动。在实践中项目资金的筹集方式不止一种，而且新的筹资方式也有可能出现，本书后文所讨论的项目融资就是近些年来出现的一种新的项目资金筹集方式。为便于大家对一般项目资金筹集方式有一个较为深入的了解，本章将主要介绍项目筹资主体、项目筹资程序及筹资方式、项目资金来源以及项目筹资分析与决策等方面的内容。

1.1　项目筹资主体

在设计项目的筹资方案时，首先应确定项目的筹资主体。项目的筹资主体是指进行项目筹资活动并承担筹资责任或风险的法律主体。正确确定项目的筹资主体，有利于项目筹资方案的顺利实施和降低债务偿还风险。

确定项目的筹资主体，需要综合考虑项目的投资规模和行业特点、项目与既有法人资产及经营活动的联系、既有法人财务状况以及项目的盈利能力等因素。项目筹资实践中可以采用以既有法人作为筹资主体以及以新设法人作为筹资主体两种方式。

1.1.1　以既有法人作为筹资主体

以既有法人作为筹资主体的筹资方式，其基本特点是：由既有法人发起项目、组织筹资活动并承担筹资责任和风险；建设项目所需的资金来源于既有法人内部资金、新增资本金和新增债务资金；新增债务资金依靠既有法人整体（包括拟建项目）的现金流量来偿还，并以既有法人整体的资产和信用作为债务偿还的保证。

以既有法人作为筹资主体的建设项目，既可以是改扩建项目，也可以是非独立法人的新建项目。以既有法人作为筹资主体，虽然所筹集的债务资金用于项目建设，但债务人是既有法人，债权人可以对既有法人的全部资产（也包括新建项目形成的资产）进行追索，因此债权人的债务风险相对较低。

在下列情况下，一般应以既有法人作为筹资主体。

第一，既有法人具有为项目进行筹资和承担全部筹资责任的经济实力。

第二，项目与既有法人的资产以及经营活动联系密切。

第三，项目的盈利能力较差，但项目对整个企业的持续发展具有重要作用，需要利用既有法人的整体资信获得债务资金。

1.1.2　以新设法人作为筹资主体

以新设法人作为筹资主体的筹资方式，其基本特点是：由项目发起人（企业或政府）发起组建新的具有独立法人资格的项目公司，由新组建的项目公司承担筹资责任和风险；建设项目所需资金的来源可包括项目公司股东投入的股本资金和以项目公司名义筹措的债务资金；依靠项目自身的盈利能力和现金流量来偿还债务；一般以项目投资形成的资产、未来收益或权益作为筹资担保的基础。

建设项目采用新设法人作为筹资主体时，项目法人大多数是企业法人，但社会公益性项目和某些基础设施项目则可能组建新的事业法人作为实施主体。以新设法人作为筹资主体的项目，一般是新建项目，但也可以是将既有法人的一部分资产剥离出去后重新组建新的项目法人的改扩建项目。

以新设法人作为筹资主体，项目发起人与新组建的项目公司是不同的法律主体，项目的债务风险由新组建的项目公司承担。银行贷款能否得以偿还，取决于项目自身的盈利能力和现金流量状况，因此必须认真分析项目自身的现金流量和盈利能力。

在下列情况下，一般应以新设法人作为筹资主体。

第一，拟建项目的投资规模较大，既有法人不具备为项目进行筹资和承担全部筹资责任的经济实力。

第二，既有法人财务状况较差，难以获得债务资金，而且项目与既有法人的经营活动联系不密切。

第三，项目自身具有较强的盈利能力，依靠项目自身未来的现金流量可以按期偿还债务。

1.2 项目筹资程序及筹资方式

项目获得足够的资金支持，是项目得以建设的前提条件。同时项目获取资金的来源和方式不仅对项目的建设成本和运营效益产生影响，甚至关系到项目的成败。项目筹资工作是项目投资准备阶段的一项重要基础工作，因此具体筹资方案往往在项目可行性研究阶段就进行考虑。

1.2.1 项目筹资程序

项目的筹资活动一般仅指在项目建设之前或建设过程中为项目筹集资金所进行的各种计划、设计、论证和谈判确定等活动，而不包括资金的使用和偿还阶段的各种活动，但资金的使用和偿还计划往往也作为确定项目筹资方案时需要考虑的重要内容。一般项目的筹资程序包括以下几个步骤。

1. 测算项目的投资额

项目一般具有建设周期较长、投资数额较大、不确定性较高等特点，测算其投资额往往较为困难。同时，项目投资构成比较复杂，包括建设投资、建设期利息和流动资金等，而建设投资和流动资金的估算又可以进一步分解为更详细的财务构成项目的估算，测算的复杂性相对较高。项目投资额估算是否准确将直接关系到项目能否顺利建设和运营，因此项目投资额估算往往是项目可行性研究的重要内容。项目发起人可以亲自或委托专业机构根据项目和所处环境的实际情况，依据国家和有关部门公布的标准和方法，按照可行性研究阶段确定的项目建设规模和工程设计，科学、合理地估算项目的投资总额，并以此作为项目资金筹集方案设计的基础。

2. 确定项目的筹资额

在项目投资总额中，并不是全部投资都需要通过对外筹资来满足资金需求，其中，土地、技术、商誉等一些投资构成项目可能本身就归属投资者所有，虽然计入投资总额，但并不需要支付现金去购买；也不是所有的投资都可以通过筹资来解决资金需求，例如，某些项目前期的可行性研究等费用，往往在筹资方案确定前就已经解决。因此在确定了项目投资总额的基础上，要进一步根据投资的构成，确定需要筹集资金的具体数额和比例关系。

3. 确定项目的资金来源

项目在筹集资金过程中通常面临着许多可能的资金来源和筹资方式，这些可能的资金来源包括：投资者直接投资、投资者通过股票市场的间接投资；商业银行贷款、政策性银行贷款、企业债券筹资、出口信贷、融资租赁等。不同的资金来源往往会使项目的现金流有所差异，并进而影响项目的筹资成本和筹资主体所承担的筹资风险大小。对于项目投资者和经营者来说，应根据资本市场的实际情况和项目的现金流特性，在可能的资金来源中进行选择或确定合理的资金来源组合。

4. 确定资金筹措方案

在可行性研究阶段确定了项目的投资总额及其时间分布的基础上，应按时间顺序分别计算不同时期项目的资金需求和各种资金来源可能筹集的资金数额之间的平衡关系，并考虑由于筹资所带来的项目现金流的变化，考查项目建设和运营期各年是否达到资金的平衡，并进行项目的筹资成本和效果分析，获取“最佳”的项目资金筹措方案。在设计出合理的资金筹措方案以后，项目投资方需要与资金来源各方经过反复的磋商和谈判，并不断修改筹资方案，以期获得各方均满意的筹资方案。当筹资方案获得各方认可并形成最终的筹资文件以后，就进入正式的资金拨付和使用阶段。

1.2.2　项目筹资方式

项目筹资方式是指项目筹资主体获取项目所需资金的具体形式。一般来说，筹资方式与资金来源有一定的对应关系，一方面，一定的筹资方式可能只适用于某一特定的资金来源，也可能适用于多种不同的资金来源；另一方面，同一来源的资金也可能采用不同的方式取得。因此，项目投资者在为项目筹集资金时，应实现资金来源和筹资方式的合理配合。项目的筹资方式通常有以下两种划分方法。

1. 直接筹资和间接筹资

直接筹资是指货币资金供给者和货币资金需求者之间直接发生的信用关系，双方可以直接协商或在公开市场上由货币资金供给者直接购入债券或股票，通常情况下，由经纪人或证券商来安排这类交易。

直接筹资的主要特征是：货币资金需求者直接发行筹资凭证给货币资金供给者，证券商、经纪人等中间人的作用只是牵线搭桥并收取佣金。

直接筹资所采用的方式主要是发行股票和债券。货币资金需求者发行股票或债券可以有两种方式：一种是委托有关的证券公司办理相关发行手续，在资本市场上发行股票和债券；另一种是资金需求者不公开发行股票或债券，只向特定资金供给者发行股票或债券，往往表现为企业内部直接筹资。

间接筹资是指货币资金供给者与货币资金需求者之间的资金融通是通过各种金融中介机构进行的。金融中介机构发行各种资金凭证给货币资金供给者，获得货币资金后再以贷款或投资的形式将资金提供给货币资金需求者使用，以此融通货币资金供给者与货币资金需求者之间的资金。

间接筹资的主要特征是：金融中介机构发行间接债务凭证，将货币资金供给者的资金引向货币资金需求者。

间接筹资的主要方式是利用银行信用向银行借款、向信托投资公司融资租赁、利用有价证券或以资产抵押方式向财务公司筹措长期或短期借款，甚至直接吸引某一个金融机构参与投资活动。

直接筹资所具有的优点是：能使资金需求者获得长期资金来源；引导资金合理流动，推动资金的合理配置；具有加速资本积累的杠杆作用，使社会生产规模迅速扩大，从而推动资金（资本）的积累和国民经济的发展。而间接筹资所具有的优点是：间接筹资方式中的金融中介机构可方便、迅速、低廉地获取必要的情报，使交易双方获得低成本的交易服务，享受规模收益的好处；分散投资、减少风险；间接筹资工具流动性相对较高而风险相对较小，可满足许多谨慎投资者的需要。这两种筹资方式对资金需求者、金融中介机构和资金供应者来说存在的区别如表 1-1 所示。

表 1-1　直接筹资和间接筹资的比较

融资参与者	直接筹资	间接筹资
货币资金需求者	手续简便，筹资范围和金额直接受到企业信誉的影响	手续复杂，筹资范围更大
金融中介机构	不承担任何风险，收益很小	收益较高，但风险较大
货币资金供应者	收益较高，但风险较大	收益稳定，收益和风险相对较小

2. 权益资本筹资和债务资本筹资

权益资本筹资是指通过公司所有者投入资金以及发行股票筹集资金的方式，权益资本筹资的主要表现形式为发行公司股票。权益资本筹资通过吸收直接投资和发行股票两种筹资方式取得，吸收直接投资是指公司以协议等形式吸收其他企业和个人投资的筹资方式；发行股票筹资是指公司以发行股票方式筹集资本的方式。通过权益资本筹资方式所获得的资金一般可供项目实施主体长期使用，而且构成了项目经营主体的自有资本。在权益资本筹资方式下，权益资金的出资者成为项目的理论意义上的所有者，可以通过较为规范的程序监督其投资对象的建设和经营状况，并有权按事先规定的原则和方式直接或间接参与投资对象的经营管理，并有权分享经营收益。

债务资本筹资是指项目实体以负债方式借入并到期偿还的资金，包括短期借款、长期借款、应付债券、长期应付款等筹资方式。债务资本筹资依靠发行主体的信用来获取资金，不改变发行主体原有的所有权结构。与权益资本筹资相比，债务资本筹资往往表现为项目主体需按事先约定的条件和方式定期偿付借入的本金并支付利息，财务负担相对较重。债务资本筹资往往采用间接筹资和直接筹资相结合的方式进行。债务资金的提供者从提供资金之前的贷款评估阶段开始直到债务还清为止都十分关注资金需求方的信用和债务偿还能力，债务资金提供者除享有按期回收债务本金并获得利息收入的权益之外，对项目资本没有任何形式的所有权，也不能参与项目的经营管理。

权益资本筹资和债务资本筹资相比，具有相对成本较高、风险较小、财务负担较轻等特点，但过多使用权益资本筹资方式往往难以提高权益资本的收益率，而适度地提高资本结构中债务资金所占的比例则可以充分利用项目收益率高于债务资金成本这一特点提高权益资本的收益率。

1.3 项目资金来源

项目的资金来源较为复杂，按资金来源国别可以分为国内资本和国外资本，按资金筹集形式可以分为自有资本、长期贷款、股票筹资、债券筹资、融资租赁等，按资金来源与筹资主体的关系可以分为内源筹资和外源筹资。本节主要介绍内源筹资和外源筹资的主要方式，主要的项目权益资本来源和项目债务资本来源，以及租赁筹资等内容。

1.3.1 内源筹资和外源筹资

1. 内源筹资

内源筹资也称内部筹资，是将作为筹资主体的既有法人内部的资金转化为项目投资的过程。既有法人内源筹资的渠道和方式主要有：货币资金、资产变现、企业产权转让、直接使用非现金资产等。

2. 外源筹资

外源筹资，即吸收筹资主体外部的资金来源。外部的资金来源渠道很多，应该根据外部资金来源供应的可靠性、充足性以及筹资成本、筹资风险等选择合适的外部资金来源渠道。

目前我国投资项目的外部资金来源渠道主要有：中央与地方政府可用于项目建设的财政性资金、商业银行和政策性银行的信贷资金、证券市场资金、非银行金融机构资金、国际金融机构的信贷资金、外国政府提供的信贷资金和赠款、企业团体和个人用于项目建设的投资资金、外国公司或个人直接投资的资金等。

1.3.2 项目权益资本来源

项目权益资本是指项目投资主体投入项目中的资本。这里所说的项目投资主体既包括国家授权的机构或部门、企业法人、自然人、外国投资者等直接将资金投入项目中的投资主体，也包括通过购买股票的形式向项目中注入资金的公众投资主体。

项目投资者以直接投资的形式注入项目中的资金称为资本金，按资本金的来源可以将其分为国家资本金、法人资本金、个人资本金及外商资本金等。具体说来，我国项目权益资本的来源主要有以下几方面。

1. 国家财政资金

国家财政资金主要是指各级财政对企业投入的资金。我国现有的部分股份制企业是由原来的国有企业改制而成，其股权结构中的国家股就是国家以各种方式向原国有企业投入的资本。公司制企业实现政企分开、两权分离之后，国家一般不再向企业拨款。但是对于符合国家发展规划和产业政策的重点建设项目，如交通、能源等基础设施建设项目，国家仍通过低息或无息贷款方式向企业提供资金，所以国家财政资金仍然是项目筹资的重要渠道之一。此外，国防、教育、文化、科学及卫生等领域的非营利性、涉及公共利益且无偿还能力的项目，一般也以国家财政拨款作为其主要资金来源。

国家财政资金在目前我国企业的资金筹措中不仅占有重要地位，而且由于这部分资金往往是低息或由财政给予贴息，且还款期限较长，有利于提高资金运用效果，企业在为项目筹集资金时应把这部分资金作为重要的来源。

2. 企业利润留存

项目的投资者通常可以包括国有企业及其他类型企业，它们可以以其可支配资金对项目进行投资。通常企业在税后利润中提取的公积金和未分配利润可投资于项目，成为项目的资本金。

3. 发行股票

股票是股份公司为筹集资金而发行的有价证券。由于公开发行的股票其筹资面广，便于筹集到大量的分散资金，是项目资金筹集的主要方式之一，但各国政府通常对企业发行股票规定了较为严格的条件和审批程序，从而给通过发行股票筹集资金这种方式带来了一定的限制。

发行股票包括发行普通股和发行优先股两种。普通股是股票的基本形式，它的收益随着股份公司利润的变动而变动，但其风险相对较大。优先股是介于普通股和债券之间的权益性证券，优先股股东除具有普通股股东的盈余分配权、剩余财产分配权等权利外，还享有按照明确且固定的股利率定期获得股利的权利，但优先股股东参与公司决策管理等权利受到限制。

4. 外国资本直接投资

为便于项目的经营和管理，通常需要成立相应的项目实体，项目实体的组织形式可以有很多种，如公司制、合伙制以及采取中外合资企业、中外合作企业及外商独资企业等形式。如果项目实体为中外合资企业、中外合作企业或是外商独资企业时，就把外商对项目的资本注入称为外商直接投资资本。

在项目筹资中引入外国资本，不仅可以解决项目资金上的缺口，而且可以充分学习国外先进的技术和项目管理经验，对于提高我国项目管理水平和经营效率十分有益。

1.3.3　项目债务资本来源

债务资本是指债权人为企业提供的短期和长期贷款，不包括应付账款、应付票据和其他应付款等商业信用负债。从投资者的角度来说，股权投资的风险大于债权投资，其要求的报酬率就会相应提高，因此债务资本的成本要明显低于权益资本。在一定的限度内合理提高债务筹资比例，可以降低企业的综合资本成本。项目的债务资本来源主要有以下几方面。

1. 国内银行贷款

国内银行贷款是指国内银行采取有偿的方式向项目建设单位提供的资金。从我国的现实情况来看，银行贷款是项目筹资的主要渠道。这里所说的国内银行贷款，既包括商业银行对项目的贷款，也包括国家政策性银行从地区或行业发展需要而对某些项目所提供的扶持性贷款。

国内银行贷款一般按期限分为短期贷款和长期贷款，通常将期限在一年以上的贷款称为长期贷款。由于项目建设周期相对较长、投资规模较大，因此长期贷款是项目资金的一种主要来源。通常长期贷款按用途可以分为以下几个类型：基本建设贷款、技术改造贷款、城市建设综合开发企业贷款、农业基础设施及农业资源开发贷款等。

过去我国四大国有银行曾经在贷款业务方面存在着明确的分工，即：基本建设贷款主要由建设银行提供，更新改造贷款和流动资金贷款主要由工商银行提供，外汇贷款主要由中国银行提供，农业贷款主要由农业银行提供。随着改革的深入和市场经济的发展，我国四大国有银行已逐渐开始向商业银行的方向发展，业务交叉量不断扩大，均开办各种类型的贷款。

银行贷款筹资的主要特点是筹资管理比较简单；银行种类繁多、分布广泛，贷款类型、期限多种多样，所以利用银行贷款筹资相对来说比较方便、灵活；银行贷款筹资风险适中，一般不涉及税务问题；银行作为企业也要追求利润最大化，一般贷款利率较高；银行贷款筹资不涉及企业资产所有权的转移，但一旦企业无力偿还贷款则可能使企业陷入困境，甚至导致企业破产。

2. 外国政府贷款

政府贷款是指一国政府利用财政资金向另一国政府提供的优惠性贷款。目前，尽管政府贷款在国际筹资活动中并不占据主导地位，但其独特的作用和优势是其他跨国筹资方式所无法替代的。

政府贷款是友好国家经济交往的重要形式，具有优惠的性质。但同时也应当看到，贷款国对外提供的政府贷款也常常是其实现对外政治经济目标的重要工具。政府贷款除要求贷以现汇（即可自由兑换外汇）外，有时还附带有物资采购、规定合格资源国等限制条件。

政府贷款的期限较长，一般为20～30年（宽限期一般不超过10年）；由于具有经济援助性质，其贷款利率较低，一般为3%左右，有些政府贷款甚至是无息贷款；贷款具有特定的使用范围，一般投入借款国非营利的开发项目，如城市基础设施、交通、能源等项目。

尽管政府贷款的程序较为复杂，但利率较为优惠，如项目符合有关贷款国政府贷款的条件，项目主办方应尽力积极争取。

3. 国际金融机构贷款

国际金融机构是指为了达到共同的目标，由多个国家联合经办的在各国间从事金融活动的机构。国际金融机构包括联合国的专门机构以及其他地区性的国际金融机构，如国际货币基金组织、属于世界银行集团的国际复兴开发银行和国际开发协会及国际金融公司、亚洲开发银行、亚洲基础设施投资银行等。

国际货币基金组织一般只提供几种类型的中、短期贷款，且利率随时间递增。

世界银行的贷款必须用于特定的建设项目，如交通运输及公共建设等领域的项目。贷款期限较长，其贷款年限一般为十几年，最长可达30～50年，宽限期一般为4年左右。贷款利率参照国际资本市场利率。

国际开发协会主要向低收入水平的发展中国家提供无息贷款（仅收取0.75%的手续费），贷款期限可长达50年，主要用于电力、交通运输以及农业等领域的建设项目。

亚洲开发银行贷款分为硬贷款、软贷款和赠款三类。硬贷款的贷款利率为浮动利率，每半年调整一次，贷款期限为10～30年（2～7年宽限期）。软贷款也就是优惠贷款，只提供给人均国民收入较低且还款能力有限的会员国或地区成员，贷款期限为40年（10年宽限期），不收利息，只收1% 的手续费。赠款用于技术援助，资金由技术援助特别基金提供，赠款额没有限制。

亚洲基础设施投资银行是一个政府间性质的亚洲区域多边开发机构，重点支持基础设施建设，其主要业务是援助亚太地区国家的基础设施建设。在全面投入运营后，亚洲基础设施投资银行将运用一系列支持方式为亚洲各国的基础设施项目提供融资支持，包括贷款、股权投资以及提供担保等，以振兴包括交通、能源、电信、农业和城市发展在内的各个行业。

4. 出口信贷

出口信贷是出口国政府对银行补贴利息并提供担保，由银行向外贸企业发放利率较低的贷款，用以支持和扩大本国的商品出口、增强本国产品在国际上的竞争能力。出口信贷应用范围较广，特别是对工业成套设备，许多国家都提供出口信贷。出口信贷分为卖方信贷和买方信贷两种。

1）卖方信贷

卖方信贷是指在出口国商品出口时，为便于出口商以延期付款的方式出口商品，由出口商本国的银行向出口商提供的信贷。其程序是签订合同之后，买方先支付10%～15%的定金，其余货款在全部交货或项目投产后陆续偿还，出口商一般要把利息、保险费、承诺费、管理费等包含在货物价格中。

2）买方信贷

买方信贷是指由出口方银行直接向进口商或进口方银行所提供的信贷。一般是由买方与出口商签订贸易合同，买方银行与卖方银行签订贷款合同，买卖双方以即期现汇成交，签约后买方向卖方先付 15%的定金，其余 85%的货款由卖方银行贷给买方银行，再由买方银行转贷给买方，买方用此贷款按现汇条件支付给卖方，买方通过买方银行分期向卖方银行还本付息。使用买方信贷进口商容易了解商品的真实价格，便于比较选用，买方信贷是我国利用外资的一种重要形式。

由于出口信贷利率一般低于国际金融市场同期利率，对于解决我国项目尤其是大型项目资金缺口具有重要意义，而且由于各出口国之间的竞争，往往可以降低项目所需主要设备的进口价格和项目的筹资成本。但由于出口信贷一般与出口国设备捆绑在一起，往往给设备选择带来一定的限制。

5. 国际商业贷款

国际商业贷款是指项目相关方在国际金融市场上以借款方式筹集的资金，主要指国外商业银行贷款和除国际金融机构以外的其他国外金融机构贷款。

虽然外国政府贷款和国际金融机构贷款条件优惠，但其数量有限、不易争取，因此国际商业贷款成为各国利用国外资金的主要形式。以国际商业贷款方式获得的资金在使用方向上没有什么约束，不受与一定进口项目相联系的限制，因此也被称为自由外汇。国际商业贷款利率较高，一般按国际金融市场资金需求情况浮动。贷款的货币形式不同，其利率也有可能不同，如美元贷款利率一般按伦敦同业拆出利息率（London interbank offered rate，LIBOR）为基础，再依期限长短分别加上一个附加利率，加息幅度反映了借款人的资信。

国际商业银行贷款可划分为短期贷款、中期贷款和长期贷款，期限在 1 年以内的为短期贷款（金额一般在 1 亿美元以下）；1～5 年的为中期贷款（金额一般在 1 亿美元左右）；5 年期以上的为长期贷款（金额一般为 1 亿～5 亿美元或更高）。中长期贷款除收取利息以外，还要收取管理费、代理费、承诺费和杂费等。

国外商业银行和金融机构贷款包括两种形式：单个银行贷款和国际银团贷款。国际银团贷款是由一家银行牵头，多家银行和金融机构组成银团，联合向某借款人提供金额较大的长期贷款，贷款多用于购买需要巨额资金的成套设备、飞机和船舶等，银团贷款的借款人通常是各国中央或地方政府、开发银行、进出口银行或国有金融机构及大型跨国公司。

6. 发行债券

1）发行企业债券

债券是债务人为筹集资金而发行的，承诺按期向债权人支付利息和偿还本金的一种有价证券。除国家发行的国库券外，企业或项目实体为项目建设和经营发展而向公众发行的债券称为企业债券。目前我国企业债券的发行在经历调整和规范后已经逐渐得以发展，企业债券已成为企业或项目实体筹集中长期资金的重要方式。

企业债券有固定利率和浮动利率债券之分；企业债券期限也有长短之分，一年以下的称为企业短期债券；企业债券按有无担保来分类，又可分为有担保债券和无担保债券。有担保债券是指有指定财产作担保的债券，按担保品的不同又可细分为不动产抵押债券、动产抵押债券和信托抵押债券等。抵押债券因为有企业财产作为还款的保证，债权人的倒账风险相对较小，故债券利率比无担保债券低。无担保债券又称信用债券，是无任何担保、只凭企业的信誉发行的债券，通常只有信誉较高的大企业才能发行这种债券。

企业债券发行时一般由投资银行等金融中介机构承购包销，它们帮助企业或项目实体确定发行规模、发行价格、发行方式及发行费用，并把债券推销给投资者。企业债券的等级对发行者和投资者都十分重要，它是债券倒账风险的衡量指标。债券等级越高，债务的偿还越有保证、倒账风险越小，债券利率越低、筹资成本也越低。因此准备发行企业债券的企业或项目实体应力争获得较高的评级，以获得最有利的发行条件。

2）发行国际债券

国际债券是一国政府、金融机构、工商企业或国家组织为筹措和融通资金，在国外金融市场上发行的以外国货币为面值的债券。其中，某国在别国发行的以该国货币为面值的债券称为“外国债券”，某国在别国发行的不以该国货币为面值的债券叫“欧洲债券”。目前在国际金融市场上主要的债券有美国美元债券（扬基债券）、日本日元债券（武士债券）、英国英镑债券（猛犬债券）、中国人民币债券（熊猫债券）、瑞士法郎债券、欧洲美元债券、欧洲日元债券、亚洲美元债券等。

发行国际债券前，发行人首先需要经过国外评级机构的评级，然后委托承销团确定发行条件，包括金额、偿还期、利率、发行价格、发行费用等，发行后的债券可在二级市场上流通。

发行国际债券是获取外汇资金的有效方式。由于国际债券筹资形式灵活多样、市场容量大、使用方便，且国际债券期限一般较长、通常以固定利率计息，因此国际债券被视为一种可以筹措项目所需长期债务资金的筹资形式。

1.3.4 租赁筹资

租赁筹资是指当企业或项目实体需要设备时，不是通过筹集资金自行购买而是以支付租金的方式向租赁公司借入设备。租赁公司（出租人）拥有设备的所有权，企业（承租人）只有设备的使用权。为了筹资而进行的租赁称为金融租赁，这种租赁一般租赁期较长，租赁期通常就是设备的经济寿命期，而且租赁期末承租人可以以低于市场的价格购入设备而成为设备的所有者，因此金融租赁是“融物”和“融资”相结合的一种筹资方式。承租人租入设备相当于借款购置设备，分期支付的租金相当于贷款的还本付息，但省略了期初的贷款手续，代之以租赁合同。租赁合同有三方关系人，即出租人、承租人和供货人。在金融租赁中设备由承租人选定，购货合同的谈判主要在供货人和承租人之间进行，但出租人是重要中介，最后由三者共同签订供货合同和租赁合同。租赁合同条款中对承租人的限制比债务合同少，方式也更灵活。

与其他信贷筹资方式比较，租赁筹资成本较高。租金包括设备价格、租赁公司为购买设备所承担的贷款利息及应取得的投资收益。但由于承租人的租金支出是在缴纳所得税之前扣除的，因此租赁筹资可以获得租金免税的效果，进而在一定程度上降低筹资成本。同时，筹资企业或项目实体不必预先筹集一笔相当于设备价格的资金就可以取得设备并投入使用，从而使租赁筹资更具优势。此外，租赁还可使企业或项目实体避免设备过时的风险，因此大型设备（如飞机、轮船、建筑机械）和电子计算机等常采用租赁的方式。

1.4 项目筹资分析与决策

在项目资金的筹集过程中往往面对着多种不同的资金来源和资金筹集方式，各种资金来源和筹资方式还可以形成多种不同的资金组合和筹资方案。项目实施方需要在资金来源和资金筹集方式组合中进行选择，在选择过程中应根据项目筹资的基本原则进行必要的筹资成本分析和资本结构分析。

1.4.1 项目筹资原则

各种资金来源在资金成本和风险程度等方面存在差异，如何根据一个项目自身的特点选择合适的项目资金来源和筹集方式是一个较为复杂的问题。项目实施方在资金筹集方式选择的过程中往往要坚持以下几条基本原则。

1. 成本效益原则

无论是对于一个企业还是对于一个项目来说，注重投入产出的对比分析是一个基本原则，在资金的筹集过程中也是一样的。无论是采取哪种资金筹集方式，项目经营方取得项目所需的资金通常都要支付一定的成本，如在长期贷款筹资方式中，项目筹资的主要成本是贷款的利息。项目资金的取得通常不是无偿的，因此对于项目的经营者来说必须计算一个项目的总收益、净收益和各种口径的投资收益率，并与项目的资金成本相对比，这就是通常所说的成本效益原则。

一般来说，项目的收益和收益率计算方法较为简单，因此在这里主要介绍项目资金成本的计算方法。

在项目资金的筹集和使用过程中发生的成本包括两个部分，一部分是为取得项目资金而发生的资金筹集费用，这一部分费用通常与项目所需资金的数额及使用期限关系不大，因此又称为项目筹资的固定成本；另一部分是项目资金的占用成本，这一部分成本与所占用资金的数量及期限有关，因此又被称为项目资金的变动成本。

由于不同项目的资金筹集费用难以直接进行比较，因此在筹资成本分析中一般只进行资金占用成本的计算。为了便于比较分析，企业通过不同的筹集方式筹集长期资金的资金占用成本差异主要采用资本成本率指标来衡量。资本成本率是指企业筹集和使用资金所负担的费用（资本成本）与筹集的资金总额的比率，各种资金筹集方式下的资本成本率计算公式将在下文中给出。

资本成本率的计算是一项十分复杂的工作，这种复杂不仅表现为计算公式繁多和利用某些公式计算起来不容易，而且表现在所有的计算公式都有一定的假定条件，近似公式是如此，理论公式也是如此。所以应特别指出的是，在实际计算资本成本率时，一定要在掌握所使用公式实质的基础上灵活运用，以变应变。

筹资成本效益分析的目的是选择资本成本率较低的筹资方式或来源，然而这种分析只能作为选择项目筹资方式或筹资组合的一个依据，其分析结论必须与各种筹资方式的风险分析、筹资的时间特性等方面综合起来进行考虑。

2. 风险收益均衡原则

项目的经营和建设处于复杂的社会经济环境之中，往往会面临着各种各样的风险，如宏观经济政策的变化、新产品开发失败、产量下降等。每一种风险的存在都有可能会影响到项目的现金流量，从而影响到项目资金的偿还计划。对于项目的经营者和建设者来说，在项目资金筹集过程中应该结合项目的实际收益水平和风险水平，合理地安排资金来源和筹资方式，并适当降低筹资的成本；与此同时，对于项目资金的提供者来说，为项目提供资金所要求的报酬也与其承担的风险大小紧密相关，高风险必然要求高收益是市场经济条件下的一个基本原则。

企业在为一个工程项目筹集资金时，无论是直接筹资还是间接筹资，不论是产权筹资还是债权筹资，都有不同程度的风险。对于大部分企业而言，在为一个工程项目筹集资金时，债权性筹资风险表现得最为明显，其风险主要体现在以下几个方面。

1）资金供给的风险

资金供给的风险是指因为不能及时供给项目所需资金、利率变动和汇率变动而带来的风险。不能及时供给资金是指债务资金的提供者因不履行合同或资金紧张不能履行合同而影响项目实施进度，甚至使项目无法竣工；利率变动风险是指因为利率变动而多支付利息；汇率变动风险是指因为汇率向不利于企业的方向变化从而使企业还款金额增加。

2）还本付息的风险

与产权筹资不同，在采用债权筹资方式时企业必须承担定期还本付息的义务。还本付息对于筹资主体来说是一项固定的义务，即无论经营业绩如何、是否有足够的现金流量，筹资主体都必须按约定支付本息。如果项目运营效果不理想造成企业业绩不佳，没有足够的资金作为还本付息的保证，或虽有资金但因资金周转的原因未能安排足够的现金来偿还到期的债务，企业便有可能因丧失偿债能力而被迫进行破产清算或资产重组。企业负债越多、债务资金在资金总额中所占比重越大，丧失偿债能力的可能性就越大，风险也就越大。

3）所有者收益下降的风险

企业债权筹资的另一种风险是所有者收益可能大幅度下降。债权筹资可能产生财务杠杆效应，使企业所有者坐享税前收益率大于债务成本率所带来的杠杆收益。但财务杠杆也会产生负面影响，主要表现在以下两个方面。

（1）当企业税前收益率低于债务成本率时，较高的固定利息率将进一步降低企业所有者的收益。

（2）使企业所有者的收益具有较大的不确定性。具体地说，如果企业的生产经营受其他因素的影响，使税前收益下降，则财务杠杆作用将导致企业所有者收益的更大幅度下降。

企业的负债比率越大，财务杠杆率也越大，财务杠杆可能产生的负面影响也就越大，因而财务风险也就越大。

4）资本成本上升的风险

债权筹资还可能导致企业资本成本上升。这是因为：当企业的负债比率较高，财务风险较大时，产权投资者将面临较高的投资风险，所以要求相应地提高风险报酬率。如果这些投资者承受较大的投资风险而得不到相应的报酬，他们便会把资金投向其他企业。为了吸引这些投资者，企业将不得不付出较高的代价筹集资金。对上市公司来说，过高的负债比率还有可能导致公司股票价格的下跌，直接损害普通股股东的利益。

从以上分析可以看出，债权筹资像一把双刃剑，既可成为降低企业资本成本和提高企业所有者收益率的有效手段，也可能导致企业资金周转困难、财务状况恶化，甚至导致企业破产清算。在为工程项目筹资时，如何降低债权筹资风险是必须考虑的一个重要问题。

3. 时效性原则

由于项目的筹资和经营活动处于复杂多变的金融市场环境之中，因此筹资的成本和风险也要受到金融市场变化的影响。对于项目经营者来说，要想做出合理的筹资决策，通常要考虑以下几个方面的因素。

1）金融市场状况

企业在为项目筹资时必须对金融市场有所了解，熟知与项目相关的资金来源、筹资方式等信息，并能够根据金融市场的变化判断筹资的合适时机。

2）利率水平状况

不管采用哪种筹资方式使用资金都要付出代价，利率就是资金使用权的价格。利率高低的变化不仅会影响到筹资方式和资金来源的选择，而且会对项目资金的偿债责任和成本产生较大的影响，因此对于筹资决策来说至关重要。

3）税收政策状况

税收作为企业的一项负担，也对筹资活动产生一定的影响。正确把握税收政策，制订合理的税务计划，也是进行筹资决策的重要内容。

4）汇率水平状况

对于投资数额较大的项目通常要发生国际性筹资，因此汇率将成为进行项目筹资决策时必须考虑的一个问题，一个国家的外汇管制政策及汇率的稳定情况将影响到项目资金筹集的可行性和难易程度。

金融市场、利率水平、税收政策和汇率水平状况构成了工程项目筹资的筹资环境，它们将影响项目的筹资决策和筹资结果。这些因素可能是单因素影响，也可能是多因素共同发挥作用。

1.4.2　资金来源可靠性分析

资金来源可靠性是指项目筹资方案中所确定的各类资金在币种、数量和时间要求上能否满足项目需要。资金来源的可靠性分析包括既有法人内部融资的可靠性分析、项目资本金可靠性分析和项目债务资金可靠性分析。

1. 既有法人内部融资可靠性分析的主要内容

（1）通过调查了解既有企业资产负债情况、现金流量状况和盈利能力，分析企业的财务状况、可能筹集到并用于拟建项目的现金数额及可靠性。

（2）通过调查了解既有企业资产结构现状及其与拟建项目的关联性，分析企业可能用于拟建项目的非现金资产数额及其可靠性。

2. 项目资本金可靠性分析的主要内容

（1）采用既有法人融资方式的项目，应分析原有股东增资扩股和吸收新股东投资的数额及可靠性。

（2）采用新设法人融资方式的项目，应分析各投资者认缴的股本金数额及可靠性。

（3）采用上述两种筹资方式，如通过发行股票筹集资本金，都应分析其获得批准的可能性。

3. 项目债务资金可靠性分析的主要内容

（1）采用债券融资的项目，应分析其获得国家主管部门批准的可能性。

（2）采用银行贷款的项目，应分析其获得银行贷款承诺的可能性。

（3）采用外国政府贷款和国际金融机构贷款的项目，应核实项目是否列入利用外资备选项目。

1.4.3 资本成本分析

项目筹资具有长期筹资性质，无论是股权筹资还是债权筹资，项目的经营者都必须承担资金的使用成本或向资金的提供者提供必要的回报，资本成本就是指项目实体筹集和使用资本而需要支付的代价。

项目筹资过程中所发生的成本包括资金筹集成本和资金占用成本，由于不同筹资方案的资金筹集成本难以直接比较，因此在本节中只考虑长期筹资的资金占用成本的计算问题。对于资金占用成本，一般使用资本成本率指标来加以反映。资本成本率是指项目实体资金占用成本与有效筹资额之间的比率，通常用百分比来表示。在筹资成本分析中通常使用的资本成本率指标包括三种：个别资本成本率、综合资本成本率及边际资本成本率。个别资本成本率是指某一特定筹资方式的资金占用成本，用于进行不同筹资方式的资金占用成本比较；综合资本成本率是指全部长期资本的成本率，可以用于对企业筹资组合方案的成本进行对比分析和对资本结构进行比选；边际资本成本率是追加长期资本的成本率，用于对补充资本方案进行成本分析。在制订和选择初始筹资方案时，一般使用个别资本成本率和综合资本成本率作为分析指标，下面将对个别资本成本率和综合资本成本率的测算方法做简要介绍。

1. 个别资本成本率的计算

一般而言，个别资本成本率是特定筹资方式下资本占用成本与有效筹资额的比值，

其基本的测算公式为

$$K=\frac{D}{P-f}\qquad 或 \qquad K=\frac{D}{P(1-F)}$$

式中，K 表示资本成本率，以百分比表示；D 表示资本占用成本；P 表示筹资额；f 表示筹资费用；F 表示筹资费用率，即筹资费用与筹资数额的比率。

根据个别资本成本率计算的基本公式，各种筹资方式的个别资本成本率计算方法如下。

1）普通股的个别资本成本率计算

由于普通股不像债务资金那样负有定期还本付息的责任，其每年的支付金额也不确定，因此难以准确计算普通股的资本成本和资本成本率，只能对其进行理论上的假设和推算。普通股个别资本成本率的测算有三种模型：股利折现模型、资本资产定价模型和债券收益率加风险报酬率模型，此处仅介绍股利折现模型，而资本资产定价模型将在后面章节有所介绍，债券收益率加风险报酬率模型则是在债券利率的基础上加上合理的风险报酬率以确定普通股的个别资本成本率。

根据股利折现模型，如果假设企业通过发行普通股每股所得到的资本额为 G_n，第 t 年企业因每股普通股的发行而引起的资本支出额为 D_t，普通股的存在期为 n，普通股的个别资本成本率用 K_g 表示，那么可以得到如下公式：

$$G_n=\sum_{t=1}^{n}\frac{D_t}{\left(1+K_g\right)^t}$$

式中，K_g 表示普通股的个别资本成本率。

在实际应用中，通常将发行普通股的筹资费用从发行普通股筹资的资金额中扣除，并且以假定可预知派发股息的年份的股息率和可预知股息的最后一年普通股的预期市场价格为基础来计算普通股资本成本。常用的计算公式如下：

$$P\times(1-F)=\sum_{t=1}^{n}\frac{D_t}{\left(1+K_g\right)^t}+\frac{P_n}{\left(1+K_g\right)^n}$$

式中，P 表示普通股的现行市场价格；F 表示发行普通股的筹资费用占普通股现行市场价格的比率；D_t 表示第 t 年预期的每股股息；K_g 表示普通股的资本成本率；P_n 表示预知派发股息的最后一年（第 n 年）的预期普通股的市场价格。

2）优先股的个别资本成本率计算

与普通股资本成本率不同的是，优先股的股息率一般在发行优先股时就固定了。同时，优先股在发行时同样需要支付发行费用。优先股资本成本率可以按以下公式计算：

$$K_p=\frac{D}{P_0}$$

FZY

式中，K_p 表示优先股个别资本成本率；D 表示优先股每年股利；P_0 表示优先股筹资净额，即发行价格扣除发行费用所得到的资金额。

3）长期债券的个别资本成本率计算

发行长期债券与发行股票一样需要发生筹资费用，如债券的印刷和推销费等。长期债券与股票的资本成本不同的是：①支付长期债券的利息可以在企业所得税前列支从而减轻税负，所以债券的利息抵销因利息支出而减轻的企业所得税后的净额才是企业为支付债券利息而增加的费用；②长期债券不仅利息率固定，而且有明确的到期偿还日期。这样，债券的资本成本不像股票那样难以确定。

用 L_n 表示企业发行每份债券所获得的筹资额，用 n 表示企业债券的期限（年数），用 I 表示每年需支付利息，用 T_r 表示企业所得税税率，用 L 表示每份债券的筹资费用，用 M 代表债券面值，用 K_L 表示债券的资本成本率。那么，可得出从理论上计算债券的资本成本率的公式为

$$L_n = L + \sum_{t=0}^{n} \frac{I(1-T_r)}{(1+K_L)^t} + \frac{M}{(1+K_L)^n}$$

从上式中求出 K_L 即债券的资本成本率。

4）长期贷款的资本成本率计算

企业借入长期贷款时同样要发生一定的筹资费用（如银行手续费等），但因这种费用相对较小而在计算资本成本时一般不予考虑。银行贷款的利息与债券的利息一样不但比较固定，而且可以在企业所得税前列支，所以长期贷款的利息支出抵销因利息支出而减轻的企业所得税后的净额才是因贷款而增加的费用支出。

如果用 B_n 表示企业借入的贷款额，用 I 表示每年需支付的利息，用 T_r 表示企业所得税税率，用 n 表示贷款期限（年数），用 K_b 表示银行贷款的资本成本率。那么，可以得出从理论上计算银行贷款的资本成本率的公式为

$$B_n = \sum_{t=0}^{n} \frac{I(1-T_r)}{(1+K_b)^t} + \frac{B_n}{(1+K_b)^n}$$

从上式中求出 K_b 就是银行贷款的资本成本率。

5）融资租赁的资本成本率计算

融资租赁与银行贷款一样，虽然在筹资时要发生一些筹资费用，但因其相对较小而在计算资本成本和资本成本率时忽略不计。融资租赁的资本占用费用表现在定期支付的租金中，融资租赁的租金可分为本金和租赁利息（以下简称租息），租息即为筹资的资本占用费用（其他的占用费用如可能支付的保险费、税金和租赁标的物的维护保养费等，因一般数额较小，在计算中不予考虑），它同银行贷款利息一样，可以在税前列支，从而可以减轻企业的税负。

计算融资租赁的资本成本率与计算银行贷款的资本成本率的方法基本相同。如果假设长期银行贷款的本金不是到期时一起偿还，而是分期偿还，那么计算银行贷款的资本成本率和融资租赁的资本成本率可用相同的公式求得。

如果用 R_n 表示融资租赁的筹资额，用 R 表示每年需要支付的租金，用 F 表示每年需要支付的租息占租金的百分比，用 T_r 表示企业所得税税率，用 n 表示租赁期，用 K_r 表示融资租赁的资本成本率，那么计算融资租赁资本成本率的理论公式为

$$R_n = \sum_{t=0}^{n} \frac{R(1 - F \cdot T_r)}{(1 - K_r)^t}$$

在实际运用中，常用的计算融资租赁成本的近似公式为

$$K_r = \frac{R(1 - F \cdot T_r)}{R_n}$$

6）留存收益的资本成本率计算

用留存收益方式筹资一般不计筹资费用，其资本占用费用相当于发行普通股的股票筹资成本。对股东来说，企业的留存收益可以作为股息分配给股东，股东在缴纳个人所得税后可以用纯收益购买本企业的普通股，这样新购的普通股便可获得等额的普通股报酬。所以，如果企业想将收益留存下来，股东必定会有这一要求。

事实上，企业普通股的个人所得税前报酬率就是前面所讲的普通股的资本成本率。这样，如果用 K_i 表示留存收益的资本成本率，用 K_g 表示普通股的资本成本率，用 T_i 表示个人所得税率，可得到留存收益资本成本率的计算公式：

$$K_i = K_g(1 - T_i)$$

式中，要计算留存收益的资本成本率，可以首先计算出普通股的资本成本率，用计算普通股资本成本率的各公式计算出普通股的资本成本率后便可代入上式计算留存收益的资本成本率。

2. 综合资本成本率的测算

综合资本成本率是指某一企业或项目实体全部长期资本的成本率，通常是以各种长期资本的比例为权重，对个别资本成本率进行加权平均测算的，因此也被称为加权平均资本成本率。综合资本成本率的计算公式为

$$K_w = \sum_{j=1}^{n} K_j W_j$$

式中，K_w 表示综合资本成本率；K_j 表示第 j 种资金个别资本成本率；W_j 表示第 j 种资金所占比例。

在确定资本比例 W_j 时，可以使用各类资金的账面价值进行计算，也可以使用市场价值或目标价值进行计算。

项目经营者在进行项目筹资决策、选择项目资金来源和筹资方式时，考虑的两个主要因素就是资金的成本和风险程度，如何根据金融市场的变化选择对项目最为有利的资

金来源和筹资时机，是筹资决策的重要内容。但由于金融市场的变化十分复杂、影响因素较多，因此对其确定也较为困难。

1.4.4 资本结构决策

资本结构是指项目实体各种资本的构成及其比例关系，资本结构包括资本的属性结构和资本的期限结构等。资本的属性结构是指项目全部资金中权益资本或债务资本所占的比例；而资本的期限结构则是指短期筹资或长期筹资在项目全部资本中所占的比例。

项目资本结构分析的角度与项目的运作方式有关，如果采取以新设法人作为筹资主体，一般要分析新设项目法人实体的资本结构问题；而如果采取以既有法人作为项目筹资主体的话，因为新项目的筹资会影响既有法人的资本结构，并进而对既有法人及其投资者构成影响，资本结构分析的重点则会转向新项目给既有法人资本结构带来的变化及其影响。

资本结构分析在筹资决策中具有极其重要的地位，其意义体现在以下几点。

（1）合理安排资本结构可以降低企业的综合资本成本。资本结构的变化将造成项目实体或既有法人全部资本结构中不同成本的资金所占比例发生变化，进而影响到项目实体或既有法人的综合资本成本。在筹资过程中，应该合理设计资本结构，以达到降低综合资本成本的目的。

（2）合理安排资本结构可以充分利用财务杠杆效应。在资本结构设计中，合理控制债务资本和权益资本的比例关系，可以充分利用债务资本成本低于项目收益率所带来的杠杆效应，但此时也应注意由债务资本比例提高造成的项目实体或企业财务负担的加重和财务风险的增加。

（3）合理安排资本结构可以增加公司的价值。由于债务资金的贷款利息具有税前支付的特点，具有一定的“避税”效应，因此公司可以通过最优的资本搭配方法增加公司的价值。

对于企业来说，是否存在最优资本结构、如何确定最优资本结构这些问题一直存在着较大的争议。由于资本结构问题对于筹资企业的价值和相关各方的利益将产生直接影响，因此在项目筹资中进行必要的资本结构的分析和设计是一项十分重要的工作。

资本结构的设计或决策，必须充分考虑筹资主体内外部环境，并基于一定的决策原则来进行。在资本结构决策时可能考虑的外部因素包括经济政策环境、行业状况及竞争程度、金融市场环境、贷款人与信用等级评定机构的态度、法律环境等；内部因素包括企业的商业风险、企业规模大小、企业的抵押价值、企业的财务弹性、企业的增长速度、企业的控制权、企业的资产结构、企业承担的社会责任、企业的经营周期、企业所有者和经营者的态度等。

在筹资决策中，确定最佳资本结构的方法往往有三种，即企业价值最大判断法、比较资本成本法、无差异点分析法。这里主要介绍比较资本成本法和无差异点分析法。

1. 比较资本成本法

比较资本成本法是通过比较不同的资本结构下的加权平均资本成本，选择其中加权平均资本成本最低的资本结构的方法。利用比较资本成本法进行最优资本结构选择的程序包括：①拟定几个可行的筹资方案；②确定各方案的资本结构；③计算各方案的加权平均资本成本（weighted average cost of capital，WACC）；④通过比较，选择加权平均资本成本最低的结构为最优资本结构。

企业资本结构决策分为初次利用债务筹资和追加筹资两种情况，前者称为初始资本结构决策，后者称为追加资本结构决策。比较资本成本法将资本成本的高低作为选择最佳资本结构的唯一标准，简单实用，因而常常被采用。

2. 无差异点分析法

无差异点分析法，也称每股收益分析法，它是利用税后每股收益无差异点分析来选择和确定负债与权益间的比例或数量关系的方法。税后每股收益无差异点是指两种方式（即负债与权益）下税后每股收益相等时的息税前利润点，也称息税前利润平衡点或无差异点。

在企业考虑筹资方案只有两种时，可用无差异点分析法；但筹资方案在三种或三种以上时，就需要用比较资本成本法。无论采用哪种方法，都不能将分析结果当作绝对的判别标准，应结合因素分析法综合考虑，以便使资本结构趋于最优。

◆ 案例　论证中的烟大海底隧道

烟台到大连的海底隧道是指烟台蓬莱至大连旅顺之间的海底隧道，该隧道又被称为渤海海峡跨海通道或环渤海跨海通道，是我国国内处于规划和论证阶段计划建设的跨海通道。该隧道的建设计划最早于 1992 年被提出，当时的整体构想是：从山东蓬莱经长山列岛至辽宁大连旅顺，以跨海桥梁、海底隧道或桥梁隧道相结合的方式建设跨越渤海海峡的直达快捷通道。从 2008 年开始，国家发展和改革委员会（简称国家发展改革委）、山东省政府、烟台市政府相继进行了一系列的项目规划、论证、研讨、同类项目考察、勘察和初步设计等工作，并将该项目列入区域发展规划和专项发展规划。

随着勘察、论证工作的不断推进，项目的建设思路已经逐渐明确，现在已经将原来的“北隧道，南大桥”的建设方案进行了否决，最终确定建设全封闭的铁路海底隧道。按照 2015 年 11 月报请国务院审核的建设方案，渤海海峡将由一个深埋的跨海铁路隧道连通，隧道先从大连旅顺附近确定一个入地点，在烟台蓬莱附近确定一个登陆点，从而将大连与烟台两个城市通过海底隧道实现连通。计划中的整条隧道全长约 123 千米，隧道内通行的火车设计时速为 250 千米左右，日常运行时速度能达到 220 千米/小时，届时从烟台到大连最多只需要 40 分钟。按照建设方案，由于采用了全海底隧道方案，隧道内只通行火车，而汽车则将以火车载运的方式通行，南北两端的接驳点、工程规模也已基本确定。

按照规划方案，烟台到大连的海底隧道通车后，山东与东北三省的通行时间将从以前的10小时以上提速到只需40分钟，届时烟台将作为东北连接内陆的第二大通道的桥头堡，从以前的交通不畅变成交通枢纽。同时，该隧道的建设将有利于缓解京津地区作为东北南下及南方北上东北陆上交通咽喉的压力。

参与该项目前期规划论证工作的中国工程院院士王梦恕介绍，烟大海底隧道方案总报告的精简版本在2013年就已上报给国家发展改革委，也在国家发展改革委内部进行了初步讨论，形成的最终方案原本打算8月上报，但由于中国工程院的十多个院士又给出了一些修改意见，所以稍有推迟，但肯定在半个月内完成上报。

由于渤海海峡的阻隔，目前往来于山东和东北之间的铁路、公路只能绕行山海关，路程均在1600千米以上。即使2006年烟台和大连实现了铁路轮渡，来往于两地之间也需要至少6个小时。

王梦恕院士表示，工程的总造价在2000亿～2600亿元，具体数据现在不好下结论，但预计不会超过3000亿元。"以前项目迟迟没有开工主要是需要严格的勘探和技术论证，现在看来，我们在技术上已经不存在问题，按照当前的条件，项目开工后10年内肯定能够建成。"

建设烟大海底隧道的念头始于1992年，最早提出该设想并一直努力将其变成现实的是烟台市。当年，时任烟台市政府办公室副主任的柳新华（后任鲁东大学副校长、渤海海峡跨海通道战略规划研究项目组负责人）和三位同事提出了建设跨海通道的构想，这一构想得到了烟台市、山东省的大力支持。

显然，渤海跨海通道最主要的作用是建立打通东北地区与华东地区之间的通道，通道建设受益最大的城市是大连市和烟台市，两个城市的交通地位由过去的处于交通网络的末端变成了处于交通网络的枢纽地位。也正因如此，自2009年以来，辽宁省和山东省两省人大代表、政协委员连续6年在全国两会上提交建设渤海海峡跨海通道的议案和提案，两省也组建了一些半官方和民间学术团队来为项目提供技术和人才支撑。

山东省烟台市一位长期致力于推动渤海跨海通道项目的学者在接受记者采访时表示，渤海跨海通道将使环渤海由原来的"C"形环绕运输变为"I"形直达运输，对振兴东北老工业基地和发展山东半岛城市群将起到至关重要的作用。

与此同时，反对者的声音也是不容忽视的。中国地震台网官方微博曾就渤海跨海通道项目发布信息："郯庐地震带，北起黑龙江，南到长江，呈北东走向，纵贯中国大陆东部，延伸达到2400多千米，是东北亚巨型断裂系中的一条主干断裂带，历史上曾发生过多次强烈地震。"对于这一质疑，前文提到的山东学者表示，大连和烟台的地震局多年前已经开始勘测地震数据、进行危险性分析等工作，且各方比较青睐的全隧道方案抗震能力是最强的。

在住房和城乡建设部城市交通工程技术中心一位不愿具名的副主任看来，任何一个宏大的改造自然条件的项目都会有一定的副作用，且海底隧道有个很大的问题就是中间不可能有太多的出口，因此该项目带动的只能是大连市和烟台市两个点。"如果非要花大钱连接大连市和烟台市，我更倾向于建设一条环渤海湾的陆地高铁项目，不仅风险小、成本低，更能带动沿线其他地区的发展。"

需求是关系到这一耗资堪比京沪高铁和长江三峡工程的大项目是否应该建设的关键。面对这一问题，中铁渤海铁路轮渡有限责任公司党群工作部的石经理在接受记者采访时颇为无奈："我如果说没有必要建吧，好像是为了维护自己公司的利益，如果说有必要建吧，但实际上渤海湾的客货运需求远没有想象中那么大。"

（资料来源：根据互联网公开资料整理）

◆ 思考题

1. 简述既有法人筹资和新设法人筹资的应用情境。
2. 项目筹资的基本程序包括哪些步骤？
3. 直接筹资和间接筹资的区别是什么？
4. 列举项目主要的权益资金来源和债务资金来源。
5. 分析各种项目资金筹集方式的优缺点。
6. 如何理解项目资金筹集的三条原则？

第2章

项目融资概述

◆ 本章导读

本章主要介绍项目融资的定义、项目融资的优势与劣势、项目融资的参与者、项目融资的运作程序与文件体系、项目融资的可行性及成功条件以及项目融资的应用领域。

本章的主要知识点包括：

- 项目融资的定义；
- 项目融资与项目筹资的关系；
- 项目融资与公司融资的区别；
- 项目融资的特点；
- 项目融资的优势与劣势；
- 项目融资的参与者；
- 项目融资的运作程序与框架结构；
- 项目融资的文件体系；
- 项目融资可行性研究报告的内容及融资成功的条件；
- 项目融资模式应用的特殊目的；
- 项目融资适用的项目领域。

◆ 引导讨论

新建自来水厂融资方式

随着我国经济的发展、人口的增多和城市化水平的不断提高，城市的规模不断扩大，城市的数量也有所增加，城市人口的数量明显增多，对城市公共设施的需求也明显增大。城市供水设施是一种重要的城市公共设施，对城市的生产生活有重要的基础和保障作用。新中国成立以来，我国城市的供水设施逐渐完备，1949年末，全国只有72个城镇建有自来水厂，供水管道 6589 公里。2017 年末，城市供水设施完备，供水管道达 79.7 万公里，年供水总量 594 亿立方米，供水普及率 98.3%。

由于城市供水设施具有公共设施和基础设施的双重属性，新中国成立以来，政府一直是城市供水设施的主要投资主体，甚至在相当长一段时间内是唯一的投资主体。随着我国经济体制改革的不断深入和社会主义市场经济的推进，公共设施和基础设施领域开始尝试引入私营资本。1984 年，深圳沙角 B 电厂项目第一次在基础设施领域引入了私营资本和境外资本，该项目成功地使用项目融资模式——BOT（build-operate-transfer，建设-运营-移交）筹集到了项目建设所需资金，并充分利用合作方的先进技术和经营管理经验提高了项目的建设和运营效果。此后，我国又尝试在其他基础设施领域使用项目融资模式引入私营资本以解决政府建设资金不足的问题，以提前满足经济和社会发展的需求。1997 年，国家计划委员会（简称国家计委）正式批准成都自来水六厂 B 厂作为我国第一个使用 BOT 模式建设的城市供水设施，该项目 1999 年开工建设，2002 年成功地向城市管网供水。

目前，项目融资模式已经成为城市新建自来水厂的一种重要资金筹集方式。在引入项目融资模式为新建自来水厂建设项目筹集资金时，往往采取以新设法人作为筹资主体的方式进行，这种方式与以既有法人作为筹资主体相比，对于债权人来说，偿还债务的资金来源以及从项目方获得的担保条件有所不同，债权人承担的风险也有所变化、对项目投资人的追索权利也相应发生了变化。同时对于项目的投资方来说，由于新设法人的存在，投资方对项目的责任和权利都发生了变化，其获利方式及财务处理方式等方面也有所不同。

项目融资（project finance）作为一种新型的项目资金筹集方式，在 20 世纪六七十年代得以兴起，经过几十年的发展，目前项目融资已经被广泛应用于大型工程项目的资金筹集实践中。项目融资的发展对于解决大型工程项目的资金缺口，尤其是对于缓解基础设施类项目的资金紧张局面起到了十分重要的作用。几十年来，项目融资不仅在实践中积累了丰富的经验，而且在理论研究方面也出现了很多有价值的研究成果。我国是在 20 世纪 80 年代开始在一些大型投资项目的资金筹集过程中开始引入项目融资方式的，经过几十年的实践，项目融资在我国基础设施建设项目筹资过程中发挥了重要的作用。

■ 2.1　项目融资的定义与特点

2.1.1　项目融资的定义

项目融资作为一个金融术语，目前还没有一个准确、公认的定义。在国内外公开出版的书籍中对项目融资给出的定义虽各不相同，但归纳起来基本上有两种观点，即广义的项目融资观点和狭义的项目融资观点。从广义上讲，一切以建设一个新项目、收购一个已有项目或者对已有项目进行债务重组为目的所进行的融资活动都可以称为项目融资。在欧洲，一般把一切针对具体项目所安排的融资活动都称为项目融资，但在北美洲，金融界习惯上只将具有无追索权或有限追索权特性的融资活动称为项目融资（即狭义项目融资）。由于狭义项目融资概念为大多数国家所认可，而且通过对狭义项目融资的研究有助于解决我国经济建设中存在的资金缺口问题，因此本书中的项目融资概念均指狭义项目融资。

狭义项目融资也有很多种不同的定义，但这些定义大多将项目导向和有限追索作为其基本内容，为便于理解，本书引用 Neil Cuthbert（尼尔·卡斯伯特）在《资产与项目融资：法律与判例》（*Asset and Project Finance：Law and Project Finance*）一书中的定义：项目融资是以项目的资产、预期收益或权益作抵押取得的一种无追索权或有限追索权的融资或贷款。

根据项目融资在追索权方面的不同，可以将其分为无追索权项目融资和有限追索权项目融资两种。无追索权项目融资是指贷款人对项目发起人（项目投资人）无任何追索权，只能将项目所产生的收益作为偿还贷款本金和利息的唯一来源。这种融资由于要对项目进行严格的论证并设计全面的项目担保结构以利于项目贷款人接受项目的风险，因此其融资费用较高且效率较低，目前在项目融资实务中已较少使用。有限追索权项目融资指项目发起人（项目投资人）只承担有限的债务责任和义务。这种有限表现在以下三个方面。

一是时间上的有限性，即项目贷款人一般在项目建设阶段对项目发起人有完全追索权或较强的追索权，而一旦项目达到事先规定的商业完工标准，贷款将变为无追索权融资或追索权将减弱。

二是金额上的有限性，在项目建设期内项目贷款人享有对项目发起人的完全追索权，而一旦项目进入经营阶段，贷款人则只能对项目产生的现金流量与应偿还的贷款本息和的差额部分进行追索。

三是追索对象上的有限性，在项目融资中尤其是在公司型投资结构下，贷款人只能对项目资产及项目投资人或其他融资参与方为项目提供的担保而进行追索。

2.1.2 项目融资与项目筹资的关系

项目的资金筹集问题是项目建设前必须落实的关键问题，因此在项目可行性研究和计划与筹建阶段必须考虑从何处、以何种方式、通过哪些渠道来筹集项目所需资金的问题，这些问题一般被称为项目筹资或项目融资。项目资金的筹措有多种不同的方式，而且新的筹资方式不断出现，项目的经营决策主体或投资管理主体应当根据项目的具体情况和可能的资金来源的特点，选择适合于自己的项目筹资方式。

尽管项目融资具有不同于其他项目筹资方式的特点，如项目导向、有限追索等，但其根本目的仍然是为项目筹集资金，保证项目开发建设和经营需要，因此它也是项目资金筹措方式的一种。然而项目融资一般特指某种资金需求量巨大的项目筹资活动，而且在该方式下贷款通常是项目所需资金的主要来源。项目融资不以项目发起人或投资者的信用或者项目有形资产的价值作为主要担保方式来获得贷款，而是依赖项目自身良好的经营状况和项目建成、投入使用后的现金流量作为偿还债务的资金来源；同时将项目的资产，而不是项目发起人的其他资产作为借入资金的抵押。由于项目融资借入的资金是一种无追索权或有限追索权的贷款，而且需要的资金量又非常大，因此其风险也较其他的筹资方式大得多。在这种资金筹措活动中，参与提供资金的往往不是一家甚至一国的银行或金融机构。为了分散风险，项目各参与方都要分担一部分风险，这样一来就产生了项目融资过程中的各种担保文件和法律程序。

2.1.3 项目融资与公司融资的区别

公司作为一个经济实体，在其经营发展过程中或开发新的项目过程中难免出现资金紧张的局面，这时公司通常会采取一定的方式、通过一定的途径来筹集资金。在一个较为健全的资本市场（也称长期金融市场）中，一个公司可以通过多种方式来获得投资或发展所需的长期资金。图 2-1 是对公司长期资金来源的一个简单概括，这里既包括了我们所说的“项目融资”，也包括公司融资模式。

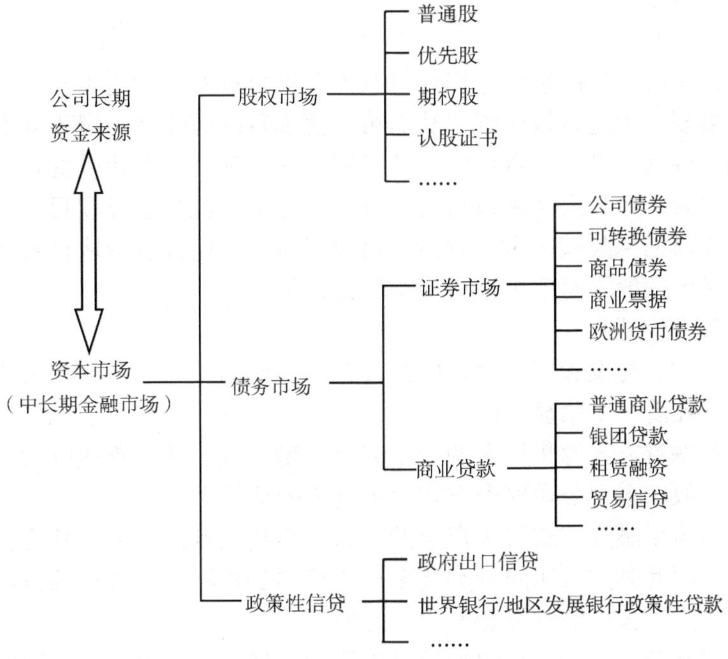

图 2-1 公司长期资金来源

公司融资方式是指一个公司利用自身的资信能力对外进行的融资，包括发行公司股票、发行公司债券和取得银行贷款等。公司融资与项目融资的主要区别具体如下。

1）融资基础不同

项目融资的基础是项目的经济强度，贷款人在做出贷款决策时主要考虑项目在贷款期内能否产生充足的现金流量用于还款，项目投资者（发起人）以及其他相关各方对该项目提供的担保和支持只起到补充或辅助作用。公司融资的基础是投资者（发起人）的资信能力，贷款人在做出贷款决策时主要考虑的是投资者（发起人）整体的财务状况和资信等级，而把该投资者将要投资的某个具体项目的财务状况、风险情况等作为次要的参考因素进行分析。

2）贷款对象不同

在项目融资中，贷款人贷款的对象一般是专门为某项目融资和经营而成立的项目实体，贷款银行通常是根据项目的经济强度来决定是否为项目提供贷款以及贷款所需的担保条件。在公司融资中，贷款的对象通常是项目的投资者，贷款银行在决定是否为项目提供贷款时主要考察的是项目投资者的资产状况、信誉水平以及有关各方提供的担保情况等。

3）筹资渠道不同

采取项目融资方式进行资金筹集的工程项目往往具有建设资金需求量大、建设经营期长等特点，一般只能采取多元化的筹资渠道来筹集债务资金，如有限追索的项目贷款、发行项目债券、外国政府贷款、国际金融机构贷款等。对于公司融资来说，工程项目一般具有规模小、期限短、资金需求量较少等特点，因此往往可以通过单一筹资渠道如商业银行贷款等来筹措项目所需全部资金。

4）追索程度不同

项目融资与公司融资的区别还体现在贷款人对项目投资者的追索权有所不同。项目融资多为有限追索权或无追索权融资，从而可以使项目的风险在一定程度上和项目发起人相隔离，有利于调动大批具有资金实力的投资者参与项目开发建设的积极性。公司融资方式多为完全追索，借款人必须以自身的资产作抵押，如果建设项目投资巨大，采取公司融资方式时项目的风险就完全转嫁给项目投资者，因而投资者从自身实力出发和风险承担能力角度考虑一般不愿意去进行此类项目投资。

5）风险分担程度不同

任何项目在开发、建设和经营过程中都会存在一定的风险，但项目融资与公司融资在风险分担方面存在着三个明显不同。

（1）采用项目融资方式筹集资金的项目多是大型项目，其投资额巨大、建设期长，因此其投资风险一般较采用公司融资方式筹集资金的项目大。

（2）由于采用项目融资方式筹集资金的项目所需贷款数额巨大，其贷款银团一般都有国外银行介入，因此其融资风险种类要多于传统的公司融资，如在项目融资中存在着政治风险、汇率风险等公司融资可能不必考虑的风险。

（3）公司融资参与方较少，仅包括项目投资者、贷款人和担保人，因此其风险分担相对较简单。项目融资参与方较多，项目风险要在项目发起人、项目公司、承建公司、设备及原材料供应商、产品购买者、贷款银行等各参与方之间合理分担，并通过协商和谈判以法律合同的形式确定。

6）债务比例不同

在公司融资方式下，一般要求项目投资者的出资比例至少要达到 30%～40%才能融资。项目融资是有限追索或无追索权融资，贷款银行在考虑是否为项目提供贷款的时候主要考虑项目未来能否产生足够的现金流用以偿还贷款以及项目的风险等因素，对项目发起人投入的股本资金数量没有太多要求，往往项目所需资金中的绝大部分是依靠银行贷款来筹集的。

7）会计处理方法不同

采用项目融资方式为项目筹集资金时，可以采取几种不同的投资结构和融资模式。如果项目的投资结构设计合理，则完全可以实现非公司负债型融资或称为资产负债表外融资。由于采取项目融资模式筹集资金的项目所需投资额巨大，且项目的债务股本比例较高，因此项目投资者（发起人）都不希望将项目建设期（一般周期较长）的资产负债情况反映到自身的财务报表中，采用项目融资方式时这类问题就可以比较容易解决，而在公司融资中则难以解决。

8）还款来源不同

项目融资有一个重要特点即项目导向，也就是说项目的债务资金偿还以项目投产后所产生的现金流量为主要来源。在公司融资中，作为贷款资金偿还来源的是项目发起人的所有资产及其权益。

9）担保结构不同

项目融资由于参与方较多、风险分摊较为复杂，一般需要有结构严谨而复杂的担保体系。这种担保体系往往要求与工程项目有利益关系的各参与方对债务资金偿还可能发生的风险进行担保，以保证该工程按计划完工、运营，并产生足够的现金流量用以偿还贷款。在公司融资中一般只需要单一的担保结构，如抵押、质押或保证贷款等。

10）融资成本不同

由于项目融资风险种类多、投资结构和融资结构复杂、风险分担复杂，因此其前期工作较多、工作量大，且项目融资多为有限追索或无追索权，从而决定了项目融资与传统的公司融资相比融资成本较高。项目融资的成本包括融资的前期费用和利息成本两部分，融资前期费用包括融资顾问费、贷款的建立费、承诺费以及法律费用等，这些费用一般占贷款总额的 0.5%～2%；项目融资的利息成本一般要高出同等条件公司贷款的 0.3%～1.5%，其增加幅度与贷款银行在融资结构中承担的风险以及对项目投资者的追索程度等因素有关。

2.1.4　项目融资的特点

由于采取项目融资方式筹集资金的项目具有建设规模大、建设周期长、投资多、风险分配复杂等特点，因此项目融资在具体安排和运作方面也存在着一些较明显的特点，这些特点包括以下几点。

（1）建设期利息资本化。由于项目建设期较长、贷款数量较多，通常建设期内项目难以产生可用于还贷的现金流，因此为避免项目运营方因偿债性融资造成财务负担增加，一般贷款银行同意借款方在此期间不支付贷款本息，而将计算出的贷款利息计入本金，即进行建设期利息资本化。

（2）分期偿还贷款而不是到期一次还本付息。项目融资的贷款数额较多、还款期较长，采取一次还本付息方式或是对借款人来说不具备操作可行性，或是对贷款人来说存在较大的还贷风险，因此项目融资都采取分期偿还贷款本息的方式。

（3）适合项目特点的个性化设计。考虑到项目融资贷款数额较多、还贷周期较长等特点，项目融资贷款资金的拨付、贷款本息的偿还等方面往往都针对项目的实际需要和现金流量的状况进行针对性设计，以确保债务资金的偿还并避免项目运营方财务负担增加。

（4）债务资金提供者与项目投资者分享对项目实体的控制权。项目融资中银行不可避免地要承担项目的部分风险，因此一般银行都要求与项目投资者一起分享对项目资产、项目经营和项目现金流量的控制权。

（5）由政府、项目运营方或第三方以直接或间接方式提供项目担保。由于项目风险较大，一般仅以项目资产作抵押并不能完全化解还贷风险，而由项目运营方、与项目有利益关系的第三方或政府有关机构提供担保则是分担还贷风险的常用方法。

（6）设立各种账户和资金池来满足运营和应急需要。在项目的融资设计和组建阶段，项目投资方和贷款银行都会对项目各阶段的现金流量状况进行细致的测算，并设立各种账户以便银行和投资方进行项目现金流量的监控和管理，确保项目正常的生产运营、债务资金的偿还。同时考虑到项目不确定性较大，为避免风险事件的发生影响项目的正常运营，通常也须设立专门的资金池保证应急需要。

（7）复杂的项目文件。融资项目风险分配较为复杂，因此项目除需要签订复杂的融资协议外，还需要签订投资协议、施工协议、设备供应协议、能源及原材料供应协议、产品购买协议、股本支持协议、账户协议等一系列项目文件。

■ 2.2 项目融资的产生和发展

现代意义上的项目融资虽然产生于20世纪60年代至70年代，但其发展历史可以追溯到300多年以前。早在17世纪，英国的私人业主建造灯塔的投资方式与项目融资中的BOT模式就极为相似。当时私人业主建造灯塔的过程是：私人业主首先向政府提出建造和经营灯塔的申请，在申请获得政府批准后，私人业主向政府租用土地建造灯塔，在特许期内管理灯塔并向过往船只收取过路费，特许期后由政府收回灯塔并移交给领港公会管理和继续收费。由于种种原因，这种投资建设方式一直没有引起人们的重视。

2.2.1 项目融资产生的原因

现代意义上的项目融资的产生有其特定的历史背景。从项目融资的产生和发展过程来看，项目融资的出现是经济发展和建设的客观需要。由于各国经济发展的不均衡性和各国所处的经济环境不同，项目融资在各国产生的原因和背景有所不同。

1. 发达国家和地区项目融资兴起的原因

从经济发展的历史来看，许多发达国家和地区以往的基础设施项目都是通过财政预算由政府直接拨款建设的。进入20世纪70年代以后，西方国家不得不改变这种传统的做法，其原因包括以下两点。

（1）随着经济的发展、人口的增长和城市化水平的提高，各发达国家对交通、电力、供水等基础设施的需求不断增长，与此同时，各国在这一时期都面临着财政紧张、债务负担过重、政府投资能力下降的困境，政府无力继续承担耗资巨大的基础设施建设任务。

（2）一些发达国家和地区国有企业私有化进程加快，政府允许私营资本介入基础设施领域，这既调动了私人投资的积极性，又缓解了国家财政困难。

上述背景为项目融资的发展和应用提供了较好的客观条件。减轻政府财政负担、吸引私人资本参与基础设施建设是发达国家和地区采用项目融资方式筹集项目资金的根本原因。

2. 发展中国家项目融资兴起的原因

从发展中国家的实际情况来看，第二次世界大战以后许多国家的基础设施项目都是通过财政拨款、政府贷款和国际金融组织贷款等方式筹资建设的。随着人口的增长和经济的发展，对新的基础设施的需求也不断增加。进入 20 世纪 70 年代以后，大量举债使一些发展中国家的国际债务危机加剧，导致了对外借款能力的下降、预算紧张，拉美国家在这方面尤为突出。在这种情况下，政府很难拿出更多的资金来投资基础设施项目。与此同时，发展中国家的经济发展对基础设施的建设提出了更高的要求，这就迫使这些国家不得不采用新的融资模式，寻找新的资金来源。

2.2.2　项目融资在中国的发展

20 世纪 80 年代我国在深圳沙角 B 电厂建设过程中第一次使用项目融资模式来筹集项目资金，这标志着我国利用项目融资方式进行项目建设的开始。为尽快解决能源、交通、通信等基础设施严重不足的困境，加快基础设施建设步伐，改变过去基础设施建设只能依靠国家财政投资的传统做法，中央政府在制定“八五”计划时，国家计委首次提出了运用 BOT 方式加快基础工业发展和基础设施建设方面的新思路。但在具体实践中由于多方面的原因，我国项目融资方式一度发展缓慢。

进入 20 世纪 90 年代，我国陆续出现了一些使用类似 BOT 方式进行建设的项目，如上海黄浦江延安东路隧道复线工程、广深高速公路、上海大场自来水处理厂、海南东线高速公路、三亚凤凰机场、重庆地铁、深圳地铁、北京京通快速路、广西来宾 B 电厂等，这些项目虽然相继采用 BOT 模式进行建设，但只有重庆地铁、北京京通快速路等项目被国家正式认定为采用 BOT 模式建设的基础设施项目；广西来宾 B 电厂是经国家批准的第一个 BOT 试点项目。

为使我国项目融资尽快走上正轨并按国际惯例进行运作，对外贸易经济合作部于 1995 年发布了《关于以 BOT 方式吸引外商投资有关问题的通知》，国家计委、电力工业部（简称电力部）及交通部 1995 年发布了《关于试办外商投资特许权项目审批管理有关问题的通知》、国家计委会同相关政府部门于 1997 年发布了《境外进行项目融资管理暂行办法》和《外商投资产业指导目录》，国家外汇管理局于 1997 年颁布了《境内机构借用国际商业贷款管理办法》，这些文件基本构成了中国早期指导项目融资的法律框架。总体来看，20 世纪 80 年代和 90 年代我国的项目融资仍处于谨慎的试验和摸索阶段，这一阶段采用的项目融资模式以 BOT 模式为主，项目融资的应用领域集中在电站、公路、隧道、桥梁等大型基础设施的建设领域。

进入 21 世纪以后，随着我国的经济发展和经济体制改革的深入，政府的投资管理职能进一步转变，政府的投资领域和投资方式发生了变化，2004 年国务院发布了《关于投资体制改革的决定》，其中明确提出："放宽社会资本的投资领域，允许社会资本进入法律法规未禁入的基础设施、公用事业及其他行业和领域""通过注入资本金、贷款贴息、税收优惠等措施，鼓励和引导社会资本以独资、合资、合作、联营、项目融资等方式，参与经营性的公益事业、基础设施项目建设。"这一决定使社会资本可以在更广阔的领域参与基础设施和公共事业等领域的投资，加之国内资本市场发育程度的提高和社会资本实力的增强，使项目融资具有了更广阔的应用空间。2004 年建设部颁布了《市政公用事业特许经营管理办法》，明确了可以以特许经营的形式允许社会资本参与市政公用事业的投资和经营，为此，建设部还先后颁布了城市供水、管道燃气、生活垃圾处理、污水处理、供热等领域的特许经营协议示范文本，以规范和指导特许经营制度的组织和实施。这一阶段的项目融资发展体现出了应用领域有所扩大的特点，但融资模式仍以特许经营制度为主，BOT 仍然是主要的融资模式。

从 2013 年起，我国开始应用 PPP（public private partnership，公私合作）模式建设基础设施项目，2014 年《财政部关于推广运用政府和社会资本合作模式有关问题的通知》（财金〔2014〕76 号）、《财政部关于印发政府和社会资本合作模式操作指南（试行）的通知》（财金〔2014〕113 号）、《国家发展改革委关于开展政府和社会资本合作的指导意见》（发改投资〔2014〕2724 号）等政策文件发布，标志着 PPP 模式成为我国公共设施和基础设施建设领域的一种重要的融资模式。此后，国务院相关部委又发布了《关于在公共服务领域推广政府和社会资本合作模式的指导意见》（国办发〔2015〕42 号）、《政府和社会资本合作项目财政承受能力论证指引》（财金〔2015〕21 号）等政策文件或指导文件，并先后推出了多批次的示范项目，建立了全国 PPP 项目管理库，PPP 模式已经在市政、交通、环境保护、城镇开发、教育、水利等领域得到了广泛应用，全国各省、自治区、直辖市都有 PPP 项目管理库入库项目，大多数省、自治区、直辖市都有 PPP 示范项目。

■ 2.3 项目融资的优势和劣势

项目融资自 20 世纪 60 年代至 70 年代产生，近些年日益受到人们的瞩目与青睐，其应用领域和应用范围越来越广，这主要是因为项目融资与其他的筹资方式相比具有一些明显的优点。

2.3.1 项目融资的优势

1. 实现融资的无追索或有限追索

在无追索权项目融资中，当项目没有达到完工标准以失败而告终或是项目在经营过程中无法产生足够的现金流量时，项目投资者不直接承担任何债务偿还责任。在有限追索权项目融资中，贷款人的追索权往往也在时间、对象和数量上具有一定限制。无追索权或有限追索权使项目的风险和债务责任在一定程度上和投资者隔离，提高了投资者参与项目的积极性，也使项目发起人有更大的空间去从事其他项目。

2. 实现资产负债表表外融资

采取项目融资方式筹集资金的项目通常所需资金数额巨大，如果项目贷款反映在项目发起人的资产负债表中，则项目发起人自身的资产负债率将受到很大影响，从而影响其自身的经营和发展。在项目融资中如果采取合适的投资结构和融资模式，如采取公司型投资结构，就可以有效地避免将项目的资产负债情况反映到项目发起人的资产负债表中，避免对项目发起人的资产负债情况产生影响，但这一优势的实现取决于各国有关会计合并的法律和法规。

3. 允许较高的债务比例

采取项目融资方式筹集资金的项目通常项目发起人可以投入较少的股本金，而大部分资金来源于贷款人所提供的贷款，从而实现较高比例的负债，这是所有其他融资方式不可比拟的特点。贷款人可以接受的债务比例依项目不同而有所不同，这一比例主要受项目所在国相关政策、项目经济强度、项目融资规模及项目其他当事人是否有股本投入等因素的影响。项目融资一般的债务比例在 75%～80%，有些项目的债务比例可以超过 90%，在一些特殊的项目融资中甚至可以实现100%债务融资。

4. 实现风险隔离和风险分担

融资项目一般具有风险相对较大、风险种类较多的特点，而且项目的参与方较多，因此在融资过程中如何合理地分摊项目的各种风险成为融资成功与否的关键。通常在投资结构和融资模式的设计时要考虑风险在各项目参与方之间的合理分配，从而既实现项目风险与项目发起人一定程度的隔离，又能提高各参与方关注项目成功与否的主动性。

5. 享受税务优惠的好处

项目融资允许较高的负债比例，这在某种程度上意味着资本成本的降低，因为在大多数国家贷款利息是税前支付的，而股权收益必须纳税。此外，由于在很多国家新企业享受资本支出的税收优惠和一定的免税期，所以成立单一目的公司的做法在项目融资中很普遍，甚至在有些情况下项目融资结构的设计就是出于税收方面的考虑。

6. 实现多方位融资

项目融资具有融资渠道多元化的特点，它除可以向商业银行、世界银行申请贷款外，还可以邀请外国政府、国际组织、与工程项目有关的第三方当事人参与融资，以满足工程所需的巨额资金。

需要说明的是，项目融资的上述优点并不是在所有的融资项目中都能体现出来的，这往往取决于投资结构和融资模式的设计。项目融资尽管具有这么多的优点，但这些好处也绝不是没有代价的，一般来说项目融资也有一些无法避免的弊端。

2.3.2 项目融资的劣势

1. 风险分配的复杂性

项目融资设计的一项重要工作是识别和分配风险，由于融资项目风险较大、风险种类较多且参与方众多，为在各参与方之间适当地分摊风险、满足各参与方的要求，往往要经过较长时间的谈判，以多份合同的形式确定下来。因此，项目融资风险的分配过程较为复杂，极有可能会增加相应成本。风险分配的复杂性使项目融资方式在发展中国家操作起来比较困难，这是因为这些国家的企业独立承担项目风险的能力较弱。

2. 增加了贷款人的风险

由于在项目融资中贷款人对项目投资者只拥有有限追索权或没有任何追索权，尽管在融资过程中贷款银行会要求项目投资者或其他利益相关方提供各种形式的担保或抵押，但项目的某些风险仍不可避免地转移给了贷款银行，这与许多国家规定银行不能作为风险的承担者这一原则相违背。

3. 贷款人的过分监管

由于贷款银行承担了项目中的风险，其必然要加强对项目发起人及项目公司的监管，有时甚至是过分监管。例如，融资项目要将项目报告、项目经营状况、项目工程技术报告等资料及时通报给贷款人，这样不仅会影响项目经营决策的效率，而且也会增加项目的成本。此外，贷款人为规避风险往往要求对项目进行过度的保险，并限制项目所有权的转移以确保经营管理的连续性。

4. 较高的利息和费用负担

贷款人承担了较传统的公司融资方式更多的风险，这必然导致项目融资的利息和费用负担比传统的公司融资高，因此只有项目所需资金数量确实巨大时才可以考虑利用项目融资方式筹集资金。

2.4 项目融资的参与者

由于项目融资存在着风险管理复杂、结构设计严谨等特点，因此参与融资结构并在其中发挥作用的利益主体数量也较传统的融资方式多。概括起来，项目融资的参与者主要包括以下几种：项目直接主办人，项目实际投资者，项目贷款银行，项目产品购买者或项目设施使用者，项目建设工程公司/承包公司，项目设备、能源、原材料供应商，项目融资顾问，项目管理公司，有关政府机构，其他项目参与者等。

2.4.1　项目直接主办人

项目直接主办人是指直接参与项目投资和项目管理，直接承担债务责任和项目风险的法律实体。项目融资中一个普遍的做法是成立一个单一目的项目公司作为项目的直接主办人，有时把其他投资结构中的项目直接主办人也称为项目公司，但在其他投资结构中并没有法律意义上的单一目的公司存在。

在项目融资中，项目的直接主办人通常是一个专门为该项目成立的单一目的项目公司，而不是由进行投资的母公司或控股公司，即项目实际投资者来作为项目直接主办人。这种做法的好处包括以下几点。

第一，将项目融资的债务风险和经营风险大部分限制在项目公司中，项目公司对偿还贷款承担直接责任，这是实现融资责任及风险与项目直接投资者隔离的一种有效方法。

第二，根据一些国家的会计制度，成立项目子公司进行融资可以避免将有限追索的融资安排作为债务列入项目实际投资者的资产负债表中，实现非公司负债型融资安排。

第三，对于有多个投资者参加的项目来说，设立项目公司便于集中项目资产所有权，便于将项目资产进行集中统一管理，同时也有利于项目公司利用项目资产作为抵押向贷款银行融资。

第四，从实际操作的角度来说，采用项目公司的形式具有较强的管理灵活性。项目公司可以是一个实体，该实体实际拥有项目管理所必须具备的生产技术、管理、人员条件；项目公司也可以只是一个法律上拥有项目资产的公司，实际的项目运作委托给具有丰富项目管理经验的项目管理公司。

2.4.2　项目实际投资者

项目实际投资者是项目的真正主办人和发起人。项目实际投资者既可以是公司、其他经济实体，也可以是自然人。项目实际投资者在项目中的主要作用是提出项目、取得经营项目所必需的许可和协议，并将项目融资各参与者联系在一起。项目投资者通过项目的投资活动和经营活动获取投资利润和其他利益，通过组织项目融资实现投资项目的综合目标要求。在有限追索项目融资中，项目投资者除拥有项目公司的全部股权或部分股权、提供一部分股本资金外，还需要以直接担保或间接担保的形式为项目公司提供一定的信用支持。项目投资者在项目融资中需要承担的责任和义务以及需要提供的担保的性质、金额和时间要求，主要取决于项目的经济强度和贷款银行的要求，而且是由借贷双方通过谈判决定的。

项目投资者可以是单独一家公司，也可以是由多家公司组成的投资财团；既可以是项目所在国境内的企业，也可以是境外的企业或投资者；既可以是私人公司，也可以是政府机构或者是两者的混合体。

对于项目实际投资者来说，在参与融资项目的投资和融资活动之前往往要对以下几个问题给予特别关注：项目所在国的法律法规是否对项目的产权或私人投资予以承认并进行保护；是否能够及时地从各级政府获取有关项目建设和运营所必需的各种许可文件；能否形成各类可实施的项目协议；是否存在着货币兑换或外汇流出限制；在必要时是否可以申请国际仲裁等。这些问题不仅关系到项目实际投资者的切身利益，而且对项目的成败有重要影响。

2.4.3 项目贷款银行

商业银行、非银行金融机构（如租赁公司、财务公司、特定类型的投资基金等）和一些国家政府的出口信贷机构是项目融资资金的主要提供者，在此统称为“贷款银行”。

通常商业银行是项目资金的主要提供者，承担贷款责任的银行可以是一两家银行，也可以是由十几家银行组成的国际银团，参与提供资金的银行数目需要根据贷款的规模、项目的风险等因素来确定。在项目融资中，贷款银团由发挥不同作用的银行构成，其中包括以下几点。

（1）安排行。安排行是最初与项目公司签订贷款协议并承购全部或部分贷款的银行。它们与项目公司签订贷款协议后，将贷款协议在银团成员之间进行销售，安排行往往要承担无法全部销售出贷款协议的风险，安排行通常由少数几个大银行组成的一个小银团来担任。

（2）代理行。代理行与贷款人签订协议，并接受银团成员 2/3 以上的贷款银行的指示，负责项目贷款的日常管理事务，并收取一定的管理费。

（3）管理行。管理行是为了便于项目贷款的管理而安排的，它本身不承担任何风险，也不增加任何的债务责任。

（4）技术银行。技术银行是与贷款人签订协议，负责处理与项目贷款有关的技术问题的银行。技术银行应从贷款人的角度监督项目的一般进程，并代表贷款人与独立的工程师或技术顾问联系和洽谈。

（5）保险银行。保险银行通常从贷款人的角度负责与项目保险有关的谈判等事宜，通过不断地与贷款人聘请的保险顾问联系、与保险公司谈判，保证最终取得的项目保险文件符合贷款人的利益。

作为项目的债务资金提供者，项目贷款银行往往对有哪些可实施的抵押权益、是否有可靠的资信增级、是否拥有合法的干预权、必要时是否能获得有效的仲裁等问题较为关心，因为这些问题直接关系到银行的贷款决策和风险情况。

在项目融资中，出口信贷机构也可以为项目提供资金，其主要作用是通过发放优惠利率的出口信贷资金促进本国出口的稳定增长。在项目融资中，设备供应协议经常与出口信贷业务捆绑在一起操作。

此外，在项目融资中多边金融机构也起着重要的信用担保作用，尤其是在对政治风险的担保方面，多边金融机构往往可以发挥很大的作用。

2.4.4 项目产品购买者或项目设施使用者

项目产品购买者或项目设施使用者一般在项目融资中也发挥着相当重要的作用，他们往往构成项目融资信用保证的关键部分之一。融资项目的产品通常很少向市场公开出售，而是通过事先与项目产品购买者或项目设施使用者签订长期协议以降低销售环节的不确定性。由于长期销售协议或设施使用协议直接关系到项目运营期的现金流量状况，因此贷款人在考察项目的风险时，项目产品购买者或项目设施使用者的资信水平就成为一个重要因素。

项目产品购买者可以是项目发起人本身、对项目产品感兴趣的第三方及有关的政府机构。作为项目融资的一个重要参与者，他们甚至可以直接参加融资谈判，确定项目产品的最小承购数量和价格公式。

2.4.5　项目建设工程公司/承包公司

项目建设工程公司或承包公司的资金情况、工程技术能力和以往的经营历史记录，可以在很大程度上影响项目贷款银行对项目建设期风险的判断。同时，项目工程公司与项目实际主办者所签订的施工合同以及工程公司或相关各方为项目提供的各种类型的完工担保是化解项目完工风险的有力手段，因此项目建设工程公司或承包公司也被认为是项目融资的重要参与方。此外，由于工程公司或承包公司在同贷款银行、项目发起人和各级政府机构打交道方面往往很有经验，因此他们对项目融资过程中的一些问题可能会提出有价值的建议。

2.4.6　项目设备、能源、原材料供应商

项目设备供应商对于保证项目按时竣工起着十分重要的作用，而能源及原材料的供应商则直接影响到项目运营期生产的稳定性及生产成本，因此他们的资信水平和经营作风也成为贷款银行在决定是否发放贷款时考虑的重要因素。

项目设备供应商通过延期付款或者低息优惠出口信贷的安排，可以构成项目资金的一个重要来源。能源及原材料的供应商为了寻找长期稳定的市场，在一定条件下愿意以长期的优惠价格条件为项目供应能源和原材料，这种安排有助于减少项目初期以及项目经营期间的许多不确定因素，为项目投资者安排项目融资提供了便利条件。

2.4.7　项目融资顾问

项目融资过程中的许多工作需要具有专门技能的机构来完成，而大多数的项目投资者不具备这方面的经验、技能和资源，需要聘请专业融资顾问来完成。融资顾问在项目融资中起着比较重要的作用，在一定程度上影响到项目融资的成败。融资顾问通常聘请投资银行、财务公司或者商业银行中的项目融资部门来担任。

在项目融资中通常要求融资顾问具有以下方面的经验、技能或资源。

（1）准确了解项目投资者的目标和具体要求。

（2）熟悉项目所在国的政治经济结构、投资环境、法律和税务政策。

（3）对项目本身及项目所属行业的技术发展趋势、成本结构、投资费用等有较清楚的认识。

（4）掌握当前金融市场的变化动向和各种新的融资手段。

（5）与主要银行和金融机构有良好的关系。

（6）具备丰富的谈判经验和技巧等。

项目融资顾问的任务通常是充分考虑各个与融资有关的利益主体的融资目标和要求，通过对融资方案的反复设计、分析、比较和谈判，最后形成一个既能在最大限度上保护项目投资者的利益，又能被贷款银行及其他利益相关方接受的融资方案。

项目融资顾问可以分为两类：一类只担任项目投资者的顾问，为其安排融资结构和贷款，而自己不参加最终的贷款银团；另一类在担任融资顾问的同时也参与贷款，作为贷款银团的成员和经理人。

2.4.8 项目管理公司

在大多数工程项目中，项目的直接主办人主要在项目的发起、开发建设和融资阶段起主要作用，而项目进入经营阶段后则往往指定一家独立的公司代表项目直接主办人负责项目的日常经营管理事务，这一公司通常被称为项目管理公司。由于项目融资中贷款银行比较关心项目进入经营期后产生现金流量的能力，因此项目管理公司的经济背景、管理能力、资金实力和管理经验、资信水平也成为贷款银行所关心的问题，有时候项目管理公司的素质甚至会影响项目融资的成功与否。项目管理公司可以是第三方经济实体，也可以是项目发起人之一。

2.4.9 有关政府机构

在项目融资过程中，项目所在国政府及项目参与人各方政府都有可能对项目融资有一定的影响，当然其中对项目融资成功与否影响最大的是项目所在国政府。政府机构能够在项目融资中发挥多方面的作用：在微观方面，政府部门可以为项目开发提供土地、基础设施、能源供应、经营特许权等必要的基础条件，减少项目的建设风险和经营风险；政府部门也可以为项目提供条件优惠的出口信贷和其他类型的贷款或贷款担保，促成项目融资关系的组建。在宏观方面，政府可以为项目建设提供一种良好的投资环境。

对于基础设施建设项目或其他对经济和社会发展有重要影响的重大项目，项目所在国政府往往会成为项目投资和融资活动的重要推动者。在这一过程中，项目所在国政府往往会对以下问题特别关注：基础设施服务的提供和持续性；项目应满足在项目所在国适用的环境保护、健康安全及质量标准；项目服务的合适价格；项目对客户、用户的非歧视与公平对待；项目公司应该对运营活动进行适度的信息披露；项目应具有对未来条件变化的适应性；项目应能适应现在或将来的市场结构等。

2.4.10 其他项目参与者

在项目融资过程中还有其他一些参与者，包括为项目提供各类保险的保险机构、为项目融资提供咨询的法律顾问及税务顾问、信用评估机构、财务部门、律师和其他专业人士等。

在项目融资中，各参与方之间的关系比较复杂，他们通过一系列的合同或协议结合在一起。图 2-2 概括性地给出了项目融资参与者之间的基本合同关系。

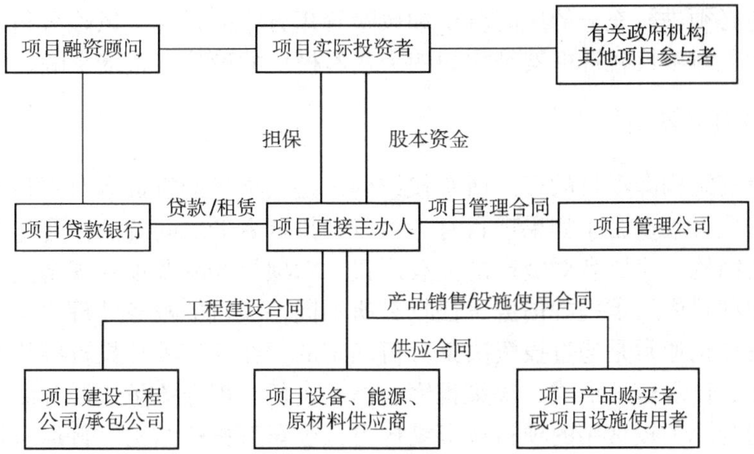

图 2-2　项目融资参与者之间的基本合同关系

■ 2.5　项目融资的运作程序及文件体系

尽管各个项目在融资过程、融资模式等方面存在许多差别，很难找到两个完全一样的融资项目，但在项目融资过程中往往存在一些共同的特征、都要遵循相似的运作程序，项目融资各参与方之间都需要签订多份作用有所区别的文件构成文件体系以规范和约束各参与方之间的法律关系。

2.5.1　项目融资的框架结构

在进行项目融资设计时，项目发起人和投资者必须解决的四个基本问题分别是：项目投资结构、项目融资结构、项目资金结构和项目信用担保结构，这四个基本问题既相对独立，又彼此之间存在一定的关联或影响关系，它们相互之间的关系可以用图 2-3 来描述，这四个相互联系的问题一起构成了项目融资的框架结构。同时，在进行项目融资

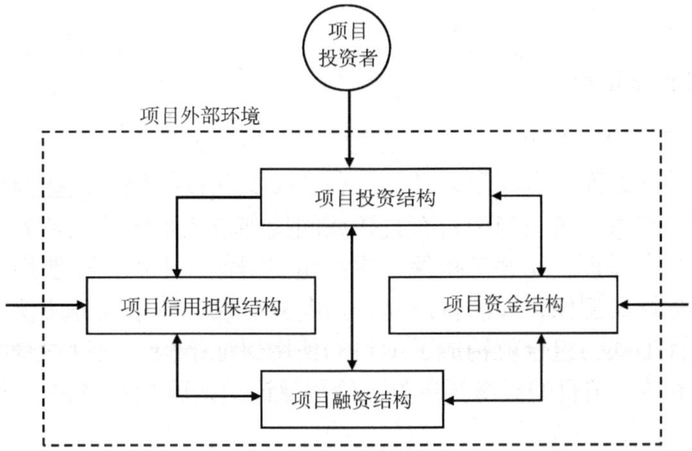

图 2-3　项目融资的框架结构

设计时，还必须进行充分的风险分析和风险管理方案的设计，风险分析和风险管理方案设计的结果也对项目融资框架结构的四个基本模块的设计有直接影响。

1. 项目投资结构

项目投资结构即项目的资产所有权结构，是指项目的投资者对项目资产权益的法律拥有形式和项目投资者（如果项目有一个以上投资者）之间的法律合作关系。采用不同的项目投资结构，投资者对资产的拥有形式、对项目产品及项目现金流量的控制程度以及投资者在项目中所承担的债务责任将有所不同，项目的税务处理也会存在较大差异。项目的投资结构通常是通过投资决策分析确定的，在确定项目投资结构时要考虑：项目的产权责任、产品分配形式、决策程序、债务责任、现金流量、税务结构和会计处理等内容。目前国际上较常用的项目投资结构有：公司型投资结构、普通合伙制及有限合伙制结构、信托基金结构、非公司型投资结构等。

2. 项目融资结构

项目融资结构（也称项目融资模式）是项目融资的核心部分。通常项目的若干投资者在项目投资结构方面达成共识以后，要尽量设计和选择合适的融资结构以实现投资者在融资方面的目标和要求。设计项目的融资结构往往是项目的融资顾问（通常由投资者聘任的投资银行来担任）的重点工作之一。常用的项目融资模式包括：投资者直接安排融资、通过单一项目公司融资、利用“设施使用协议”融资、生产贷款、杠杆租赁、BOT模式、PPP模式、ABS[①]模式等。

3. 项目资金结构

项目资金结构是指在项目资金来源中股本资金、准股本资金和债务资金的形式与相互之间的比例关系以及相应的来源。项目资金结构是由项目的投资结构和融资结构决定的，但反过来又会影响到项目融资结构的设计。经常为项目融资所采用的资金形式有：股本和准股本资金、商业银行贷款和国际银行贷款、国际债券、租赁融资、发展中国家的债务资产转换等。

4. 项目信用担保结构

对于银行和其他债权人而言，项目融资的安全性来自两个方面：一方面来自项目自身的经济强度；另一方面来自项目之外的各种直接或间接担保。这些担保可以是由项目的投资者提供的，也可以是由与项目有直接或间接利益关系的其他各方提供的；这些担保可以是直接的财务保证，如完工担保、成本超支担保、不可预见费用担保等，也可以是间接的或非财务性的担保，如项目产品长期购买协议、技术服务协议、长期供货协议等，所有这些担保形式的组合就构成了项目的信用保证结构。项目本身的经济强度与信用保证结构相辅相成，项目的经济强度好，信用保证结构就相对简单，条件就相对宽松；

① ABS是英文asset-backed securitization的缩写，在国内往往被称为资产支持证券化或资产证券化。

反之，信用保证结构就要相对复杂和相对严格。

2.5.2　项目融资的阶段

项目融资一般要经过五个阶段，即投资决策分析、融资决策分析、融资结构分析、融资谈判和项目融资执行阶段。

1）投资决策分析阶段

从严格意义上来说，投资决策分析不属于项目融资活动的一个阶段，但项目的投资决策分析是项目融资的重要前提。投资者在决定投资一个项目之前，往往都要进行宏观经济形势的判断、项目所处行业的发展前景以及项目在该行业的竞争性分析、项目的可行性研究等，以判断该项目是否有投资的必要。若投资者决定对项目进行投资后，接下来就要确定项目的投资结构，投资结构的选择与将要选择的融资结构和资金来源有密切关系，也与项目融资的可行性及融资的方式联系在一起。

2）融资决策分析阶段

这一阶段的主要任务是分析项目是否有融资的可行性和必要性以及决定项目融资的方式。项目融资是否可行和必要，取决于投资者对债务责任分担、贷款资金数量、时间、融资费用、债务会计处理等方面要求的综合评价。例如，项目有融资的必要性和可行性，接下来就可以由项目投资者或者由投资者聘请的融资顾问对项目的融资能力及可能的融资方案做出分析和比较，在获得一定的信息反馈后，再做出项目的融资方案决策。

3）融资结构分析阶段

这一阶段的主要任务是完成对项目风险的分析和评估，设计出项目的融资结构和资金结构，并对项目的投资结构进行修正和完善。项目融资结构设计的关键在于由项目融资顾问和项目投资者一起对项目有关的风险因素进行全面的分析和判断，确定项目的债务承受能力和风险，设计出切实可行的融资方案。项目融资结构以及相应的资金结构的设计必须全面反映出投资者的融资战略要求和考虑。

4）融资谈判阶段

在初步确定项目融资方案以后，融资顾问将有选择的向商业银行或其他一些金融机构发出参加项目融资的建议书、组织贷款银团、着手起草项目融资的有关文件。在与贷款银团的接触和相关融资文件的起草过程中，必须既能最大限度地保护投资人的利益，又能为贷款银行所接受，因此往往需要经过多次的反复和不断的谈判，并对有关的法律文件进行必要的修改。在很多情况下融资谈判阶段也会涉及融资结构的调整问题，有时甚至会对项目的投资结构及相应的法律文件做出修改。在这一阶段，融资顾问、法律顾问和税务顾问对于加强项目投资者的谈判地位、保护投资者的利益有重要的作用，在项目融资谈判陷入僵局时可以及时、灵活地找出适当的变通办法，绕过难点解决问题。

5）项目融资执行阶段

在正式签署融资的法律文件之后，项目融资将进入其执行阶段。在项目融资中由于贷款银团在一定程度上承担了项目的风险，因此往往会加大对项目执行过程的监管力度。贷款银团通过其经理人经常性地监督项目的进展，并根据融资文件的规定参与部分项目的决策程序、管理和控制项目的贷款资金投入和部分现金流量。贷款银团对项目的参与往往在项目的建设期、试生产期和正常运行期表现出不同的内容和特点。此外，银团经理人也会帮助项目投资者加强对项目风险的控制和管理，以降低项目的金融风险和市场风险。

2.5.3 项目融资的文件体系

项目融资的参与者数量较多，众多参与者通过一系列的合同或协议的形式建立起以项目直接主办人（项目公司）为核心的法律关系体系，这些合同或协议详细地规定或约束了各参与者在项目中的责任、权力和可能获得的利益。由于融资项目投资规模较大、风险较大且风险分担关系较为复杂，而且项目的参与者较多，参与者对各自在项目中的责任、权益和风险十分谨慎，众多参与者之间形成的法律关系十分复杂，形成的文件体系中所包含的合同类型较多，在此处只列出最主要的合同类型。

项目融资文件体系中所包含的主要合同可以依据其作用不同分为以下几种类型。

（1）项目协议。项目协议是保证项目得以建设和运营的基础性文件，这些协议往往在申请贷款之前就已经签订，其中一些协议对于采取其他形式筹集资金的项目同样需要签订，只是在项目融资中贷款人对这些协议所规定的内容是否满足项目融资的要求加以分析和审核，所以这些协议也构成了项目融资合同体系的重要组成部分。在项目融资中主要的项目协议包括：①政府特许权协议或其他各种授权、许可、批准文件；②项目发起人合资协议；③项目实体的组织协议；④项目设计（服务）合同；⑤项目施工合同或总包、分包合同；⑥项目设备采购合同；⑦项目运营管理合同；⑧项目能源、原材料供应合同；⑨产品销售合同或服务设施使用合同；⑩第三方专业服务或咨询合同等。

（2）融资合同。融资合同是指项目直接主办人或其他负责为项目筹集资金的主体与资金提供方之间签订的反映双方资金融通关系的合同或协议及其附件、补充文件等。主要的融资合同包括：①贷款合同；②项目投资者之间的投资协议；③其他融资文件，如债券发行相关文件和协议、发行商业票据相关协议、股票承销协议等；④账户资金监管协议；⑤项目运营监管协议等。

（3）担保抵押协议及其辅助文件。担保抵押协议是项目参与方或第三方签署的用以保证项目正常建设运营或保证债务资金得到及时偿付的协议。在第 5 章将对项目融资担保进行详细介绍，在此只是简单列举常用的担保抵押协议：①项目资产抵押协议；②承建方、分包商或第三方提供的履约保函；③项目发起人提供的支持，如完工担保、资金缺额担保、债务偿还担保、支持信等；④项目所在国政府提供的支持，如各种批复、许可、外汇兑换承诺、免税或减税政策等；⑤项目的各种保险协议；⑥各类项目协议的受益权转让等。

■ 2.6 项目融资的可行性及成功条件分析

由于筹资数额较大、风险分配复杂，项目融资的组织过程也异常复杂，往往需要进行反复的融资设计和谈判，在满足了项目相关各方对利益和风险的要求的情况下才能顺利组建项目各参与方在项目融资中的利益关系体系。项目融资关系是否能成功组建，往往取决于项目自身的情况以及投资者在融资前所做的各种组织和设计工作。项目自身的情况是项目投资可行性分析和融资可行性分析的重要内容，而融资前的各种组织和设计工作是项目融资成功的必要条件。

2.6.1　项目的可行性研究

项目的可行性研究是指在决定进行项目投资之前，投资者组织对项目相关的社会、经济和技术等各方面情况进行深入、细致的调查研究，运用科学的方法对各种方案进行认真分析、综合论证、详细测算，并对项目的经济效益和社会效益进行分析的一系列工作。

项目的可行性研究主要是为了提供拟投资项目的技术、经济、结构、政府支持及市场等方面的分析结论，项目可行性研究报告是项目发起人在争取有限追索资金时必须提供的一个重要报告，项目发起人通过这个报告对项目进行详细说明以吸引潜在的贷款人、政府官员和潜在的股本投资者参与到这个项目中来。

为使贷款银行同意为项目提供贷款，项目投资者必须编制具有说服力和权威性的可行性研究报告。项目可行性研究报告的内容通常包括以下几点。

（1）市场需求分析。在市场需求分析中，要了解项目提供的产品和服务是否有市场、国内外的需求量、该项目产品的市场占有率等情况。

（2）资源状况分析。涉及矿产和石油开采的项目必须对资源的分布、储量、矿产的品位、开采利用的可能性和经济性、开采的条件以及交通运输条件有一个比较准确的估计。

（3）原材料供应条件分析。原材料供应条件是指项目在建成投产后生产经营过程中所需各种原料、主要材料、辅助材料及半成品等的供应数量、质量、价格、供应来源、运输距离及仓储设施等方面的条件，这些条件是项目建成生产所必不可少的基本条件。

（4）项目建设地址的选择。项目选址是关系到项目建设和生产的一项重要内容，建设地址不仅关系到国家或地区经济布局的落实、投资的地区分配、经济结构、生态平衡等具有全局性、长远性的重要问题，还将直接或间接决定着项目建成后的经济效益。项目建设选择地址时往往要考虑自然环境、社会经济环境和基础设施等各方面条件，其中基础设施条件对项目的影响比较大。

（5）建设规模与产品方案确定。根据市场分析及资源条件等提出项目的建设规模与产品方案，进行建设规模与产品方案的比选，确定推荐的建设规模与产品方案。

（6）项目技术工艺、设备选择。项目所用工艺的适用性是项目技术论证的关键，工艺选择直接决定了设备的选择，工艺技术方案将直接影响未来产品的质量、产量和项目的经济效益。技术工艺的选择主要考察工艺的可靠性、工艺流程的合理性、工艺与原材料的相互适应性以及对产品质量的保证性。

（7）项目对环境的影响分析及为达到环境保护标准所采取的措施研究。全面分析产生污染的种类、可能污染的范围及程度，在此基础上提出治理的措施，尤其要特别注意对生产过程污染的治理方案是否科学。

（8）项目的实施进度确定。根据项目的规模和技术方案，确定项目的建设工期及进度安排。

（9）项目的投资估算。按照项目建设规模和设计方案，估算项目的建设投资、流动资金投资等，以此作为项目筹资方案设计的基础。

（10）资金的筹措方案确定。根据项目的资金需求及筹资的主客观条件，提出项目融资的组织形式、权益资本和债务资本的筹措方式等融资方案，并进行资金筹措方案的比选以确定推荐方案。

（11）项目的效益分析。项目的效益分析包括财务效益分析、经济效益分析及社会效益分析等方面，效益分析往往是可行性研究的核心内容。

（12）项目的风险分析及应采取的应对措施研究。全面分析项目风险产生的来源、风险发生的可能性或概率以及风险可能造成的影响，据此提出防范风险的措施。

在可行性研究中，市场需求调查是可行性研究的前提条件；工艺技术论证包括技术方案的选择、建设条件的评价，这是可行性研究的基础；财务经济效益分析是可行性研究的核心内容和关键。只有项目的经济效益、财务效益测算结果可行，项目建设才有意义，项目融资才能进行。

融资项目可行性研究的研究目标应主要针对：①论证项目技术上的可行性；②考察经济上的合理性；③项目各项方案的合理性和适用性。

项目可行性研究是融资项目前期工作的重要内容，以市场需求为起点，以资源投入为基础，得出技术评价和经济评价结果，综合反映一个融资项目建设的必要性、技术的可行性与先进性、经济上的合理性。因此，可行性研究的意义和作用主要表现在：第一，为融资项目发起人提供投资决策的依据；第二，为取得政府部门支持提供依据；第三，是开展融资活动、寻求融资伙伴的依据；第四，作为项目具体建设的指导依据。

2.6.2 项目融资宏观环境分析

由于融资项目建设规模较大，往往受到项目所在国的宏观环境影响较大，因此在项目投资分析、融资分析阶段投资者和银行都将宏观环境分析作为重要的分析内容。项目宏观环境分析包括对项目所在国政治环境的考察、对法律和法规建设的考察以及对经济条件的考察。

1. 项目所在国政治环境的考察

在影响项目融资的各种因素中，政治环境处于首要地位，政治稳定性和政策的连续性是国际项目融资成功要素中的关键所在。因为政治稳定性能增强债务资金提供者和投资者的信心，政策的连续性则取决于政治的稳定性。在对项目进行大量的资金投入之前，项目的投资者、开发商和金融机构必须有理由相信项目所在国政治环境的稳定性和政策的连续性。

政治的可预见性也是影响国际项目融资成功的另一重要因素，可预见性是建立在一定的政治和经济机制基础之上的。例如，发展中国家面临着艰巨的基础设施建设任务，但是却缺少必要的建设资金，因此要想在发展中国家成功地通过项目融资方式筹集资金建设基础设施，则必须有一个前提条件，即项目所在国政府明确承认私人投资者在基础设施项目的开发、建设、经营和拥有等方面的积极作用，并且已经将这一思想反映在正式的项目融资法律和法规的建设中。

2. 项目所在国法律和法规建设的考察

项目融资是否能成功还要依托一套完善的法律体系，这个法律体系应包括以下内容：适合项目融资的基本法律条款；及时地领取许可证的规定；合同的法律效力规定和公正而高效的纠纷处理规定等。

通常在项目融资中考察项目所在国法律和法规建设情况时，应着重考察以下几个方面的问题。

（1）政府部门在项目融资中的作用和职责。

（2）项目投资者取得许可证或特许经营权的保证。

（3）有关价格的法规和管理。

（4）一般企业管理的规定。

（5）对外商投资企业的干预和控制法规。

（6）对所有者红利支付的限制。

（7）劳动法规和管理。

（8）环境和安全法规与管理。

（9）合同的执行和拒绝，如合同法的有关规定。

（10）争端处理的规定。

（11）税法的规定等。

以上这些基本的法律和法规必须清楚、明确，并且具有可操作性。否则，如果法律和法规条款的说明过于简单和模糊，对项目融资来说就存在比较高的政治风险。

3. 项目所在国经济条件的考察

项目所在国经济条件主要考察项目所在国的价格水平、国内资本市场、国内信用等级和国内利率水平等。这些经济条件都是支持项目融资成功的必不可少的条件。

（1）价格水平。价格水平及价格管理现状对于项目产品的市场风险将产生重要影响，比如，在电力项目融资中，如果国内电力价格过低，就会影响项目公司产生现金流量的能力。

（2）国内资本市场发育程度和国内信用等级。国内资本市场的发育程度是影响项目融资发展前景的一个重要方面，如发展中国家由于国内资本的缺乏，往往需要通过利用外国资金来满足其经济发展的需要。同时，国内投资者的信用等级也会影响到项目融资的成本及规模。

（3）国内利率水平。如果国内利率水平已经市场化，则国内投资者对于项目融资的利率水平及偿债行为就容易理解和接受，这对于项目融资的谈判有一定影响。在进行项目融资时，由于需要一定比例的当地融资，因此，项目所在国利率水平就会在一定程度上影响项目融资的成本。

2.6.3 项目的可融资性分析

项目的经济、技术、政策及环境可行性是从项目发起人的角度进行分析的，项目具备可行性并不意味着项目就具备了可融资性，也就是说项目即使满足了投资者的最低风险要求，也不意味着项目一定能够满足融资的要求。因此，对项目进行以上可行性分析的同时，还要进行项目的可融资性分析。

项目的可融资性，即银行的可接受性。一般来说银行不愿意冒不确定或不能控制的风险。例如，它们一般不愿意承担法律变化的风险，因为这样的风险无法转移给消费者或产品购买者。但它们可以承担石油开发项目中原油价格下跌的风险，因为他们的分析师能根据大量的历史数据预测原油价格的未来走势。项目的可融资性除与项目自身的风险和现金流量状况有关以外，还要取决于项目风险是如何分配和处理的。

尽管目前还没有一套公认的标准来衡量项目的可融资性，但从银行的角度来说，衡量项目的可融资性除考虑项目的可行性分析结论外，往往还要考虑以下几点。

（1）银行一般不愿意承担法律变化等不确定或无法控制的风险。

（2）在存在信用违约或对贷款人进行第一次偿还以前，项目发起人不得进行红利分配。

（3）完工前收入应用于补充项目的资本性支出，以此来减少对银行资金的需求量。

（4）项目风险应进行较好的分摊。项目公司不能承担太多的风险，尤其不能承担项目所在国政府和项目发起人都不愿意承担的风险。

（5）项目合同涉及的其他当事人不能因为银行对项目资产或权益行使了抵押权益而终止与项目公司的合同。

在项目融资实务中，项目发起人在说服银行接受该项目时，应注意利用不可抗力因素来构成“免责条款”。因此，对这一条款的理解对于发起人和银行来说都是非常重要的。一般来说，出现以下事件时，就构成了不可抗力因素，可以免除项目发起人的责任：①罢工或其他停工行为；②战争和其他武装斗争，如恐怖分子活动、武装阴谋破坏活动、暴乱等；③封锁或禁运导致供应或运输的中断；④不利的自然现象，如雷电、地震、地陷、火山爆发、山崩、飓风、暴雨、火灾、洪水、干旱、积雪及陨石等；⑤流行病；⑥辐射和化学污染等；⑦法律和法规的变化；⑧其他人类暂时不能控制的事件等。

以上是构成不可抗力的一些事件，但并不是说所有的项目都可以将以上事件视为不可抗力。对于不同的项目来说，不可抗力的特征是不同的，如在电力开发项目中，能源供应的中断就不构成项目的不可抗力事件，以此表明项目公司必须为此而承担责任。

项目的可融资性是银行向项目注入资金的先决条件，由于债务资金往往在融资项目资金结构中占有相当大的比例，因此银行除对项目的效益和风险情况进行精确测算以外，还要通过对项目有关的各项权益或协议加以严格地限制，以保证项目能正常运营，并使银行所承担的风险与收益相当。通常银行可能提出的限制条件包括以下几点。

（1）对各种授权合约的限制。这方面的限制包括：所有授权合约都必须确定项目的有效生命期；如果银行对项目公司行使抵押权时（包括银行卖出项目公司抵押的股份），授权合约不能提前终止，即所有这些合约应与项目而不是项目公司同在；授予的权利应能全部转让等。

（2）对股东协议和所有者权益分配的限制。这方面的限制包括：发起人应认购分配给它的全部股份；发起人应补足成本超支的资金；发起人应为保险不能覆盖的部分提供资金保证等。

（3）对特许权协议的限制。这方面的限制包括：特许权协议应规定项目的固定生命期；不能将不适当的、过重的条款加在项目公司的身上；特许权协议的授予者应承担法律变更的风险；出现不可抗力因素时，应延长项目的特许期限；特许权协议不能因为银行对项目公司行使了抵押权而提前终止；银行应可以自由地转让特许权给第三者等。

（4）对建设合同的限制。这方面的限制包括：建设合同应是一揽子承包合同；在建设合同中，应规定固定价格；应在固定期限内完工；不可抗力事件应控制在有限范围内；如果不能在固定日期完工，承包商应承担由此给项目公司带来的损失，而且这种损失赔偿应至少能弥补项目公司须支付的银行贷款利息；承包商应提供广泛的担保合同等。

（5）对经营和维护合同的限制。这方面的限制包括：对项目经营者应提供适当的激励措施以使其保证项目正常、有效率地运行，实现项目公司利润最大化的目标；如果项目经营管理不善导致经营目标失败，经营者应承受严格的处罚；银行应有权对经营管理不善的经营者行使开除权或建议开除权。

对于以上这些对经营和维护合同的限制，应进行一些解释：首先，经营者所得到的激励与所承受的处罚应相对平衡，有时甚至需要进行重新谈判修改条款；其次，对于银行拥有的对经营者的否决权，操作起来有些难度，通常的做法是把项目公司在经营和维护合同中拥有的控制合同终止权授予银行，这样银行可以控制经营合同的期限但不能直接开除某经营者。

综上所述，只有在解决以上问题之后才能打消银行的顾虑，银行才能将大量资金长期注入项目中来。

2.6.4　项目融资成功的条件分析

项目融资的成功关键在于通过复杂的投资结构、融资结构和信用担保结构等方面的设计，将项目相关各方的利益有机地结合起来，在各参与方之间合理地分摊风险，并实现项目相关各方的利益要求，使其他筹资方式下难以筹资建设的大型项目具备了建设的可能性。然而，项目的投资特性、风险特性和风险分配的复杂性决定了项目融资设计的复杂性，投资者除具备项目可行性研究和投资决策方面的知识和技术外，还要掌握项目融资的原理，熟悉项目所在国的法律环境和金融环境，具有平衡项目相关各方利益和风险的能力，并具备丰富的谈判经验和技巧。一般来说，项目投资者可能并不完全具备上述所有知识和技能，因此融资顾问、法律和税务顾问等往往会在融资准备阶段发挥重要作用。项目投资者及其顾问在融资谈判之前的准备阶段所进行的各项工作将直接关系到项目融资的成败，这些工作包括以下几点。

（1）认真进行项目评价和项目风险分析工作。项目评价既是项目投资决策的基础，也是项目获得债务资金的前提。在项目准备阶段，投资者对项目的可行性、合理性等方面进行科学的分析和预测，将有利于银行对项目的风险和收益形成正确的认识，进而有利于获得债务资金。同时，项目风险的分析和风险管理方案的制订有利于银行判断其在项目中的风险与收益是否相当以及是否会存在影响项目正常建设和运营的风险因素，并关系到银行能否提供贷款以及提供贷款的条件。

（2）设计严谨的项目融资法律结构体系。在项目融资的组建阶段需要设计数量众多的协议或文件，用以规定和约束项目相关各方在项目中的责任、权利和义务。项目融资协议制定得是否科学、严谨不仅直接关系到项目相关各方参与项目的积极性，也直接影响到项目建设和运营阶段的稳定性和风险，因此能否设计出严谨的由各种协议所组成的项目融资法律结构体系将是贷款银行进行项目评估的重要内容。

（3）尽量明确项目的主要资金来源。融资项目的投资特性和风险特性决定了其筹资难度较大，因此其权益资金和债务资金的来源必须尽早确定并落实，只有这样才有可能消除项目立项方面的不确定性，投资可行性分析的结论才能够准确地确定下来，银行也可以据此判断各类资金提供者的责任、义务及分担的风险，并进而做出贷款决策。同时考虑到融资项目风险较大、融资成本较高等特点，在确定项目的筹资总额和项目的资金来源时，还应该出于保守的原则适度增加筹资额度并考虑备选资金来源和不确定资本补充方案。

除此之外，项目投资者还应该考虑到多个项目投资者之间、项目投资者和项目经营管理公司之间、项目投资者和项目参与方之间所形成的各种关系是否达到激励相容，即是否已经建立一套科学、合理的激励与约束机制保证所有的项目参与方在追求各自利益的同时能够保证项目的稳定运营和利益的最大化。合理的激励与约束机制的形成，是决定项目的建设和运营效果的推动因素，也是贷款银行所关心的问题。

■ 2.7 项目融资的应用领域

项目融资这种特殊的资金筹集方式从 20 世纪 60 年代产生到现在已经走过了半个多世纪的历程，虽然这种融资方式具有其他筹资方式所不可比拟的项目导向和有限追索等特点，对于解决某些大型工程项目的资金需求问题起到了不可替代的作用，但由于这种融资方式对贷款人来说风险太大，对借款人来说借款成本也相对较高，因此其应用领域和应用范围受到一定限制。

2.7.1 项目融资应用的特殊目的

由于项目融资以项目正常运营情况下产生的现金流量作为偿还贷款的主要来源，实现了有限追索权或无追索权融资，在很多情况下可以帮助项目的投资者更为灵活地安排资金，实现其按照传统的融资方式可能无法实现的一些特殊的目标要求。通过项目融资可以实现的目标包括以下几点。

（1）为超过项目投资者自身筹资能力的大型项目提供资金。采取项目融资方式筹集资金的项目通常其投资数额巨大，超过了项目投资者的投资能力，加之此类项目往往风险较大，如果采用公司融资方式将很难为项目筹集到足够的资金。项目融资利用项目本身的资产价值和现金流量安排有限追索贷款，则使得为这类项目安排资金成为可能。

（2）为国家和政府建设项目提供形式灵活多样的融资，满足政府在资金安排方面的特殊需要。多数国家对政府预算的规模以及政府借债的种类和数量有严格的规定，这些规定限制了政府在金融市场上安排贷款的能力。在这种情况下，对于一些经济效益较好的基础设施、能源、交通项目，政府可以通过安排项目融资的方式较为灵活地处理债务对政府预算和借债的影响。例如，政府不以直接投资者和直接借款人的身份介入项目，而是通过为项目提供专营特许、市场保障等优惠条件的方式来组织融资。

（3）为跨国公司安排在海外投资项目中的债务追索权。虽然一些国际性跨国公司经济实力雄厚，但是当这些公司投资于海外的合资企业，特别是投资在没有经营控制权的企业以及风险较高或者情况不熟悉的国家时，多数情况下希望将项目风险或者国家风险与公司其他业务在一定程度上分离，以达到限制项目风险或者国家风险的目的，采用有限追索的项目融资方式安排资金是一种实现这一目的的有效工具。

（4）实现公司的目标收益率。一般来说，公司在做出新项目投资决策时，都是以项目的投资目标收益率为标准的。如果一个项目的可行性研究表明该项目预期收益率低于公司的内部目标收益率，那么在一般情况下该项目投资就很难得到批准。但是一个精心安排的项目融资可以将与项目有关的各个方面的利益有机地结合起来，以提供直接担保和间接担保的方式增强项目的经济强度，提高项目的融资能力，减少项目股本资金的投入，进而提高项目股本资金的投资收益率，以满足投资者对投资收益率的要求。

2.7.2　项目融资适用的项目领域

项目融资模式具有投资规模大、建设周期长、风险相对较大、风险分配复杂、融资成本较高等特点，从而使项目融资应用相对较为谨慎。现代项目融资发展初期主要应用于风险较低、竞争程度不高且运营期收益较为稳定的资源开采项目和基础设施项目，而后逐渐扩展到其他领域。目前项目融资主要的应用领域包括以下几方面。

（1）矿产资源开发项目。矿产资源开发项目主要是指建设矿井采掘能源矿产、黑色金属矿产、有色金属矿产、稀有金属矿产和贵金属矿产等矿产资源并经过选矿、冶炼等加工工序转化为产品，以获取商业利益的一系列活动。其中，能源矿产包括煤、石油、油页岩、天然气、铀等；黑色金属矿产包括铁、锰、铬等；有色金属矿产包括铜、锌、铝、铅、镍、钨、铋、钼等；稀有金属包括铌、钽等；贵金属矿产包括金、银、铂等。由于多数矿产资源具有经济价值较高、变现能力较强的特点，因此其运营期现金流量可以较好地保证债务资金的偿还，这一领域成为较早采用项目融资方式筹资建设的领域。

（2）基础设施建设项目。基础设施是指为社会生产和居民生活提供公共服务的物质工程设施，是用于保证国家或地区社会经济活动正常进行的公共服务系统，它是社会赖以生存发展的一般物质条件。从基础设施的概念可以看出，基础设施大多具有公共设施的属性，政府在基础设施建设投资中发挥重要作用。不管是发达国家还是发展中国家，基础设施建设项目都是项目融资的主要应用领域。采用项目融资模式建设的基础设施项目主要包括以下几种类型：①电力、天然气、输油管道、输气管道、炼油厂等能源动力系统建设项目；②收费公路、铁路、港口、机场、隧道、桥梁、地铁等交通设施建设项目；③自来水厂、污水处理厂等供水排水系统建设项目；④其他基础设施建设项目，如通信设施项目、地下综合管廊建设项目等。

这些基础设施项目虽然具有公共设施属性，但是大多可以通过收费实现盈利目标或保本经营，可以通过 BOT 等模式吸引私人投资，减轻政府的财政负担，并提前为社会生产和生活提供服务。

（3）非营利性公共设施建设项目。在 20 世纪 90 年代以前，项目融资的应用领域都集中在能够给投资者带来财务效益的可营利领域，而非营利性公共设施则主要由政府投资建设，PPP 模式的出现使项目融资的应用领域扩展到非营利公共设施建设领域，通过政府购买服务或者给予财政补贴的形式使盈利能力不足或者没有盈利能力的公共设施建设项目具备了吸引私人投资的可能。采用项目融资模式筹资建设的公共设施包括：教育、医疗、养老机构等。

（4）其他项目领域。在国际上还有一些应用项目融资模式筹集资金的工业项目实例，如澳大利亚波特兰铝厂建设项目、加拿大塞尔加纸浆厂项目和中国四川水泥厂项目等；此外，欧洲迪士尼乐园[①]等休闲娱乐设施建设项目也采用了项目融资模式筹集资金。

◆ 案例　长江三峡工程项目融资

一、三峡工程基本情况

兴建三峡工程、治理长江水患是中华民族的百年梦想，1919 年孙中山先生就提出了开发三峡的宏伟设想。在国民政府时期三峡工程的勘察、规划和初步设计等工作就开始进行了。新中国成立后，毛泽东等历届党和国家领导人高度重视和关心三峡工程论证工作。在历经数十年的勘测设计、规划论证后，1992 年 4 月全国人大通过了《关于兴建长江三峡工程的决议》。

三峡工程是治理和开发长江的关键性骨干工程，主要由枢纽工程、输变电工程及移民工程三大部分组成。三峡工程是当今世界上最大的水利枢纽工程，具有防洪、发电、航运、水资源利用等巨大的综合效益。

枢纽工程由拦河大坝、电站建筑物、通航建筑物、茅坪溪防护工程等组成。挡泄水建筑物按千年一遇洪水设计，主要建筑物地震设计烈度为Ⅶ度。

拦河大坝为混凝土重力坝，坝轴线全长 2309.5 米，坝顶高程 185 米，最大坝高 181 米，主要由泄洪坝段、左右岸厂房坝段和非溢流坝段等组成。水库正常蓄水位为 175 米，汛期防洪限制水位为 145 米。

电站建筑物由坝后式电站、地下电站和电源电站组成。坝后式电站安装 26 台 70 万千瓦水轮发电机组，装机容量 1820 万千瓦；地下电站安装 6 台 70 万千瓦水轮发电机组，装机容量 420 万千瓦；电源电站安装 2 台 5 万千瓦水轮发电机组，装机容量 10 万千瓦。

① 2002 年巴黎华特迪士尼影城开业后，欧洲迪士尼乐园更名为巴黎迪士尼乐园。

电站总装机容量为 2250 万千瓦。

通航建筑物由船闸和垂直升船机组成。船闸为双线五级连续船闸，主体结构段总长 1621 米，单个闸室有效尺寸为长 280 米、宽 34 米、最小槛上水深 5 米，年单向设计通过能力 5000 万吨。升船机最大提升高度 113 米，承船厢有效尺寸长 120 米、宽 18 米、水深 3.5 米，最大过船规模为 3000 吨级。

茅坪溪防护工程包括茅坪溪防护坝和泄水建筑物。茅坪溪防护坝为沥青混凝土心墙土石坝，坝轴线长 889 米，坝顶高程 185 米，最大坝高 104 米。泄水建筑物由泄水隧洞和泄水箱涵组成，全长 3104 米。

输变电工程承担着三峡电站全部机组满发 2250 万千瓦电力送出的重要任务，具有向华中、华东和广东电网送电的能力。最终建成的规模为：500 千伏交流变电总容量 2275 万千伏安，交流输电线路 7280 公里（折合成单回路长度）；±500 千伏直流换流总容量 2400 万千瓦，直流输电线路 4913 公里（折合成单回路长度）；输变电工程还包括相应的调度自动化系统和通信系统。

移民工程涉及湖北省和重庆市共 19 个区县和重庆主城区，共搬迁安置城乡移民 131.03 万人（库区移民 129.64 万人，坝区 1.39 万人），库区复建各类房屋 5054.76 万平方米，迁建城市 2 座、县城 10 座、集镇 106 座，搬迁工矿企业 1632 家，移民工程还包括专业项目复建、文物保护、生态环境保护、库底清理和地质灾害防治、高切坡防护等。

三峡工程计划分为三期进行开发建设。一期工程建设周期为 5 年（1993～1997 年），主要工程除准备工程外，还包括一期围堰填筑、导流明渠开挖、修筑混凝土纵向围堰以及修建左岸临时船闸（120 米高），并开始修建左岸永久船闸、升船机及左岸部分石坝段的施工。二期工程建设周期为 6 年（1998～2003 年），工程主要任务是修筑二期围堰、左岸大坝的电站设施建设及机组安装，同时继续进行并完成永久特级船闸、升船机的施工。三期工程建设周期为 6 年（2004～2009 年），本期进行右岸大坝和电站的施工，并继续完成全部机组安装。

三峡枢纽工程从 1993 年 1 月开始施工准备，至 2009 年全部完工，除批准缓建的升船机外，提前一年完成初步设计建设任务。

二、项目资金需求及其特点

三峡工程是中国跨世纪的一项巨大水利工程，由于三峡工程建设所需资金数额巨大，我国政府采取对未来项目的资金供给和需求提前进行预测的方法对项目现金流量进行动态管理，按 1993 年 5 月国内价格水平计算三峡工程静态投资为 900.9 亿元。考虑到物价上涨、贷款利息等因素，到 2005 年工程的动态投资为 1468 亿元。到 2005 年底，三峡电站共装机 14 台，当年发电收入加上三峡建设基金和葛洲坝电厂利润，可满足工程移民资金需要并出现盈余。从 2006 年开始，三峡工程有能力逐步偿还银行贷款。到 2009 年三峡工程全部建成，共需要动态投资 2039 亿元。

三峡工程总投资包括枢纽建筑物总费用、建设征地和移民安置费用、独立费用、基本预备费、价差预备费以及建设期贷款利息等六大部分。

中国长江三峡工程开发总公司（简称三峡总公司）提供的资料显示，三峡工程的造价可以归总为以下三个部分。

（1）国家批准的按1993年5月的价格计算的静态工程造价900.9亿元人民币，其中枢纽工程500.9亿元，水库淹没补偿（移民费）400亿元。

（2）建设期物价增长因素。

（3）贷款利息，包括已经与国家开发银行签订300亿元贷款合同每年需支付的利息以及其他贷款利息，预计为384亿元。

三峡工程是一个同时满足多个建设目标的大型水利枢纽工程，其资金需求具有以下几个特点。

（1）项目投资规模较大，但资金投入较为分散，体现出年度投资不是很大的特点。

（2）国家注入的资本金占有相当比重，但市场筹资的任务仍然很大。

（3）发电前期资金缺口大，后期发电后有比较稳定、充足的现金流入。

（4）项目投产以后，固定成本比重较大，营业杠杆作用显著。

三、项目资金筹集方案

在三峡工程开工之初，根据市场和政策环境三峡总公司对项目的资金筹措方案和财务能力进行了认真的分析和评估，充分考虑三峡工程资金需求特点和国内外筹资环境，提出了“保证稳定可靠的资金来源、保持合理的资本负债结构、尽可能降低融资成本、控制项目财务风险”的筹资目标和“国内融资与国外融资相结合，以国内融资为主；长期资金与短期资金相结合，以长期资金为主；债权融资与股权融资相结合，以债权融资为主”的筹资原则，并根据这一目标和原则制订了三峡工程总体筹资方案，方案中明确了该项目的资金来源主要包括三峡基金、葛洲坝电厂发电利润和提价收入、建设期三峡电厂发电收益、国家开发银行贷款等几个部分。考虑到三峡工程资金需求和现金流量特点，根据国家宏观经济环境和资本市场的特点，三峡总公司制订并实施了阶段性筹资方案。

在工程建设的第一阶段（1993～1997年），项目建设刚刚起步，项目建设的不确定性较大，投资者对项目的投资、风险和收益情况还未形成较为一致的认识，因此市场融资难度非常大，政府的直接投入和政策性银行贷款在这一阶段发挥着重要作用，国家注入的资本金和政策性银行贷款是这一阶段主要的资金来源。

工程建设的第二阶段（1998～2003年），项目建设风险大幅度降低，大江截流的成功消除了项目建设初期的重大不确定性因素，金融机构和投资者对项目风险的顾虑有所消除。在这一阶段，逐步加大市场融资所占的比例，可以在国内债券市场发行企业债券，并开始使用国外出口信贷、国际贷款及国内商业银行贷款等多种筹资方式。

工程建设的第三阶段（2004～2009 年），这一阶段最显著的特点是项目开始产生现金流入，工程建设风险进一步释放，金融机构和投资者对项目和公司的财务能力和风险程度有了清楚的认识，通过资本运作使项目未来的现金流提前到当期使用成为可能，市场化融资手段在这一阶段发挥着重要作用。

三峡工程的总体筹资方案强调以产权清晰的项目法人为融资主体，实行市场化导向、多元化筹资的思路。三峡工程在筹建时期确立了用社会主义市场经济办法组织建设的指导思想，实行项目法人责任制，三峡总公司作为三峡工程的项目法人，全面负责三峡工程的资金筹措、建设管理及贷款的偿还。

四、三峡工程的主要资金来源

为保证三峡工程的资金需求，在具体实施三峡工程总体筹资方案和阶段筹资方案时，三峡总公司通过以下资金来源筹集资金。

（1）国家设立的三峡建设基金，即在全国销售电力中每度电增提电价筹集到的专用资金，该资金随着全国用电量的增长而增长，并且在全国的不同地区电价增提部分有所区别，建设期 17 年共可通过三峡建设基金筹集资金 1000 亿元。

（2）已经划归三峡总公司的葛洲坝电厂发电产生的收益及提价收益，17 年内通过该渠道共可筹集资金约 100 亿元。

（3）三峡工程从 2003 年开始可以将项目自身发电的收益也投入三峡工程后续的建设之中，2003 年到 2009 年通过该渠道可获得资金约 450 亿元。

以上三项共计 1550 亿元，可以视作国家资本金投入，在项目建设期不需要支付利息。

（4）国家开发银行从 1994 年至 2003 年连续十年每年为项目提供贷款 30 亿元，贷款总额共计 300 亿元，贷款期限 15 年，这部分资金每年须支付利息。

（5）在国内资本市场发行企业债券。经国家计委与财政部批准，三峡总公司在 1996 年度发行了总额为 10 亿元的企业债券，而后又多次发行企业债券。

（6）针对进口部分国内无法生产的机电设备的资金需求，可以充分利用出口信贷、商业贷款等形式来解决部分资金不足的问题。

（7）引入国内商业银行贷款。1998 年三峡总公司与中国建设银行、工商银行、交通银行签订贷款总额为 110 亿元人民币的授信协议，贷款期限 3 年，滚动使用。

（8）搭建上市公司平台，以充分利用社会资本。以葛洲坝电厂为基础改制设立的中国长江电力股份有限公司于 2003 年 11 月上市，上市后运用多种融资工具募集资金，逐步收购三峡电厂后续投产机组，逐步发展成为三峡总公司的电力生产主体和资本运作载体，三峡总公司则将出售发电机组获得的资金用于后续工程开发。

（9）使用商业票据等其他形式解决资金需求。

（资料来源：根据“中国知网”相关文献及互联网公开资料整理）

◆ 思考题

1. 如何理解项目融资的概念？其基本特征有哪些？
2. 比较项目融资与项目筹资、项目融资与公司融资的异同。
3. 项目融资在运作上有哪些突出特点？
4. 项目融资具有哪些明显的优势和劣势？
5. 项目融资的参与者有哪些？各参与者的职责及其在项目融资中的作用是什么？

6. 项目融资的框架结构包括哪些部分？

7. 项目融资的运作程序包括哪些阶段？

8. 项目融资的文件体系包括哪些协议或文件？

9. 投资者在项目准备阶段应进行哪些工作以确保项目融资的成功？

10. 银行在提供贷款之前，通常会对项目有关的各项协议和权益进行哪些方面的限制？

11. 项目融资应用的特殊目的有哪些？

第 3 章

项目融资风险管理

◆ 本章导读

本章主要介绍项目融资风险管理的基础知识、项目融资风险的种类、项目融资风险的定量分析方法与风险评价指标、项目融资风险管理内容和工具等内容。

本章的主要知识点包括：

- 项目风险及项目风险管理的概念内涵；
- 项目风险管理的过程及原则；
- 项目融资风险管理的内容；
- 项目融资风险的五种分类方法；
- 项目融资的主要风险形式；
- 项目融资风险可控性及影响范围；
- 项目融资风险定量评价的两种方法；
- 项目融资风险评价指标；
- 项目融资中核心风险的应对措施；
- 项目融资中环境风险的应对措施；
- 金融衍生工具在项目融资风险管理中的应用。

◆ 引导讨论

铱星计划的失败

铱星系统是美国摩托罗拉公司设计的全球移动通信系统。它的天上部分是运行在 7 条轨道上的卫星，每条轨道上均匀分布着 11 颗卫星，组成一个完整的星座。它们就像化学元素铱（Ir）原子核外的 77 个电子围绕其运转一样，因此被称为铱星。后来经过计算证实，6 条轨道就够了，于是卫星总数减少到 66 颗，但仍习惯称为铱星。铱星通过南北极运行在 780 千米的轨道上，每条轨道上除布星 11 颗外，还多布 1 至 2 颗作为备用。这些卫星可以覆盖全球，用户用手持话机直接接通卫星进行通信，而无需几米直径的抛物面天线就可以进行全球范围内的通话了。

铱星系统是美国于1987年提出的第一代通信星座系统，每颗卫星质量670千克左右，功率为1200瓦，采取三轴稳定结构，每颗卫星的信道为3480个，服务寿命5至8年。铱星系统的最大特点是通过卫星之间的接力来实现全球通信，相当于把地面蜂窝移动电话系统搬到了天上。它与静止轨道卫星通信系统比较有两大优势：一是轨道低、传输速度快、信息损耗小，通信质量大大提高；二是不需要专门的地面接收站，每部移动电话都可以与卫星联络，这就使地球上人迹罕至的不毛之地、通信落后的边远地区、自然灾害现场都可以使用卫星通信系统实现便捷的通信。

铱星系统于1996年开始试验发射，1998年投入业务运营，总投资为34亿美元，设计使用寿命为5～8年。铱星系统提供的用户通信业务包括：移动电话（手机）、寻呼和数据通信。铱星系统已突破了星间链路等关键技术问题，系统基本结构与规程已建成，系统研究发展的各个方面都取得了重要进展。全世界几十家公司都参与了铱星计划的实施，这些情况表明从技术角度看铱星计划的确立、运筹和实施是成功的。

当摩托罗拉公司费尽千辛万苦终于在1998年11月1日正式将铱星系统投入使用时，命运却和摩托罗拉公司开了一个很大的玩笑，传统的手机已经完全占领了市场。由于无法形成稳定的客户群使铱星公司亏损巨大，连贷款利息都偿还不起，摩托罗拉公司不得不将曾一度辉煌的铱星公司申请破产保护，在回天无力的情况下只好宣布即将终止铱星服务。

铱星计划的失败证明高技术带来的高风险是残酷无情的，任何产品最终都要接受市场的检验，盲目发展以及对市场错误估计的代价是惨重的。铱星计划失败的原因是多方面的，包括：管理决策架构不合理造成的效率低下、分散的营销体系使营销效果难以保证、地面移动通信系统带来的市场竞争压力、卫星电话相对于地面移动电话在使用中存在的明显不足、用户增长缓慢使铱星公司迟迟达不到盈亏平衡等。

（资料来源：根据互联网公开资料整理）

由于融资项目存在着风险种类较多、风险程度较大和风险分配复杂的特性，因此在项目投资结构设计、融资模式设计、资本结构设计和信用保证结构设计中，风险的处理和分担都是必须考虑的关键问题。对融资项目风险的分析与管理不仅直接关系到项目的投资可行性和可融资性，而且还会影响到项目投融资设计的细节方面。在实际项目融资活动中，对项目风险的识别和评估往往先于各项融资设计活动而开始，而对项目风险的分配和处理往往在各项融资设计中都有所体现。

■ 3.1 项目融资风险管理概述

3.1.1 风险的概念

人类历史上对风险问题的研究可以追溯到很早，1756年英国人James Dodson（詹姆斯·多德森）在其《保险学讲义初稿》一书中就开始探索风险的规律，并研究了什么可保、什么不可保的问题。1921 年美国人 F. H. Knight（F. H. 奈特）研究企业经济中风险问题的专著《风险、不确定性与利润》问世，他把不确定性分为两种：一种为风险型，另一种为不确定型，这种划分方式一直沿用至今。

目前关于风险的定义尚没有较为统一的认识，国内有的学者对风险做出了如下的定义：风险是指对某一事件全过程的预期目标可能产生不利影响的各因素发生的概率及后果。对这一概念的准确理解要把握下列几点。

（1）某一件事：是指要研究的、要关心的某一个问题，如一项工程、一次旅行、一个实验等。

（2）全过程：是指一件事从开始到结束的完整周期，包括初期、中期和后期，在这一周期内所发生的所有不确定性事件都属于风险。由于不同阶段可能发生的不确定性事件有所不同，因此风险具有动态性特点。

（3）预期目标：判断是否存在风险要根据预期目标的完成情况来进行。假设你的经营目标是年获利 100 万元，结果全年只实现了 90 万元利润，这样就差 10 万元未实现经营目标，也就是出现了风险；但如果你的预期目标是 10 万元，结果取得了 11 万元，那么就超额完成了预期目标，也就可以认为没有发生风险。

（4）不利因素发生的概率：不利因素发生的概率是度量风险的一个重要因素，但与此同时风险与收益是共生的，不利因素发生则带来损失，而没有发生则可能产生利润，所以不利因素发生的概率反映了损失或利润发生的可能性。

（5）不利因素带来的后果：不利因素所带来的损失大小是衡量风险的另一个重要因素，风险是不利事件发生的概率及其后果的综合度量。

3.1.2　项目风险管理

项目风险管理是指项目管理组织通过风险识别、风险估计和风险评价等活动，运用各种风险管理技术对可能发生的项目风险实施有效的控制并妥善处理风险所致损失的后果，期望以最小的项目成本实现最大的项目目标的一种管理活动。项目风险管理是项目管理活动的重要内容，对于保证项目目标的完成起到重要作用，项目风险管理活动往往贯穿项目全过程。

项目风险管理由风险规划、风险识别、风险估计、风险评价、风险应对、风险监控等环节组成，通过计划、组织、协调、控制等过程，综合、合理地运用各种科学方法对风险进行识别、估计和评价，提出应对方法，随时监视项目进展，注意风险动态，妥善地处理风险事件造成的不良后果。项目风险管理的过程如图 3-1 所示。

项目风险管理的目的在于以尽可能低的成本降低项目全过程各种损失发生的可能，即降低项目的综合成本、提高项目全过程的收益。在项目风险管理过程中，一般要坚持以下几个原则。

（1）经济性原则。风险管理人员在制订风险管理计划时应以总成本最低为总目标，以最合理、经济的处置方式把控制损失的费用降到最低，通过尽可能低的成本达到项目的安全保障目标。

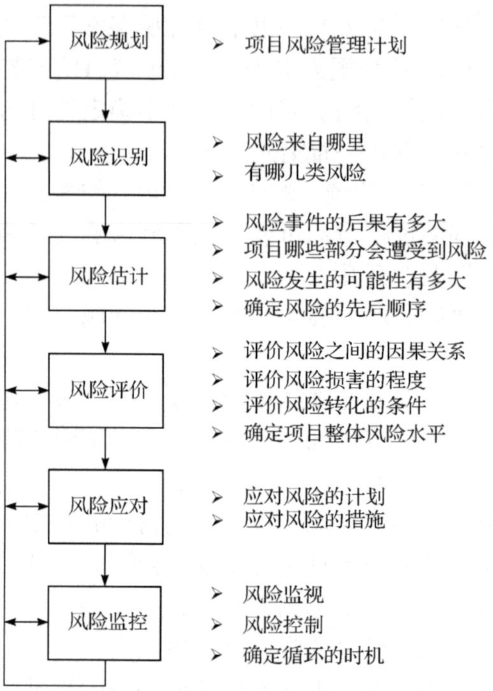

图 3-1　项目风险管理过程示意图

（2）讲究效果原则。项目的不确定性是绝对的，而确定性是相对的。项目风险管理的目标是通过一系列管理活动来降低项目中的不确定性的，但完全消除不确定性是不可能的，也是不经济的。因此项目风险管理活动往往是在经济性原则基础上，取得让项目受益人满意的效果即可。

（3）主动预防为主的原则。项目风险管理注重对各种不利因素发生的概率和后果进行提前预估，并有针对性地采取各种风险应对措施，也就是要主动地采取各种应对措施避免风险事件的发生或降低风险事件造成的损失，而不是被动地发生了风险损害后再去想办法弥补。

（4）系统性原则。项目的风险因素可能来源于项目本身，也可能来源于项目参与方或各种环境要素，因此无论是项目风险的识别、评估还是风险的应对，都要综合考虑项目系统内外的各个因素。

3.1.3　项目融资风险管理

由于融资项目投资规模较大、风险分配复杂，因此融资项目的风险管理方案设计是项目投融资设计的重要内容。对于项目融资的各参与方来说，除要对项目进行技术、财务可行性研究以外，还必须对项目进行风险分析，对有关的风险因素做出评价。风险评价就是根据一定的标准去判定项目的经济强度和各风险因素对项目经济强度的影响程度。对项目风险进行评价看起来十分简单，但在实际操作中常常变得相当复杂，既包括定性的分析，也包括定量的评价。

在进行项目可行性研究过程中也要进行项目风险分析，但可行性研究不能等同于或是替代项目融资中的风险分析。虽然项目的可行性研究需要分析和评价许多与项目有关的风险因素，一个高质量、详细的项目可行性研究报告也将有助于项目融资的组织以及对项目风险的分析和判断，但是两者的出发点不同，对项目风险分析的详细程度也有所不同。项目的可行性研究是从项目投资者的角度分析投资者在项目整个生命期内是否能够达到预期的经济效益，也就是判断项目是否能够获取一个满意的投资收益率。而项目融资的风险分析则是在可行性研究的基础上，按照项目融资的特点和要求对项目风险做出进一步详细的分类研究，并以这些分析结果为基础，在项目融资结构设计中考虑如何减少或分散相应的风险因素。

在项目融资风险管理中，风险评价的过程涉及两个步骤：①确定测定项目经济强度的标准；②通过与所设定的标准进行比较，判断各种风险因素对项目经济强度的影响程度。

按照系统工程的思想，一个项目可以被看成一个独立的系统，而系统的输出值可以被视为测量项目经济强度的首要标准。由于在项目融资中各参与方最关心的是项目的盈利能力和偿债能力，因此可以将系统的净输出值规定为系统在观察期间（即项目融资期间）的净现金流量。根据这一规定，可以以项目的现金流量为标准对项目风险做出定量的描述。

可行性研究中经常应用的现金流量模型也是项目风险评价的重要定量分析工具，运用现金流量模型可以对影响项目经济强度的各种因素的变动风险性做出准确的、数量化的描述，为项目融资的方案设计（包括股本/债务比例、债务形式、期限、信用保证形式等）提供重要的数据支持。

在项目风险分析及评价阶段，项目融资顾问可以为投资者提供许多有价值的信息和服务。西方一些擅长项目融资的银行，如美国的摩根银行、银行家信托公司、第一波士顿银行等都各自建有具有特色的项目评价模型系统，为项目现金流量模型分析的实用性、综合性和有效性提供了较为有力和快速的计算手段。对于工业投资者比较薄弱的环节，如在项目风险系数的确定、项目贴现率的确定、项目债务承受能力的分析、金融风险以及通货膨胀因素对项目的影响等方面，项目融资顾问可以发挥较大的作用。另外，有经验的融资顾问对行业发展趋势、项目在该行业部门中的竞争地位、项目的生产管理、劳工关系状况、项目所在国的投资环境等问题的判断，对于新进入该领域的项目投资者来说也是十分重要的。

对于项目投资者来说，完成融资安排仅仅是一个项目成功的开始。在安排融资过程中对项目风险所做出的分析和判断是建立在各种假设条件基础上的，而在项目的建设和生产阶段如何降低和减少各种风险因素对项目经营的影响，最大限度地保证项目的成功则是项目投资者和贷款银行需要共同面对和解决的实际问题，这就是项目融资中的风险应对。

项目融资的风险应对是项目风险识别和评价工作的自然延续，是项目风险管理的一个重要组成部分。近些年来，由于国际上项目的投资规模变得越来越大，项目的融资结构变得越来越复杂，加之国际经济环境越来越变化莫测，人们开始越来越重视对项目开展风险管理工作。

在项目的风险识别和风险评价的基础上，项目的风险应对有三个方面的任务。

第一，针对项目所面临的风险因素，决定是否做出反应。

第二，如果答案是肯定的话，对各种可能的项目风险应对方案进行取舍，制订最实际的行动方案；行动方案的制订需要考虑风险因素对项目影响的严重程度、风险管理可能采用的手段以及风险管理的成本等多方面因素。

第三，在项目的建设期或生产经营期实施这些风险应对方案。风险应对方案有两种基本类型：①行动性方案，即通过这种方案的实施，可能立刻降低或消除某一种风险因素对项目的影响。②预防性方案，即通过这种方案的实施可以防止某些风险因素的发生对项目可能造成的影响。

通过项目风险应对方案的实施，人们希望达到避免、减轻或者转移某种风险的目的。

■ 3.2 项目融资风险种类

在项目融资实践中对风险的分类已经形成了一套较为完整的体系，然而对于如何认识具体风险因素对项目融资的影响仍然缺乏统一的标准，大量的工作仍处于定性分析而不是定量分析的阶段。银行在进行这种分析时很大程度上受到该银行过去的经验，特别是对该行业部门的经验的限制，同时在很大程度上也受到当时、当地金融市场的影响。

由于缺乏对各种风险因素及其影响进行定量分析的科学方法，不熟悉项目融资的投资者很难预测银行对项目风险的分析手段及结果，也很难估计银行可能提出的各种对融资条件的限制与要求。为了解决这一问题，更好地认识和判断项目方在融资谈判中的地位，可以从不同角度对项目风险进行分类，在风险分类的基础上投资者可以根据项目及环境的特点，进行项目风险因素的识别和评估。

3.2.1 按照项目阶段进行风险种类划分

对于生产型项目来说，项目的建设和经营过程可以按照时间顺序分为三个阶段，即建设期、试生产期、生产经营期。在项目的这三个阶段里，银行的债务资金拨付和项目的债务资金偿还具有明显的时间特性。同时，银行在项目中所承担的风险与累计未偿还贷款本息和有很大关系，图 3-2 中描述了债务资金拨付、债务本金偿还额和累计未偿还本息和在项目各阶段的一种可能分布特性。

从图 3-2 中可以看出，对于贷款银行来说，其在建设期和试生产期的风险随着未偿还贷款数额的增加而不断加大，因此在这两个阶段银行一般要求较高的追索权和较完善的融资信用保证体系，而进入正式生产经营期以后，融资风险迅速降低，银行一般会放松对投资者的追索权要求。项目各个阶段风险特性的差异除表现为风险的大小不同外，风险的表现形式也有所区别。

1. 项目建设期风险

项目在正式建设之前一般都会有一个较长的预开发阶段，这一阶段的工作内容包括项目的规划、可行性研究、工程设计等，对于矿藏资源开采项目来说还会包括地质勘探、储量确定、矿石金属性试验等一系列工作。在这一时期，项目带有许多未知的和不确定

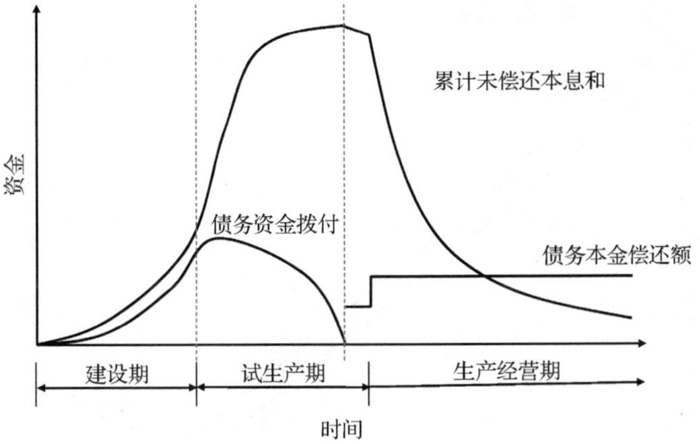

图 3-2　项目融资中的阶段风险特性示意图

的因素，这一时期的投资也带有风险投资的性质。这一阶段的风险通常由项目投资者承担，银行也不会通过项目融资的形式为此阶段的项目提供债务资金，因此这一阶段的风险也就不包括在项目融资风险之中。

项目建设期的风险是从项目正式动工建设开始计算的。项目动工建设之后，大量的资金投入购买工程用地、购买工程设备、支付工程施工费用当中，贷款的利息也由于项目还未产生任何收入而计入资本成本。从贷款银行的角度来看，在这一阶段随着贷款资金的不断投入，项目的风险也随之增加，在项目建设完工时项目的风险也达到或接近了最高点。贷款银行在这一阶段往往要着重考虑以下风险因素发生的可能性及其可能造成的影响。

（1）工程、设计或技术方面的缺陷，或不可预见因素的影响，造成项目生产能力不足或产量和效率低于计划指标。

（2）能源、机器设备、原材料及承建商等因素造成项目建设成本超支、不能按预定时间完工甚至项目无法完成。

（3）石油、天然气或其他矿藏资源的储量达不到预计的开采数量。

（4）各种因素造成的竣工延期而导致的附加利息支出。

（5）土地、建筑材料、燃料、原材料、运输、劳动力和管理人员以及可靠的承包商的可获得性。

（6）其他不可抗力因素引发的风险。

在这一阶段，通常需要投资者提供强有力的信用支持来保证项目的顺利完成。投资者可以利用不同形式的工程建设合同实现对项目建设期风险的合理分配，并有可能将部分项目建设期风险转移给工程承包公司。这类合同的一个极端形式是固定价格的“交钥匙”合同，另一个极端形式是“实报实销”合同，在两者之间又有多种中间类型的合同形式。在“交钥匙”合同中，项目建设的控制权和建设期风险全部由工程公司承担；而在“实报实销”合同中，项目建设期风险及项目控制权全部由项目投资者承担。图 3-3 说明了各种形式的工程建设合同对项目建设期风险分配的影响。

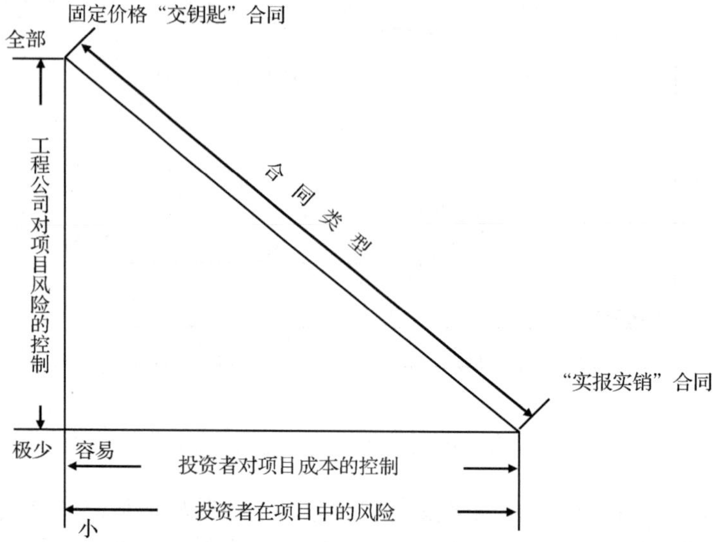

图 3-3　工程建设合同类型与项目建设期风险分配

2. 项目试生产期风险

项目融资在试生产期的风险仍然是很高的，虽然在这一阶段项目已经建成投产，但如果项目不能按照原定的成本计划生产出符合质量的产品，则意味着项目现金流量的分析和预测是不正确的，项目很有可能无法产生足够的现金流量用以支付生产费用和偿还债务。

贷款银行一般不把项目的建设结束作为项目完工的标志。在项目融资中，引入了一个“商业完工”的概念来判断项目是否进入正式生产经营期。根据这一概念，在融资文件中具体规定出项目产品的产量和质量、原材料与能源消耗定额以及其他一些技术经济指标作为完工指标，并且将项目达到这些指标的时间下限也作为一项指标，只有项目在规定的时间范围内满足这些指标时，才被贷款银行接受为正式完工。

3. 项目生产经营期风险

项目达到“商业完工”标准后即进入项目的生产经营期。在这一阶段，项目进入正常的运转，如果项目可行性研究报告中的假设条件符合实际情况的话，项目应该生产出足够的现金流量以支付生产经营费用、偿还债务，并为投资者提供理想的收益。从这一阶段起，贷款银行在项目中的风险随着债务的偿还逐步降低，融资结构基本上依赖于项目自身的现金流量和资产，成为一种“无追索”的融资结构。这一阶段的项目风险主要表现在生产、市场、金融以及其他一些不可预见因素方面。

3.2.2　按照表现形式进行风险种类划分

按照项目风险在各个阶段的表现形式，可以将风险划分为以下几种基本类型：决策风险、设计风险、建设设备风险、信用风险、完工风险、生产风险、市场风险、金融风险、政治风险、环境保护风险以及不可抗力风险等。

1. 决策风险

项目的投资决策是建立在对项目的建设成本、未来市场需求情况、经营成本和收益的预测基础之上的。由于事物本身的不确定性以及决策主体的认识能力限制，决策者在做出决策时无法准确预知未来事物的发生和发展趋势，因此所做出的决策也可能被实践证明不是最佳选择，这种由决策主体主观认识能力的原因所带来的损失可能可以被称为决策风险。在项目投资决策中，决策主体通过尽可能多地获取决策参考信息、使用科学的决策方法、聘请决策参谋或顾问等形式可以在一定程度上降低决策风险，但决策风险永远无法从根本上消除。

2. 设计风险

项目的设计工作是一项技术性很强的工作，设计工作的质量直接关系到项目的成本、工期和质量情况，甚至会影响到项目是否能达到完工标准。特别是一些项目建设受地质条件、水文、气象、地形等客观条件的直接影响较大，这些项目的建设条件调查与勘测、方案的分析与比较等工作难度更大，因此对设计单位的要求也更加严格。在工程实践中往往通过严格的招投标程序选择资质优秀的设计部门和勘探部门来承担勘探设计工作，然而这也无法避免实际工作中由建设条件的复杂性、技术水平限制、勘察设计单位的技术水平不高等方面原因造成的设计、勘探、论证等方面存在失误的可能，这种失误可能会导致勘探设计结论与实际情况偏离、设计变更和漏项等情况的发生并带来损失，这种损失往往被称为设计风险。

3. 建设设备风险

项目建设阶段的风险在很大程度上与项目施工方的素质、设备质量情况及设备供应方的素质有关系，在实际工程实践中，项目投资方或运营方往往通过严格的招投标程序来选择项目施工方或设备供应方。然而，信息的隐蔽性特性、认识能力不足和评标方法方面的不足等方面的原因，可能造成因项目施工方和设备供应方选择不当而使项目发生损失的可能，这种损失被称为项目的建设设备风险。

4. 信用风险

项目融资的有限追索或无追索特性依赖于一个有效的信用保证结构，项目参与方是否能按合同文件履行各自的职责及承担其对项目做出的信用保证责任，构成了项目融资的信用风险。

在项目融资中，即使对借款人、项目发起人有一定的追索权，贷款人也将评估项目参与方（包括项目投资者、工程公司、产品购买者、原材料的供应者等）的信用、业绩和管理技术，因为这些因素是贷款项目成功的重要保证。与提供贷款资金的银行一样，项目发起人也非常关心各参与方的可靠性、专业能力和信用，项目融资就是依靠有效的信用保证结构支撑起来的。

项目融资的信用风险贯穿于项目始终。评价项目是否存在信用风险应综合考虑各种因素，在项目的建设和开发期间，衡量信用风险的因素包括：借款人和担保人是否有担保或其他现金差额补偿协议、承包商是否有一定的担保来保证因未履约造成损失的赔偿责任、项目发起人是否提供了股权资本或其他形式的支持；在项目的生产经营阶段，衡量信用风险的指标包括产品的购买者、原材料的供应者以及其他参与者的资信状况、技术和资金能力、以往的表现和管理水平等。

5. 完工风险

项目的完工风险存在于项目建设期和试生产期，其主要表现形式为：项目建设延期；项目建设成本超支；由于种种原因，项目迟迟达不到“设计”规定的技术经济指标；在极端情况下，由于技术和其他方面的原因，项目完全停工放弃。

完工风险是项目融资的主要核心风险之一，完工风险对项目而言意味着项目建设成本增加、贷款利息负担增加、贷款偿还期限的延长和市场机会的错过。根据已有的统计资料，无论是在发展中国家还是在发达国家，项目建设期出现完工风险的概率都是比较高的。

项目的“商业完工”标准是贷款银行检验项目是否达到完工条件的方法，商业完工标准包含一系列经过专家确定的技术经济指标。根据贷款银行对具体项目的完工风险的看法，项目融资中实际采用的“商业完工”标准可以有很大的差别。贷款银行确定“商业完工”标准的原则是：对于完工风险较大的项目，贷款银行会要求项目投资者承担更大的“商业完工”责任。一些典型的“商业完工”标准包括以下几点。

（1）完工和运行标准。该标准要求项目在规定的时间内达到商业完工标准所规定的技术经济指标，并且在一定时期内（通常为三个月到半年）保持在这个水平上运行。

（2）技术完工标准。这一标准只规定项目要在规定的时间内达到商业完工标准所规定的各项技术经济指标，因此其约束性要比完工和运行标准差一些。采用这一标准，贷款银行实际上承担了一部分项目生产的技术风险。

（3）现金流量完工标准。在此标准下贷款银行不考虑项目的技术完工和实际运行情况，只要求项目在一定时期内（一般为三个月至半年）达到预期的最低现金流量水平。

（4）其他形式的完工标准。有些项目由于时间关系在项目融资还没有完全安排好之前就需要进行提款，在这种情况下贷款银行为了减少项目风险，往往会要求确定一些特殊的完工标准。例如，如果产品销售合同在提款前还未能最后确定下来，贷款银行就有可能规定以某种价格条件销售最低数量的产品作为项目完工标准的一部分；又如，如果在提款前矿山的最终储量还不能最后确定下来，则最小证实储量会被包括在项目的完工标准中。

为了限制及转移项目的完工风险，贷款银行通常要求投资者或工程公司等其他项目参与者提供相应的“完工担保”作为保证。常用的完工保证形式包括以下几点。

（1）无条件完工保证：投资者提供无条件的资金支持，以确保项目可以达到项目融资规定的“商业完工”条件。

（2）债务承购保证：如果项目的完工条件最终不能达到，则由投资者将项目债务收购下来或将其转化为公司债务，即由项目融资转变为公司融资。

（3）单纯的技术完工保证：按照这种形式，保证人（作为项目生产技术的提供者）只承诺实现项目的技术生产条件，但不承担任何项目的债务责任。

（4）完工保证基金：即要求项目投资者提供一笔固定数额的资金作为保证基金，投资者不承担任何超出保证基金的项目建设费用。

（5）最佳努力承诺：这种保证形式在法律概念上比较模糊，在内涵上可以包括从单纯技术管理承诺到技术、管理和资金全面承诺等各种形式。

6. 生产风险

项目的生产风险是在项目试生产期和生产经营期存在的技术、资源储量、能源和原材料供应、生产经营、劳动力状况等风险因素的总称，是项目融资的另一个主要的核心风险。与银行要求投资者、工程公司或第三方提供强有力的保证来分担完工风险不同的是，贷款银行往往对生产风险采取了不同的态度。对于融资项目来说，贷款银行愿意更多地将项目现金流量作为偿还债务的主要来源，也就是说一般贷款银行同意在项目风险分析的基础上与投资者共同分担一部分生产风险。项目生产风险的主要表现形式包括：技术风险、资源风险、能源和原材料供应风险、经营管理风险。

（1）技术风险是指存在于项目生产技术及生产过程中的一些问题，如技术工艺在项目建设期结束后是否依然保持先进、是否出现了新的替代技术、厂址选择与配套建设是否合理、技术人员的专业水平与职业道德能否达到要求等。在项目融资中，通常贷款银行只为那些采用经市场证实的成熟生产技术的项目安排有限追索性质的融资，因此其技术的可行性风险很小，但在这种情况下往往难以保证技术的先进性，同时也不利于新技术或工艺改进在项目中的应用。

（2）资源风险是指对于那些依赖于某种自然资源的生产型项目（如石油、天然气、煤炭开采项目等）来说，在项目的生产阶段有无足够的资源保证。对于这类项目的融资，一个先决条件是要求项目可供开采的已证实资源总储量与项目融资期间计划采掘或消耗的资源量之比要保持在风险警戒线之下。资源风险评价的一个常用指标称为资源覆盖比率，其计算公式为

$$资源覆盖比率=\frac{可供开采资源总储量}{项目融资期间计划开采资源量}$$

式中，可供开采资源总储量表示根据现有技术及现有生产计划可供开采的全部资源储量；项目融资期间计划开采资源量表示在项目融资期间按现有生产计划确定的实际开采的资源量。

某一具体资源开采项目的最低资源覆盖比率是根据项目的技术条件和贷款银行在这一行业的经验确定的，一般要求资源覆盖比率应该在 2 以上。如果资源覆盖比率小于 1.5，则贷款银行就可能认为项目的资源风险过高，进而要求投资者提供相应的最低资源储量担保，或者要求在安排融资前做进一步的勘探工作以落实资源情况。

为了避免项目的资源风险，有时贷款银行可能向投资者推荐混合融资方案：A 方案为较短期的有限追索项目融资，以项目已有的资源储量作为基础；B 方案为接在 A 方案

之后的公司融资方案，在资源不足的情况下，以投资者（借款人）的其他资产作为贷款的附加信用保证。A、B方案的划分点就设计在贷款银行可以获得满意的资源覆盖比率上。对于银行来说，获得合适的资源覆盖比率不仅仅是防止出现资源不足风险的一种手段，而且也可以有效地降低由其他一些风险因素导致项目失败的概率。例如，生产成本的增加、产品价格的下跌（在周期性波动的世界能源和原材料市场上，这是经常发生的）等因素都会大大减少项目的现金流量，推迟债务偿还计划的执行，只有获得足够的资源储量保证才有可能在项目生命期内偿还全部的贷款。

（3）能源和原材料供应风险：能源和原材料供应风险受两个要素影响，即能源和原材料的价格及供应的可靠性。一些重工业部门（如电解铝厂和铜冶炼厂）和能源工业部门（如火力发电站）对能源和原材料的稳定供应依赖性很大，能源和原材料成本在整个生产成本中占有很大的比重，价格波动和供应可靠性成为一个影响项目经济强度的主要因素。对于这类项目，没有能源和原材料供应的恰当安排，项目融资基本上是不可行的。

长期能源和原材料供应协议是一种减少项目能源和原材料供应风险的有效方法，这种安排保证项目可以按照一定的价格稳定地取得重要能源和原材料供应，在一些特殊情况下甚至有可能进一步将供应协议设计成“供货或付款”类型的合同，而长期供应协议可以使项目的经济强度得到更强有力的支持。在长期能源和原材料供应协议中，能源和原材料价格的确定是一个较为复杂的问题。近些年来对于产出品属于有国际统一定价标准的大宗资源性商品的项目，在签订长期能源和原材料供应协议的时候往往将能源和原材料的价格与项目产品的国际市场价格直接联系起来，即实行能源和原材料价格指数化，这种做法事实上对项目融资各方都有一定好处。对于项目投资者来说，这种方法可以降低项目风险，在国际市场不景气时降低项目的能源和原材料成本，在产出品国际市场价格上升时则可获得较大的利润；对于能源和原材料供应商来说，这种方法既保证了稳定的市场，又可以享受到最终产品价格上涨的好处；对于贷款银行来说，这种做法增强了项目的经济强度，保证了项目的偿债能力。正因为能源和原材料价格指数化存在上述优点，因此该方法特别受到项目融资参与者的欢迎。

（4）经营管理风险：是指在项目经营和维护过程中，经营者的疏忽导致发生重大经营问题从而使项目受到损失，如设备安装或使用不合理、产品质量低劣、原材料供给中断、管理混乱等。上述这些风险因素都可能使项目无法按计划运营，最终将影响项目的盈利能力。

经营管理风险主要用来评价项目投资者对于所开发项目的经营管理能力，而这种能力是决定项目的质量控制、成本控制和生产效率的一个重要因素。

项目的投资者（或项目经理）以往在同一领域是否具有成功的经营管理经验是贷款银行衡量项目经营管理风险的一项重要指标。评价项目的经营管理风险主要从三个方面综合考虑：第一，项目经理在同一领域的工作经验和资信水平；第二，项目经理是否为投资者之一；第三，除项目经理的直接投资外，项目经理是否具有利润分成或成本控制奖励等激励机制。

7. 市场风险

项目最终产品的市场风险也包含价格和市场销售量两个要素。除黄金、白银、石油等一些特殊商品被认为只有价格风险而没有市场销售量风险以外，其他大多数产品都同时具备价格和销售量两方面的风险。

降低项目市场风险的方法主要是签订长期的产品销售协议，这种协议的合同买方可以是项目投资者本身，也可以是对项目产品有兴趣的具有一定资信的第三方。通过这种协议安排，合同买方对项目融资承担了一种间接的财务保证义务。

长期销售协议的期限要求与融资期限一致，销售数量通常也被要求为这一时期项目所生产的全部产品或者大部分产品，在销售价格上则根据产品的性质分为浮动定价和固定定价两种方式。

浮动定价方式（也称为公式定价）主要用于在国际市场上具有公认定价标准、价格透明度比较高的大宗商品。定价公式以国际市场的某种公认价格（如伦敦金属交易所价格）作为基础，按照项目的具体情况加以调整，如加一定的贴水或打一定的折扣，价格公式一经确定在整个合同期内保持不变。采用这种定价公式的产品包括大部分有色金属、贵金属、石油、铁矿砂、煤炭等，由于产品价格的透明度较高、可比性强、有历史资料可供参考，贷款银行对项目市场风险的估计相对比较清楚，因而愿意接受债务偿还主要依赖于项目产品未来市场状况的项目融资安排。对于投资者来说，这样的安排则将一部分项目的风险转移到贷款银行身上。对于某些项目来说，贷款银行可能会认为单纯按照定价公式执行合同会使银行承担过多的市场风险，这时银行会要求在定价公式中设定一个最低价格，当市场价格低于最低价格时，合同买方被要求用最低价格购买产品。

固定定价方式是在进行长期销售协议谈判时确定一个固定价格，并在整个协议期间按照某一预先规定的价格指数（或几个价格指数）对价格加以调整的定价方式。这种定价方式主要用于以国内市场为依托的项目，如发电站、以发电站为市场的煤矿、港口码头、石油天然气运输管道、公路、桥梁等。如何规定价格指数是固定定价方式的关键，习惯上价格指数的参照系包括国家或项目所在地区的通货膨胀指数、工业部门价格指数、劳动工资指数等。如果项目融资中采用了较大比重的美元贷款，则美国的通货膨胀指数也有可能被要求包括在参照系中。

8. 金融风险

在项目融资中，项目发起人与贷款人必须对自身难以控制的金融市场上可能出现的变化加以认真地分析和预测，如汇率波动、利率上涨、通货膨胀和国际贸易政策的变动等，这些因素会引发项目的金融风险。项目的金融风险主要表现在利率风险和外汇汇率风险两个方面。

利率风险是指项目在经营过程中，利率变动直接或间接地造成项目价值降低或收益受到损失。如果投资方利用浮动利率融资，一旦利率上升就会导致项目生产成本和还贷数额的提高；而如果采用固定利率融资，将来市场利率下降则会造成项目机会成本的提高。

外汇汇率风险通常包括三个方面：项目所在国货币的自由兑换、经营收益的自由汇出以及汇率波动所造成的货币贬值问题，外汇汇率风险是项目融资中各参与方都十分关心的问题。

9. 政治风险

在任何国际项目融资中，借款人和贷款人都有可能承担政治风险。项目政治风险可能表现为：项目所在国的政治条件发生变化导致项目失败、项目信用结构改变、项目债务偿还能力改变等。项目的政治风险可分为两大类：一类表现为国家风险，即项目所在国政府由于某种政治原因或外交政策的原因，对项目实行征用或没收、对项目产品实行禁运或联合抵制、中止债务偿还的潜在可能性；另一类表现为国家法律稳定性风险，即项目所在国的外汇管理、法律制度、税收制度、劳资关系、环境保护、资源主权等与项目有关的敏感性问题等方面的立法是否健全、管理是否完善、是否经常变动。项目的政治风险可以影响到项目的各个方面和各个阶段。

项目政治风险的影响包括以下几个方面。

（1）一般来说，项目必须具有和保持政府的批准、特许或同意才能正常建设和运营，尤其是项目属于发电站、交通基础设施或开发所在国的自然资源等项目类型时，则更需要政府的经营特许，否则任何相关政策上的负面变化都有可能引发项目的政治风险。

（2）所建项目可能对项目所在国的基本建设或安全十分重要，因此更容易受到国有化或兼并的威胁，此类项目包括电站、机场、港口、道路、铁路、桥梁和隧道等。

（3）由于项目所在国的一些原因，政府可能采取控制措施来限制生产速度或项目蕴藏量的消耗速度，这些原因可能包括：所在国政府的经济政策或外部环境因素（如遵守石油输出国组织规定份额）。

（4）项目所在国有可能改变进出口政策，如增加关税或限制项目设备、原材料的进口、增加关税或限制项目产品的出口等。

（5）汇出利润和偿债可能被征税或有其他限制。

（6）对项目生产可能征收附加税，如英国政府对开采北海油田征收附加税的做法。

（7）在项目经济生命期中引入更严厉的环境保护立法，增加项目的生产成本或影响项目的生产计划。

降低政治风险的办法之一是政治风险保险，包括纯商业性质的保险和政府机构的保险，政府机构的保险往往是主要工业国家政府为保护本国企业在海外的投资而常采用的一种措施。除政治风险保险之外，投资者在投资或安排项目融资时寻求项目所在国政府、中央银行、税收部门或其他有关政府机构的书面保证也是行之有效的办法。政府的保证包括政府对一些特许项目权力或许可证的有效性及可转移性的保证、对外汇管制的承诺、对特殊税收结构的批准认可等一系列措施。另外，在一些外汇短缺或管制严格的国家，如果项目本身的收入是国际流通货币，贷款银行愿意通过项目融资结构在海外控制和保留相当部分的外汇用以偿还债务，达到减少政治风险以及外汇管制风险的目的。

10. 环境保护风险

随着生活水平的提高和人类环保意识的增强，世界上大多数国家对于工业项目的排放标准、废物处理、噪声、能源使用效率、自然植被破坏等有关环境保护方面的立法变得越来越严格。环保立法的这种趋势在短期内会迫使项目投资者及经营者为适应环保要求被迫降低项目生产效率、增加项目生产成本，或者增加新的资产投入改善项目的生产环境，更严重的甚至迫使项目无法继续生产下去。对于项目融资的贷款银行而言，环境保护风险不仅表现在增加生产成本或资本投入造成项目降低甚至丧失原有的经济强度，而且表现在一旦项目投资者无法偿还债务时，贷款银行取得项目的所有权和经营权之后也必须承担同样的环境保护的压力和责任，而且由于存在环境保护方面的问题，项目本身的价值也就降低了。

由环境保护问题所造成的项目成本增加，最主要的表现形式包括以下两个方面：一是对所造成的环境污染的罚款以及为改正错误所需要的资本投入；二是还需要考虑到为了满足更严格的环境保护要求所增加的环境评价费用、保护费用以及其他的一些成本。

在项目融资中，环境保护风险通常被要求由项目的投资者或借款人承担，因为投资者被认为对项目的技术条件和生产条件的了解比贷款银行要充分，并且环境保护问题也通常被列为贷款银行对项目进行经常性监督的一项重要内容。

11. 不可抗力风险

不可抗力风险，主要是指地震、台风、洪水等自然灾害的发生给项目建设和运营造成的影响。对于关系到国计民生、国家和区域长远发展规划的项目，由于项目的外部效应明显，因此对不可抗力风险问题的研究尤为重要。由于不可抗力风险的发生事先难以预见，但此类风险一旦发生，可能给项目带来严重的后果，因此贷款银行往往要求在签订贷款协议前项目直接主办方已经通过保险等方式明确不可抗力风险发生所造成的损失由谁承担。

3.2.3　按照投入要素进行风险种类划分

项目在开发和经营过程中所需要投入的要素可以划分为五大类：人员、时间、资金、技术和其他要素，因此从项目投入要素的角度，可以对上述项目风险做出另一种形式的划分。

1. 人员方面的风险

由人员来源的可靠性、技术熟练程度、流动性、生产效率、工业关系、劳动保护立法及实施、管理素质、技术水平、市场销售能力、质量控制、对市场信息的敏感性及反应灵活程度、公司内部政策、工作关系协调等因素带来的风险都属于人员风险。

2. 时间方面的风险

与时间有关的主要风险因素有：生产计划及执行、决策程序及时间、原材料运输问题、原材料短缺的可能性、在建设期购买项目土地及设备延期的可能性、工程建设延期的可能性、达到设计生产水平的时间、单位生产效率等。

3. 资金方面的风险

可能导致资金风险的主要因素有：产品销售价格及变化、汇率变化、通货膨胀因素、项目产品购买者或项目设施使用者的信用、年度项目资本开支预算、现金流量、原材料及人工成本、融资成本及变化、税收及可利用的税务优惠、管理费用和项目生产运行成本、土地价值、项目破产以及与破产有关的法律规定等。

4. 技术方面的风险

导致出现项目风险的技术要素包括：综合项目技术评价（选择成熟技术是减少项目融资风险的一个原则）、设备可靠性及生产效率、产品的设计或生产标准等。

5. 其他风险

其他一些因素也可能给项目带来风险，如产品需求、产品替代可能性、市场竞争能力、投资环境（如影响投资和企业运营的法律环境、外资政策环境、外汇管制等）、环境保护立法、项目的法律结构和融资结构、知识产权、自然环境、其他不可抗力因素等。

3.2.4 按照可控制性进行风险种类划分

项目风险从项目投资者是否能够直接影响和控制的角度可以分为两类：项目的核心风险和项目的环境风险。

1. 项目的核心风险

项目的核心风险也称可控制风险，是指与项目建设和生产经营管理直接有关的风险，包括完工风险、生产风险、技术风险和部分市场风险等。这类风险是项目投资者在项目建设或生产经营过程中无法避免而且必须承担的风险，同时也是投资者应该知道如何去管理和控制的风险。

2. 项目的环境风险

项目的环境风险是指项目的生产经营由于受到超出企业控制范围的经济环境变化的影响而遭受损失的风险。这类风险项目投资者和经营者无法控制，并在很大程度上也无法准确预测，因此又被称为项目的不可控制风险。项目的环境风险包括：①项目的金融风险（利率风险和汇率风险）；②部分项目的市场风险，对于融资项目来说主要是指产品价格风险；③项目的政治风险。

项目的环境风险来源于项目的核心风险，但又有别于核心风险。从项目融资贷款银行的角度来看，对于不同性质风险的处理方式是不一样的。对于项目的核心风险，贷款银行总是尽可能地以各种合同契约形式将其转移给项目的投资者或其他项目参与者；但是对于项目的环境风险，在一定程度上贷款银行是可以接受的，并且愿意和项目投资者一起去管理和控制这类风险。

3.2.5　按照影响范围进行风险种类划分

项目风险可以按照其影响范围分为两类：系统性风险和非系统性风险。

（1）项目的系统性风险是指该项目的预期收益对整体资本市场要素变化的敏感程度。系统性风险不能通过增加不同类型的投资数目而排除，因为造成这种风险的要素将会影响到整体资本市场的运动。系统性风险的典型例子有政府经济政策（如税收、货币政策等）的调整、经济衰退、世界性能源危机、中长期资本市场利率激增等。

（2）非系统性风险是指一个项目所特有的风险，如项目的关键技术人才去世或流动、项目所需的某种特殊原材料的供应问题等。非系统性风险一般可以通过多样化、分散化投资战略加以避免或降低，对于非系统性风险，投资者只能做出定性的判断，而不可能取得统一的定量分析标准。

■ 3.3　项目融资风险的定量分析方法

在项目融资实践中，在识别出具体项目存在的风险以后，还要对项目的风险水平进行定量分析。因为只有对项目风险做出正确的分析和评估，才能找出限制项目风险的方法和途径，设计出能够被融资参与方所接受的融资结构。在项目风险管理理论中，对于如何进行项目风险的评估有一套系统的理论和方法，在本书中不再赘述，本节主要结合项目风险分析的重要工具——现金流量模型讨论风险贴现率的确定方法，并简要介绍项目现金流量的敏感性分析方法。

项目融资的风险分析是在项目可行性研究的基础上进行的，可行性研究中经常使用的现金流量模型是项目风险评价的重要定量分析工具。本节所探讨的项目融资风险分析是根据项目融资的特点和要求，运用项目现金流量模型对影响项目经济强度的各种因素的变动风险做出准确的数量化的描述，为项目融资的方案设计提供重要的数据支持。

项目风险分析的基本思路如下。

（1）确定用什么样的标准测定项目的经济强度。

（2）通过与所选定的标准进行比较，判断各种因素对项目的影响程度。

3.3.1　确定项目风险贴现率的 CAPM

CAPM（capital asset pricing model）又称资本资产定价模型，是项目融资中被广泛接受和使用的一种确定项目风险贴现率的模型。在项目融资中进行项目总体经济强度的分析时，首先遇到的问题就是项目风险贴现率的确定问题，项目可行性研究的重要内容就是依据选定的贴现率计算项目的投资收益和净现值，评价项目的经济强度。在 CAPM 中，项目的风险贴现率的含义是指项目的资本成本在公认的低风险投资收益率的基础上，根据具体项目的风险因素加以调整的一种合理的项目投资收益率。

1. CAPM 的基本假设

CAPM 的应用建立在以下一些理论假设的基础上。

（1）资本市场是一个充分竞争和有效的市场，在这个市场上可以不用考虑交易成本和其他制约因素（诸如借贷限制、资产转让限制等）的影响。

（2）在这个市场上，所有的投资者都追求最大的投资收益。

（3）在这个市场上，所有的投资者对于同一资产具有相同的价值预期，高风险的投资有较高的收益预期，低风险的投资有较低的收益预期。

（4）在这个市场上，所有的投资者均有机会充分运用多样化、分散化的战略来减少投资的非系统性风险，在投资决策中只考虑系统性风险的影响和相应的收益问题。

（5）在这个市场上，对某一特定资产，所有的投资者可以在相同的时间区域内做出投资决策。

2. CAPM 的基本公式

根据 CAPM 的基本假设，投资者在做出投资决策时只需要考虑项目的系统性风险，即该项目与资本市场上其他投资机会相比较所具有的带有共性的风险，以及由于承担了系统风险而应该得到的收益。因此，一个具体项目的投资收益率可以表示为

$$R_i = R_f + \text{风险收益率} = R_f + \beta_i \times \left(R_m - R_f\right)$$

式中，R_i 表示在给定风险水平 β 条件下项目 i 的合理预期投资收益率，即项目 i 带有风险校正系数的贴现率（风险贴现率）；R_f 表示无风险投资收益率；β_i 表示项目 i 的风险校正系数，代表项目对资本市场系统风险变化的敏感程度；R_m 表示资本市场的平均投资收益率。

将风险贴现率 R_i 代入项目现金流量净现值的计算公式中：

$$\text{NPV} = \sum_{t=0}^{n} (\text{CI} - \text{CO})_t (1 + R)^{-t}$$

就可以计算出考虑到项目具体风险因素之后的净现值：

$$\text{NPV} = \sum_{t=0}^{n} (\text{CI} - \text{CO})_t \left[1 + R_f + \beta_i \left(R_m - R_f\right)\right]^{-t}$$

式中，NPV 表示项目的净现值；$(\text{CI} - \text{CO})_t$ 表示第 t 年项目的净现金流量，CI 表示现金流入量，CO 表示现金流出量；n 表示计算期期数，一般为项目的寿命期。

根据项目现金流量的净现值的计算结果，如果 $\text{NPV} \geqslant 0$ 则表明项目投资者在预期的项目寿命期内至少可以获得相当于项目贴现率的平均投资收益率，项目收益将大于或等于投资的机会成本，项目是可行的。如果 $\text{NPV} < 0$，说明该项目的投资机会成本过高，项目不可行。在此模型中为了简化问题做了以下两点假设。

（1）无风险投资收益率 R_f 和资本市场的平均投资收益率 R_m 在项目的经济生命期内保持不变。

（2）风险校正系数 β_i 在同一时段内也保持不变。

运用 CAPM 计算项目的合理资金成本以便为决策提供定量的依据时，风险贴现率的

计算过程共分为四个步骤。

（1）根据所要投资项目的性质和规模，在资本市场上寻找相同或类似性质的公司资料来确定项目的风险校正系数 β 值。

（2）根据 CAPM 计算投资者股本资金的机会成本。

（3）根据各种可能的债务资金的有效性和成本，估算项目的债务资金成本。

（4）将以上两种资金成本加权平均即可计算出项目投资的综合成本，即确定了项目的风险贴现率 R。

3. CAPM 参数的确定

CAPM 的参数主要有：无风险投资收益率 R_f、资本市场的平均投资收益率 R_m、风险校正系数 β。

1）无风险投资收益率 R_f

无风险投资收益率是指在资本市场上可以获得的风险极低的投资机会的收益率，一般认为各种类型的政府债券是这种投资机会的典型代表。然而由于各种政府债券的利率往往随着发行时的资本市场情况以及期限的长短而有所不同，因此通常的做法是在资本市场上选择与项目预期经济生命期相近的政府债券的收益率作为无风险投资收益率 R_f 的参考值。在项目融资中，R_f 也经常被用来作为项目风险承受能力底线的指标。

2）资本市场的平均投资收益率 R_m

按照现代西方经济理论，资本市场的充分竞争性和有效性以及投资者追求最大投资收益的动机决定了资本市场具有一个均衡的投资收益率，然而在实践中几乎不可能计算出资本市场投资收益率的均衡点。因此，在资本市场相对发达的工业国家通常以股票价格指数替代均衡投资收益率，并将其作为 CAPM 的平均投资收益率 R_m。由于股票价格指数的收益率往往变动剧烈，实际计算中一般采用一个较长的时间段（一般为 10 年）内的平均股票价格指数收益来作为 R_m 的参考值。但是，由于 R_f 的估计值反映的是对未来收益的预期，而 R_m 的估计值则代表的是过去某一阶段的平均收益率，因而有可能出现 $R_m - R_f < 0$ 的情况。为了解决这一问题，可以采取一定的变通方法，即在一个较长的时间区域内计算 $\left(R_m - R_f\right)$ 值，然后取得一个平均值来替代对 R_m 的单独估计。

3）风险校正系数 β

风险校正系数是风险贴现率计算中较难以确定的指标值，在项目风险分析中，这一指标的计算方法存在的争议也比较大。目前通用的方法是根据资本市场上已有的同一工业部门内相似公司的系统风险 β 值作为将要投资项目（分析对象）的风险校正系数。

理论上，在资本市场上对某一个公司的系统性风险进行估值，可以按照数理统计的原理对该公司股票价格与资本市场整体运动趋势之间的相对应关系的历史数据（一般需要至少 60 个月的数据）加以统计并做出相关曲线，则相关曲线的斜率就是该公司的风险校正系数 β。但是，在实践中除专业化的证券公司外，一般的投资者很难获得完整的资料来进行这种计算，所以在资本市场相对发达的工业国家中一些具有权威性的证券公司会定期公布所有上市公司的 β 值以及各个工业部门的平均 β 值，以提供给投资者参考。

β 值越高，表明该工业部门在经济发生波动时风险性越大。在实际进行项目（或公司）风险分析时用到的 β 值有两种：资产 β 值和股本资金 β 值。资产 β 值反映的是该工业部门（或公司）的总体系统风险水平，而股本资金 β 值则反映出公司在不同的股本/债务资金结构中的融资风险水平。债务越高融资风险也就越高，因此债务越高则股本资金 β 值也就越高。由于在 CAPM 中用到的风险校正系数应该与项目的股本/债务比例有关，因此应采用股本资金 β 值，而证券公司定期公布的数据则是全行业的资产 β 值，为此须进行二者的换算，其换算公式为

$$\beta_e = \beta_a\left[1+\frac{D}{E}(1-t)\right]$$

式中，β_e 表示股本资金 β 值；β_a 表示资产 β 值；D 表示项目债务的市场价值；E 表示项目股本资金的市场价值；t 表示公司所得税税率。

4. 加权平均资本成本

由于项目资金包括债务资金和股本资金两部分，因此运用 CAPM 计算项目投资的合理资金成本时须计算加权平均资本成本，为项目投资决策提供依据。加权平均资本成本是将债务资金成本和权益资金成本分别乘以两种资金在总资本中所占的比例，再把两个乘积相加所得到的资本成本。其计算公式如下：

$$\text{WACC} = R_e \times W_e + R_d(1-t)\times W_d = R_e \times \frac{E}{E+D} + R_d(1-t)\times\frac{D}{E+D}$$

式中，WACC 表示加权平均资本成本；R_e 表示权益资本成本；W_e 表示权益资本权重 $\left(W_e = \dfrac{E}{E+D}\right)$；$W_d$ 表示债务资本权重 $\left(W_d = \dfrac{D}{E+D}\right)$；$R_d$ 表示债务利息率；t 表示税率，通常是公司所得税税率；E 表示权益资本额；D 表示债务资本额。

应用上式可以确定出项目的资金综合成本，即综合风险校正收益率，以此收益率为基础可以将项目各年的投入产出额折现，从而求出项目资产的综合价值，以利于做出决策。

3.3.2 项目净现值敏感性分析

项目的风险分析是在可行性研究的基础上，运用可行性研究中所使用的现金流量模型进行的，当确定了风险贴现率后，就可以计算项目的净现值，判断项目的投资收益能不能满足最低风险收益的要求。如果项目的投资能满足最低风险收益的要求，则对于项目投资者来说，从风险分析的角度看项目是可行的，但这并不意味着项目一定能满足融资的要求。为了设计合理的融资结构，满足投资方和债务方对相应风险的共同要求，就需要在现金流量模型的基础上建立项目的融资结构模型。合理的项目融资结构模型需要考虑项目的债务承受能力和投资者可以得到的投资收益率。通常在一系列债务资金的假设条件下，通过调整现金流量模型中各种变量之间的比例关系，可以验证预期的融资结构是否可行，采用的方法是在建立了现金流量模型的基础方案之后，进行模型变量的敏

感性分析，考察项目在各种可能条件下的现金流量状况及债务承受能力。

1. 项目现金流量模型在项目融资中应用的基本思路

项目现金流量的数学模型需要准确反映出项目各有关变量之间的相应关系以及这些变量的变化对系统输出值（项目净现金流量）的影响。这些变量包括：项目的投资费用；项目的建设时间表；项目产品的种类、数量、价格、销售收入以及其他市场因素；项目的直接生产成本，包括人工、原材料、能源、运输费用等；项目的非现金成本，包括折旧、摊销等；其他项目成本，如管理费用、技术专利费用、市场摊销费用等；流动资金需求量与周转时间；公司所得税和其他税收，如资源税、营业税、进出口税等；通货膨胀因素；融资成本，包括汇率、利率、金融租赁成本等；不可预见因素及费用；项目的经济生命期等。

图 3-4 是项目现金流量模型的结构示意图。

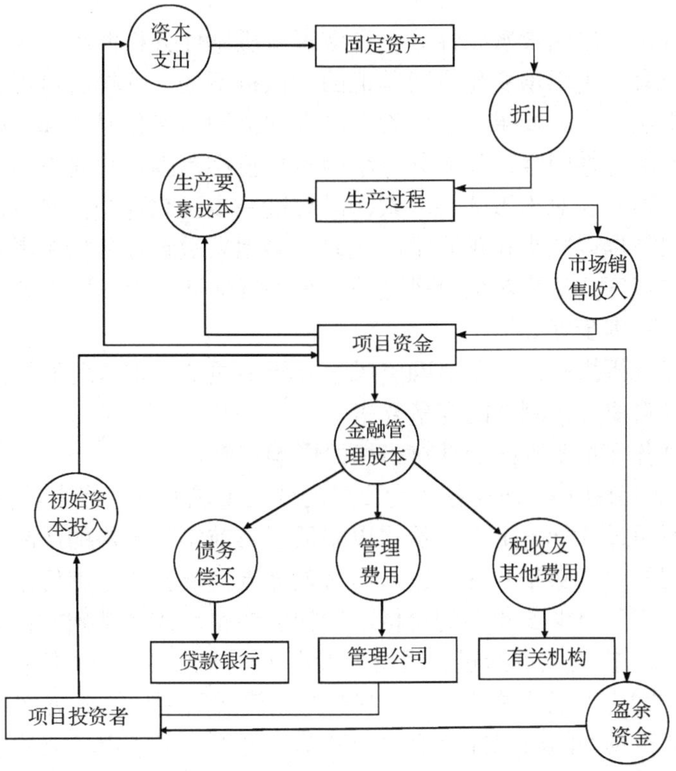

图 3-4　项目现金流量模型的结构示意图

建立了项目的现金流量模型之后，第一步工作是进行项目净现值的分析。如果项目的净现值小于 0，说明项目的投资不能满足最低风险收益的要求，除投资者有其他的战略考虑之外，没有必要再做进一步的工作了。如果这一步工作的结果是满意的，接下来的工作就是在现金流量模型的基础上建立项目的融资结构模型。在一系列债务资金的假设条件下，确定项目合理的债务承受能力和投资者可以得到的投资收益率。为了满足投资者和贷款银行双方对相应风险的要求，现金流量模型中股本资金投入水平实际上成为三个变量的函数：①投资者所必须获得的最低投资收益率（大于或等于风险贴现率）；②融资的可能性及债务资金的成本；③股本资金的形式及成本。

确定项目现金流量模型的假设条件必须遵循现实、合理并且相对保守的原则，必须考虑到所有项目风险因素对现金流量的影响。在建立了现金流量模型的基础方案之后，需要建立相应的最差方案和最佳方案与之进行比较，并进行模型变量的敏感性分析，获取在各种可能条件下的项目现金流量状况及债务承受能力的一系列数据。

2. 现金流量模型的敏感性分析

敏感性分析就是分析并测定各个因素的变化对指标的影响程度，判断指标（相对于整个项目）对外部条件发生不利变化时的承受能力。一般情况下，在项目融资中需要测度敏感性的变量要素主要有：价格、利率、汇率、投资、生产量、工程延期、税收政策、项目寿命期等。

项目敏感性分析有单因素敏感性分析和多因素敏感性分析两种。在单因素敏感性分析中，设定每次只有一个因素变化，而其他因素保持不变，这样就可以分析出这个因素的变化对指标的影响大小。如果一个因素在较大的范围内变化时引起指标的变化幅度并不大，则称其为非敏感性因素；如果某一个因素在很小范围变化时就引起指标很大的变化，则称为敏感性因素。对于敏感性因素，需要进一步研究这个变量取值的准确性，或者收集众多的相关数据以减小在预测中的误差。多因素敏感性分析是考察多个因素同时变化对项目的影响程度，从而对项目风险的大小进行估计，为投资决策提供依据。

敏感性分析的基本步骤如下。

第一步，确定分析指标，在项目融资风险分析中通常采用净现值指标。

第二步，选择需要分析测度的变量要素。

第三步，计算各变量要素的变动对指标的影响程度。

在项目融资风险分析中，往往各变量要素的变动范围有一些参考数值。一般情况下，产量变化幅度应不超过 10%～15%；价格以略低于目前实际价格的产品价格作为初始价格，然后按照预期的通货膨胀率逐年递增作为现金流量模型的基础价格方案，在基础方案之上对项目前几年（至少 5 年）的价格水平加以调整，或在基础方案上以高出生产成本的 5%～10%考虑；投资成本的超支假设一般在 10%～30%范围取值；生产成本的取值可以采用比基础方案生产成本高出 5%～10%的数值或采用比基础方案通货膨胀率高的生产成本增长速度；利率的敏感性取值比较简单，可以以金融市场上的预测为依据。

第四步，确定敏感性因素，对项目的风险情况做出判断。

3.4 项目融资风险评价指标

除进行项目现金流量的敏感性分析，获得有关项目经济强度的一系列数据以外，还有必要选取合适的项目风险评价指标，运用这些指标来评价项目的债务承受能力。项目融资中经常使用的风险评价指标主要有：项目债务覆盖率、项目债务承受比率、资源收益覆盖率。

3.4.1　项目债务覆盖率

项目债务覆盖率是贷款银行对项目进行风险评价的基本指标。项目债务覆盖率是指项目可用于偿还债务的有效净现金流量与债务偿还责任的比值，该指标可以通过现金流量模型计算出来。债务覆盖率可以分为单一年度债务覆盖率和累计债务覆盖率两个指标。

单一年度债务覆盖率的计算公式为

$$\mathrm{DCR}_t = \frac{\mathrm{NC}_t + \mathrm{RP}_t + \mathrm{IE}_t + \mathrm{LE}_t}{\mathrm{RP}_t + \mathrm{IE}_t + \mathrm{LE}_t}$$

式中，DCR_t 表示第 t 年债务覆盖率；NC_t 表示第 t 年扣除一切项目支出后的净现金流量；RP_t 表示第 t 年到期债务本金；IE_t 表示第 t 年应付利息；LE_t 表示第 t 年应付的项目租赁费用（如果存在的话）。

在项目融资中，贷款银行通常要求 $\mathrm{DCR}_t \geqslant 1$；如果项目被认为有较高风险的话，贷款银行通常要求 DCR_t 的数值相应增加，公认的 DCR_t 取值范围在 1.0～1.5。

贷款银行在评价一个项目融资建议时，首先要确定可接受的最低 DCR_t 值，该值反映了银行对项目风险的估价，也反映出银行对来自项目之外的各种信用支持结构有效性的评价。

累计债务覆盖率的计算公式为

$$\sum \mathrm{DCR}_t = \frac{\mathrm{NC}_t + \mathrm{RP}_t + \mathrm{IE}_t + \mathrm{LE}_t + \sum_{i=1}^{t-1} \mathrm{NC}_i}{\mathrm{RP}_t + \mathrm{IE}_t + \mathrm{LE}_t}$$

式中，$\sum \mathrm{DCR}_t$ 表示第 t 年项目的累计债务覆盖率；$\sum_{i=1}^{t-1} \mathrm{NC}_i$ 表示自第 1 年开始到第 $t-1$ 年项目未分配的净现金流量；式中其他各参数的含义与单一年度债务覆盖率计算公式中相应参数的含义一致。

累计债务覆盖率的作用是保证项目能够持续地、经常地满足债务覆盖率的要求。项目在某些特定阶段可能出现较低的 DCR_t 值，一种情况是在项目生产的前期；另一种情况发生在项目经营若干年后，生产设备需要更新的情况下。为避免出现 DCR_t 值过低的情况，一般在项目融资中采取三种方法。

（1）根据项目生产前期的现金流量状况，给予项目贷款一定的宽限期。

（2）规定项目一定比例的盈余资金必须保留在项目公司中(只有满足规定的累计债务覆盖率以上的资金部分才允许作为利润返还投资者，通常累计债务覆盖率的取值范围在 1.5～2.0)。

（3）贷款银行要求项目投资者提供一定的偿债保证基金。

3.4.2 项目债务承受比率

项目债务承受比率是在项目融资中经常使用的另一种风险分析指标，它是项目现金流量的现值与预期贷款金额的比值。其计算公式为

$$\mathrm{CR}=\frac{\mathrm{PV}}{D}$$

式中，CR 表示项目债务承受比率；PV 表示项目在融资期间的现金流量现值（采用风险贴现率计算）；D 表示计划贷款的金额。

项目融资一般要求 CR 的取值范围为 1.3～1.5。

3.4.3 资源收益覆盖率

对于依赖于某种自然资源（如煤矿、石油、天然气等）的生产型项目，在项目的生产阶段有没有足够的资源保证是一个很大的风险因素。因此对于这类项目的融资，一般要求已经证实的可供项目开采的资源总储量是项目融资期间计划开采资源量的两倍以上，而且还要求任何年份的资源收益覆盖率都要大于 2。

资源收益覆盖率的计算公式为

$$\mathrm{RCR}_t=\frac{\mathrm{PVNP}_t}{\mathrm{OD}_t}$$

式中，RCR_t 表示第 t 年资源收益覆盖率；OD_t 表示第 t 年所有未偿还的项目债务总额；PVNP_t 表示第 t 年项目未开采的已证实资源储量的现值，其计算公式为

$$\mathrm{PVNP}_t=\sum_{i=t}^{n}\frac{\mathrm{NP}_i}{(1+k)^{i-t}}$$

式中，NP_i 表示第 i 年项目的毛利润（即销售收入减生产成本）；k 表示贴现率，一般采用同等期限的银行贷款利率作为计算标准；n 表示项目的经济生命周期。

项目融资一般要求在任何年份 RCR_t 都要大于 2。

■ 3.5 项目融资风险管理的内容与工具

前几节已经对项目融资风险的分类、识别和评价进行了介绍，为如何围绕项目的风险因素来安排项目的融资结构提出了解决问题的基本思路。如果项目的融资结构设计合理，项目风险在项目各参与方之间进行了适当的分摊且分摊结果为各方所接受的话，项目融资就有可能成功。然而，项目投资者在完成项目融资谈判过程并取得融资成功后，还要在项目的建设和生产阶段结合项目的经营管理实际，分析研究如何降低和减少各种风险要素对项目经营的影响，最大限度地保证项目的成功。这一问题不仅是项目投资者关心的问题，也是贷款银行需要面对和解决的问题，这一问题就是项目融资中的风险管理问题。

由于进行融资的项目通常投资规模很大，项目的融资结构十分复杂，国际经济环境

也变化莫测，因此项目风险管理在项目融资中的作用变得十分重要。

3.5.1 项目融资风险管理的内容

从项目风险管理对象的可控性角度来看，项目风险管理可以分为项目核心风险管理和项目环境风险管理。

项目核心风险管理，即项目的完工风险、生产风险、技术风险等一系列与项目建设和生产经营有着直接关系的风险因素的管理，是项目投资者和经营者日常生产管理工作的一个重要组成部分。由于项目的核心风险大部分属于项目的投资者和经营者可以控制的，因此贷款银行很少分担这类风险，而且在项目融资安排过程中这类风险多数已经通过各种形式的协议或担保转移给了其他利益相关者，这种风险的转移在项目风险的种类一节中已经谈及，因此在本节不再重述。

项目环境风险管理主要包括项目的政治风险管理、法律风险管理和金融风险管理等。由于项目的环境风险通常较难预测，一般环境风险也超出了企业控制的范围，因此环境风险管理的难度往往较大，这就要求人们制定出有别于项目核心风险管理的方法和思路。

1. 项目的政治风险管理

当项目融资在很大程度上依赖于将政府的特许经营权和特定的税收、外汇、价格政策作为重要的信用支持来安排融资结构时，政治风险的管理就显得相对敏感和突出。目前，项目的政治风险管理主要采取以下措施。

（1）通过政治风险投保来降低政治风险可能带来的损失。政治风险投保是项目投资者或项目公司、贷款银行和其他参与方向商业保险公司或官方机构（如出口信贷机构或多边发展机构）投保政治风险。

（2）在项目融资中引入多边机构。多边机构（如政府出口信贷机构和多边金融机构等）的书面保证也能为项目各参与方提供一些政治上的保护。

（3）尽量使项目有政府的直接参与。

（4）在一些外汇短缺或管制严格的国家，如果项目产生“硬通货”，则通过销售合同的合理安排可以使贷款人有可能从海外接收、控制和保留部分现金流量用以偿还债务，从而可以降低项目的政治风险和外汇管制风险。

（5）如果有可能，应从项目所在国的中央银行得到可以获得外汇的长期保证。

（6）与地区发展银行、世界银行或援助机构一同安排平行贷款，这种协调机制将减少项目所在国政府干预贷款人利益的风险。

2. 项目的法律风险管理

对项目发起方来说，在项目计划与设计阶段就需要聘请法律顾问参与到具体的投资设计和融资设计中来，这样做的原因是项目的设计、项目的融资及税务处理等都必须符合项目所在国的法律要求，否则项目将很难得以正常建设和运营。在项目融资中，有时还需要对可以预见的法律变动提前做好准备，使项目顺利度过法律上的转变阶段。

项目的法律环境变化会给项目带来难以预料的风险，为了规避这类风险，项目公司与项目所在国政府之间可以签署一系列相互担保协议，双方在自己的权利范围内做出某种担保或让步，以达到互惠互利的目的，这些协议可以在一定程度上为项目公司和贷款银团提供法律上的保护。这种类型的协议可能包括：进口限制协议、劳务协议、诉讼豁免协议、公平仲裁协议和开发协议。在项目融资中根据项目的特点，不同的项目签署不同的相互担保协议。例如，有的项目在建设或生产经营中需要从国外进口设备或原材料，项目公司就应尽可能地与项目所在国政府签订进口限制协议，以达到放宽进口限制及减免关税的目的；有的项目需要外籍人员为其提供服务，项目公司应力争与项目所在国政府签署劳务协议，要求对外籍人员的聘用不加以限制。需要说明的是，一般来说项目公司应与项目所在国政府签署开发协议，以保证项目公司在协议执行期间得到有效的服务、以合理的价格销售项目产品、授予项目公司一些特许权限，从而在很大程度上转移项目的法律风险，这一点在BOT融资模式中显得尤为重要。

3. 项目的金融风险管理

项目的金融风险分为利率风险和汇率风险。利率的波动风险存在于每一个项目之中，由于近些年来国际金融市场的利率波动幅度大幅度增加，利率风险的管理在项目融资中变得非常重要。对于利率风险的管理，如果东道国货币不是国际硬通货，项目投资者只能采取一些经营管理手段和通过适当的协议将风险分散给其他项目参与方共同分担。例如，投资者或其融资顾问可以通过预测利率的变化，并在此基础上通过对不同假设条件下项目现金流量的预测分析来确定项目的资金结构，利用提高股本资金在项目资金结构中的比例等方法来增加项目的抗风险能力，以避免在项目出现最坏情况时可能发生的风险。但这种方法成功与否直接取决于利率预测的准确性，而对利率走向的准确预测通常是比较困难的，过高的估计风险因素、过多地增加股本资金投入会导致项目投资者最终放弃项目的投资机会。相比之下，如果项目资产或负债使用的是硬通货，通过金融衍生工具对冲风险比较有效。项目利率风险管理的常用金融衍生工具有：利率期权、利率掉期、利率期货、远期利率协议等。随着国际金融市场的发展，这些金融衍生工具也被逐步地引入到项目产品和原材料、能源价格风险的管理中，为项目融资在各类项目中的普遍运用提供了条件和可能。

对于汇率风险，如果项目所在国货币是国际硬通货，通过金融衍生工具（如货币期权、掉期等）来对冲风险比较有效；如果项目所在国货币不是国际硬通货，则只能采取一些经营管理手段来降低汇率风险，其做法与利率风险管理方法大体一致。至于降低汇率风险中的汇兑风险，最有效的方法是从项目所在国的中央银行取得自由兑换硬通货的承诺协议。一般情况下，各国对外商投资项目的货币兑换及收益汇出都有明确的法律规定，如在我国就有相关的法律保护外商合理收入的顺利出境。

3.5.2 项目环境风险管理的基本工具

近些年来，随着全球经济一体化的进程和国际金融市场的发展，利率、汇率和几种主要国际金属市场价格发生了根本性变化，价格波动幅度明显增大，这些变化使项目与此相关的环境风险迅速增加，进而使项目的环境风险管理在项目融资中显得愈发重要。

同时，金融市场的发展也为项目管理这些风险提供了可能的手段，为了控制金融市场的波动风险，相继出现了大量的复杂金融衍生工具，例如，可以用于项目环境风险管理的几种基本工具：掉期、期权、期货和远期等。投资者正确地使用这些工具，可以达到有效降低部分项目环境风险的目的。

1. 掉期

在项目融资中对掉期最简单的描述就是用项目的全部或部分现金流量交换与项目无关的另一组现金流量。经常使用的掉期有三种形式：利率掉期、货币掉期和商品掉期。商品掉期是在 1986 年开始出现的，由于它可以锁定商品的市场价格（减少项目的产品市场价格风险或者原材料价格风险），目前已经成为项目融资中一种十分重要的风险管理工具。

1）利率掉期

利率掉期也称利率互换，在 20 世纪 80 年代早期首次出现在美国证券市场上，其产生的原因主要是当时一些从事国际货币业务和国际资本业务的金融机构利用利率互换来减少利率变动的风险。后来，利率掉期交易发展迅速，已成为管理利率风险的主要工具之一。

利率掉期是交易双方将同种货币不同利率形式的资产或者债务相互交换，债务人根据国际资本市场利率走势，通过运用利率掉期规避利率风险。最常见的利率掉期是用来改变利息支付的性质，即由固定利率转换为浮动利率或由浮动利率转换为固定利率，利率掉期不涉及债务本金的交换。一般的利率掉期是在同一种货币之间进行的，从而不涉及汇率风险因素，几乎所有的利率掉期交易的定价都以 LIBOR 为基准利率。利率掉期一般通过第三方作为中介人来安排，投资银行和大型商业银行都可以充当中介人的角色。

在项目融资中，大多数的项目长期贷款都采用的是浮动利率的贷款方式，从而使项目有关各方承担着较大的利率波动风险。在这种情况下，通过浮动利率与固定利率的掉期，将部分或全部的浮动利率贷款转换为固定利率贷款，可以在一定程度上起到项目风险管理的作用。

项目融资中的利率掉期基本框架如图 3-5 所示。

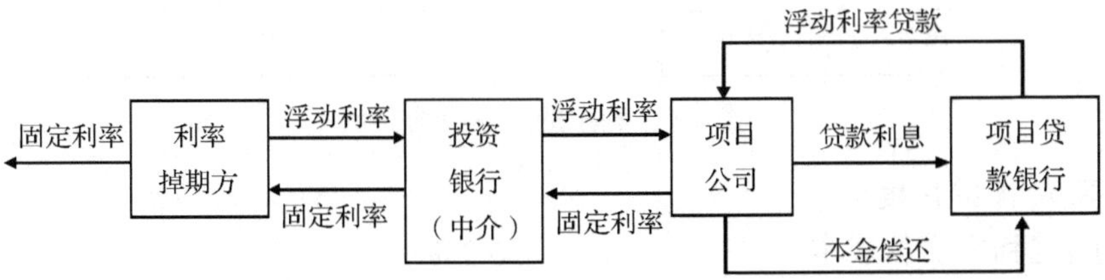

图 3-5　项目融资中的简单利率掉期结构

利率掉期的基本原理是：金融市场上的两个借款人 A 和 B，借款人 A 能够在市场上以较好的条件借到浮动利率贷款，但是由于种种原因希望使用固定利率的资金；而借款人B在市场上可以较容易地借到固定利率的贷款，但是却希望使用低利息成本的浮动利率资金。通过这样的掉期安排，双方都可以获得相应的成本节约。

在项目融资中，利率掉期的作用可以归纳为以下两个方面。

第一，根据项目现金流量的特点安排利息偿还，减少因利率变化造成项目风险的增加。由于项目融资在贷款安排方面仍然存在一定的不灵活性，因而可能出现贷款利率结构不一定符合项目现金流量结构的情况。通过浮动利率与固定利率之间的掉期、不同基础的浮动利率之间的掉期或者不同项目阶段的利率掉期，在一定程度上可以起到项目风险管理的作用。

第二，根据借款人在市场上的位置和金融市场的变化，抓住机会降低项目的利息成本。这方面的做法包括：①将固定利率转换为浮动利率；②通过先安排浮动利率贷款，然后再将其转换为固定利率的方法，降低直接安排固定利率贷款的成本；③通过先安排固定利率贷款，然后再将其转换为浮动利率的方法，降低直接安排浮动利率贷款的成本。

下面，通过一个简单的例子说明利率掉期的具体做法和成本优势。

假设借款人A和借款人B的美元贷款成本如表3-1所示。

表3-1 借款人贷款利率对比表

项目	借款人A	借款人B	差额
固定利率贷款成本	6.3%	7.8%	1.5%
浮动利率贷款成本	LIBOR+0.25%	LIBOR+0.75%	0.5%

如果借款人A和借款人B为各自的贷款进行如图3-6所示的利率掉期，则双方都可以获得一定的利息成本节约。

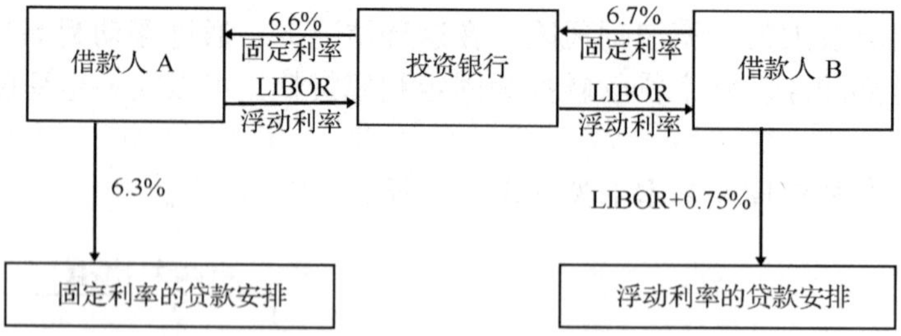

图3-6 利率的成本节约实例

从借款人A的角度：

固定利率贷款成本	6.3%
在利率掉期协议中的收入	6.6%
在利率掉期协议中的支出	LIBOR
实际贷款成本	LIBOR–0.3%
如果单独安排浮动利率贷款成本	LIBOR+0.25%

利息成本节约	0.55%

从借款人 B 的角度：

浮动利率贷款成本	LIBOR+0.75%
在利率掉期协议中的收入	LIBOR
在利率掉期协议中的支出	6.7%
实际贷款成本	7.45%
如果单独安排固定利率贷款成本	7.8%
利息成本节约	0.35%

2）货币掉期

货币掉期是一种货币交易，交易双方按照事先确定的汇率和时间相互交换两种货币。货币掉期的早期形式是由一个国家的企业以本国货币贷款给在另一个国家的企业，同时又从该企业借回另一个国家的货币，企业之间利用这样的方式达到绕开某些外汇管制或者实现货币保值的目的。但是在项目融资中这种最基本的货币掉期形式用处有限，较难发挥出风险管理的作用。项目融资中经常使用的货币掉期工具是交叉货币掉期，特别是对于采用类似出口信贷作为主要资金来源的项目融资结构，交叉货币掉期提供了一种灵活的机制，有效地将项目资产或项目债务的风险从一种货币转换为另一种更为合理的货币。

交叉货币掉期在市场上的出现，公认是以 1981 年世界银行和 IBM 公司的交易作为标志的。交叉货币掉期的基本特点是在安排货币掉期的同时安排利率掉期，将两者的优点结合起来。图 3-7 是一种浮动利率/固定利率交叉货币掉期的简单结构。

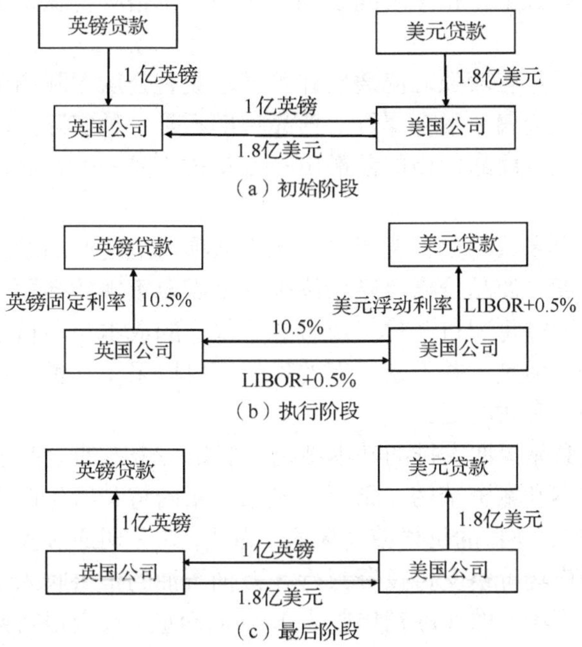

图 3-7　浮动利率/固定利率交叉货币掉期的简单结构

交叉货币掉期在项目融资风险管理中能够发挥的作用有以下几个方面。

第一，降低项目的汇率和利率风险。例如，在使用政府出口信贷作为资金来源的项目融资中，虽然一方面项目可以享受信贷的优惠政策，但是另一方面却有可能面临着较大的货币风险。假设某一家公司的收入都是美元，但是有一笔固定利率的德国马克优惠贷款。由于市场上马克利率上升、美元利率下降，美元相对马克的汇率也随之下跌。为了减少项目日益增加的汇率损失风险，该公司安排了一个交叉货币掉期，支付浮动的美元 LIBOR 利率而收取固定的马克利率。通过这一安排，该公司不仅降低了项目的汇率波动，而且也从不断降低的美元利率中获得了一定的好处。

第二，从事项目的资产/债务管理。对于现有项目的资产/债务结构，如果资产和债务分别涉及几种不同的货币和利率，交叉货币掉期是一种有用的工具。除此之外，在很多情况下，交叉货币掉期为融资提供了更为灵活的手段，一些分别在不同金融市场上具有优势的借款人可以利用这些优势所带来的成本节约进行其他货币的融资安排。

经过几十年的发展，交叉货币掉期已经成为在国际金融市场上融资以及进行融资风险管理（汇率风险和利率风险管理）的主要工具。与单纯的外汇交易不同，交叉货币掉期的安排可以长达 10 年以上。同时，由于交叉货币掉期是参与掉期安排双方之间的一种特殊合约安排，因而交叉货币掉期成为投资银行根据客户要求专门设计的一种产品。交叉货币掉期的这些特点，使其在项目融资风险管理中发挥着重要的作用。

3）商品掉期

商品掉期是在两个没有直接关系的商品生产者和用户之间（或者生产者与生产者之间以及用户与用户之间）的一种合约安排，通过这种安排双方在一个规定的时间范围内针对一种给定的商品和数量，相互之间定期地用固定价格的付款来交换浮动价格（或市场价格）的付款。

商品掉期只适用于具有较强的流通性并且已建立有公认国际商品市场的产品，如石油、天然气、铜等有色金属及贵金属等。商品掉期不是一种实际商品的交换，在执行商品掉期合约过程中，只有商品价格的差额由一方支付给另一方，而没有任何实际商品的交割。

众所周知，在绝大多数的项目融资中，无论从项目最终产品的角度，还是从项目原材料、能源供应的角度，商品价格风险始终是一个需要重视的问题。在一些项目融资结构中，这种风险可以通过将项目原材料或者能源供应的成本与项目最终产品的市场价格挂钩的方法加以减轻。但是，并不是所有的项目都可以采用这种方法，商品掉期为降低项目风险提供了另一种有效的工具。

图 3-8 说明的是商品掉期安排的基本结构。假设一个石油生产公司每月生产 5 万桶石油，根据其生产成本和融资结构，希望在未来三年内将其所生产石油的价格固定在每桶 19 美元的水平以减少项目的价格波动风险。为此，该公司通过投资银行安排了一个商品掉期，每个月按照市场价格支付投资银行 5 万桶石油的销售收入（为简化问题，假设这就是该石油公司在市场上的实际销售收入），与此对应，投资银行同意在同一时间按每桶 19 美元的价格支付石油生产公司 5 万桶石油的收益。

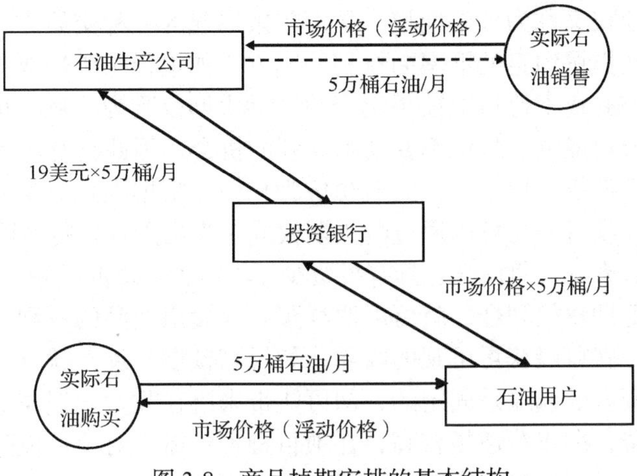

图 3-8　商品掉期安排的基本结构

但是由于商品掉期与利率掉期、货币掉期相比仍然很年轻，而且受国际商品市场的准确性、价格机制等因素的制约，所以商品掉期没有像利率掉期和货币掉期那样得到广泛的应用。

2. 期权

期权，又称选择权，是指在未来一定时期可以买卖的权利，是买方向卖方支付一定数量的资金（指权利金）后拥有的在未来一段时间内（指美式期权）或未来某一特定日期（指欧式期权）以事先规定的价格（指履约价格）向卖方购买（指看涨期权）或出售（指看跌期权）一定数量的特定标的物的权利，但不负有必须买进或卖出的义务，期权交易事实上就是这种权利的交易。在期权到期时买方有执行的权利也有不执行的权利，完全可以灵活选择。期权交易的对象可以包括利率、汇率、股票市场的股价指数和其他金融产品交易，也可以包括实际商品的交易。在期权交易中，如果买方决定执行期权，期权的卖出者就必须履行合约，有卖出或者买入商品的义务。

期权按不同的标准可以划分为不同的种类，按期权合约的性质可以分为看涨期权、看跌期权和双期权；按执行方式可以分为美式期权和欧式期权；按期权的交割内容可以分为股票期权、指数期权、货币期权、利率期权和商品期权。在项目融资中作为风险管理工具经常使用的期权有三种形式：利率期权、货币期权和商品期权。

利率期权为项目公司提供了一种规避利率风险的金融工具。由于在项目融资中很多国际融资项目所使用的债务资金的利率结构是以短期欧洲美元利率作为基础的，所以这部分投资者经常会面临利率大幅度增长所带来的风险。虽然利率掉期也可以帮助投资者规避利率上涨的风险，但是利率掉期也损失了利率下降的好处。与利率掉期相比，利率期权的优点在于如果期权所有人认为执行该项交易对他不利，可以不必履行期权合约。利率期权既帮助了投资者避免利率上涨的风险，又在合适的价格条件下帮助投资者获得利率下降的好处。由于项目融资的长期性特点，在项目融资中使用的多数是较为复杂的中期利率期权形式，时间为 3～10 年。

在对汇率变化趋势把握不准的情况下，采用货币期权将为项目公司提供较大的风险管理灵活性。货币期权又称为外汇期权，是近年来兴起的一种交易方式，权利的买方有权在未来的一定时间里按约定的汇率向权利的卖方（如银行）买进或卖出约定数额的外币，同时权利的买方有权不执行上述买卖合约。货币期权既为项目公司提供了套期保值的方法，又为项目公司提供了从汇率变动中获利的机会，因此具有较大的灵活性。

商品期权和利率期权、货币期权的概念极为相似，根据项目对某一种商品市场的不同需求和依赖程度，项目公司可以通过购买期权或者卖出期权进行风险管理。

对于项目投资者来说，期权交易具有投资少、收益大、降低风险、保有权利的作用。购买者只需支付一笔期权权利金，就可以取得买入或卖出商品的权利。一旦投资者预期与市场变化相一致，就可以获得可观的收益；如果与预期相反，就可以放弃行使权利。在期权交易中，投资者的风险是固定的，却可能带来潜在收益。但需要注意的是，购入期权需要支付期权费，期权费通常较高，在项目融资中需要对项目风险进行全面评价，在此基础上决定是否采用期权作为项目的风险管理工具。

3. 远期和期货

远期合约和期货合约与上述两种金融工具相比历史悠久，形式也相对简单一些。这两种工具在本质上是一样的，即合约的买卖双方在未来的某一个时间点上完成一项（或者若干项）其条件（如数量、质量、价格、交货地点等）预先确定好的交易。两者的区别在合约的形式上：远期合约是通过合约双方根据各自需求谈判确定的，因而是一种交换条件（如数量、质量、时间、交货地点等）可以变化的非标准合同形式；而期货合约则是一种标准的合同形式，买卖双方都需要按照这种标准合约的交易条件从事交易。由于远期合约和期货合约的期限均比较短（期限多数不超过两年，少数可以达到三年），而项目融资期限往往又以中长期为主，所以限制了远期合约和期货合约在项目融资风险管理中的应用范围。

商品的远期合约是由商品买卖双方签订的正式协议，协议中规定买方以某一约定价格从卖方那里购买一定数量的商品，买卖双方并不在签约日交割，而是在将来某一约定的日期交割，这种以签订远期合约来进行的商品买卖，叫作商品的远期交易。

远期合约的历史悠久，它的执行依赖于买卖双方履约的信用。理论上，远期合约适用于任何一种实物产品或金融产品的交易。实际上，最发达的远期合约市场有远期外汇合约和远期商品合约两类。远期合约在形式上比较灵活，合约双方可以根据各自需要谈判确定，在签署合约时一般不需要合约方支付一定的费用。在项目融资中，项目公司可以通过使用远期市场以远期合约的方式来保值或锁定一种商品的价格，有利于消除项目公司在建设和生产过程中价格变化的不确定因素。但是由于远期合约的期限比较短，所以限制了其在项目融资风险管理中的应用。另外，远期交易还有其他不易解决的问题，如交易的一方必须寻找合适的交易对象，交易的数量也要符合对方的要求等。

期货合约是期货交易所为期货交易而制定发行的标准化合同，一切成交的合约要求购买者和出售者在合同规定的未来时间、按约定价格分别买入和卖出一定数量的某种资产。和远期合约相比，期货合约的流动性很好，期货合约的购买者可以根据市场变化决定是否提前结束合约。由于期货市场上有大量的投机性买卖行为，所以大多数的期货合约在到期日之前已经卖掉或者是以现金做差额结算，很少实行真正的实物交割，实际的产品销售协议和期货合约可以是完全分离的。

期货合约主要包括三种形式：商品期货合约、外汇期货合约和其他金融期货合约（如股指期货合约、定期债券或定期存款期货合约）。在项目融资中，项目经营者可以通过期货市场对其产品、货币、利率等进行保值和固定价格，避免其价格波动带来的影响。不过使用期货合约进行风险管理会带来潜在的利润损失，机会成本也比较大，而且期货合约只对特定的商品、货币和金融产品有效，合约条款和合约期限都有局限性，这些都限制了期货合约的适用范围。

3.5.3 项目融资风险管理过程

项目融资的风险管理是指有目的地通过计划、组织、协调和控制等管理活动来防止风险损失发生、减少损失发生的可能性以及削弱损失的大小和影响程度，同时采取各种方法促使有利后果的出现和扩大，以获取最大利益的过程。前文已经介绍了与融资项目（以生产型项目为例）有关的各种风险因素、各种风险因素的变化对项目经济强度可能产生的影响、使用哪些风险管理工具及各种风险管理工具的基本功能。从项目的投资决策和融资决策的角度，这样的风险识别、评价和管理是完整的，但是针对某一具体项目来说，从项目经营决策的层面则必须进一步关心两方面的问题：一是如何在科学的基础上正确地判断具体项目可能发生的风险，这些风险因素在未来的发展趋势如何；二是在项目融资中风险管理工具能发挥怎样的作用以及如何运用。由于项目的核心风险属于项目的投资者和经营者可以控制的风险，所以本节的项目融资风险管理重点是项目环境风险的管理。

1. 正确地判断项目可能发生的风险

正确地判断项目可能发生的风险是项目风险管理决策的基础，而项目的风险管理决策对于项目融资结构中的借贷双方都是十分重要的，直接影响项目融资的成功与否。作为项目风险管理决策的起点，判断项目可能发生的风险通常包括以下三个步骤。

1）风险的识别和预测

风险的识别就是找出在项目融资活动中潜在的各种风险和可能发生的各种损失；风险的预测是投资者对未来时间内最有可能发生的市场行为的判断。由于现代经济活动的内容、范围和规模比历史上任何时候都丰富、广泛和宏大，国际、国内各种政治、经济和社会因素相互交织，人们面临的风险种类、后果和影响也比过去繁杂很多，这使得对与项目有关的风险变化趋势做出正确的判断成为一件十分困难的工作。但是在项目融资管理中必须对其中的关键性风险要素进行必要的预测分析，如对项目的环境风险进行分析预测。通常项目的环境风险预测分析应包括下列内容。

首先，预测和掌握影响该环境风险要素变化的多种相关要素。每一种环境风险要素（如利率、汇率、原材料价格等）的变化都受许多相关要素变化的影响。例如，尽管不知道利率的变化趋势是什么，但是利率的变化受相关要素如国内生产总值的增长率、国家财政金融政策、预期通货膨胀率、国际收支平衡状况的制约和影响，通过对一系列相关要素的发展变化趋势的量化组合分析，是有可能正确地预测利率的未来变化趋势的。

其次，建立未来市场行为模型。在预测和掌握了各种相关要素变动趋势的基础上，可以建立未来市场行为模型，即在假设的不同市场条件下预测可能出现的利率、汇率或商品价格供求结构。

最后，对预测结果进行主观判断，同时为使预测的结果能够比较准确地反映未来的市场变化趋势，还要参考国际宏观经济环境、金融市场以及商品和能源市场变化的预测分析资料。

2）风险的估量

风险的估量就是项目投资者度量和评估有关风险可能产生的有利和不利影响的程度和大小。为此，项目投资者需要确定出现预测状态的概率、严重程度和大小。风险估量应注意以下几点：①风险后果的相对性；②风险后果的综合性；③风险后果的时间性。

3）风险预测误差的判断

任何一种风险管理工具的应用都是有成本的，这就需要对风险预测误差做出相应的判断，也就是说投资者应充分认识一旦市场行为偏离预测结果所带来的风险，并做出判断是否准备和有能力承受这种风险。此外，项目投资者应将已形成的风险预测与市场上同样或同类的风险预测加以对照分析，以证实自己预测的可靠程度。

2. 风险管理的实施

识别、预测和估量风险之后，就应考虑对各种风险采取应对措施，即针对各种类型的风险及其可能的影响程度，寻找和制订相应的风险应对方案，按照一定的标准选择最佳的应对措施和应对措施的组合，制订具体的风险管理计划并付诸实施。风险管理的实施是风险管理过程的最后阶段，它涉及面较广，而且在项目融资的各个阶段都存在风险管理活动，在这里重点阐述风险管理工具在风险管理实施中的作用。在项目融资中，环境风险管理工具所能发挥的作用可以大致归纳为以下几类。

1）利率风险管理

利用风险管理工具并根据具体项目的特点设计其融资的利率结构，是进行项目环境风险管理的一个重要功能。例如，对一些现金流量特点比较稳定、未来市场状况相对比较清晰的采用BOT模式融资的项目，根据项目风险的预测状况可以采用利率互换、期权等工具将一般项目融资的浮动利率转换成固定利率，或者采用带有一系列利率逐步递增的利率期权来降低项目融资的成本和风险。对于一些生产耐用消费品的项目和民用住宅开发项目，由于这些项目最终用户的消费能力与市场利息率呈反方向运动，即利率上升会导致项目的销售收入相应下降，进而引起融资成本的增加；同时利率上升也是项目收益减少的时期，如果项目的融资安排采用普通的浮动利率贷款，一旦利率朝着不利于项目的方向发展，会对项目的现金流量造成严重的影响。利用风险管理工具中的利率互换和期权的结合，可以将这类项目的贷款利率结构设计成一种与项目收入呈反方向变化的形式，即把普通的浮动利率贷款利息结构转换成为一种特殊设计的浮动利率贷款利息结构，使得融资成本的运动与项目现金流量的运动保持同一趋势，以控制项目的利率风险。通过利率风险管理工具的运用，项目投资者可以加强项目成本的预算和规划，从而降低项目的风险。

2）能源、原材料和最终产品价格的风险管理

对于能源、原材料和最终产品价格的风险管理，需要区分不同的情况进而采取相应的风险管理措施，而能够采用风险管理工具降低其风险的项目可以分为以下四种基本类型。

（1）项目的最终产品具有一定的商品价格风险，而项目的生产成本和其他生产要素不具有商品价格风险。例如，有色金属开采项目、贵金属开采项目都属于这一类型的项目。这类项目所面临的风险在项目融资风险管理中又称为“收益风险”，即商品价格上升，收益增加；商品价格下跌，收益减少。对于这类项目的商品价格风险管理思路相对比较简单，只要风险预测分析的资料准确，就可以采用商品互换、期权、远期等风险管理工具将商品价格固定在一定的水平上，以满足项目最低现金流量的需要。

（2）项目的最终产品和生产要素成本同时具有某种商品价格风险，但项目最终产品和生产成本承担风险的程度比例不同。例如，电解铝厂项目的最终产品和主要原材料的价格都随着国际市场的价格波动而变化，只是波动的幅度不同。这类项目所面临的商品价格风险称为准收益风险，其风险管理方法要比第一种类型的项目复杂得多，需要认真研究商品价格与生产要素成本之间的数量关系，在此基础上设计选择适用的风险管理工具。

（3）项目的能源、原材料等主要生产要素具有某种商品价格风险。例如，铁路、公路、航空等运输项目，能源价格变动会对这类项目的成本和收益造成重大的影响，它们所面临的风险在项目融资风险管理中称为成本价格风险，对这类项目进行风险管理仍然是使用前面介绍的远期、期权、掉期等风险管理工具。

（4）项目的最终产品和生产要素成本具有同一种相关商品价格风险，两种商品的价格波动密切相关。例如，铜冶炼厂、炼油厂等项目都属于这一类型的项目，这类项目的特点是使用一种产品的主要原材料生产另外一种相关商品，项目的收益主要来自两种商品的价差，这类项目所面临的风险称为“边际风险”。此类项目的风险管理方法相对简单，以炼油厂为例，通过掉期安排将炼油厂的主要最终产品和原油价格之间的关系固定下来，可以保证炼油厂固定的加工费收入，减少商品价格市场波动的风险。

3）货币、汇率风险管理

依据项目现金流量的货币结构，采用风险管理工具中的交叉货币掉期、期权等形式，将一种利率较高的货币贷款转换为另一种利率相对较低的货币贷款，从而实现分散融资风险、降低融资成本的目的。例如，双货币贷款就是一种利用货币、汇率管理来降低项目融资风险的典型形式。

4）利用风险管理工具的不同组合在时间上和税务上改善项目的现金流量

在项目融资中，项目投资者和有关参与方应充分研究税法及相关法律，在法律允许的条件下利用项目的税务优惠、投资优惠，对具体项目的现金流量做出时间上和税务上的不同安排，改善和扩大项目的现金流量，从而在整体上改善项目的经济强度，达到降低项目融资风险的目的。

◆ 案例　欧洲隧道工程融资

一、项目背景

建立一条穿越英吉利海峡并连接英国和法国的隧道或桥梁的计划最早是在 1753 年提出的，到了 19 世纪又相继提出了多个类似的计划但都没有付诸实施。20 世纪 80 年代，由于项目融资理论和实践的不断发展，人们开始思考利用私人投资来修建英吉利海峡隧道或桥梁的可能性。1984 年 5 月，Banque Indosuez（东方汇理银行）、Banque Nationale de Paris（巴黎国民银行）、Credit Lyonnais（里昂信贷银行）、Midland Bank（米特兰银行）和 National Westminster Bank（国民威斯敏斯特银行）组成的银行团向英法两国政府提交了一份关于可以完全通过私人投资来建立双孔海底铁路隧道的报告。牵头银行团此后又与英法两国的一些规模较大的建筑公司联合分别在英法两国成立了海峡隧道工程集团有限公司（Channel Tunnel Group Limited，CTG）和法兰西-曼彻公司（France Manche S. A，FM），而后这两家公司又组建了欧洲隧道公司（Eurotunnel General Limited）。

1985 年 5 月，英法两国政府发出了在无政府出资和担保的要求下进行英吉利海峡连接项目融资、修建及运营工作的整体招标公告，1986 年 1 月，GTG-FM 联合体提出的 26 亿英镑的双孔铁路隧道提案（即欧洲隧道系统）中标。同年 2 月，英法两国政府通过签署协议的形式授权欧洲隧道公司建立欧洲隧道系统，并且给予欧洲隧道公司在协议通过之日起 55 年（到 2042 年）内运营隧道系统的权利。欧洲隧道公司将有权在运营期收取运输费并且决定自己的运营政策。英法两国政府许诺没有 CTG-FM 的同意，在 2020 年之前不会建立竞争性的海峡连接项目，协议期满后（2042 年）欧洲隧道系统将会转让给英国和法国政府。

欧洲隧道系统项目的建设范围包括以下几方面。

（1）在英吉利海峡下面建立两条铁路隧道和一条服务隧道。

（2）在英国的多佛（Dover）和法国的科克勒斯（Coquelles）分别建立一个铁路站。

（3）在两个铁路站之间建立铁路设施实现往返列车运营以运送乘客和货物。

（4）在法国的终点站和英国的终点站分别建立一个地面货物仓库。

（5）建立与附近公路及铁路系统的连接。

按照设计方案，每一条主隧道的内径为 7.6 米，隧道长度约 50 千米，服务隧道的内径为 4.8 米，该隧道用于主隧道的通风、日常的安全维修工作以及在紧急情况下满足安全避难的需要。

欧洲隧道工程的实施方案和融资安排具有一些突出的特点：一是它是至今为止由私人机构筹资兴建的规模最大的基础设施建设工程；二是它是采用 BOT 融资模式建设的项目中特许期最长的工程，特许期长达 55 年，跨越半个世纪；三是它是在所有采取 BOT 模式建设的项目中项目所在国政府提供的担保相对较少的工程。英法两国政府并没有像其他项目融资中承担诸如外汇风险、通货膨胀风险等，而只是提供了“无二次设施”担保和给予项目公司商务自主权等。前者是许诺如未获得 CTG-FM 的同意，在 2020 年之前不会建立竞争性的海峡连接项目。后者是给予 CTG-FM 自主决定税率及运营决策等的商务自主权。

二、项目公司所有权结构

如图 3-9 所示，欧洲隧道项目所有权结构是一个双重跨国联合体结构，两家公司是分别独立注册的。Eurotunnel PLC（欧洲隧道公共有限公司）注册地在英国，而 Eurotunnel S.A（欧洲隧道股份有限公司）注册地在法国，它们联合起来成立了一个合伙制公司欧洲隧道公司。融资的其他费用、折旧和税收之前的所有收益或损失由 CTG-FM 两家公司平均分担。欧洲隧道公共有限公司成立的全资子公司 Eurotunnel Developments Limited（欧洲隧道开发有限公司）与第三方公司组成联合体负责在英国境内开发站区周边资产及由交通量增加带来的商机。

项目的建设由一个建筑公司团体 Tansmanch Link 承担，Tansmanch Link 是一家由 5 家主要的英国建筑公司组成的 Tanslink 公司和由 5 家主要的法国建筑公司组成的 Transmanche 公司共同成立的合资公司。1986 年 9 月，Tansmanch Link 与 CTG-FM 签订了一个全面责任合同，负责工程的设计、施工、测试等工作，计划施工工期为 7 年，即建设公司保证在签订合同的 7 年之内将一个可以完全运营的铁路系统交付使用。

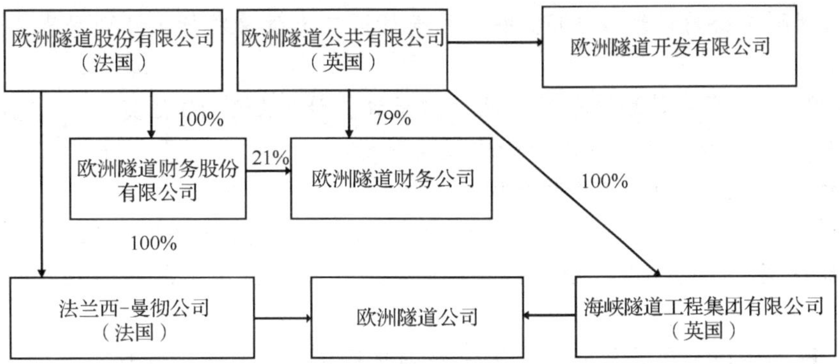

图 3-9　欧洲隧道项目公司所有权结构

如果欧洲隧道工程在合同规定的完工期限之后完工，Tansmanch Link 将承担每天 50 万英镑的损失，而且合同规定由偶然事件或者洪水等原因带来的进度拖延或成本增加都由 Tansmanch Link 来承担。但是以下事件带来的损失 Tansmanch Link 不负责：一是欧洲隧道更改系统设计；二是英国或法国政府的行为；三是隧道岩床条件与欧洲隧道公司所预计的不符。

三、项目融资方案

欧洲隧道公司在早期的建设方案中估计需要 48 亿英镑来建立这一隧道系统，具体成本构成如下。

建筑成本：	28 亿英镑
公司和其他成本：	5 亿英镑
通货膨胀：	5 亿英镑
净融资成本：	10 亿英镑
总成本：	48 亿英镑

为了满足这些成本以及可能出现的成本超支，欧洲隧道公司最初计划融资 60 亿英镑，当时计划的融资结构为

股权	10 亿英镑
债务	50 亿英镑
总额	60 亿英镑

由于英国国内存在较为发达的股票市场和债券市场等资本市场，依靠项目公司在股市发行股票或者筹集私营投资者的资金等办法，就可以较为方便地从投资者手中吸收到足够满足项目建设需求的资金。因此，该项目采取就地融资的方案，在筹资方案中也明确英法两国政府不提供任何外汇风险担保。

欧洲隧道公司计划分阶段来筹集这一笔资金，其各阶段的筹资安排如下。

（1）在中标之前，牵头银行就已经收到了 33 家银行的大约 43 亿英镑的措辞坚定的债务承销意向书。

（2）中标之后，发起人股东向 CTG-FM 投入 5000 万英镑。

（3）牵头银行在建筑合同签订之后计划进行一次 50 亿英镑的银团贷款。

（4）欧洲隧道公司计划在 1986 年 6 月进行第二次股票发行，计划融资 1.5 亿到 2.5 亿英镑。

（5）1987 年上半年计划进行第三次股权融资，计划融资 10 亿英镑。

（6）1988 年、1989 年计划进行两次股票融资。

项目债务融资主要由银行集团提供。

1986 年 2 月，牵头银行组织了一个由 40 个二级银行组成的价值为 50 亿英镑的联合贷款承销团，但是在贷款承销协议签订之前，银行要求借款人必须保证达到以下条件。

第一，欧洲隧道公司已经获得了英法两国政府授予的自主经营权。

第二，项目合同的合法性已经由英法两国议会通过有关协议加以保证。

第三，完成 1.5 亿英镑的二期股权融资。

按照贷款协议，项目公司的债务责任包括以下内容。

（1）欧洲隧道公司用项目未来产生的现金流来偿还贷款，签订合同之后 18 年内还清所有贷款。

（2）融资费用条款：欧洲隧道公司给予牵头银行总贷款额的 12.5%作为牵头费用。

（3）安全保证条款：将欧洲隧道公司的所有资产抵押给贷款银团。

（4）欧洲隧道公司保证未经贷款银行允许不进行欧洲隧道系统之外的其他工程。

（5）违约事件的规定：如果以下任何情况发生，则欧洲隧道公司将被视为违约。一是欧洲隧道运营时间推迟一年以上；二是欧洲隧道公司违反责任造成无法补偿的后果；三是未按合同按时还款。

（6）币种选择权：合同规定的贷款货币币种包括英镑、法郎、美元，但是贷款银团同意欧洲隧道公司有权选择其他的币种。

（7）建筑合同必须签订。

四、项目风险分析

欧洲隧道工程是历史上由私营团体筹建的最大的基础设施建设工程，它将面临极大的经济风险和市场风险，出于谨慎考虑，项目投资方进行了全面的经济可行性研究，并对以下一些市场相关数据进行预测。

（1）过去英吉利海峡的客运和货运额的增长趋势。

（2）预测 1993 年以后的英吉利海峡的客运和货运运输量（最初该项目预计在 1993 年 5 月运营）。

（3）估计欧洲隧道公司在运营期各年的市场份额。

（4）估计欧洲隧道可能会带来的运输量的增量。

（5）估计欧洲隧道提供运输服务和相关的辅助服务所带来的收入。

基于市场分析进行的可行性研究表明欧洲隧道建设在经济上是可行的。预测结果表明跨海峡运输量会从 1985 年的 4810 万客运人次和 604 万吨货运量增加到 2003 年的 8810 万客运人次和 1221 万吨货运量。可行性研究的结论认为欧洲隧道将占这个具有明显增长趋势的客货运市场的较大市场份额，它将比轮渡更快、更方便和安全，比航空在时间和成本上有优势。可行性研究估计在 1993 年欧洲隧道将占有英吉利海峡间客运市场的 42% 和货运市场的 17%，由于欧洲隧道会降低运输成本，因此将会创造一部分额外的运输需求，根据市场调查和分析得出结论：在第一年完全经营时，客运量将达到 3000 万人次，货运量将达到 1500 万吨，收入预计从 1993 年投入运营后有稳定的增长，欧洲隧道公司对项目各年收益情况的预测如表 3-2 所示。

表 3-2　欧洲隧道公司利润预测表　　　　单位：百万英镑

项目	1993 年	1996 年	2000 年	2003 年	2013 年	2023 年	2033 年	2041 年
收入	488	908	1 254	1 586	3 236	6 184	11 356	17 824
运营成本	86	168	235	304	631	1 207	2 246	3 604
折旧	103	160	171	184	234	271	328	383
利息	229	307	234	171	–39	–172	–370	–616
利润	62	217	365	566	1 476	2 986	5 605	8 880

五、实际进展

欧洲隧道系统最初计划在 1993 年 5 月开始运营，由于成本问题、设备的运输滞后以及测试问题，直到 1994 年 3 月 6 日才开始进行货物运营，客运服务到 1994 年 11 月 4 日才开始。起初计划建设成本是 48 亿英镑，可是工程完工时实际成本大约 105 亿英镑。成本的超支引起了 Transmanch Link 和欧洲隧道公司的纠纷，前者因此推迟了项目的建设，这使得欧洲隧道公司在 1990 年不得不通过配股融资 5.32 亿英镑。

同时该项目也遭遇到市场竞争的挑战，轮渡运营商为了保持其市场份额降低了票价，以提高其竞争力，由此吸引了大量的运输量，导致欧洲隧道公司的预期收入大大降低，现金缺口增大。随着完工日期的接近，所需追加的现金额不断上升，达到了 18 亿英镑。欧洲隧道公司在 1994 年不得不进行了两次配股，总额是 8.16 亿英镑，同时，又筹集了 6.47 亿英镑的信用便利。

到 1994 年，又一场价格大战爆发了，轮渡公司大幅度削减票价，迫使欧洲隧道公司跟着降价。同时不断推迟的客运服务意味着它将不能实现其在 1994 年发行股票时做的盈利预测，利润的缺口也使欧洲隧道公司违反了它在银行贷款协议中的一些条款，使其不能继续使用剩余的信用额度，更加恶化了项目公司的现金危机。

1995 年，欧洲隧道公司的形势更糟，经营伦敦—巴黎航线的航空公司开始了一轮广告攻势以提高其竞争力，并且英国轮渡公司开展了近乎同归于尽的降价，这对欧洲隧道公司的财务危机是雪上加霜。最后，1995 年 9 月欧洲隧道公司单方面推迟了超过 80 亿英镑银行贷款的利息偿还，并计划在 1996 年跟银行谈判安排一次债务重组。

六、启发

通过对欧洲隧道工程的融资方案的简单了解，可以得到以下几点启发。

第一，对于大规模的交通设施建设项目而言，采取项目融资方式融资能将各个投资者以合同的形式捆绑在一起，从而降低项目风险。但是，这并不意味着投资者就可以放松对项目的管理和监督了。在欧洲隧道工程项目中，由于成本预算与实际误差过大，Transmanch Link 与欧洲隧道公司发生纠纷，前者因此推迟了项目的建设，使项目必须面对巨大的成本超支风险和市场风险。因此，如何合理地预算成本和估计项目风险对项目的成败有重要影响。

第二，应客观评价项目所在国政府对项目的支持，以确定项目是否在市场需求量及需求持久力方面存在着竞争优势。一般而言，项目融资所涉及的项目应具有垄断经营、收入稳定的市场优势，在该项目中，尽管英法两国政府提供了“无二次设施”担保，使项目公司在 33 年中垄断经营连接英法之间的隧道工程，但是这并不等于项目就具有了绝对垄断的市场优势。例如，前文所述在英法两国之间提供客运和货运服务的轮渡、航空，其实都是隧道工程的竞争对手，而欧洲隧道公司事先并未对这一行业背景进行恰当的分析，而是做出了过于乐观的预测，大大高估了市场前景，低估了市场的竞争风险、价格风险和需求风险。然而项目融资这种方式对项目未来现金流量的依赖性一般很大，市场前景低于预测使得实际现金流入不能满足其需求，结果带来了偿还贷款的困难。这说明项目的市场前景评估是非常重要的，通过科学、客观的可行性评估可以大大减少项目的盲目性，提前预防项目可能遭遇的风险。

第三，从欧洲隧道项目的实施过程来看，严格且谨慎的财务预算对项目的建设和融资至关重要。欧洲隧道公司起初预算成本 48 亿英镑，可是最后实际工程造价达到 105 亿英镑左右，成本的超支带来了项目公司和建设公司的纠纷，增加了项目的完工风险，如果不是有强大的国际银团在背后支持，使得资金缺口得以通过不断融资来补足，项目很可能由于后续资金不够而搁浅，这也充分说明了在安排项目融资时引入资金雄厚的贷款人的重要性。

第四，欧洲隧道工程也表明了高杠杆融资会带来的财务危机。当预期的现金流不能实现时，连偿还债务的利息都会很困难。尽管遇到了上述的财务困难，欧洲金融界认为隧道工程能够继续运营，但是欧洲隧道公司需要进行必要的债务重组，以减轻其债务负担。

当然，由于英法两国政府和一些银行已经在项目上下了很大的赌注，这时的欧洲隧道工程因为“太大”并且“太显眼”而不允许失败，这也说明了在项目中东道国参与的重要性。虽然英法两国政府没有直接参与欧洲隧道系统，既无资金投入又没进行担保，但是由于此项目具有政治上的重要意义，贷款人相信政府不会让这个项目失败，使得政府在无形中为项目做了担保。

（资料来源：根据互联网公开资料整理）

◆ 思考题

1. 项目风险管理过程包括哪些环节？各风险管理环节的工作内容有哪些？
2. 试说明可行性研究中的项目风险分析与项目融资中的项目风险分析的异同。
3. 项目融资风险管理的内容有哪些？
4 简要说明项目融资风险在项目各个阶段的变化特性。
5. 列举项目各阶段存在的主要风险形式。
6. 项目的主要核心风险有哪些？这些核心风险的应对措施是什么？
7. CAPM 是如何确定项目风险贴现率的？
8. 试说明项目融资中进行项目净现值敏感性分析的基本思路。
9. 衡量项目融资风险的指标有哪些？
10. 试对比项目环境风险管理的几种基本工具。
11. 请描述项目融资风险管理的基本过程。

第 4 章

项目投资结构

◆ 本章导读

本章主要介绍项目投资结构设计需要考虑的主要因素、典型的项目投资结构、信托基金结构、合资协议主要条款等内容。

本章的主要知识点包括：

- 项目投资结构设计的概念；
- 项目投资结构设计应考虑的主要因素；
- 公司型投资结构的优缺点；
- 普通合伙制结构的特点；
- 有限合伙制结构的特点及适用的项目范围；
- 非公司型投资结构的主要特征；
- 非公司型投资结构的优缺点；
- 非公司型投资结构适用的项目范围；
- 信托基金结构的基本构成要素和优缺点；
- 信托基金结构与公司型投资结构的区别；
- 合资协议的主要条款。

◆ 引导讨论

蒙牛集团融资历程

1999 年 1 月，牛根生和其他几位自然人作为发起人创立了蒙牛乳业有限责任公司，注册资金 100 万元。1999 年 8 月，内蒙古蒙牛乳业（集团）股份有限公司（简称蒙牛集团）宣告成立，总部设在内蒙古呼和浩特市和林格尔县盛乐经济园区，创始人为 10 位自然人。蒙牛集团成立以后发展迅速，2000 年公司实现销售收入 2.47 亿元，2020 年其销售收入达到了 760.348 亿元，蒙牛集团已成为中国领先的乳制品供应商，专注于研发生产适合国人健康的乳制品，连续多年位列全球乳业 20 强。截至 2019 年 8 月，蒙牛集团在全国建立了 38 个生产基地，海外新西兰、印度尼西亚各 1 个基地，年产能合计 900 多万吨。

蒙牛集团的快速发展过程意味着企业的产能不断增加，需要不断筹集资金满足扩大产能的需要。蒙牛集团在不同的发展阶段采取了不同的筹资方式，在企业的初创期融资难度较大，难以满足银行贷款的条件，筹资方式较为简单，以自有资本投入和私人借贷等方式为主。

由于公司的良好发展势头，公司具备了引进国际私募资金以满足不断扩张所需资金的可能，2002 年通过在英属维尔京群岛、开曼群岛、毛里求斯先后创设金牛公司、银牛公司、开曼公司、毛里求斯公司等公司以及不同表决权的股份结构设计，成功地引入了摩根士丹利、鼎晖、英联等三家境外私募投资者，三家投资者共出资 2.16 亿元控制了约 1/3 的股权。2003 年，三家私募投资者又通过购买可转换债券的形式注资 3523 万美元。

2004 年 6 月 10 日，蒙牛集团在香港挂牌上市，公开发售 3.5 亿股（包括 1 亿旧股），发行价为 3.925 港元，共募集资金 13.74 亿港元。2009 年，中粮与厚朴基金共同收购蒙牛集团的股份，成为其第一大股东，使蒙牛集团得到了资金支持和安全的原料保证。2012 年爱氏晨曦 22 亿港元入股蒙牛集团成为其第二大股东，使蒙牛集团获得了先进的乳业生产技术，并提高了管理水平。2013 年 5 月，法国达能集团与蒙牛集团合并在中国的酸奶业务，并与中粮成立合资公司间接持有蒙牛集团 4%的股权。

2013 年 11 月蒙牛发布公告称，已经完成发行票息为 3.5%的 5 年期债券，债券总额共计 5 亿美元，此次债券发行均在海外市场进行。2014 年 2 月 12 日在香港，蒙牛乳业与法国达能集团签署了资金总量约 51.53 亿港元的认购协议，蒙牛集团将向达能集团定向增发其总股本 6.6%的股份。配售结束后，达能集团持有的蒙牛集团股本已经扩大到总股本的 9.9%。

（资料来源：根据蒙牛集团官网、“中国知网”文献及互联网公开资料整理）

由于融资项目具有资金需求量大、风险程度高等特点，因此单一投资者往往不具备项目的投资、筹资和风险承受能力，这类项目的实际投资者一般不止一个，这样就产生了项目的投资结构问题，这一问题是进行项目融资结构设计时必须考虑的一个重要方面。在项目融资中项目的投资结构是指项目单位的组织结构，即项目实际投资者对项目资产权益的法律拥有形式和项目投资者之间的法律合作关系。项目投资结构对项目融资的组织和运行起着决定性的作用，一个在法律上设计严谨的投资结构是项目融资得以实现的前提条件。

■ 4.1　项目投资结构设计及其应考虑的主要因素

4.1.1　项目投资结构设计的概念

项目投资结构设计是指在项目所在国的法律法规、会计、税务等外在客观因素的制约条件下，寻求一种能够最大限度地实现各投资者投资目标的项目资产所有权结构。由于融资项目通常有两个以上的投资者，因此项目投资各方的权益协调也是投资结构设计的重要考虑因素。项目投资者在投资结构设计中所考虑的投资目标通常不仅仅是利润目标，还是一组相对复杂的综合目标集，包括投资者对融资方式和资金来源等与融资直接有关的目标要求，也包括投资者对项目资产的拥有形式、对产品分配、对项目现金流量控制、对投资者本身公司资产负债比例控制等与融资间接有关的目标要求。

通常采用项目融资方式筹集资金的项目可以是单一投资者全资拥有的项目，也可以是由多个投资者组成的合资结构所拥有的项目。近些年在采用项目融资方式筹集资金的项目中越来越多地呈现出一种趋势，即项目是由具有互利的目标、能力和资源的多个投资者组成的合资集团共同开发、拥有和控制，投资者选择联合投资往往是出于以下几点考虑。

（1）共同投资、共担风险。采用项目融资方式筹集资金的项目多为基础设施项目或资源开发项目，这些项目一般资金占用量大、投资回收期长，其投资规模往往超过任何一个投资者的筹资能力，而且该类项目受政治性因素或国际市场周期性波动影响大，使得任何一个投资者都很难全面承担起项目的风险。如果由多个投资者共同投资，不仅可以大大提高筹资能力，项目的风险也可以由所有的项目参加者共同承担。

（2）充分利用不同背景投资者之间具有的互补性效益。参与融资项目投资的各方追求的目标不同，其自身条件和背景也不同，这样就可以充分利用各投资者的优势提高项目成功的可能性和综合效益。例如，有的投资者可以为项目提供长期稳定的市场、有的拥有资源、有的可以提供技术和管理技能，这些投资者联合投资可以确保项目成功的各种条件；再如投资者到一个不熟悉的国家去投资，如果有一个了解当地情况的公司作为合作伙伴无疑会提高投资成功的机会。

（3）利用不同投资者的信誉等级吸引优惠的贷款条件。投资者之间不同优势的结合可以为项目争取到较为有利的贷款条件。例如，有的投资者具备较好的生产、管理和财务资信，可以构成对项目融资有力的信用支持，从而有可能在安排项目融资时获得较为有利的贷款条件，包括贷款利率、贷款期限、贷款限制等方面的优惠。

（4）通过合理的投资结构设计充分利用各合资方国内的有关优惠政策。各国税法规定的内容不尽相同，但可以通过在合资企业中做出某种安排使其中一个或几个投资方可以充分利用项目可能带来的税收优惠，而后以某种形式将这些优惠和利益与其他投资方分享，提高投资者的实际投资收益。

4.1.2 项目投资结构设计应考虑的主要因素

由于项目投资结构设计既要考虑投资者对项目风险隔离、现金流量控制等方面的要求，又要结合项目本身的特点及各参与方的特点和要求来进行，因此往往是一个考虑多个目标、平衡各方利益得失的复杂过程。在投资结构的设计过程中，往往要经过反复的交流、修正、调整才能形成大家都接受的方案，从而增加了项目投资结构设计的难度和复杂性。项目投资结构设计的复杂性往往决定了每一个融资项目的投资结构都有其特殊性，但是在投资结构设计时也有一些规律可以遵循。通常在选择项目投资结构时，应考虑如下一些主要影响因素。

1. 项目风险分担和项目债务隔离程度的要求

实现融资的有限追索是采取项目融资方式为项目筹集资金的一个基本出发点，在设计项目投资结构时，必须考虑如何根据各项目参与方的特点和要求来实现项目风险的合理分配，同时要努力使项目的债务追索性质和强度符合项目投资者的要求。一般来说，项目投资者期望实现的目标收益率与其承担的风险是紧密相关的，因此各个投资者往往由于其背景、投资目标和对项目融资的具体要求不同，可能会对投资结构提出不同的要求。在设计投资结构时必须经过不断的修正和调整，最大限度地满足各投资者的要求。

例如，如果项目发起人愿意承担间接的风险和责任，则多偏好于公司型投资结构；而如果投资者有能力且愿意承担更多的风险和责任，以期获得更大的投资回报的话，则可能会选择契约型投资结构。

2. 补充资本注入灵活性要求

由于融资项目所需资金数额巨大、项目风险种类较多且风险较一般项目要大，而且由于融资项目的债务股本比例一般较高，因此当项目遇到经营困难时，往往难以通过其他方式筹集资金，只能通过补充资本的形式来满足资金需求。融资项目要求注入补充资本的可能性大小和数额多少往往取决于项目性质、项目的投资等级、经济强度等因素，如果投资项目具有较高的经济强度，则要求注入补充资本金的可能性不大，反之，在设计项目投资结构时，就要格外重视这一问题。因此，当项目要求注入补充资本的可能性较大时，一般倾向于选择公司型投资结构，而如果项目出现财务困难的概率较小时，则可能会偏向选择契约型投资结构。

3. 对税务优惠利用程度的要求

充分利用合理的项目税务优惠来降低项目的投资成本和融资成本是国际投资活动的一个重要特点，因此税务问题是在设计项目投资结构和融资结构时需要考虑的一个重要问题。同时，税务结构问题也是投资结构设计中需要考虑的最为复杂的问题之一。在许多国家的税法中都规定，不同公司之间的税收在某些特定条件下可以合并、统一纳税，在项目投资结构设计时可以设法用一个公司的税务亏损去冲抵另一个公司的盈利，从而降低其总的应缴税额，提高其总体的综合投资效益。

不同的项目投资结构往往会影响到投资者能否合理、有效地利用融资项目的税务亏损问题，例如，在公司型投资结构中，项目公司是纳税主体，其应纳税收入或亏损以公司为单位计算，较难实现税务冲抵；在契约型投资结构中，项目资产由投资者分别直接拥有，项目的产品也是由投资者直接拥有，销售收入直接归投资者所有，投资者可以自行决定其纳税收入问题，这就为冲抵税务亏损提供了可能。

4. 财务处理方法的要求

项目的投资结构不同，其财务处理方法往往也存在差异，这种差异主要体现在两个方面：一是财务资料的公开披露程度；二是财务报表的账务处理方法。

按照各国公司法、证券法等相关法规规定，股份有限公司往往要承担信息公开披露的责任和义务，因此如果投资者不愿意将项目资料公布于众，则可能会对公司型投资结构尤其是股份有限公司型投资结构持谨慎态度。此外，按照各国相关法律规定，采用不同的投资结构或者虽然投资结构相同，但是采用不同的投资比例，往往会影响到项目的资产负债情况是否反映在投资者自身的财务报表上以及反映的方式，这也就会对投资者的资产负债情况带来不同的影响。因此在设计项目投资结构时，应注意对投资结构做适当的会计处理。

对契约型投资结构而言，不管投资比例大小如何，该项投资全部资产负债和损益状况都必须在投资者自身的财务报表中全面反映出来；而对于公司型投资结构而言，情况往往比较复杂，大致可以分为三种情况进行不同的账务处理。

（1）如果投资者在一个项目公司中持股比例超过 50%，此时投资者被认为拥有被投资公司的控制权，该项目公司的资产负债表需要全面合并到投资者自身公司的财务报表中去，以达到全面、真实地反映该投资者财务状况的目的。

（2）如果投资者在一个项目公司中持股比例介于 20%到 50%之间，此时投资者对被投资公司没有控制权，不存在合并财务报表的问题。但由于投资者在项目公司中持股比例较大，对公司的决策可以起到很大的影响，因此应在投资者自身的财务报表中按投资比例反映出该项投资的实际盈亏情况。

（3）如果投资者在一个项目公司中持股比例低于 20%，则其对项目公司的决策影响有限，所以只要求在其自身的财务报表中反映出实际投资成本和收益状况，而不需要反映任何被投资公司的财务状况。

由于投资比例会影响到账务处理上的差异，因此投资者应根据实际要求在设计项目投资结构时确定合理的投资比例，以实现其对账务处理的要求。假如投资者不希望将新项目的融资安排反映在自身的财务报表上同时又不失去对项目的实际控制权，就需要小心处理投资者在项目公司中的投资比例。反之，如果投资者尽管在一个项目中所占比例较小，但仍希望能够将其投资合并进入自身的资产负债表中以增强公司的形象，可考虑选择合伙型投资结构或契约型投资结构。

5. *产品分配形式和利润提取的难易程度*

项目投资者参与项目的投资、开发、建设往往是以获取一定的经济目标为目的的，这种经济目标可能是直接的项目产品，也可能是分得的项目利润。由于项目的特点不同和投资者自身的情况不同，对项目产品的分配形式和利润提取方式会有所要求。为了适应投资者在此方面的要求，在投资结构设计时往往要考虑以下两个方面。

一方面是投资者的不同背景的影响。通常不同的投资结构对利润的提取形式有不同的规定。例如，在公司型投资结构中，由项目公司统一对外销售、统一结算、统一纳税，在弥补项目经常性支出和资本性支出后，剩余利润可以在投资者之间进行分配；而在契约型投资结构中，项目产品是直接分配给各投资者自己支配的，投资者如果拥有较广泛的销售渠道和市场知名度，就很容易将产品变现，从而顺利地取得收入并赚取利润。因此从这个意义上说，大型跨国公司参与项目融资时，往往会偏向于选择契约型投资结构，而中小型公司参与项目融资时往往更愿意采取公司型投资结构。

另一方面，投资项目的不同性质也对项目投资结构的选择有重要影响。例如，在资源开发项目中多数投资者愿意直接获得项目产品，因为这些产品很可能是其后续工业的原材料，也可能是其特定客户或特定市场所必需的一些关键性资源，这是大多数跨国公司在资源丰富的发展中国家和地区从事投资活动的一个重要原因；而在基础设施项目投资中，多数投资者一般不会十分重视对项目产品的直接拥有形式，而可能只是为了开拓公司的业务活动领域、增加公司利润。因此，在资源开发项目中，一般采用契约型投资结构来进行项目的开发和建设，而在基础设施项目中，公司型投资结构则为主要投资形式。

6. 融资的便利与否要求

项目投资结构不同，则意味着投资者对项目资产的法律拥有形式有所不同，投资者在进行融资时所能提供的抵押担保条件就会不同，因此投资结构将直接影响到项目的融资安排。

在公司型投资结构中，项目公司是全部资产的所有人，它可以较容易地将项目资产作为一个整体抵押给贷款银行来安排融资，并且可以利用一切与项目投资有关的税务好处及投资优惠条件来吸引资金。同时项目公司完全控制着项目的现金流量，较易于银行对项目全部现金流量的监管和控制，因此以项目公司为主体安排融资就比较容易。在契约型投资结构中，项目资产是由一些投资者分别直接拥有的，项目资产很难作为一个整体来向贷款银行抵押并申请项目贷款，而只能由各个投资者将其所控制的项目资产分别或者联合（也并非一个整体的项目公司）抵押给贷款银行，并且分别享有项目的税务好处和其他投资优惠条件、分别控制项目现金流量，这种情况下项目融资的安排就较为复杂。所以从融资便利与否来看，选择公司型投资结构比选择契约型投资结构更有优势。当然如果一些投资者本身资信较高，能够筹集到较优惠的贷款，此时契约型投资结构会更受青睐。同时在考虑融资便利与否时，还要顾及各国对银行留置权的法律规定，如有些国家法律规定银行要对合伙制结构的抵押资产行使留置权时，其融资设计要比对公司型投资结构更为困难。

7. 资产转让的灵活性要求

投资者在一个项目中的投资权益能否转让、转让程度以及转让成本是评价一个投资结构有效与否的重要因素，投资结构在这一方面的不同不仅会直接影响到投资者的投资决策，也将对项目的融资安排产生很大的影响。

对于项目融资中的贷款银行来说，通常需要投资人提供易于转让的资产或权益作为抵押，这样一旦借款人违约，贷款银行就可以通过出售用作抵押的资产或权益以抵消贷款本息，减少贷款的违约风险。反之，如果投资者用作融资抵押的资产或权益无法转让或转让困难，项目的融资风险就会相应增加，贷款银行在安排融资时就会要求增加融资成本、增加信用保证以减少贷款风险，这种要求对投资者来说则意味着财务负担的增加，同样也意味着投资收益的降低。正是从这个角度上说，公司型投资结构比契约型投资结构更受银行欢迎，在公司型投资结构中项目资产或股份抵押给贷款银行，一旦项目公司违约，贷款银行可以很方便地在公开市场上抛售项目资产或股份以弥补贷款本息，而在契约型投资结构中或合伙型投资结构中，项目资产或权益的出售要经过所有投资者的一致同意，不仅转让程序复杂，而且转让成本很高，贷款银行为契约型投资结构提供资金将更为谨慎。

8. 项目管理的决策方式与程序

确定项目管理的决策方式与程序的关键是在充分保护少数投资者权益的基础上，建立一个有效的决策机制。决策方式与程序问题需要确立不同投资者在合资结构的不同层次中拥有的管理权和决策权，以及这些权利的性质和实际参与管理的形式及程度。在生产管理方面，无论哪一种合资结构，多数都会任命其中一个主要投资者（该投资者应具备项目管理的生产技术能力）或者一个独立的项目管理公司作为项目经理（公司），负责项目日常的生产经营工作，其他的投资者则只参与不同层次的管理委员会（或董事会），对项目的重大问题拥有决策权。这些决策权包括审批项目的资本开支预算、年度经营预算、长期经营计划、批准项目的扩建或停产、改变项目经营方向、处理或出卖项目的部分或全部资产等与项目生存有关的重大问题。在市场管理和财务管理方面，具体管理权的归属与投资结构有更直接的联系。例如，在非公司型投资结构中，财务管理和产品销售的控制权分别掌握在各个投资者手中，基本上不存在集中统一的决策问题；然而对于公司型投资结构来说，财务管理和产品销售的控制权则掌握在项目公司手中。

无论采取哪一种投资结构，投资各方都需要按照各种决策问题的重要程度序列通过合资协议将决策程序明确地加以规定。确定决策方式的一般的原则是：最重要的问题需要百分之百的投资者同意才能决策；次重要的问题要求绝大多数（如 2/3 以上多数或 3/4 以上多数）投资者同意才能决策；一般性的问题只要求多数同意即可做出决策。

以上几方面只是简单地讨论了在设计项目的投资结构时所必须考虑的基本因素，具体设计一个项目的投资结构时可能考虑的因素将不仅仅局限于上述这些因素，投资结构设计过程也会更为复杂。

4.2 公司型投资结构

公司型投资结构的基础是有限责任公司。公司型投资结构是目前世界上最简单、有效的一种投资结构，这种投资结构历史悠久，使用广泛。

公司是与其投资者（公司股东）完全分离的独立法律实体，即公司法人。公司的权利和义务是由国家有关法律（如公司法）以及公司章程所赋予的，作为一个独立的法人，公司拥有一切公司资产和处置资产的权利，公司股东对公司资产既没有直接的法律权益也没有直接的受益人权益；公司承担一切有关的债权债务，在法律上具有起诉权也有被起诉的可能，并且除在公司被解散的情况之外，公司对这些资产和权益有着永久性继承权，而不受其股东变化的影响；投资者通过持股拥有公司，并通过选举任命董事会成员对公司的日常运作进行管理。

由于公司型投资结构相对简单明了，国际上大多数的制造业、加工业项目都采用的是公司型投资结构，在 20 世纪 60 年代以前有很高比例的资源开发项目也采用的是公司型投资结构。图 4-1 给出了一种简单的公司型投资结构的示意图。

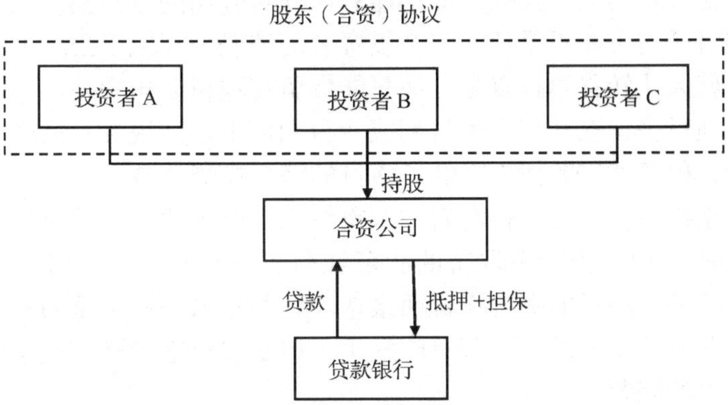

图 4-1　简单的公司型投资结构

4.2.1　公司型投资结构的优点

对于项目投资者来说，在项目融资中选择公司型投资结构往往具有如下一些优点。

（1）公司股东承担有限责任。在公司型投资结构中，投资者的责任是有限的，其最大责任被限制在已支付的股本资金以及已认购但尚未支付的股本资金之内，风险的隔离可以说是选用公司型投资结构的一个最重要的考虑因素。在公司型投资结构中，项目公司对偿还贷款承担直接责任，而项目投资者除为项目债务提供担保外，不承担任何债务责任，从而对投资者来说实现了有限追索融资。

（2）融资安排比较容易。选择公司型投资结构在安排融资时往往能体现出两方面的优点：第一，公司型投资结构便于贷款银行取得项目资产的抵押权和担保权，也便于贷款银行对项目现金流量的控制。一旦项目出现债务违约，银行可以比较容易地行使自己的权力；第二，公司型投资结构易于被资本市场所接受，条件许可时可以直接进入资本市场通过股票上市或发行债券等多种方法筹集资金。

（3）投资转让比较容易。公司股票代表着投资者在一个公司中的投资权益，相对项目资产的买卖而言，股票的转让程序比较简单和标准化。另外，公司型投资结构也可以通过发行新股的方式较容易地引入新的投资者。

（4）股东之间关系清楚。公司法中对股东之间的关系有明确的规定，其中最重要的一点是股东之间不存在任何的信托、担保和连带责任。

（5）可以安排成非公司负债型融资结构。根据一些国家的公司法规定，如果投资者在项目公司中拥有的股份不超过 50%，则项目公司的资产负债情况不需要反映到项目投资者的资产负债表中，这就实现了非公司负债型融资。

4.2.2 公司型投资结构的缺点

与其他投资结构相比，公司型投资结构也存在着两个明显的缺点。

（1）投资者对项目的现金流量缺乏直接的控制。在合资公司中，没有任何一个投资者可以对项目的现金流量实行直接的控制，这对于希望利用项目的现金流量自行安排融资的投资者来说是一个很不利的因素。

（2）项目的税务结构灵活性差，即不能利用项目公司的亏损去冲抵投资者其他项目的利润。由于项目公司可能不是任何一个投资者的控股公司或子公司，项目开发前期的税务亏损或优惠就无法转移给投资者，而只能保留在项目公司中并在一定年限内使用，这就造成了如果项目公司在几年内不盈利或者盈利额不足，税务亏损就会有部分或完全损失掉的可能性，税务亏损的损失降低了项目的综合投资效益。

在这种投资结构中，还可能存在着“双重纳税”的现象，即项目公司如果有盈利时要缴纳公司所得税，项目投资者取得的股东红利还可能要缴纳公司所得税或个人所得税，这样无形中降低了项目的综合投资回报率。近些年来一些国家的税收法律进行了相应调整，以避免此类“双重纳税”现象的发生，但是“双重纳税”现象仍然是投资者跨国投资时需要考虑的问题。

4.2.3 公司型投资结构的变通

为了克服公司型投资结构的缺陷，国外许多公司在法律许可的范围内尽量对其基本结构加以改造并创造出了多种复杂的公司型投资结构，争取尽快、尽早地利用项目的税务亏损（或优惠），提高投资的综合经济效益。公司型投资结构变通的一种典型做法是在合资公司中做出某种安排，使得其中一个或几个投资者可以吸引项目投资前期的税务亏损（或优惠），同时将因吸收税务亏损（或优惠）所获得的部分利益以某种形式与其他投资者分享。下面通过一个实例说明这种对公司型投资结构的变通方法。

1989 年初，有四家公司（F、C、T、B）在新西兰联合组成了一个投资财团投标收购濒于倒闭的新西兰钢铁联合企业。组成投资财团的四家公司的情况为：①F 公司是当地最大的工业集团之一，具有雄厚的资金实力并拥有钢铁工业方面的生产管理经验和技术，但是由于该公司过去几年发展过快，资产负债表中的负债比例较高，不希望新收购的钢铁联合企业再并入公司的资产负债表，所以要求持股比例不超过 50%；②C 公司是当地一家有较高盈利的有色金属公司；③T 公司和 B 公司是两家外国的投资公司。

新西兰钢铁联合企业由于管理不善成本超支、连年亏损并最终濒于倒闭，被收购时该企业留下了超过 5 亿新西兰元的税务亏损。投资财团希望利用这些税务亏损节约投资成本，但是只有 C 公司一家可以吸收这些亏损，因此投资财团内的几家公司在律师和会计师的协助下设计出如图 4-2 中所示的合资公司结构，具体操作过程如下。

（1）根据合资协议，C 公司认购控股公司的 100 股股票（每股 1 新西兰元），成为控股公司以及钢铁联合企业法律上百分之百的拥有者，这样控股公司以及钢铁联合企业

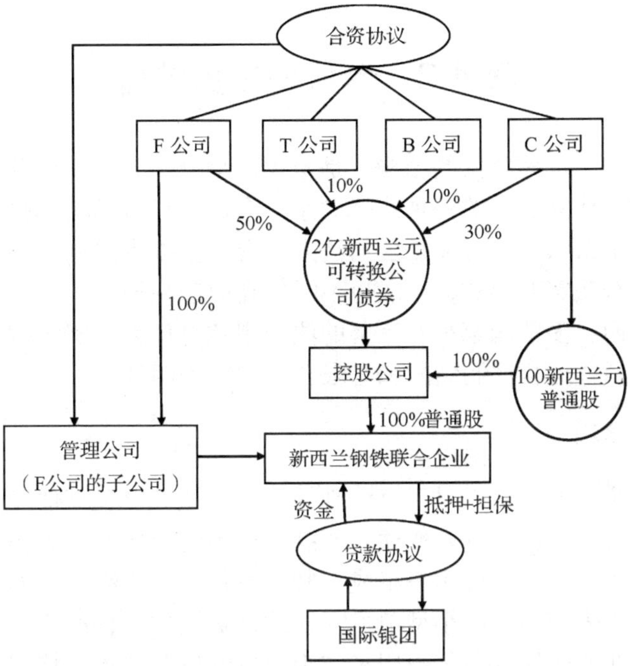

图 4-2　收购新西兰钢铁联合企业的合资公司结构

的资产负债和经营损益可以并入 C 公司的财务报表，同时，控股公司和钢铁联合企业的税收也可以与 C 公司的税收合并，统一纳税。

（2）投资财团内的四个投资者通过认购控股公司的可转换债券（在合资协议中规定出可转换债券持有人的权益及转换条件）作为此项投资的实际股本资金来源。由于可转换债券定期支付利息，这又为投资者安排股本资金融资提供了一定的可能性。

（3）投资者根据合资协议组成董事会负责公司的重要决策，并任命 F 公司的下属公司担任项目管理公司负责项目公司的日常生产经营。

（4）由于 C 公司通过此项投资可以获得 5 亿新西兰元税务亏损的好处，所以 C 公司多出资 5000 万新西兰元。表 4-1 列出了各方投资者在项目中的投资比例和出资金额。从表 4-1 中可以看出，由于巧妙地利用了被收购企业的税务亏损，除 C 公司外的其他投资者都可以实现一定程度的投资资金节约，而 C 公司通过将钢铁联合企业的税务亏损合并冲抵其他方面业务的利润，也可以预期获得 1.65 亿新西兰元的税款节约（当地公司所得税率为 33%）。

表 4-1　收购新西兰钢铁联合企业的合资公司投资比例和出资金额

公司	持股比例	可转换公司债券/百万新西兰元	购买税务亏损/百万新西兰元	总计/百万新西兰元	实际投资占总投资比例
F 公司	50%	75		75	37.5%
C 公司	30%	45	50	95	47.5%
T 公司	10%	15		15	7.5%
B 公司	10%	15		15	7.5%
合计	100%	150	50	200	100%

■ 4.3 合伙型投资结构

合伙型投资结构（也称合伙制结构）是至少两个合伙人之间以获取利润为目的共同从事某项投资活动而建立起来的一种法律关系。合伙型投资结构不是一个独立的法律实体，其合伙人可以是自然人也可以是公司法人。合伙型投资结构通过合伙人之间的法律合约建立起来，没有法定的形式，一般也不需要在政府注册，这一点与成立一个公司有着本质的不同。然而，多数国家都有完善的法律规范合伙型投资结构的组成及其行为。合伙型投资结构包括普通合伙制结构和有限合伙制结构两种。

4.3.1 普通合伙制结构

普通合伙制是所有的合伙人对于合伙制的经营、债务以及其他经济责任和民事责任负有连带无限责任的一种合伙制，普通合伙制结构中的合伙人称为普通合伙人。在大多数国家中普通合伙制结构一般被用来组成一些专业化的工作组合，如会计师事务所、律师事务所等，也被用来作为一些小型项目开发的投资结构。普通合伙制结构很少在大型项目中使用，只有在北美地区偶尔被用来作为项目的投资结构（特别是在石油天然气勘探和开发领域）。投资者（即合伙人）以合伙的形式共同拥有资产进行生产经营，并以合伙制结构的名义共同安排融资，其操作过程如图 4-3 所示。

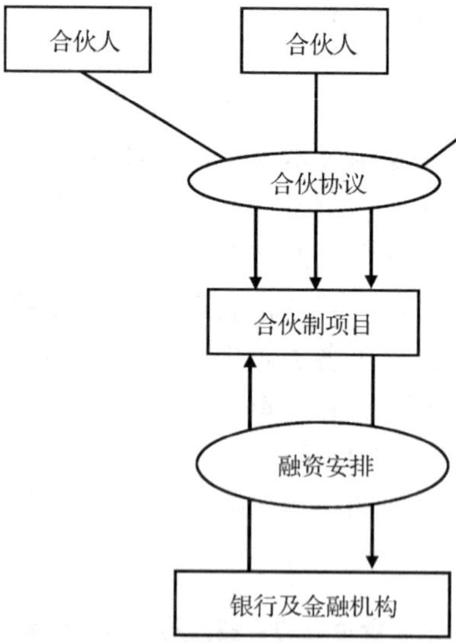

图 4-3 使用普通合伙制的项目投资结构

与公司型投资结构相比，普通合伙制结构具有以下特点。

（1）公司型投资结构资产是由公司而不是其股东所拥有，而普通合伙制结构的资产则是由合伙人所拥有。

（2）公司型投资结构的债权人不是其股东的债权人，但是合伙人将对普通合伙制的债务承担个人责任。

（3）公司型投资结构的股东极少能够请求去行使公司的权利，但是每个合伙人均可以要求以所有合伙人的名义去行使普通合伙制结构的对外权利。

（4）公司型投资结构的股东可以同时又是公司的债权人，并且根据债权的信用保证安排（如资产抵押等）可以取得较其他债权人优先的地位；而合伙人给予合伙制的贷款在合伙制解散时只能在所有外部债权人收回债务之后回收。

（5）在公司型投资结构中股份的转让除有专门规定之外，可以不需要得到其他股东的同意，但是普通合伙制结构的法律权益转让必须要得到其他合伙人的同意。

（6）公司型投资结构的管理一般是公司董事会的责任，而在普通合伙制结构中，每个合伙人都有权参与合伙制的经营管理。

（7）公司型投资结构可以为融资安排提供浮动担保，但是在多数国家中普通合伙制结构不能提供此类担保。

（8）普通合伙制结构中对合伙人数目一般有所限制，但是公司型投资结构中对股东数目一般限制较少。

（9）公司型投资结构税务安排灵活性较差，而普通合伙制结构由于不是一个纳税主体，其在一个财政年度内的净收入或亏损将全部按投资比例直接转移给普通合伙人，普通合伙人单独申报自己在合伙制结构中的收入、扣减和税务责任，并且从普通合伙制结构中获取的收益（或亏损）允许与合伙人其他来源的收入进行税务合并，从而有利于合伙人较灵活地做出自己的税务安排。

同时，普通合伙制结构也存在一些明显的缺点。

第一，合伙人承担无限责任。由于合伙人在普通合伙制结构中承担无限责任，因而一旦项目出现问题，或者如果某些合伙人由于种种原因无力承担其应负的责任的话，其他合伙人就面临着所需要承担的责任超出其在合伙制结构中所占投资比例的风险，这一问题严重限制了普通合伙制在项目开发和融资中的使用。

为了克服这一缺陷，国外有些公司在使用普通合伙制作为投资结构时加入了一些减少合伙人风险的措施，其中一种做法是投资者并不直接进入合伙制结构，而是专门成立一个项目公司投资到合伙制结构中（图 4-4）；另一种做法是为采用合伙制结构的项目安排有限追索的项目融资。

第二，每个合伙人都有约束普通合伙制的能力。普通合伙制的另一个潜在的问题是：按照合伙制结构的法律规定，每个合伙人都被认为是普通合伙制结构的代理，因而至少在表面上或形式上拥有代表普通合伙制结构签订任何法律协议的权利，这给合伙制结构的管理带来诸多复杂的问题。

第三，融资安排相对比较复杂。由于合伙制结构在法律上并不拥有项目的资产，因此合伙制结构在安排融资时需要每一个合伙人同意将项目中属于自己的一部分资产权益拿出来作为抵押，并共同承担融资安排中的责任和风险。合伙制结构安排融资的另一个潜在问题是如果贷款银行由于执行抵押或担保权利进而控制了合伙制结构的财务活动，有可能导致在法律上贷款银行也被视为一个普通的合伙人，从而被要求承担合伙制结构所有的经济和法律责任。

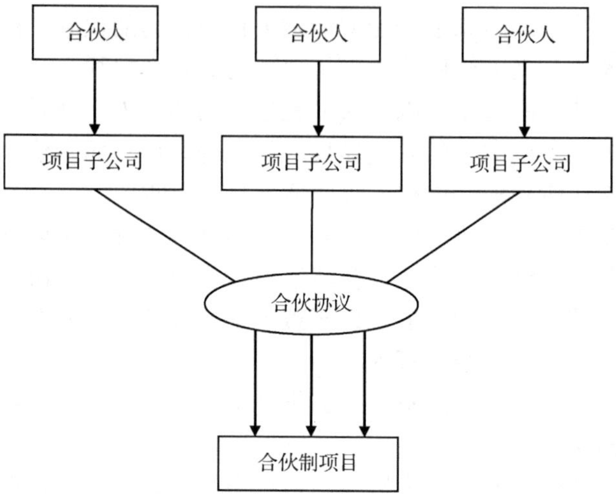

图 4-4 通过项目子公司建立的普通合伙制结构

4.3.2 有限合伙制结构

有限合伙制是在普通合伙制基础上发展起来的一种合伙制结构，有限合伙制结构需要包括至少一个普通合伙人和至少一个有限合伙人。在有限合伙制结构中，普通合伙人负责合伙制项目的组织、经营、管理工作，并承担对合伙制结构债务的无限责任；而有限合伙人不参与也不能参与项目的日常经营管理，对合伙制结构的债务责任也被限制在有限合伙人已投入和承诺投入合伙制项目中的资本数量。有限合伙制项目投资结构的操作过程如图 4-5 所示。

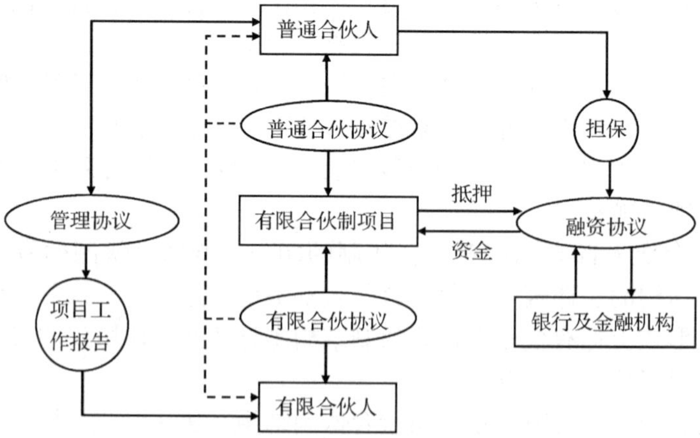

图 4-5 有限合伙制项目投资结构

有限合伙制结构是通过普通合伙协议和有限合伙协议组织起来的，在两类合伙协议中分别对普通合伙人和有限合伙人的资本投入、项目管理、风险分担、利润及亏损的分配比例和原则等方面做出具体的规定。

有限合伙制具备普通合伙制在税务安排上的优点，在一定程度上又避免了普通合伙制的责任连带问题，是项目融资中经常使用的一种投资结构。在使用有限合伙制作为投资结构的项目中，普通合伙人一般是在该项目领域具有技术管理特长并且准备利用这些特长从事项目开发的公司。由于资金、风险、投资成本等多种因素的考虑，普通合伙人愿意组织一个有限合伙制投资结构吸引对项目的税务、现金流量和承担风险程度有不同要求的较广泛的投资者参加到项目中共同分担项目的投资风险和分享项目的投资利润。

经常使用有限合伙制作为投资结构的项目有两大类型，一种类型是资本密集、回收期长但是风险相对较低的公用设施和基础设施项目，如电站、公路等，在这类项目中有限合伙人可以充分利用项目前期的税务亏损和投资优惠冲抵其他的收入，提前回收一部分投资资金；另一种类型是投资风险大、税务优惠大，同时又具有良好的勘探前景的资源类地质勘探项目，如石油、天然气和一些矿产资源的开发项目。许多国家对资源开发项目的前期勘探费用支出给予优惠的税收政策（费用支出当年可以从收入中扣减100%～150%），此类项目通常由项目的主要发起人作为普通合伙人，邀请一些其他的投资者作为有限合伙人为项目提供前期勘探的高风险资金，而普通合伙人则承担全部或大部分的项目建设开发的投资费用以及项目前期勘探、建设和生产阶段的管理工作，其操作过程如图 4-6 所示。

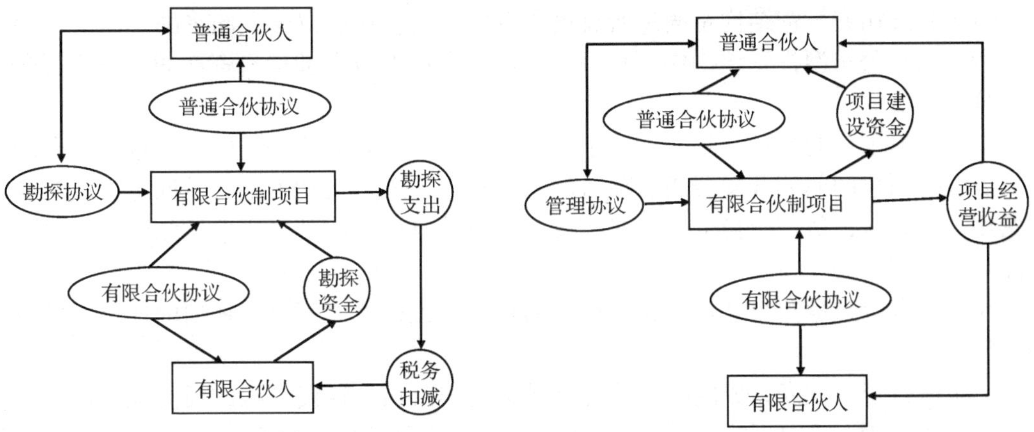

（a）项目勘探阶段　（b）项目建设和生产阶段

图 4-6　有限合伙制结构在资源开发项目中的应用

总体来说，合伙制结构在法律上比公司型投资结构复杂，有关的法律在不同国家之间也相差较大。在使用有限合伙制作为项目投资结构时尤其要注意项目所在国对有限合伙制结构的税务规定和对有限合伙人的定义，防止由于结构设计考虑不周而可能出现的两种极端情况：一种情况是如果结构安排不好，有限合伙制有可能被作为公司型投资结构处理，失去了采用合伙制结构的意义；另一种情况是如果对于“参与管理”的界定不清楚，有限合伙人可能由于被认为“参与管理”而变成普通合伙人，从而也就增加了有限合伙人在项目中的风险。

4.4 非公司型投资结构

非公司型投资结构又称为契约型投资结构，是项目发起人为实现共同目的根据合作经营协议结合在一起的一种投资结构，是一种大量使用并且被广泛接受的投资结构。非公司型投资结构在项目融资中的应用领域主要集中在采矿、能源开发、初级矿产加工、石油化工、钢铁及有色金属等。这种投资结构从严格的法律意义上来说不是一种法律实体，只是投资者之间建立的一种契约性质的合作关系。选择这种投资结构的原因可能是因为在这些领域仅由一个投资者来开发并融资能力有限，所以联合其他投资者来共同融资、共同解决技术和管理问题，并共同承担风险，但又不失去对投资项目的控制；或者投资者具有进行项目开发所需要的所有条件，如技术、经验及融资能力，但缺少当地政府授予的经营合同，此时它就可能与当地的经营者联合起来共同投资。

4.4.1 非公司型投资结构的主要特征

非公司型投资结构尽管在概念上与合伙制有一定的相似之处，但是这种投资结构与合伙制结构和公司型投资结构相比都有明显区别，其主要特征体现在以下几个方面。

（1）非公司型投资结构是通过所有投资者之间的合作协议建立起来的。

（2）在非公司型投资结构中，每一个投资者直接拥有全部项目资产的一个不可分割的部分。

（3）根据项目的投资计划，每一个投资者需要投入相应比例的资金，这些资金的用途可以包括项目的前期开发费用、项目的固定资产投入、流动资金、共同生产成本和管理费用等；同时，每一个投资者直接拥有并有权独自处置与其投资比例相应的项目最终产品。

（4）投资者只承担与其投资比例相应的责任，投资者之间没有任何的连带责任或共同责任。

（5）由投资者代表组成的项目管理委员会是非公司型投资结构的最高决策机构，负责一切有关问题的重大决策；项目的日常管理由项目管理委员会指定的项目经理（公司）负责；项目经理可以由其中一个投资者担任，也可以由一个独立的项目管理公司担任。有关项目管理委员会的组成、决策方式以及项目经理的任命、责任、权利和义务，需要通过合资协议或者单独的管理协议加以明确规定。

（6）投资者同意他们之间在非公司型投资结构中的关系是一种合作性质的关系，而不是一种合伙性质的关系。合作关系与合伙关系的区别体现在项目资产的拥有形式、项目的经营管理模式以及投资者的投资目的等方面。

（7）项目经营所需的资金由一种被称为“资金支付系统”的机制来提供，这种资金支付系统是由各个投资者分别出资开立的一个共同账户。通过这个系统，在项目运营期间由项目管理公司考虑各投资者承担债务的比例和下月项目费用支出预算来估算每个月各个投资者应出资的数额并按计划事先通知投资者及时支付。如果某个投资者违约，则其他投资者将不得不代其履行支付义务，然后再要求违约者偿还。

图 4-7 是一个简单的非公司型投资结构示意图。

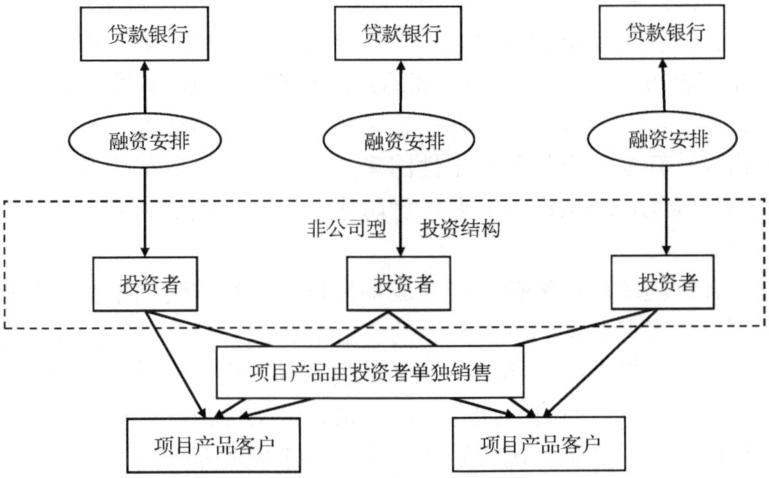

图 4-7　简单的非公司型投资结构

从表面上看，非公司型投资结构与合伙制结构有一定的相似之处，然而这两种结构在本质上是有区别的，非公司型投资结构与合伙制结构的主要区别表现在两个方面。

（1）非公司型投资结构不是以“获取利润”为目的而建立起来的，合资协议规定每一个投资者从合资项目中将获得相应份额的产品，而不是相应份额的利润。

（2）在非公司型投资结构中，投资者并不是“共同从事”一项商业活动，合资协议中规定每一个投资者都有权独立做出其相应投资比例的项目投资、原材料供应、产品处置等重大商业决策。从财务角度来看，一个合资项目是合作生产“产品”还是合作生产“收入”是区分非公司型投资结构与其他投资结构的基本出发点。

从以上两点可以看出，非公司型投资结构更适用于作为产品“可分割”的项目的投资结构。

4.4.2　非公司型投资结构的优缺点

非公司型投资结构具有以下几方面的优点。

（1）投资者在合资结构中承担有限责任，每个投资者在项目中所承担的责任将在合资协议中明确规定。除特殊情况外，这些责任将被限制在投资者相应的投资比例之内，投资者之间没有任何的连带责任或共同责任。

（2）税务安排灵活。由于合资结构不是一个法人实体，所以项目本身不必缴纳所得税，其经营业绩可以完全合并到各个投资者本身的财务报表中去，其税务安排也将由每一个投资者独立完成，这就为经营业绩较好的投资者利用项目建设期的经营亏损冲抵公司所得税提供了可能，从而降低了项目的综合投资成本。

（3）融资安排较灵活。项目投资者在非公司型投资结构中直接拥有项目的资产、直接掌握项目的产品、直接控制项目的现金流量，并且可以独立设计项目的税务结构，这些特点为投资者提供了一个相对独立的融资活动空间，每一个投资者可以按照自身发展战略和财务状况安排项目的融资。

（4）投资结构设计灵活。世界上多数国家迄今没有专门的法律来规范非公司型投资结构的组成和行为，这就为投资者提供了较大的灵活空间，投资者可以按照投资战略、财务、融资、产品分配和现金流量控制等方面的目标要求设计项目的投资结构和合资协议。

与此同时，非公司型投资结构也存在着一些难以克服的缺点。

第一，结构设计存在一定的不确定性因素。非公司型投资结构在一些方面的特点与合伙制结构类似，因此在结构设计上要注意防止合资结构被认为是合伙制结构而不是非公司型投资结构。

第二，投资转让程序比较复杂，交易成本比较高。在非公司型投资结构中的投资转让是投资者在项目中直接拥有的资产和合约权益的转让，与股份转让或其他资产形式转让（如信托基金中的信托单位）相比，非公司型投资结构中投资转让程序比较复杂，与此相关联的费用也比较高，对直接拥有资产的精确定义也相对比较复杂。

第三，管理程序比较复杂。由于缺乏现成的法律规范非公司型投资结构的行为，参加该种结构的投资者的权益基本上依赖于合资协议加以保护，因而必须在合资协议中对所有的决策和管理程序按照问题的重要性清楚地加以规定。对于投资比例较小的投资者，特别要注意保护在合资结构中的利益和权利，要保证这些投资者在重大问题上的发言权和决策权。

4.4.3 非公司型投资结构应用实例

中国国际信托投资公司①参与的澳大利亚波特兰铝厂项目的投资结构是非公司型投资结构的一个很好的实例。

波特兰铝厂位于澳大利亚维多利亚州的港口城市波特兰，始建于 1981 年，后因国际市场铝价大幅度下跌和电力供应等问题，于 1982 年停建。在与维多利亚州政府达成 30 年电力供应协议之后，波特兰铝厂于 1984 年重新开始建设，1986 年 11 月投入试生产，1988 年 9 月全面建成投产。波特兰铝厂由电解铝生产线、阳极生产、铝锭浇铸、原材料输送及存储系统、电力系统等几个主要部分组成，其中核心的铝电解部分采用的是美国铝业公司 20 世纪 80 年代的先进技术，建有两条生产线，整个生产过程采用电子计算机严格控制，每年可生产 30 万吨铝锭，是当时世界上技术先进、规模最大的现代化铝厂之一。

澳大利亚波特兰铝厂采用的就是非公司型投资结构，项目的投资者分别为美国铝业公司在澳大利亚的子公司（简称美铝澳大利亚公司）、澳大利亚维多利亚州政府（简称维多利亚州政府）、中国国际信托投资公司直属地区性子公司中信澳大利亚有限公司（简称中信澳大利亚公司）、澳大利亚第一国民资源信托基金（简称第一国民资源信托基金）和日本丸红商社在澳大利亚的子公司丸红铝业澳大利亚公司。根据合资协议，每个投资者在项目中分别投入相应的资金用作项目固定资产的投入和再投入以及支付项目管

① 2011 年改制为中国中信集团有限公司。

理公司的生产费用和管理费用；对于电解铝生产的主要原材料和能源——氧化铝和电力供应，每个投资者需要独立安排；最后投资者将从项目中获得相应份额的最终产品——铝锭，并独立在市场上销售。其操作过程如图 4-8 所示。

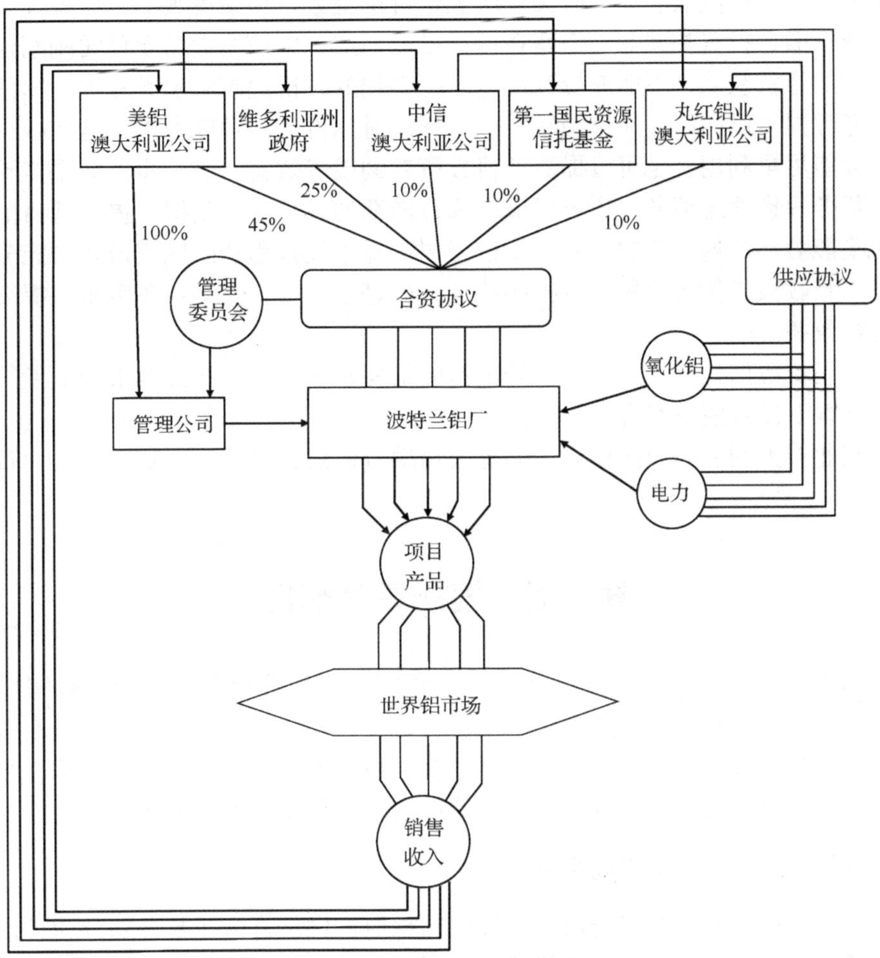

图 4-8　澳大利亚波特兰铝厂非公司型投资结构

由于采用的是非公司型投资结构，每个投资者可以根据自身在项目中所处的地位、资金实力、税务结构等多方面因素灵活地安排融资，实际上五个投资者选择了各不相同的融资方式。

美铝澳大利亚公司在澳大利亚拥有三个氧化铝厂和两个电解铝厂，资金雄厚、技术先进，在波特兰铝厂项目中担任项目经理。美铝澳大利亚公司在项目中的投资采取的是公司融资方式，之所以这么做是因为以其实力使用公司融资可以获得较低的贷款成本。

维多利亚州政府为了鼓励当地工业的发展和刺激就业也在项目中参与投资，其投资的资金形式是由政府担保的百分之百融资，维多利亚州政府并不直接拥有项目的资产，而是以一个 100%拥有的信托基金作为中介机构。这样的结构为维多利亚州政府提供了一种资金安排上的灵活性，可以在适当的时机将项目资产出售或者将信托基金在股票市场上市，然后将获得的资金用于偿还政府担保的银团贷款。

中信澳大利亚公司投资波特兰铝厂采用的是百分之百的项目融资。由于电解铝项目资本高度密集，根据澳大利亚的有关税法规定可享受数量相当可观的减免税优惠，如固定资产加速折旧、投资扣减等。但是在项目投资初期，中信澳大利亚公司刚刚建立，没有其他方面的经营收入，不能充分利用每年可得到的减税优惠和税务亏损；即使每年未使用的税务亏损可以向以后年份结转，但从货币时间价值的角度考虑，这些减税优惠和税务亏损如能尽早利用，也可以提高项目投资者的投资效益；进一步，如果能够利用减税优惠和税务亏损偿还债务，还可以减少项目前期的现金流量负担，提高项目的经济强度和抗风险能力。从这一考虑出发，中信公司选择了杠杆租赁的融资模式，充分利用这种模式可以吸收减税优惠和税务亏损的特点，减轻了项目的直接债务负担，提高了投资的综合经济效益。

第一国民资源信托基金是一个公开上市的信托基金，通过在证券市场上发行信托单位集资，基本上没有债务筹资。

丸红铝业澳大利亚公司同样采用的是公司融资模式，其债务全部由总公司日本丸红商社担保。

■ 4.5　信托基金结构

信托基金作为一种投资形式，在英美法国家中应用较为普遍，而在我国应用则较少。在房地产项目和其他不动产项目的投资、资源性项目的开发以及在项目融资安排中常用的一种信托基金形式被称为单位信托基金，在本书中将其简称为信托基金结构。严格地讲，信托基金结构是一种投资基金的管理结构，在投资方式中属于间接投资形式。

4.5.1　信托基金结构的基本构成要素

信托基金结构在形式上与公司型投资结构相似，也是将信托基金划分为类似于公司股票的信托单位，通过发行信托单位来筹集资金。一个信托基金的建立和运作需要包括以下几方面的内容。

（1）信托契约。信托契约与公司的股东协议相似，是规定和规范信托单位持有人、信托基金受托管理人和基金经理之间法律关系的基本协议。

（2）信托单位持有人。信托单位持有人类似于公司股东，是信托基金资产及其经营活动的所有者。理论上，信托单位持有人不参加信托基金以及信托基金所投资项目的管理。

（3）信托基金受托管理人。信托基金的受托管理人代表信托单位持有人持有信托基金结构的一切资产和权益，并代表信托基金签署所有法律合同。受托管理人由信托单位持有人根据信托契约任命并对其负责，主要作用是保护信托单位持有人在信托基金中的资产和权益不受损害，并负责控制和管理信托单位的发行和注册，以及监督信托基金经理的工作。除非信托基金经理的工作与信托单位持有人的利益发生冲突，受托管理人一般不介入日常的基金管理。在采用英美法律体系的国家，信托基金的受托管理人一般由银行或者职业的受托管理公司担任。

（4）信托基金经理。信托基金经理由受托管理人任命负责信托基金及其投资项目的日常经营管理，一些国家规定受托管理人和信托基金经理必须是由两个完全独立的机构担任。

4.5.2 信托基金结构与公司型投资结构的不同

信托基金结构与公司型投资结构相比具有以下几个方面的不同。

（1）信托基金是通过信托契约建立起来的，而有限责任公司往往是根据国家有关的法律而组建的；组建信托基金必须有信托资产，这种资产可以是动产，也可以是不动产。

（2）信托基金与公司法人不同，信托基金不能作为一个独立法人而在法律上具有起诉权和被起诉的责任，受托管理人承担信托基金的起诉和被起诉权。

（3）由于公司是一个独立的法人，因而公司的债务责任有可能与其股东以及董事的债务责任相分离。而信托基金的受托管理人作为信托基金的法定代表，他所代表的责任与其个人责任是不能分割的。但是除极个别的情况外，债权人一般同意受托管理人的债务责任被限制于信托基金的资产。

（4）在公司型投资结构中，公司的资产是由公司而不是由其股东所拥有的；但是在信托基金结构中，受托管理人只是受信托单位持有人的委托持有资产，信托单位持有人对信托基金资产按比例拥有直接的法律和受益人权益，在任何时候每一个信托单位的价值等于信托基金净资产的价值除以信托单位总数。

4.5.3 信托基金结构的优缺点

信托基金结构在项目融资中的应用，主要是作为一种被动的投资形式（即信托基金的持有者不作为项目的主要管理者），或者是为实现投资者特殊融资要求而采用的一种措施。这种结构的一个显著特点是易于解散，在不需要时可以很容易地将信托基金中的一切资产变现返还给信托单位持有人。当投资者在开发或收购一个项目时不愿意新项目的融资安排反映在公司的财务报表中，而且希望新项目的投资结构只是作为一种临时性的安排，而信托基金结构就是一种能够达到双重目的的投资结构选择。同时，信托基金结构是将大型复杂收购活动及融资安排与原有公司业务区分开的一种有效方法。

信托基金结构的优点包括以下几点。

（1）有限责任。信托单位持有人在信托基金结构中的责任由信托契约来确定，一般来说，信托单位持有人的责任是有限的，仅限于在信托基金中已投入和承诺投入的资金。然而，受托管理人需要承担信托基金结构的全部债务责任，并有权要求将信托基金的资产作为补偿。

（2）融资安排比较容易。信托基金结构可以为贷款银行提供一个完整的项目资产权益来安排融资，并且信托基金结构易于被资本市场接受，需要时可以通过信托单位上市等手段筹集资金。

（3）项目现金流量的控制相对比较容易。按照各国有关信托基金的法律规定，信托基金中的项目净现金流量在扣除生产准备金和还债准备金以后都必须分配给信托单位持有人。从投资者的角度来看，采用信托基金结构将比公司型投资结构能够更好地掌握项目的现金流量。

但是，信托基金结构也存在着明显的缺点。

第一，税务结构灵活性差。对于将信托基金作为投资结构的国家来说，历史上大量使用这种投资结构的一个重要原因是其税务安排的灵活性。然而近些年来，这种灵活性已经在很多国家中逐渐消失了。虽然信托基金结构仍然是以信托单位持有人作为纳税主体，但是信托基金的经营亏损在很多情况下却被局限在基金内部结转用以冲抵未来年份的盈利。

第二，投资结构比较复杂。信托基金结构中除投资者（即信托单位持有人）和管理公司之外还设有受托管理人，这就需要有专门的法律协议来规定相关各方在决策中的作用和对项目的控制方法，因此其投资结构相对较复杂。另外，对于应用普通法的国家之外的投资者，大多数人对于这种结构是不熟悉的。

4.5.4 信托基金结构应用实例

在非公司型投资结构中谈到的澳大利亚波特兰铝厂项目投资结构中，第一国民信托就是一个典型的信托基金投资结构，其操作过程如图 4-9 所示。

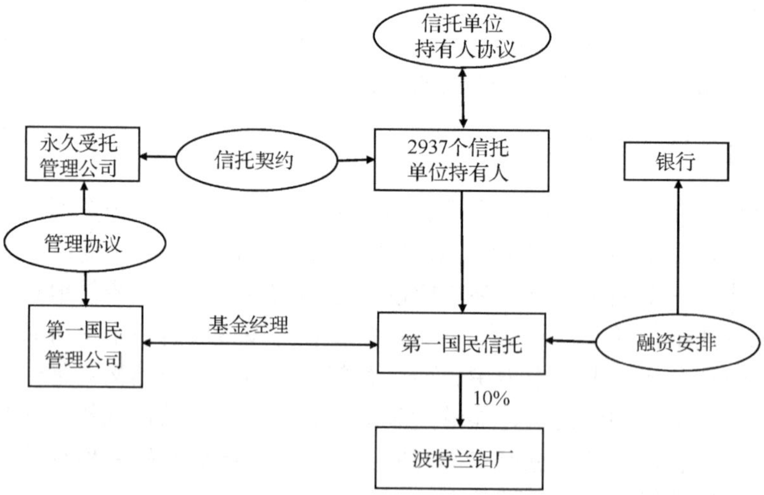

图 4-9 第一国民信托结构示意图

在第一国民信托结构中，作为基金经理的第一国民管理公司隶属于澳大利亚国民银行（澳大利亚四大商业银行之一），是该银行的投资银行分支，主要从事项目投资咨询、基金管理、项目融资等业务。当 1985 年美铝澳大利亚公司为波特兰铝厂寻找投资者时，第一国民管理公司认为这是一个很好的投资机会，从而发起组建了第一国民信托，在证券市场上公开上市集资，投资收购波特兰铝厂 10%的资产。第一国民管理公司在信托基金中没有任何投资，只是被基金的受托管理人任命为基金经理，负责信托基金的管理，并以项目投资者经理人的身份参与波特兰铝厂项目的管理，负责项目的产品销售、财务安排和其他经营活动。通过这一投资结构，澳大利亚国民银行以公众集资参与了铝工业的生产和市场开发，并从信托基金中获得管理费收入。

■ 4.6　合资协议的主要条款

合资协议是项目投资结构的根本性文件。在公司型投资结构中，这种文件通常被称为股东协议，但是有些内容也可能被包括进公司章程；对于信托基金结构来说，文件的形式比较复杂，一般由信托契约、管理协议和信托基金单位持有人协议组成；在合伙制结构中，这种文件被称为合伙人协议；而在非公司型投资结构中，这种文件被称为合资协议。除合资协议外，根据项目的性质和融资安排，投资者之间可能还需要有其他一系列文件作为合资结构的法律基础，这些文件包括：项目管理协议、原材料及能源供应协议、市场安排协议、技术转让协议、主要管理人员的聘用协议、项目建设合同、融资文件等。

无论采用哪一种投资结构，有一些带有共性的关键性问题是所有的合资项目都会面对的，并且需要针对项目的法律结构、投资者的性质和战略目标、项目的生产管理和市场安排、项目的融资方式等一系列问题通过投资者之间的谈判协商加以解决。

4.6.1　合资项目的经营范围

在合资协议中应明确定义和说明投资项目的经营范围，包括明确投资者之间的法律经济关系，明确每一个投资者在合资项目中的责任和权益，而且还要说明合资项目经营范围的任何延伸或收购任何新的项目都必须得到投资者百分之百的同意，并且规定任何投资者在项目以外均不得从事与合资项目相竞争的商业活动。

4.6.2　初始资本注入形式条款

初始资本注入可以有多种多样的形式，而且初始资本的注入形式也就是各投资者如何在项目投资中承担为项目提供一定的财务支持的责任。在有些情况下，初始资本以资本金形式注入，在另一些情况下，初始资本是以某些实物投入的。因此，初始资本的注入形式必须在合资协议中有明确的反映。

除以现金形式注入初始资本以外，以其他形式注入的初始资本其评估价值必须得到其他投资者的认可，因为资本注入者将会依据其资本价值取得相应的投资回报。而资本价值的估价是比较困难的，因此有必要在合资协议中确定下来，以防发生投资者之间的纠纷。

4.6.3　不确定的资本补充条款

在项目融资中，当银行对债务/股本比率规定了一个严格的标准时，对额外资本的补充就显得非常重要，银行会要求适时地提供足够的权益资本以维持规定的债务/股本比例。在项目融资出现的早期，银行在决定贷款以前往往会要求所有投资者都提供足额的股本资金。现在银行一般只要求在保持原来的债务/股本比例基础上，股本投入可以分阶段进行，甚至可以在项目开发阶段结束时再注入股本资金，这种做法有利于相应提高项目投资的回报率。

如果在项目开始之后才注入股本资金，则需要任何一个股东相信其他股东的资信，这就要在合资协议中明确说明。如果对其中任何一个股东的资信存在不确定性，则必须提供一定形式的信用强化手段，最典型的形式就是由股东的银行出具银行保函或备用信用证。

4.6.4 投资者在合资项目中的权益

合资协议中需要规定每个投资者在项目中的投资以及在全部投资中所占的比例。对于非公司型投资结构，合资协议需要说明投资者在项目中所拥有的资产是全部项目资产的一个不可分割的部分，投资者同意将项目资产交给合资结构使用但是保留独立的法律所有权，每一个投资者将有权利从合资结构中获得属于自己投资比例的产品。

对于公司型投资结构，投资者持有合资项目公司的股份，项目资产的拥有形式比较简单。然而，对于项目产品的分配与销售、融资担保等关键性问题也需要做出明确的规定。此外，为了安排项目融资，通常也需要投资者提供一定的项目担保和一定的项目资金保证。

4.6.5 项目的管理和控制条款

合资协议中需要确定相应的项目管理机制，其中包括重大问题的决策和日常的生产管理两个方面。在公司型投资结构中重大问题的决策权在董事会；在非公司型投资结构中该决策权在项目管理委员会。合资协议需要规定会议召开的时间、频率、地点、会议主席的选举、会议代表（或董事）的任命及取消、会议代表（或董事）的投票权以及重大问题的决策程序等主要内容。

关于项目重大问题的决策程序，习惯的做法是将决策问题按照性质的重要性分类：最重要的问题，如修改合资协议、改变或增加项目的经营范围、出售项目资产、停产、年度资本开支和经费预算等要求百分之百同意；相对重要的问题，如一定金额以上的费用支出、重大项目合同等要求绝大多数同意（2/3 或 3/4 多数同意）；一般性问题要求简单多数同意。

通常，在项目管理委员会或公司董事会之下需要任命一个项目经理负责合资项目的日常生产经营活动。在非公司型投资结构、信托基金结构和合伙制结构中，需要单独成立一个项目管理公司承担项目经理的职责，并通过管理协议来规范项目管理公司的行为和权限，项目管理公司向项目管理委员会报告并按照其指示管理项目生产。项目管理公司可以是合资结构中一个具有生产技术和管理技能的投资者的子公司，也可以是投资者的合资公司，甚至可以是完全与投资者无关的具有一定专业技能的管理公司。在公司型投资结构中，项目经理除可以由上述的管理公司担任外，很多情况下都是由合资公司组织并成立自己的管理队伍来行使项目经理的职责。

4.6.6　项目预算的审批程序

在合资协议中需要对预算审批制定严格的程序。项目预算一般由项目经理负责制定，在一个财政年度开始之前提交项目管理委员会（或项目公司董事会）审批。预算审批程序在合资结构中一般分为两个阶段三个层次：首先，根据项目支出的性质将预算资金分为重大资本支出、日常性资本支出和生产费用支出三个层次；其次，在第一阶段，项目管理委员会审批项目年度预算，并授权项目经理在预算批准范围内负责日常性资本支出和生产费用支出，但是在项目进行过程中，对于超出一定金额的重大资本支出，尽管项目管理委员会在审批项目预算时已经原则上批准了该项资本支出，但是项目经理在实际支出之前也需要再次报告项目管理委员会审批，即第二阶段审批以确保项目的资金使用完全符合投资者的利益。为了保护少数投资者的利益，项目预算的审批通常要求百分之百或者绝大多数投资者的同意才能通过。

4.6.7　违约行为的处理方法条款

违约行为是指合资结构中的某一个投资者未能履行合资协议所规定的义务。对于非公司型投资结构或合伙制结构来说最常见的违约行为是投资者不承担和无法承担继续支付项目的资本支出和生产费用的责任，对于公司型投资结构或信托基金结构来说，投资者违约行为比较复杂，取决于投资者在项目中所承担的义务。一个投资者的违约行为有可能立即造成非违约方甚至整个项目的重大损失，因此在合资协议中需要对违约事件的处理做出严格的规定，并对违约行为的补救措施提出多种可供选择的方法，为非违约方处理违约事件提供较大的选择余地和利益好处。

可供选择的处理违约事件的方法主要有以下几种。

（1）违约方权益的稀释。一旦违约事件发生，违约方在项目中的权益比例将被降低；而且还规定当违约方在项目中的权益比例降低到一个特定界线以下有可能影响项目的正常运行时，则规定该违约方不具有项目的决策权，以保证项目的重大决策仍能遵循百分之百投资者通过的原则。

（2）违约方权益的没收。合资协议也可以直接规定当违约事件发生时由非违约方没收违约方在项目中的资产或权益，但是这种做法很少使用。

（3）非违约方接管违约方责任的权利。在非公司型投资结构中，为了保证项目的正常运行，非违约方可以直接支付违约方所未支付的资本或生产费用。这部分支出将作为违约方的债务，并以交叉担保契约作为保证。

（4）非违约方处理违约方产品的权利。合资协议中可以规定当违约事件发生时，授权项目经理或非违约方销售违约方在项目中所拥有的产品，销售收入冲抵违约方未支付的费用。

（5）非违约方强制收购。处理违约事件的另一种方法是给予非违约方收购违约方项目资产或股份的权利，收购项目资产或股份的定价可以按照公平市场的原则或者带有一定的惩罚性质。

（6）违约方的部分权益损失。对于一些对项目全局影响不是很大的违约事件，合资协议可以规定违约方在违约期间将失去在合资项目中的决策权以及其他一些权益（如红利分配），直至违约方的违约行为被改正过来为止。

（7）惩罚性利息。如果违约方未能按时支付项目费用，一般规定违约方要支付高出银行利率很多的利息作为一种惩罚。

为了防止项目中违约事件的发生，在合资协议中有时对财务状况相对较弱的投资者的行为也要做出一些限制和规定。这些规定包括要求该投资者定期通报财务情况、要求该投资者在项目中保留一定的流动资金，以及对该投资者的利润分配政策做出一定的限制等。

4.6.8 融资安排条款

融资安排是合资结构中最为复杂的问题之一。对于非公司型投资结构，如果一个投资者以其相应的项目资产和权益作为抵押安排融资，违约行为的出现就会制造出贷款银行与非违约方之间的利益冲突，处理两者之间的关系就变成一个相当复杂的法律和实践问题。为此，在一些合资结构中资金雄厚的投资者可能会要求任何一个投资者均不能将项目资产作为贷款抵押，至少在很多情况下，合资结构会要求项目投资者之间的交叉担保的优先序列要高于其中任何一个投资者以项目资产和权益对贷款银行所做出的抵押。但是有时这种序列的存在可能导致难以安排融资，因此在建立非公司型投资结构时，如果其中一个或几个投资者准备利用其项目资产与权益安排融资，这些问题都必须在起草合资协议时认真考虑。

对于公司型投资结构，如果一个投资者以相应的项目公司股权及其他权益作为抵押安排融资时可能也会遇到类似的问题。有些合资协议规定投资者不能以公司股权作融资抵押，或者融资安排必须经过其他投资者的批准。

4.6.9 优先购买权条款

项目的优先购买权是指合资项目中现有投资者按照规定的价格公式和程序可以优先购买其他投资者在项目中的资产（或股份）的权利。在一个合资项目中投资者的资信程度和可靠性是保证项目成功的重要因素之一，为了阻止不被现有投资者欢迎的人进入项目，或者为了阻止某个投资者以低于市场价值的价格出售项目资产（或股份），几乎所有的合资协议中都规定现有投资者拥有项目的优先购买权。

处理项目的优先购买权有三种基本方法：第一种方法是由卖方在市场上寻找有意购买者，谈妥价格之后先征求现有投资者的意愿，现有投资者可以在规定时间内决定是否以此价格收购。由于在与潜在购买者的谈判过程中要涉及许多项目的保密资料，因此合资协议中一般规定在提供这些信息之前必须得到现有投资者的同意。第二种方法是在合资协议中事先规定出项目资产（或股份）出售的价格公式，如果现有投资者不愿意按照此公式价格购买，卖方则可以按不低于此价格的售价将项目资产（或股份）出售给第三方。第三种方法与第二种方法类似，只是改为聘用独立的项目价值评估人（一般为会计师事务所）对准备出售的项目资产（或股份）做出价值评估，以此作为是否执行项目优先购买权的标准。

4.6.10 项目决策僵局的处理方法条款

如果项目采用了权益资本比例为 50%：50%的合资结构，有时会出现合资双方在某一个决策问题上争执不下、互不让步的情况，但是由于双方持有的股份或权利相等，因而无法做出决策，这就是决策僵局。在合资结构中，如果一个或数个投资者对项目决策持有否决权时，也会出现项目决策上出现僵局的可能性，严重的决策僵局会造成项目的重大损失。

为了避免项目决策出现僵局而同时又要保护好各方投资者的利益，需要在合资协议中规定出相应的处理决策僵局的机制。一般的处理决策僵局的方法包括：协商、第三方仲裁和限制性收购等。

◆ 案例　蒙牛引入国外私募资金

一、融资背景

1999 年 1 月，牛根生和其他几位原伊利高管一起注册创办了蒙牛乳业有限责任公司，注册资金为 100 万元。初创时的蒙牛公司是一个典型的民营企业，同时也是乳品行业的一个新兵。同年 6 月 10 日，蒙牛公司的第一个自建生产基地——和林生产基地动工开始建设。8 月，蒙牛公司进行了股份制改造，注册资本 1398 万元，折股 1398 万股，股东包括最初的几位发起人以及公司职员、业务联系人和国内独立投资公司等。蒙牛公司刚刚创立之时是一个无奶源、无工厂、无市场的“三无”企业，但是在经验丰富的管理团队的带领下公司克服了各种障碍迅速发展，年销售额从 1999 年的 4365 万元（非全年数据）迅速增长到 2002 年的超过 20 亿元。企业的快速发展带来更大的资金需求，而刚刚创立的蒙牛公司可以使用的融资方式较为有限，由于公司正处于快速发展期，其各项财务指标和现金流量状况无法满足银行等债务资金提供主体的放贷要求，因此难以通过筹措债务资金满足企业发展需要的充足资金，同时作为初创期的企业在短期内也难以在深圳和上海证券市场上市融资，通过民间借贷筹措资金也遭遇挫折。为解决企业发展的资金需求，公司决策层曾产生到香港二板市场上市的想法，然而香港二板市场上市的公司可能存在流动性不强的情况，难以引起机构投资者的兴趣，企业再融资的难度较大。在这一背景下，蒙牛公司考虑引入国外私募资金的股权投资，这不仅可以解决公司发展的资金需求，而且可以为公司在境外上市奠定基础。

二、国外私募资金的第一轮注资

摩根士丹利等私募投资在对蒙牛公司进行股权投资之前，对该公司进行了充分的考察与分析。在形成了投资意向以后，蒙牛公司和私募投资方在开曼群岛和毛里求斯相继组建了一系列的壳公司，以满足资本运作的要求，也为蒙牛公司在境外上市做好准备，同时既能充分保证蒙牛公司原有投资者的利益，又可以保证私募资金方便地进入或退出蒙牛公司的投资结构。

2002 年 6 月，摩根士丹利在开曼群岛注册了 China Dairy Holdings（开曼公司）作为上市前的资本运作公司。2002 年 9 月，蒙牛公司的发起人在英属维尔京注册成立了金牛公司，蒙牛的投资人、业务联系人和雇员注册成立了银牛公司，这样蒙牛发起人、雇员、其他投资者、业务联系人员的利益被注入两家公司中，透过金牛公司和银牛公司两家公司对蒙牛公司的间接持股，蒙牛管理层理所当然成为公司股东。而后，金牛公司和银牛公司分别以每股 1 美元的价格购买了开曼公司的股票，两公司实际持有开曼公司 1634 股和 3468 股；而摩根士丹利、鼎晖、英联等三家私募资金以约 530 美元/股的价格购买了开曼公司 32 685 股、10 372 股、5923 股，通过股权投资三家私募资金共为开曼公司注资 25 973 712 美元（约 2.16 亿元人民币）。根据开曼公司法等相关法律规定，公司可以设计享有不同投票权的两类股票：A 类股票每股有十票投票权，B 类股票每股仅有一票投票权。经各方商议确定，金牛公司和银牛公司持有的股票为 A 类股，私募资金持有的股票为 B 类股。至此，三家私募资金完成了对开曼公司的注资过程，国内投资方与境外私募资本的出资比例为 9.4%：90.6%，投票权比例为 51%：49%。而后，开曼公司出资成立了毛里求斯公司，通过毛里求斯公司注资蒙牛公司，获得了蒙牛公司约 66.7%的股权。

在获得了三家私募资金的第一轮股权投资以后，相关各公司的股权结构如图 4-10 所示。

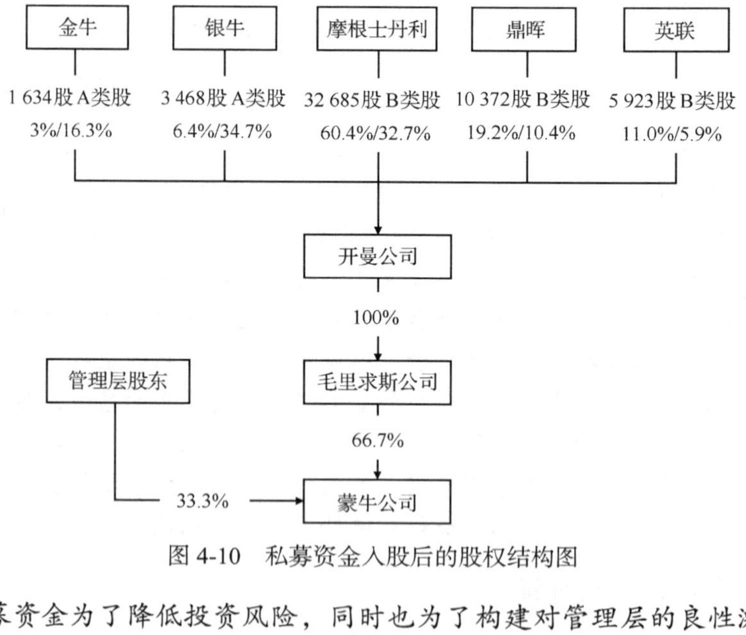

图 4-10　私募资金入股后的股权结构图

三家私募资金为了降低投资风险，同时也为了构建对管理层的良性激励与约束机制，与蒙牛公司的管理层签订了对赌协议：如果蒙牛公司管理层没有实现设定的业绩增长目标，开曼公司及其全资子公司——毛里求斯公司账面上剩余的大笔投资现金将由私募资金完全控制，届时“外资系”将控制蒙牛股份公司 60.4%的绝对控制权。如果蒙牛管理层实现了设定的业绩增长目标，一年后“蒙牛系”可以将 A 类股按 1 折 10 的比例转换为 B 类股，这样，蒙牛管理层可以实现在开曼公司的投票权与股权比例一致，即

“蒙牛系”真正地控制开曼公司的 51%股权。

2003 年 8 月，蒙牛管理层提前完成了对赌协议规定的任务，同年 9 月 19 日，金牛公司、银牛公司将所持有的开曼公司 1634 股、3468 股 A 类股票转换成 B 类股票，持有开曼公司 51%的股权和投票权。此时，“蒙牛系”持有蒙牛股份的股权为 67.32%，外资持有蒙牛股份的股权为 32.68%。

三、国外私募资金的第二轮注资

蒙牛公司 2003 年业绩增长迅速，随着业绩的增长和生产规模的扩张产生了更多的资金需求。根据各方的约定，金牛公司和银牛公司获得了以面值购买开曼公司新股的权利，认购的上限是金牛公司和银牛公司合计持股不超过开曼公司总股份的 66%。金牛公司和银牛公司分别认购了 13 975 股和 22 661 股，此时“蒙牛系”和“外资系”持有开曼公司的股权比例变为 65.9%：34.1%。

同时，外资私募资金也有继续对蒙牛公司注资的意愿，而蒙牛公司的管理方则坚持严格控制外资系对蒙牛的持股比例不超过 32%的上限，因此私募资金的第二轮注资只能通过购买开曼公司发行的可转股债券的形式进行。三家私募投资机构斥资 3523.3827 万美元，购买未来转股价格 0.096 美元/股的可转股债券，如果蒙牛公司在证券市场上市则其所持有的可转股债券可以转换 3.68 亿股蒙牛公司股份，转股价格相当于 0.74 港元/股。可转股债券的转换时间和数量约定为：蒙牛公司股票首发上市半年后可转股 30%，1 年后可全部转股。

为了降低三家私募投资机构的风险，双方约定可转股债券是以毛里求斯公司的全部股权作为抵押的，同时根据可转股债券的特点，如果蒙牛公司股票上市后股价不理想，可转换债券可以不转换成股票而继续维持债券的形式，蒙牛公司需要履行还本付息的义务。此外，可转股债券有强制赎回条款和反摊薄条款。在私募资本第二轮注资过程中，双方也设置了对赌协议，双方约定在 2003～2006 年蒙牛乳业的业绩复合年增长率不低于 50%，否则蒙牛公司管理层将支付给私募投资机构一笔巨额（6000 万～7000 万股）上市公司股份，如果业绩复合年增长率达到 50%以上，私募投资机构将把自己持有的一定股票奖励给蒙牛管理层。

2003 年 9 月 18 日，毛里求斯公司以每股 2.1775 元的价格购得蒙牛公司的 8001 万股股份；10 月 20 日又以每股 3.038 元的价格购买了蒙牛公司的 9600 万股股份，此时毛里求斯公司对蒙牛股份的持股比例上升至 81.1%。此时，相关各公司的股权结构如图 4-11 所示。

四、后续事件

2004 年 6 月，蒙牛公司在香港上市，共发售 3.5 亿股，股票获得 206 倍的超额认购，发行价位 3.925 港元，共募集资金 13.74 亿港元，开盘当天股价上涨了 22.98%。上市后蒙牛管理团队持股 54%，私募资本持股 11%，公众持股 35%。

2004 年 6 月，蒙牛公司上市时，原股票持有人将其持有的 1 亿股旧股出售，套现

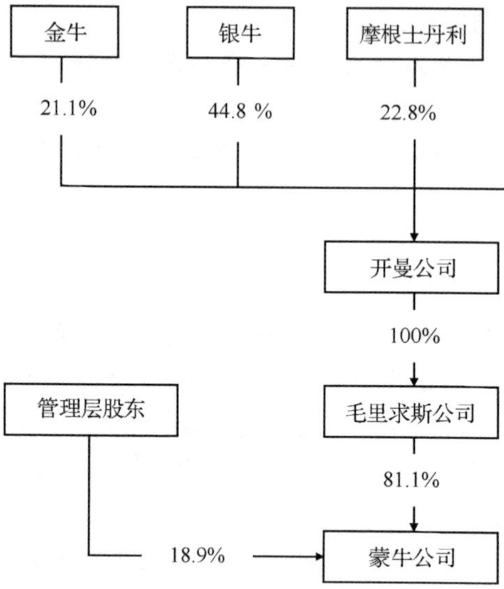

图 4-11 私募资本二次注资后（首次公开募股前）股权结构图

3.92 亿港元；2004 年 12 月，私募资本行使了可转换债券转股权，增持 1.105 亿股份。增持后，立即以 6.06 港元的价格卖出 1.68 亿股，套现 10.2 亿港元；2005 年 6 月，私募资本行使了全部剩余可转换转股权，换得 2.58 亿股，而后以每股 4.95 港元将 3.16 亿股变现，套现 15.62 亿港元。

由于蒙牛公司的业绩增长迅速，2005 年 3 月，摩根士丹利决定提前终止与蒙牛公司管理层的对赌协议，并兑现了奖励给蒙牛管理层的 6000 多万股股票。

（资料来源：根据互联网公开资料整理）

◆ 思考题

1. 试分析公司型投资结构、有限合伙制结构和非公司型投资结构在设计项目投资结构时需考虑的各主要因素方面的表现有哪些差异？
2. 简述公司型投资结构的优缺点。
3. 分析普通合伙制结构的特点。
4. 阐述有限合伙制结构的适用范围。
5. 简述非公司型投资结构的主要特征。
6. 论述非公司型投资结构的优缺点。
7. 阐述非公司型投资结构的适用范围。
8. 试分析美铝澳大利亚波特兰铝厂项目采用非公司型投资结构的原因及好处。
9. 简述信托基金结构的基本构成要素。
10. 分析信托基金结构与公司型投资结构的区别。
11. 列举合资协议的主要条款。

第 5 章

项目融资担保

◆ 本章导读

本章主要介绍项目融资担保的概念、项目融资担保人、项目融资担保范围、项目融资担保的类型以及项目融资的主要担保形式等内容。

本章的主要知识点包括：

- 担保的概念；
- 担保在项目融资中的作用；
- 项目融资中的主要担保人；
- 项目融资担保的具体范围；
- 常见的项目融资担保类型；
- 项目融资的主要担保形式。

◆ 引导讨论

“种粮大户”贷款担保困局

九台区是吉林省长春市市辖区，位于吉林省中部，是国家重点商品粮基地、出口基地和长春地区重要的农副产品集散地之一，2018 年全区粮食综合生产能力稳定在 30 亿斤（1 斤 = 0.5 千克）以上，主要农作物综合机械化水平达到 91%以上。

吉林天景食品有限公司（简称天景公司）是国内规模最大的鲜玉米食品深加工企业，是农业产业化国家重点龙头企业，公司主要产品为“天景”牌鲜玉米及以鲜玉米为原料的系列深加工产品。公司现有三大生产基地，其中土们岭基地和九台基地都坐落在九台区境内，是公司主要的鲜玉米存储、加工基地和玉米饮料生产基地。黏玉米长期以来一直是九台区的特色农产品，天景公司生产基地的设立使九台区的黏玉米有了稳定的销路。

XL 村是九台区 JJ 街道办事处下辖村，该村是一个主要的劳务输出地，存在着大量的耕地转租现象。朴军（化名）是一个当地有灵活的经营头脑和敏锐的市场意识的农民企业家，他意识到可以将农民的土地集中经营，通过订单农业的方式降低市场风险，以规模经营和机械化生产提高经济效益。于是，朴军和天景公司签订了黏玉米的收购合同，并从农民手里转租了约100公顷土地。然而，土地的集中经营需要大量的资金支持，尽管朴军将自家房产作抵押获得了一定量的贷款，但仍存在70多万元的资金缺口。

为了能够取得足够的资金支持，朴军曾多次向当地的农村信用社申请贷款，而农村信用社只能为农户提供联户担保的小额贷款，加之朴军无法为农村信用社或其他银行贷款提供充足的担保或抵押物，因此其贷款申请被拒绝。JJ街道办事处了解到朴军的贷款困境以后，考虑到土地流转集中经营和订单农业符合国家政策导向，有较强的示范作用，因此计划通过一定的举措为农民企业家申请贷款提供信用支持。为此，JJ街道办事处召开了全体工作人员参加的情况说明和动员大会，提议让三十几位工作人员签订担保协议，自愿将个人的工资收入作为朴军向金融机构申请贷款的担保，街道办事处承诺如果贷款到期无法偿还，提供担保的工作人员不需要承担个人责任，风险由街道办承担，同时朴军承诺如果出现还贷困难，他将尽一切努力积极偿还贷款，保证不让提供担保的工作人员承担风险。然而部分工作人员仍不愿意提供担保，此事也引起了媒体的关注，如何合理、合法地为朴军的贷款找到适当的担保或抵押也成为摆在大家面前的一个难题。

（资料来源：根据2005年5月《新文化报》报道以及互联网公开资料整理改编）

对于采用项目融资方式筹集资金的项目来说，风险的合理分配和严格管理是项目成功的关键，也是项目各参与方谈判过程中所讨论的核心问题。银行和项目各参与方在进行项目风险的度量和分配时，往往要考虑以下几个方面所构成的项目资信结构：项目的现金流量状况构成影响项目风险情况的最基本的因素；项目各参与方之间所形成的各种协议和合同将影响到项目风险在参与方之间的分配，项目融资中的各种协议往往可以消除融资项目建设和运营中的各种不确定性因素，因此是处理和分摊风险的重要手段；由项目投资者或第三方所提供的担保或抵押往往构成了对还贷风险的额外保证，起到了信用强化的作用。项目风险识别与管理、项目文件的谈判与确定、项目担保关系的建立等活动的目的在于：明确风险和量化风险；通过担保将风险分析结果落实到书面上；以项目文件作为最终具有法律效力的约束性合同、协议。

在第3章已经讨论了项目风险尤其是项目环境风险管理的一些工具和方法，本章着重讨论项目融资中的担保问题。

■ 5.1 项目融资担保概述

5.1.1 担保的概念与种类

担保在民法上指以确保债务或其他经济合同项下义务的履行或清偿为目的的保证行为，它是债务人对债权人提供履行债务的特殊保证，是保证债权实现的一种法律手段。项目融资担保指借款方或第三方以自己的信用或资产向贷款或租赁机构做出的偿还保证，具体可以分为物权担保和信用担保。

物权担保也称物的担保，是指借款人或担保人以自己的有形财产或权益财产为履行债务设定的担保物权，如抵押权、留置权等；信用担保也称人的担保，是担保人以自己的资信向债权人保证对债务人履行债务偿还义务承担责任，有担保（保证书）、安慰信等形式。

在项目融资结构中，物权担保是以项目特定物产的价值或者某种权利的价值作为担保，如债务人不履行其义务，债权人可以行使其对担保物的权力来满足自己的债权。物的担保主要表现形式为对项目资产的抵押和控制，包括对项目的不动产和有形动产的抵押、对无形资产设置担保物权等几个方面。

在项目融资结构中，信用担保的基本表现形式是项目担保。项目担保是一种以法律协议形式做出的承诺，依据这种承诺担保人向债权人承担了一定的义务。项目担保义务可以是第二位的法律承诺，即在被担保人（主债务人）不履行其对债权人（担保受益人）所承担义务的情况下（即违约时）必须承担起被担保人的合约义务，这种担保义务是附属和依存在债务人和债权人之间的债务关系上的。项目担保也可以是第一位的法律承诺，也就是即期担保。即期担保承诺在担保受益人的要求之下（通常是根据融资文件或者担保文件中的有关条款），立即支付担保受益人或担保受益人指定的其他任何人规定数量的资金，而不管债务人是否真正违约。即期担保相对独立于债权人与债务人之间的合约，项目的完工担保多数属于这一种类型。

5.1.2　担保在项目融资中的作用

项目风险的分配和处理是项目融资成功的重要保证，而项目担保正是实现风险处理的一个关键所在。由于项目融资的重要特征是项目风险超过投资者承受能力且贷款多属有限追索的，尽管在贷款阶段银行已经对项目的现金流量及项目参与者之间的合同进行了详细的评估和审核，但融资项目仍然会存在无法控制且未得到完全消除的风险因素，因此贷款银行一般会要求项目的投资者或与项目利益有关的第三方提供附加的债权担保。项目担保是项目融资结构中的一个关键环节，而且通常是保障项目融资成功的首要条件。

具体来说，项目担保在项目融资中将起到两个方面的重要作用。

第一，项目的投资者可以通过提供担保的形式而避免承担全部的和直接的项目债务责任，项目投资者的责任被限制在有限的项目发展阶段之内或者有限的金额之内。也正是因为如此，项目投资者才有可能安排有限追索的融资结构。

第二，采用项目担保形式，项目投资者可以将一定的项目风险转移给第三方。通过组织一些对项目发展有利，但又不愿意直接参与项目投资或参与项目经营（由于商业原因或政治原因）的机构为项目融资提供一定的担保，或者利用商业担保人提供的担保，通过这些安排可以在一定条件下将项目的许多风险因素加以转移。

可见，项目融资的任务是将与项目利益有关的和对项目发展有需求的各个方面所能提供的担保及所能承担的责任组织起来，使得其中任何一方都不会因财务负担过重或者项目风险过高而无法开发或经营项目，通过利用各个方面所提供的担保组成一个强有力的项目信用保证结构，使其能够为贷款银行所接受。

■ 5.2 项目融资担保人

项目融资担保人是指能为项目融资的债务责任履行提供担保的主体，在项目融资中的担保主体包括三种：项目投资者、与项目利益有关的第三方参与者和商业担保人。

5.2.1 项目投资者作为担保人

由于项目的直接投资者和主办人是对项目经营管理最具有影响力的一方，因此项目的直接投资者和主办人作为担保人是项目融资结构中最主要和最常见的一种形式（图 5-1）。

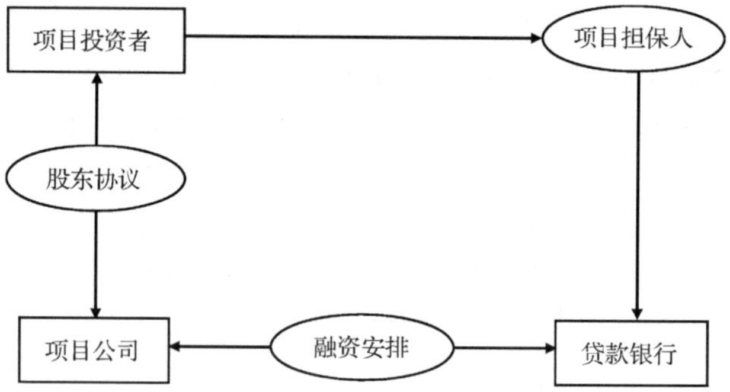

图 5-1 项目投资者作为担保人示意图

在多数项目融资结构中，项目投资者通过建立一个专门的项目公司来经营项目和安排融资，但是这种安排由于项目公司在资金、经营历史等各方面都不足以支持融资，很多情况下贷款银行会要求借款人提供来自项目公司之外的担保作为附加的债权保证。因而除非项目投资者可以提出其他能够被贷款银行所接受的担保人，项目的投资者则必须提供一定的项目担保。而且从银行的角度来说，由投资者提供项目担保有利于使投资者更加关注项目的成败，对于降低项目的风险有积极作用，所以在绝大多数项目融资中都有投资者所提供的担保。

项目投资者对项目公司提供的担保，可以是直接担保（即直接担保项目公司的一部分债务），也可以是非直接的形式或者以预防不可预见风险因素的形式出现。如果项目投资者为项目公司提供的担保是直接担保，则根据国际通行的会计准则这种担保需要作为一种债务形式表现在项目投资者的资产负债表中，即至少需要作为一种或有债务形式在资产负债表的注释中加以披露。如果项目投资者所提供的担保以非直接的形式或者以预防不可预见风险因素的形式出现，则这种担保对于项目投资者本身的资产负债表而言影响就会较小。不同的项目担保形式对公司资产负债表结构所产生的影响，是在工业国家以及一些市场经济国家的项目投资者提供项目担保时所考虑的一个重要问题。

运用项目投资者提供的非直接的和以预防不可预见风险因素为对象的项目担保，加上来自其他方面的担保，则有可能安排成为贷款银行所能够接受的信用保证结构，这就是项目融资的主要优点之一。

5.2.2　与项目利益有关的第三方参与者作为担保人

利用第三方作为担保人是指在项目的直接投资者之外寻找其他与项目开发有直接或间接利益关系的机构为项目的建设或者项目的生产经营提供担保，这种担保的具体形式如图 5-2。由于这些机构的参与在不同程度上分担了一部分项目的风险，为项目融资设计一个强有力的信用保证结构创造了有利条件，因此对项目的投资者具有很大的吸引力。

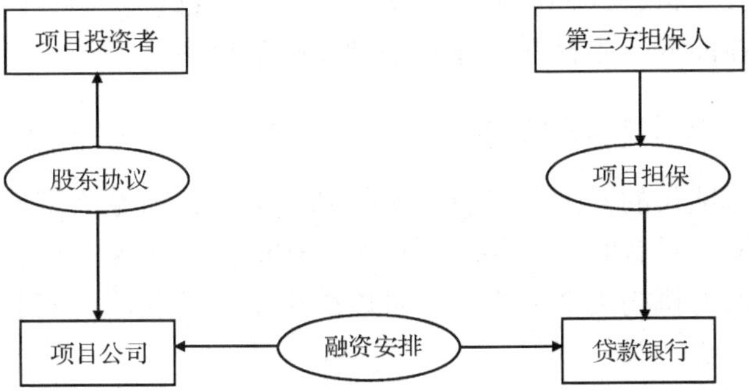

图 5-2　第三方作为担保人示意图

能够提供第三方担保的机构大致分为以下几种类型。

1. 政府机构

政府机构作为担保人在项目融资中是极为普遍的，政府机构为项目提供担保多是从发展本国（或本地）经济、增加就业、增加出口、改善基础设施建设、改善经济环境等目的出发的。政府机构提供的担保对于大型工程项目的建设十分重要，尤其是对于发展中国家的大型项目来说，政府的介入可以减少政治风险和经济政策风险（如外汇管制）、增强投资者的信心，而且这类担保是从其他途径所得不到的，BOT 融资模式就是一个以政府担保作为支持条件的典型例子。

政府作为项目融资担保人的另一个目的是通过提供贷款担保或项目产品长期购买协议等担保形式间接参与项目，从而避免政府的直接股份参与，同时也能达到参与项目投资、促进项目开发的目的。

2. 与项目开发有直接利益关系的商业机构

这类商业机构作为担保人，其目的是通过为项目融资提供担保而换取自己的长期商业利益。这些利益包括：①获得项目的建设合同；②获得项目设备的供应安装合同；③保证担保人自身产品的长期稳定市场；④保证担保人自身可以获得长期稳定的原材料、能源供应；⑤保证担保人对项目设施的长期使用权。

能够提供这种第三方担保的商业机构包括三类。

（1）工程公司。工程公司为了在激烈的竞争中获得大型工程项目的承包合同，很多情况下愿意提供项目的完工担保，有时甚至愿意为项目投资者提供一定的财务安排，在BOT模式中工程公司往往会起到这样的作用。

（2）项目设备或主要原材料的供应商。卖方信贷、出口信贷以及项目设备质量（运营）担保是项目设备供应商通常提供的担保形式；原材料供应商则主要以长期、稳定、价格优惠的供应协议作为对项目的支持，这种协议往往带有“无论提货与否均需付款”类型合同的性质，一般以“供货或付款”的形式出现。

（3）项目产品（或设施）的用户。项目的用户从保障项目市场的角度为项目融资提供一定的担保或财务支持，这种类型的例子很多，一般都以长期合同或者预付款的形式出现，而且多集中在能源、原材料工业和基础设施项目中。

3. 世界银行、地区开发银行等国际性金融机构

这类机构虽然与项目的开发并没有直接的利益关系，但是为了促进发展中国家的经济建设，一些重要的项目有时可以寻求到这类机构的贷款担保。这类机构在项目中的参与同样可以起到与政府机构类似的作用，可以减少项目的政治、商业风险，并增强商业银行对项目融资的信心。

5.2.3 商业担保人

商业担保人以提供担保作为一种盈利的手段，承担项目的风险并收取担保服务费用。商业担保人通过分散化经营降低自己的风险，银行、保险公司和其他一些专营商业担保的金融机构是主要的商业担保人。

商业担保人提供的担保服务有两种基本类型。

商业担保的第一种基本类型是担保项目投资者在项目中或者项目融资中所必须承担的义务。这类担保人一般为商业银行、投资公司和一些专业化的金融机构，所提供的担保一般为银行信用证或银行担保。

这种类型担保的第一个作用是担保一个资金不足或者资产不足的项目公司对其贷款所承担的义务，一个典型的例子是在国际房地产项目融资中较为普遍的“卖出期权”安排。近些年来，在国外安排房地产项目融资时，如果贷款银行认为房地产价值以及贷款期内的现金流量不足以支持一个有限追索的融资结构，借款人可以从专业化的金融市场中以远低于房地产市场价值的契约价格购入一个卖出期权作为项目融资的附加担保。在贷款期间一旦借款人违约，如果贷款银行认为需要的话可以通过执行该期权，将房地产以契约价格出售给期权合约的另一方，以此来保证贷款银行的利益。

这种类型担保的第二个作用是担保项目投资者在项目中对其他投资者所承担的义务，这种担保在有两个以上投资者参加的非公司型投资结构中较为常见。

这种类型担保的第三个作用是在提供担保人和担保受益人之间起到一种中介作用，

这种作用类似于国际贸易中银行信用证的作用。

商业担保的第二种基本类型是为了防止项目意外的发生，这类担保的担保人一般为各种类型的保险公司。项目保险是项目融资文件中不可缺少的一项内容，保险公司提供的项目保险范围十分广泛，除项目资产保险之外，项目的政治风险保险在有些国家也是不可缺少的，项目保险在性质上等同于其他类型的担保。

■ 5.3　项目融资担保范围

在项目融资中，项目担保不可能解决全部的风险问题，只能是有重点解决全部风险因素中贷款银行最为关心的一部分，包括商业风险、政治风险、金融风险等。

5.3.1　商业风险

商业风险是项目融资的主要风险，大多数商业风险属于项目的核心风险，即可控制风险。作为项目融资的贷款银行，对于这类可控制的商业风险一般都会要求项目投资者或者与项目有直接利益关系的第三方提供不同程度的担保，特别是在项目完工、生产成本控制和产品市场安排等三个方面。

1. 项目完工

项目融资过程中风险最大的阶段是项目的建设阶段，组织项目融资的基础就是使项目能够在规定的时间和预算内建成投产，达到完工标准。但由于项目在建设期和试生产期存在各种不确定因素，因而贷款银行所承受的风险最大，项目能否按期建成投产并按照其设计指标进行生产经营，是以项目现金流量为融资基础的项目融资的核心，因此项目完工担保就成为项目融资结构中的一个最主要的担保条件。

项目建设期和试生产期的完工风险一般都是由项目投资者进行担保，由项目投资者提供担保承诺在项目工程延期、建设成本超过预算等问题出现时为项目提供资金，有时甚至担保人被要求承诺如果项目在无法达到“商业完工”标准时偿还全部的项目贷款。

但是近些年来有一个新的发展趋势，在市场竞争和项目投资者的压力下，贷款银行被要求承担一部分完工风险。在一些投资环境较好、技术比较成熟的项目融资中，贷款银行转向从工程公司、技术设备供应公司等其他方面寻求完工担保，包括采用固定价格的交钥匙合同和由工程公司或技术设备公司提供项目履约担保等形式，通过这些形式分摊完工风险从而减少对项目投资者在完工担保方面的要求。

2. 生产成本控制

生产成本与取得原材料、能源及动力的价格有着直接的关系。项目在生产中能否以较低的价格得到原材料、能源和动力等的供应，是项目能否在激烈的市场竞争中取胜的至关重要的条件，采用低廉价格的原材料、能源和动力等生产要素意味着项目产品成本的降低。

对生产成本进行控制的一种有效方法是通过由项目公司和提供项目生产所需要的主要原材料、能源、电力的供应商签订长期供应协议来实现，其供应数量、期限和价格必须在协议中规定下来；价格可以采用固定价格，也可以采用浮动价格。浮动价格的定价方法一般有两种：一种是与项目最终产品的公认市场价格（一般是具有权威性的国际市场价格）挂钩，这样可以保证项目有一个相对稳定的收益；还有一种方法是与项目所在地的通货膨胀指数挂钩。

3. 产品市场安排

项目产品的销售量和价格是决定项目成败的另一个重要环节，因而降低市场风险同样也是项目担保所必须面对的一个主要问题。“无论提货与否均需付款”协议和“提货与付款”协议是项目担保解决产品市场风险的主要手段。

对于不同性质的项目，贷款银行处理各种风险因素的侧重点有所不同。对于初级能源和资源开发项目，如煤炭、石油、金属矿等，因为世界市场需求变化对产品价格影响是导致项目成败的关键，如果没有一方肯于承担一定的产品市场和价格风险，安排项目融资就非常困难；对于加工业项目，如机械制造业，产品种类繁多，销售市场也很复杂，贷款银行对于生产成本的控制和现金流量的控制更为重视，要求担保人承担更多的成本风险；对于一些处于两者之间的项目，如纸浆、钢铁、有色金属冶炼等，原材料成本和产品市场在项目中均处于同等重要的地位，因此贷款银行有可能会要求在两个方面同时提供一定的项目担保。

5.3.2 政治风险

政治风险是贷款银行在项目融资中关注的另一种主要风险。在政治环境不稳定的国家开展投资活动具有较高的政治风险，因此必须依靠政治风险担保才能组织起来有限追索的融资结构。一般来说，项目投资者自己很难解决项目的政治风险问题，需要安排第三方参与为贷款银行提供政治风险担保。

逻辑上项目所在国政府或者中央银行应该是最理想的政治风险担保人。这些机构与项目发展有直接的利益关系、对项目的投资环境有直接的决定权，如果争取到这些机构对项目融资的担保或者争取到一些与项目经营有关的特许权协议（如对外汇控制的特许政策、进出口特许政策等），则可以有效地减少外国投资者和国外贷款银行对政治风险的顾虑。

但是对于一些被认为存在高政治风险的发展中国家，单单具有项目所在国政府的保证是不够的。这时，世界银行、地区开发银行、一些工业国家的出口信贷机构、海外投资保险机构所提供的担保将有利于项目融资的组织。

除由政府机构为项目融资提供的政治担保之外，近年来商业担保公司参与政治风险保险的趋势有所增加。迫使项目投资者寻找商业政治风险保险的原因有：①有些项目不具备政府出口信贷或政治保险机构提供的政治风险担保的条件，例如，工程合同中外国设备和材料所占比例过高；②风险价值过高，超过政府机构政治风险担保的限额；③项目投资者不满意政府政治风险担保的条款，而商业保险市场有可能提供更灵活和更具有竞争性的条件。

商业政治风险保险不是项目担保，但是在某种程度上可以起到项目担保的作用。商业政治风险保险针对某些特定的严重政治危机，其保险范围主要分为资产风险保险和合约风险保险两种类型。

资产风险主要是指由剥夺、国有化、暴乱、内战、恐怖活动以及限制资金转移国外等政治原因造成的资产损失。合约风险主要是指由政治原因而引起的禁运、毁约、拒绝履行合同或者合同担保等事件而造成的被保险人的合约损失。根据政治风险保险条款的规定，在出现上述情况时被保险人可以从保险公司获得相应的补偿。但是政治风险保险往往具有很严格的规定和金额限制，保险期限也相对较短（很少有超过 36 个月的政治风险保险），在实际应用中需要加以注意。

5.3.3　金融风险

项目的金融风险主要是指一些项目发起人不能控制的金融市场的可能变化而对项目产生的负面影响。这些因素包括汇率波动、利率上升、国际市场商品价格波动（特别是能源和原材料价格的上升、项目产品的价格在国际市场下跌）、通货膨胀、国际贸易和贸易保护主义等。

在项目融资中，金融风险的防范和分担是非常敏感的问题。对于汇率和利率风险，可以通过使用金融衍生工具，如套期保值技术等来分散，但是在东道国金融市场不完善的情况下，使用金融衍生工具存在一定的局限性。在这种情况下，境外项目发起人和贷款银行一般要求东道国政府或国家银行签订远期外汇兑换合同，把汇率锁定在一个双方可以接受的价位上，但东道国政府或银行一般不愿意承担这个风险，此时项目公司应同东道国政府或银行签订专门合同，规定在一定范围内由各方分摊相应的汇率风险。

项目除存在商业风险、政治风险和金融风险之外，也会因为地震、火灾以及其他一些不可预见因素而导致失败。这类风险被称为不可预见风险，也称为或有风险，避免这类风险主要采用商业保险的方法解决。

为了有效地涵盖项目所面临的风险，基本的项目担保条件至少要包括以下几个方面的内容：①担保受益人；②项目定义；③担保的用途；④最大的担保金额；⑤担保有效期；⑥启用担保的条件；⑦担保协议以及执行担保的具体步骤。

不管项目担保是何种形式和性质，贷款银行在项目融资中通常总是坚持作为担保的第一受益人。对于贷款期限较长的项目融资，贷款银行在项目担保基本条件以外还会增加一些特殊的规定，以保护不因外部环境的变化而损害贷款银行的利益，其中很重要的一条是不因贷款协议的修改或其他的变更而使担保人从担保责任中自动解脱出来。

安排项目担保的步骤可以大致划分为四个阶段（图 5-3）。

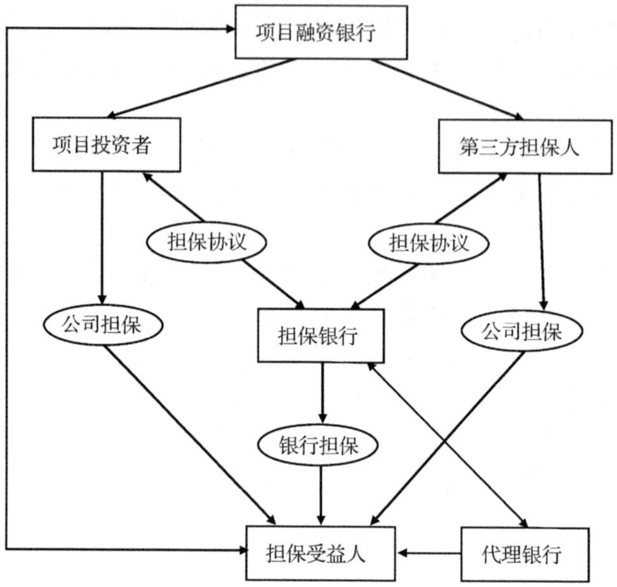

图 5-3　安排项目担保的步骤

第一，项目融资银行向项目投资者或第三方担保人提出项目担保的要求。

第二，项目投资者或第三方担保人可以考虑提供公司担保（对于担保人来讲，公司担保成本最低），如果公司担保不被接受，则需要考虑提供银行担保。银行担保将在银行和申请担保人之间构成一种合约关系，银行提供项目担保，而申请担保人则承诺在必要时补偿银行的一切费用。

第三，在银行提供担保的情况下，项目担保成为担保银行与担保受益人之间的一种合约关系，这时真正的担保人（项目投资者或其他第三方担保人）并不是项目担保中的直接一方。

第四，如果项目建设运营实体与提供担保的银行不在同一国家时，有时担保受益人会要求担保银行安排一个当地银行作为其代理人，承担担保义务，而担保银行则承诺偿付其代理人的全部费用。

■ 5.4　项目融资担保类型

根据担保在项目融资中承担的经济责任形式，项目担保可以划分为四种基本类型：直接担保、间接担保、或有担保、意向性担保。无论哪种类型的项目担保，担保方所承担的经济责任都是有限的，这是项目融资与传统公司融资的一个重要区别。

5.4.1　直接担保

在项目融资中的直接担保是指有限责任的直接担保，担保责任往往在金额或者有效时间方面加以限制。

1. 在金额上加以限制的直接担保

项目融资中经常使用的资金缺额担保和第一损失担保是典型的有限金额直接担保，其主要特点是在完成融资结构时已事先规定了最大担保金额，因而在实际经营中无论项目出现任何意外情况，担保的最大经济责任均被限制在这个金额之内。

有限金额担保的一个重要用途是处理项目成本超支风险。多数情况下贷款银行只愿意在建设成本和生产成本均为已知（或者可控）的条件下安排有限追索的项目融资，为了防止出现资金短缺而导致项目失败的情况发生，需要有人承担建设成本和生产成本超支的风险，并为此类风险提供相应的担保，这种担保一般是由项目投资者提供的。

在有限金额担保中，如何确定担保金额是一个复杂的问题，这一问题通常需要花费借贷双方大量的谈判时间。对于防止生产成本超支或者项目现金流量不足的有限金额担保，确定担保金额的常用方法是根据项目的现金流量模型计算出维持项目运行的最小资金需要，以此作为确定担保金额的基础。对于防止建设成本超支的有限金额担保，确定其担保金额则相对困难一些，因为多数贷款银行更倾向于接受只有时间限制而没有金额限制的完工担保，确定这类担保的最大金额一般以该类项目的一般工业情况作为依据。作为项目的投资者，要特别注意防止贷款银行在设计担保结构时将投资者的担保责任设计成为貌似有限而实际上是无限的责任。

2. 在时间上加以限制的直接担保

项目在建设期和试生产期的完工担保是最为典型的在时间上加以限制的有限责任直接担保。根据项目的复杂程度以及贷款银行介入项目建设阶段的时间，有时完工担保可以同时安排成为有限金额的担保，但是在多数情况下，项目的完工担保是在有限时间内的无限经济责任担保，项目投资者和工程承包公司是主要的担保人。

对于项目投资者来说，提供或者组织这类担保的最大好处是通过在有限时间内的无限责任担保来避免或者减少长期的直接项目担保。

5.4.2 间接担保

间接担保也称非直接担保，在项目融资中的间接担保是指担保人不以直接的财务担保形式为项目提供的一种财务支持。间接担保多以商业合同和政府特许权协议的形式出现，对于贷款银行来说，这种类型担保同样构成了一种确定性的无条件的财务责任。

最常见的间接担保是以“无论提货与否均需付款”概念为基础发展起来的一系列合同形式，其中包括“提货与付款”合同、“供货或付款”合同、“无论使用服务与否均需付款”合同等。这类合同的建立保证了项目的稳定市场和稳定收入，从而也就保证了贷款银行的基本利益。这类合同、协议的制订原则是在合同期内满足偿还债务的要求并对项目风险进行合理分配，其定价基础多是以项目产品的公平市场价格、品质标准作为依据，因而是一种正常的、公平的商业交易。由于间接担保的这一性质，在国际通行会计准则中间接担保不作为担保人的一种直接债务责任出现在公司的资产负债表中。

将政府特许权协议作为强有力的间接担保手段是 BOT 融资模式的重要基础之一。

与商业合同一样，政府机构在给予项目融资特许权时，也是充分考虑到了项目建设对当地社会经济发展的作用以及项目产品的市场需求。

在某些情况下，以公平市场价格作为基础的间接担保不能完全满足贷款银行对项目市场风险的处置要求，这时贷款银行就可能要求间接担保人提供对项目的价格支持，即在商业合同中设定最低价格条款，当实际价格低于最低价格时，项目担保人就需要支付其差额，这种类型的担保是直接担保与间接担保的一种组合。

5.4.3 或有担保

或有担保是针对一些由项目投资者不可抗拒或不可预测因素造成项目损失的风险所提供的担保。

或有风险的担保按其风险的性质可以划分为三种基本类型。

第一种类型的或有风险担保主要针对项目由不可抗拒因素造成的风险，如地震、水灾、地下矿井塌方等一系列问题，这类风险虽不属于项目正常生产建设所必须面对的问题，但是一旦发生将给项目造成不可估量的损失，提供这类或有担保的项目担保人通常是商业保险公司。

第二种类型的或有担保主要针对项目的政治风险。由于政治风险对于投资者来说也具有不可预见性，因而为减少这类风险所安排的担保有时也被划在或有担保的范围。

第三种类型的或有担保主要针对的是与项目融资结构特性有关而且可能导致项目经济强度发生重大变化的一些项目环境风险，如以税务结构为基础建立起来的杠杆租赁融资模式，贷款银行很大一部分收益来自项目的税务优惠，如果政府对税收政策做出任何不利于杠杆租赁结构的调整，都可能影响贷款银行的利益，甚至导致杠杆租赁结构的税务优惠彻底丧失。

5.4.4 意向性担保

从严格的法律意义上讲，意向性担保不是一种真正的担保，因为这种担保并不具有法律上的约束力，而仅仅表现出担保人有可能对项目提供一定支持的意愿。意向性担保不需要在担保人公司的财务报告中显示出来，所以这种类型的担保受到担保人的偏爱，在项目融资中的应用较为普遍。然而，也正是由于意向性担保的普遍使用，目前国际上对于意向性担保所承担的法律责任有一种越来越严格的发展趋势。

支持信，有时也称安慰信，是一种经常使用的意向性担保形式。在项目融资中，支持信通常是由项目公司的控股公司（或母公司）写给贷款银团，表示该公司对项目公司及项目融资的支持，以此作为对项目融资财务担保的替代。支持信的内容主要包括控股公司确认它了解项目融资的安排，表示它将不减少在项目公司中的股权（或者保证在项目公司中不会减少到某一个比例），陈述它将继续支持项目公司的业务经营和发展。这种支持一般体现在以下三个方面。

第一，经营方面的支持，“担保人”声明在其权力范围内将“尽一切努力保证按照有关政策支持项目公司的正常经营”。

第二，不剥夺资产，东道国政府保证不会没收项目资产或将项目国有化。

第三，提供资金方面的支持，担保人同意向项目公司提供一切必要手段使其履行其经济责任。

支持信最显著的特征是其条款一般不具有法律约束力，而只具有道义上的约束力。即使明确规定了法律效力，支持信也会由于条款弹性过大而不能产生实质性的权利义务。然而，由于关系到担保人自身的资信，违反支持信虽然不会引起法律责任，但会影响担保人今后的业务，因此资信良好的担保人一般不会违背自己在支持信中的诺言。正是基于这种考虑，贷款方才愿意接受担保人出具的这类支持信。

我国的中央政府部门（如原国家计委）或地方政府（如省政府、省电力局等）往往为大型项目融资向贷款方出具支持信，这种支持信一方面是向贷款方提供信誉担保，另一方面也可以为项目的进展创造良好的支持环境，这种做法对于我国的大型基础设施建设项目尤为重要。

总的说来，支持信所起到的作用在本质上是由提供该支持信的机构向贷款银行做出一种承诺，保证向其所属机构（项目公司）施加影响以保证后者履行其对于贷款银行的债务责任。一封具体的支持信所承担的法律责任，是根据该信所使用的语言以及使用该信的国家的法律来确定的，既可以是一种含糊不清的真诚意向，也可以是一种意向明确的财务保证。

除支持信以外，利用合资项目各方之间的相互制约关系也是贷款银行为项目融资结构寻求意向性担保的一种手段，例如，在非公司型合资结构中项目投资者之间的“交叉担保”责任对于贷款银行来说就构成了项目融资意向性担保的一项重要内容。

“交叉担保”起因于项目的交叉违约风险，交叉违约是项目投资结构（特别是非公司型投资结构）中的一个重要概念，同时也是项目融资必须重视的一个问题。在一个合资项目中，任何投资者都承担着双重的责任，一方面承担着项目责任，包括项目的建设、经营、市场销售等；另一方面又承担着项目贷款的财务责任，包括贷款利息、本金的偿还等。无论投资者无力承担其项目责任还是无力承担其财务责任都会构成违约行为，并且这种违约行为会造成连锁反应，影响到其他投资者和贷款银行的利益。

项目融资贷款银行在借款人出现违约时最关心的问题是如何将违约方的资产以最好的价格出售出去以保证债务资金的回收，而不是成为项目资产的拥有者。但是在很多情况下，项目借款人出现违约的时候也正是项目本身处于最困难的时候（如国际市场价格疲软），这时其他项目投资者即使没有出现财务危机，也会面临同样的资金周转困难，无能力或者不愿意增加新的财务负担以继续同一类项目的投资；并且在这种市场条件下，贷款银行为违约方项目资产找到合适的买主也比较困难，更严重的情况甚至可以造成因为一个投资者的破产而拖垮整个项目或导致项目资产价值大幅度降低。因此，当贷款银行为项目中的某一个资金实力不是很强的投资者安排项目融资时，该项目投资结构中是否存在交叉担保的条款、项目其他投资者资信水平成为贷款银行评价项目信用风险的一项重要指标。

■ 5.5 项目融资的主要担保形式

5.5.1 信用担保形式

1. 项目完工担保

项目融资过程中风险最大的阶段是项目的建设阶段，项目能否按期建成投产并按照其设计指标进行生产经营是以项目现金流量为基础的项目融资的核心。因此，项目完工担保就成为项目融资结构中的一个最主要的担保条件。

完工担保是一种有限责任的直接担保形式，完工担保所针对的项目完工风险包括：由工程或技术上的原因造成的项目延期或成本超支、由上述任何原因造成的项目停建以至最终放弃。

项目完工担保一般属于在时间上有所限制的担保形式，即在一定的时间范围内，项目完工担保人对贷款银行承担着全面追索的经济责任，在这一期间项目完工担保人需要尽一切方法去促使项目达到“商业完工”标准并支付所有的成本超支费用。

由于完工担保的直接财务责任在项目达到“商业完工”标准后就立即终止，项目融资结构也从“全面追索”转变成为“有限追索”性质，贷款银行此后只能单纯（或绝大部分）地依赖于项目的经营，或者依赖于项目的经营加上“无论提货与否均需付款”等类型的有限信用保证支持来满足偿债的要求，所以对于项目“商业完工”标准的确定及检验是相当具体和严格的，其中包括了对生产成本的要求、对原材料消耗水平的要求、对生产效率的要求以及对产品质量和产出量的要求等，无论哪项指标不符合融资文件中所规定的指标要求，都会被认为是没有达到项目完工担保的条件，项目完工担保的责任也就不能解除。

完工担保的提供者主要由两类项目融资参与方组成：一类是项目的投资者，另一类是承建项目的工程公司或有关保险公司。其中，由直接投资者作为项目完工担保人是最常见的，也是最容易被贷款银行所接受的方式。

在项目融资结构中，项目完工担保主要包含完工担保的责任、项目投资者履行完工担保义务的方式和措施等三个方面的基本内容。完工担保的中心责任是项目投资者向贷款银行做出保证，在计划规定的时间和资金安排之外，项目投资者必须提供能够使项目按照预定工期完工或按照预定“商业完工”标准完工的支持和条件。如果项目投资者不履行其提供资金的担保义务而导致该项目不能完工，则需要偿还贷款银行的贷款。

2. 无货亦付款合同

无货亦付款合同是国际项目融资所特有的项目担保形式，它体现的是项目公司与项目产品购买者之间的长期销售合同关系。无货亦付款合同有不同的方式，一是原料供应商为了给项目融资，要求项目公司（或者项目发起人）出具的无货亦付款合同；二是产品购买方同项目公司签订无货亦付款合同，项目公司以此为凭据进行项目融资。另外，管道和交通项目还常常靠用户“包产量”协议支持项目融资。

无货亦付款合同是长期合同，采用此类合同时所收货款应足以保证为提供服务或产品的项目还债，并支付项目营业费用。为保证项目的运营需求和还贷需求，无货亦付款合同的最低数额支付义务是无条件的，当实际不能提供服务时也得支付。

无货亦付款合同中责任者的义务是无条件的，这是无货亦付款合同的核心。无货亦付款合同是不可撤销的，正因如此，无货亦付款合同实质上是由项目产品购买者为项目所提供的一种财务担保，项目公司可以利用其担保的绝对性和无条件性进行融资。

3. 东道国政府的支持

东道国政府在项目融资中扮演的角色虽然是间接的，但往往也是很重要的。在许多情况下，东道国政府颁发的开发、运营的特许权和执照是项目开发的前提。虽然东道国政府一般不以借款人或项目公司股东的身份直接参与项目融资，但可能通过代理机构进行权益投资，也可能是项目产品的最大买主或用户，这种情况在我国经常发生。一些项目，特别是基础设施建设项目，如公路、机场、地铁等，所在国政府将参与项目的规划、融资、建设和运营各个阶段，BOT 项目或 PPP 项目就是典型的例子，这些类型的项目政府或是直接参与项目筹资、建设和运营的全过程，或是在项目运营一定时期后由政府部门对项目进行接管。

对于其他项目，政府的支持可能是间接的，但对项目的成功仍然至关重要。例如，自然资源开发和收费交通项目均须得到政府的特许。在多数国家，尤其像我国这样的发展中国家，能源、交通、土地、通信等资源均掌握在政府手中，而这些资源是任何项目成功必不可少的条件，只有得到东道国政府的支持，才能保证项目顺利进行。

除此之外，在 5.4.4 节中提到的支持信也是信用担保形式的一种。

5.5.2　主要物权担保

项目融资的物权担保指项目公司或第三方以自身资产为履行贷款偿还义务提供担保。

虽然物权担保广泛使用在国内信贷活动中，但在项目融资这种国际融资活动中却较少使用物权担保，而且其作用也不明显。这是因为贷款方不易控制跨国担保物，但更重要的是因为项目融资追索权有限，项目公司自身的资产一般不能使贷款方放心，贷款方看重的是项目本身，而非项目公司目前的资产。

虽然物权担保对于借款方没有特别大的压力，但是它仍然能够约束项目有关参与方认真履行合同，保证项目顺利建成和运营。

此外，在项目融资中借款方以项目资产作担保，可以使贷款方能够控制项目的经营，进而顺利地收回贷款。

项目融资物权担保按担保标的物性质可分为动产物权担保和不动产物权担保；按担保方式可分为固定设押和浮动设押。

1. 不动产物权担保

不动产是指土地、建筑物等难以移动的财产。

在项目融资中，项目公司一般以项目资产作为不动产担保，但其不动产仅限于项目公司的不动产范围，而不包含或仅包含很少部分项目发起方的不动产。在一般情况下，如果借款方违约或者项目失败，贷款方往往接管项目公司，或者重新经营，或者拍卖项目资产以弥补其贷款损失，但这种弥补对于大额的贷款来说往往是微不足道的，因为项目的失败往往导致项目资产特别是不动产本身价值的下降，从而导致项目资产的价值远远无法弥补最初的贷款额，如管道项目，如果管道流量很少，那么管道设施本身价值就会变得很低。

2. 动产物权担保

动产物权担保指借款方（一般为项目公司）以自己或第三方的动产作为履约的保证。动产可以分为有形动产和无形动产两种，前者如船舶、设备、商品等；后者如合同、特许权、股份和其他证券、应收账、保险单、银行账户等。由于处理动产物权担保技术上比不动产的物权担保方便，因此动产物权担保在项目融资中使用较多。

在项目融资中，无形动产担保的意义更大，这是因为一方面有形动产的价值往往因为项目的失败而价值大减，另一方面无形动产往往涉及多个项目参与方，其权利具有可追溯性，而且这种追溯是有合同文件作为书面保证的。

项目融资中的许多信用担保最后都作为无形动产担保而成为对贷款方的一种可靠担保，因此信用担保与无形动产担保往往具有同样的作用。例如，无货亦付款合同本身是一种信用担保，但当该合同作为无形资产担保掌握在贷款方手中时，贷款方就享受了该合同中的权利，这时又成为无形动产担保。

3. 浮动设押

以上介绍的动产和不动产物权担保都是固定的物权担保，而“固定”是指借款方作为还款保证的资产是确定的，如特定的土地、厂房或特定的股份、特许权、商品等，当借款方违约或项目失败时，贷款方一般只能从这些担保物受偿。在19世纪，英国发展了一种“浮动设押”的担保方式，即以借款方所拥有的某一类现在或将来的资产作为最终的还款保证。后来，该担保方式在其他一些国家也得到普及。由于这种担保方式不以特定的动产或不动产作为担保标的，只有在某些特定事件发生时才能最后确定受偿资产，所以被形象地称为“浮动设押”。

在项目融资中，浮动设押方式比较受欢迎。首先，借款方以充分的项目资产作为浮动设押担保物，不必担心一个贷款人独占项目资产的抵押权，因为项目贷款人虽然有多个，但他们之间事先已有平等受偿的协议。其次，当借款方违约时，贷款方可以任命财产管理人和经理人接管整个项目以保证自己的利益，这是其他担保方式所无法比拟的。浮动设押方式比固定设押更有利的原因还有：浮动设押方式允许项目公司获得加工和处置资产，包括原材料、营业用具、现金和其他动产的权利，而不必为新获得的资产签订担保合同，或为每一次资产处置请求许可。

5.5.3　项目融资中的其他担保方式

在项目融资贷款和担保协议中有一些合同条款运用得相当普遍，它规定了有关借款方资信方面的内容，实际上是借款方以自己的资信向贷款方做出的履约保证。由于这种自身的担保在许多情况下都会涉及第三方，因此深受贷款方的重视。

1. 消极担保条款

消极担保是指借款方向贷款方承诺，将限制在自己资产上设立有利于其他债权人的物权担保。消极担保条款是融资协议中的一项重要条款，它一般表述为："只要在融资协议下尚有未偿还的贷款，借款人不得在其现在或将来的资产、收入或官方国际储备上为其他外债设定任何财产留置权，除非借款人立即使其融资协议下所有的未偿还债务得到平等的、按比例的担保，或这种其他的担保已经得到贷款人的同意。"

消极担保是一种有法律约束力的保证，它不同于担保受益权，消极担保不允许对借款人资产提出所有权、占有权、控制权和销售权的要求，也不允许贷款人在借款人破产或清算时提出任何优先权。借款人如果违反消极担保条款，以第三方为担保受益人把其资产作为担保，按照绝大多数国家的法律这种担保是无效的。虽然借款人因违反消极担保承诺而负有责任，但由于借款人的部分资产被作为其他债权债务关系中的还款保证，这必将给贷款人的资金安全带来不利影响。如果第三方知道或应该知道存在消极担保条款，贷款人也许能指控任何使借款人作违约担保的有效性，但这取决于当时的环境和有关的法律规定。

2. 准担保交易

在项目融资中除上述各种形式的担保外，还有许多具有担保意义的交易。这些交易一般在法律上被排除在物权担保范围之外，而被视为贸易交易。但由于这些交易的经济效果类似于物权担保，而且在很大程度上是为了规避物权担保法的限制而进行的，因此也应归入广义的"担保"范围之内。

（1）租赁。卖方（名义上是出租人）将设备租给买方（名义上的承租人），卖方仍保留着设备的所有权，买方则拥有设备的占有权；或者卖方将设备出售给一家金融公司或租赁公司并立即得到价款，然后该金融公司或租赁公司将设备租给买方。无论以何种形式出租，卖方都足以在租期内收回成本。这实际上是一种商业信用，买方以定期交租金的方式得到融资，而设备本身则起到担保物的作用。

（2）出售和租回。借款方将资产卖给金融公司，然后按与资产使用寿命相应的租期重新租回。在这里价款起了贷款的作用，租金交纳就是分期还款，而设备则是"担保物"。

（3）出售和购回。借款方将资产卖给金融公司而获得价款，然后按事先约定的条件和时间购回。购回实际上就是还款，而资产在这一交易中也起到了担保作用。

（4）所有权保留，也称有条件出售，即卖方将资产卖给债务人，条件是债务人只有在偿付资产债务后才能获得资产所有权，资产同样也成为"担保物"。

3. 从属之债

从属之债是指一个债权人同意在另一个债权人受偿之前不请求清偿自己的债务，前者称为从债权人，其债权称为从债权，从债权可由一切种类的债权构成；后者称为主债权人，即项目融资的贷款方。

从经济效果看，从债权为主债权的清偿提供一定程度的保证，从属之债也为主债务提供了一定的担保。

◆ 案例　印度大博电厂融资

印度大博电厂（Dabhol Power Company，DPC），其主要投资人为美国安然（Enron）公司，该项目的投资金额近 30 亿美元，是 20 世纪 90 年代印度最大的外商投资项目和最大的采用项目融资模式建设的项目，也是当时在印度最大的独立发电商（independent power producer，IPP）项目。虽然该项目设计了较为完善的融资方案和担保体系，但是从 2000 年底开始，有关该项目出现电费支付纠纷的报道多次出现在新闻媒体上。到 2001 年初，大博电厂与马哈拉施特拉邦（Maharashtra，简称马邦）的电费纠纷进一步升级，电厂无奈之中只好停止发电，该项目陷入了运营困境和连续的纠纷之中。虽然该项目在担保结构中明确了印度中央政府对购电协议提供担保，但是在大博电厂要求印度中央政府兑现担保责任时，印度中央政府由于各种原因并没有完全兑付承诺。该项目纠纷引起的直接效应是当时几乎所有的印度境内的独立发电商都因为该项目的失败而陷于停顿，印度吸引外资的努力也受到了沉重打击。

安然公司，总部设在美国休斯敦，是当时世界上最大的能源商，2000 年时其资本市值达到 700 亿美元，销售收入接近 2000 亿美元。安然公司的主要业务领域包括天然气、电力及其他能源产品、工程、投资、服务、网上交易等。安然公司仅在 2000～2001 年度一年的网上交易额就达到了 400 亿美元，是当时全球最大的企业对企业（business to business，B2B）电子商务网站之一。印度大博电厂的失败和其他一系列经营失误使安然公司遭受了重大打击，其股票价格从 2000 年的每股 90 美元迅速下跌到 2001 年的每股不足 1 美元。随着经营情况的不断恶化，安然公司只能申请破产保护，这是 21 世纪初规模最大的公司破产案。由于安然公司在能源领域具有丰富的投资、建设和运营经验，因此分析导致安然公司在印度大博电厂项目中投资失败的原因，将有助于我国相关企业在从事国际工程投资、建设和参与融资工作时避免遭受重大损失。

一、项目背景

印度大博电厂项目的融资和建设工作开始于 20 世纪 90 年代初，当时在亚洲各国兴起了使用项目融资模式充分利用境内外民间资金进行基础设施建设的浪潮。香港合和集团在深圳沙角 B 电厂的 BOT 项目、马来西亚 1991 年大停电事故后兴建的五个大型独立发电厂和菲律宾的发电项目都得益于当地经济快速发展的宏观环境影响，迅速取得了成功。受到这些项目融资成功先例的影响，印度政府为了提高其电力系统效率、满足其电力需求，也开始考虑积极使用项目融资模式吸引外资以进行能源等基础设施建设。当时的印度国民大会党（简称国大党）政府不顾一切启动新的“自由化计划”，批准了一系列利用外资和新技术进行建设的重大能源项目，希望尽快实现能源领域的快速发展。由于这些项目的仓促上马，加之缺乏利用项目融资模式进行项目建设的经验，该项目的前期可行性研究、项目成本分析、产品消费、资金回收和风险分散等问题都没有进行充分的考虑，还向项目的投资方“保证”项目有高回报率，这些因素无疑使项目的融资和建设运营可能面临着较大的风险。对项目开发中出现的争议或不同声音，当时的印度政府没有认真分析其合理与否，只要求项目迅速开始进行。

面对这些优厚的条件，安然公司迅速做出响应，同意参与大博电厂的投融资和建设工作。项目共分为两期，一期为总容量为 740 兆瓦的联合循环电厂，项目建成后拥有 2184 兆瓦的发电能力，燃料为一种石化副产品或液化天然气。项目由安然公司安排项目筹划，由全球著名的工程承包商柏克德（Bechtel）承建并由美国通用电气公司（General Electric Company，GE）进行设备供货——这是当时世界上最强的组合。该电厂的建设地区是拥有印度最大城市孟买的马邦，该地区相当于中国的上海一带，是印度经济最发达的地区。按照当时的计划，该项目不仅参与方的实力十分强大，而且有良好的经济环境和市场预期，因此各方一致认为整个项目的预期前景十分乐观。

尽管项目前景看好，但是在项目合同谈判阶段由于印度国内特定的政治环境还是引发了一场激烈的争论，印度多数在同一时期进行融资或建设的其他类似项目后来在国内特定的政治气候中都遭遇了失败的后果。造成这种局面的原因之一是：尽管新的能源政策由中央政府制定，可是根据宪法规定能源供应是由各个邦政府负责的。大博电厂工程合同是从 1983 年开始谈判，最后在 1995 年国大党被人民党联盟取代后才同马邦政府签订的。尽管新政府曾试图取缔这项合同，但是最后由于项目的特殊性，最终通过一系列谈判后印度政府还是批准了项目合同，大博电厂才正式开始建设。

二、合同条件的特点及项目的实际进展

与大多数采取项目融资模式建设的项目一样，安然公司为大博电厂项目设立了独立的项目公司。该公司与国营的马邦电力局签订了购电协议（power purchase agreement，PPA），安排相应的融资、担保、工程承包合同和建立相应的资金回收系统。由于印度政府提供的优惠和安然公司及其合伙人丰富的市场经验，从已公开的资料看，合同条件对于大博电厂而言显得十分优厚。其合同条件主要有如下特点。

1. 充足的收益保障与担保条件

在该项目最关键的政府特许购电协议中，大博电厂的投资方运用丰富的行业投融资经验，与马邦电力局签订了足以使投资方获得可观的收益并且具有完善的担保条件的合同条款。其中最为典型的合同安排是大博电厂建成后发出的电力将由马邦电力局收购，所确定的最低购电量实现的电力销售收入将足以保证电厂的正常运行并达到设定的投资人最低的投资收益标准；同时除该购电协议构成的常规电费收支财务安排和保证外，还

由马邦政府对购电协议提供担保，并由印度中央政府对马邦政府提供的担保进行再担保。这一系列的合同安排使得在某些情况下，大博电厂不必在购电协议终止的情况下就可以启动这些担保程序，从而使投资方的投资收益得到了充足的保障。

事实上，印度中央政府已经意识到所提供的担保条件过于优厚。印度中央政府为一期工程购电协议及马邦政府的担保协议提供的再担保曾经成为争论的焦点，因为印度国内的同类项目投资者没有得到这样的收益保证，而且印度政府通常也不提供类似担保，这一担保似乎成了照顾外商的专门措施。印度中央政府最后仍然同意为项目的一期工程提供这样的担保的一个重要原因是：各方面的分析都认为项目的前景十分乐观，印度中央政府履行担保义务的可能性并不大。但是在大博电厂二期工程的相关合同安排中，已经没有印度中央政府提供的再担保。即使如此，购电协议仍然是一份对大博电厂十分优惠的政府特许合同。

2. 有利的电价条件

在购电协议中规定，电价按美元计价；购电协议中所规定的电价计算公式体现出的一个基本原则是成本电价。成本电价指的是在一定条件下电价将按照发电成本进行调整，并确保投资方获得合理利润。从表面上看这一原则似乎是公平的，因为电价将按成本进行上下调整。但是如果考虑到当时发展中国家的汇率和物价变动趋势，这一定价原则就只能理解为印度政府对安然公司的优惠政策了。事实上，这个定价原则在后来的危机中极大地保护了安然公司的利益并使购电方马邦电力局几乎破产。

3. 仲裁地的选择

在相关协议中约定选择伦敦为合同争议的仲裁地，这样的安排对双方都是有利的。在英国，著名的高伟绅律师事务所对项目融资有深厚的研究和丰富的实践经验，可以为该项目提供咨询。同时印度政府及相关参与方熟悉英国的法律制度，而且没有语言障碍，美国同英国的传统关系也使仲裁工作易于开展。一旦项目出现问题，在这种环境中双方寻求解决方案较为容易。

从上述合同条款可以看出，合同条件已充分反映了协议双方希望把项目做好的意愿。在这种气氛中，项目开始动工。

不幸的是项目开工后不久，1997 年的亚洲金融危机也波及了印度，卢比对美元汇率迅速贬值 40%以上。该危机不仅对印度经济造成严重冲击，使经济无法按预期发展，金融危机同时也大大影响了该项目的推进，印度国内的政策变动也拖延了该工程的实施进度。工程的拖期大大增加了电厂建设方的费用，各方都苦不堪言。一直到 1999 年，大博电厂的一期工程才投入发电，而二期工程直到 2001 年才完成。

对印度经济发展的乐观预期使马邦电力局与大博电厂签订了条件较为优厚的购电协议，但金融危机造成的汇率变动使马邦电力局发现它将不得不用接近两倍于其他来源的电力价格来购买大博电厂发出的电力。另外，按照合同规定如果不按照协议购买电力，马邦电力局仍将按照一个事先约定好的固定费率支付给大博电厂。2000 年世界能源价格上涨时，这一价格差距进一步上升到近 4 倍。到同年 11 月，这个印度最大的马邦电力局已面临破产危险，因此不得不拒付大博电厂当月的电费。从此时开始相关各方的关系进入了一个混乱时期，先是马邦政府继而是联邦政府拨给了部分资金以兑现担保义务，但是巨额的资金支付义务与政府资金的紧张使他们都不得不拒绝继续拨款。在同一时期，工程承包商柏克德、供货商通用电气公司也被迫陆续停止了二期工程最后两个阶段的工作。印度政府曾尝试解决该问题，打算通过全国电网为大博电厂的电力寻找马邦以外的用户，但是就连时任印度总理阿塔尔·比哈里·瓦杰帕伊（Atal Bihari Vajpayee）2001年6月在孟买谈到该项目时也说："谁又会购买如此昂贵的电力!"

三、项目存在的主要问题和结论

从上述关于印度大博电厂项目融资过程的介绍可以看出，造成大博电厂项目失败的主要原因有如下几个方面。

1. 宏观环境的变化对项目的成败产生重要影响

由于融资项目建设期长、投资数额巨大，且多属基础设施或资源开发项目，这类项目过去多由政府主办，只是从20世纪80年代开始各国政府由于受到财政资金紧张及使用限制的影响，为了避免基础设施落后影响本国经济发展才先后引入项目融资模式进行基础设施的建设。在具体的项目融资实践中，对于项目的直接投资者来说他们面临着政治风险、金融风险、经营风险等较多的风险因素，通常要求项目所在国政府对项目的建设和运营授予特许权。同时，项目直接投资人在投资开办融资项目时，为了降低和回避风险，也必须对项目建设期和经营期这一较长时期内的国际和国内宏观环境因素的发展形势有一个较为清晰、准确的了解，并对可能产生的风险因素采取适当的措施予以分散或消除。然而由于宏观政治及经济环境因素的变化受多种因素的影响，对其进行准确的判断难度很大，一旦宏观环境因素发生不利变化，对项目的建设和运营将产生很大影响，甚至会造成致命影响。

安然公司在大博电厂项目中的失败就是对当时印度国内和国际金融市场及经济发展状况没有进行科学、准确的判断的结果。在项目开始的20世纪90年代初，印度周边国家和地区尤其是中国、东南亚地区经济已经进入快速发展期，印度国内经济也开始进行改革发展，一定时期内的政治经济形势发展预期是较好的。如果该项目利用联合循环电厂项目周期较短的优势快速建设是有可能成功的，不幸的是印度有关部门的拖拉、项目谈判过程的争议解决使项目在亚洲金融危机爆发并拖累印度经济后才拖拖拉拉地建成。过去由政府承担的大型基础设施项目的建设风险由于采取项目融资模式建设则只能由安然公司承担，并继而引发公司经营危机也成为必然。安然公司也许在宏观经济和金融形势发生改变的时候已经意识到发生了风险，但项目前期的巨大投入已使公司在项目建设上欲罢不能，只好寄希望于印度经济复苏，理性预期中的投资已变成一场豪赌。

2. 电力系统的投资环境和管理体制存在不利因素

大博电厂项目的失败与印度国内投资环境、管理体制没有配套改革有很大关系。由于项目融资受政策的影响较大，各级政府对项目的稳定支持必不可少。尽管印度以法制完备著称，但是受政党利益和传统的中央地方分权制影响，地方政府对具体项目往往有很大的控制权，印度国内的这种政治制度直接造成了政令不统一和效率低下的情况不断出现，即使有完善的法律也无法完全保证合同的顺利执行。此外，印度政府还为农业用电提供了大量补助，农业用电的价格仅为正常价格的1/3，而政府又要求电力局承担这种补助。同时，执政党对重要选区往往要给予电费补贴，这种带有明显的政治化意味的电价政策无疑将降低电力局的盈利水平。虽然各邦电力局手中掌握了大部分输配电系统，但这些机构运行的效率并不高，而且当时印度国内还存在较为严重的用户偷电或欠费问题，这也直接影响到各邦电力局的现金流量状况。根据分析，印度国内输配电系统的电力损耗甚至高达30%～40%，全国电力系统累积的债务已经超过250亿美元。在这种情况下，即使没有发生大的经济环境的不利变化，大博电厂也有可能获取不到充足的电力销售收入，更何况面临金融危机的冲击了。大博电厂的高电价之所以能如此快地把马邦电力局推向破产边缘也是因为后者的财务状况本来就不堪一击。

3. 项目前期工作过于谨慎导致错失最佳投资时机

由于大博电厂属于采用项目融资模式建设的大型基础设施项目，项目的投资方不可避免地会在项目的可行性研究和项目准备阶段采取较为谨慎的态度，以保证项目的风险分析的科学性和融资设计的合理性。正是出于这一方面的考虑，在项目前期的准备阶段项目公司的一些工作往往要权衡一系列矛盾。

首先，项目前期研究工作的深入与节约费用支出存在矛盾。为使项目风险减少，项目公司往往需要进行全面、深入的研究，这样就会导致费用直线上升。

其次，为使项目迅速得到批准，项目公司要事先做好诸如原料、土地、资金等基本条件的安排，这又需要相当长的时间和大量资金。相比之下，开展大型项目会使这笔费用相对减少，但大型项目的融资和资金回收风险又相应地大大增加。一旦开始前期的大量投入，对项目公司而言就没有退路了，因此在项目前期阶段项目公司出于谨慎考虑对基本条件的安排做出周密的部署，这势必需要经历一段相当长的时间。然而项目成功要求项目公司必须在出现机会的时候果断快速决策并迅速推动项目的各项工作，才能保证项目不错过最佳的投资时机。大博电厂项目求大求全使准备时间加长，错过了1997年亚洲金融危机以前的好时光，失败也是可以预见的事情了。相比之下，印度少数独立发电厂由于工作扎实、动作迅速，最终取得了成功。

4. 合同条件的有效性

大博电厂争取到了很好的合同条件，这个条件最终使马邦电力局几乎破产，但是合同条款的争议使它失去了宝贵的时间和成功的机会，本来这个机会是可能存在的。项目要取得成功，或者有强有力而且是稳定的政府支持以确保项目的发展前景；或者是该国既有的经济体制可以保证项目顺利进行。在大博电厂项目中，关键的问题是汇率风险和电费的收取。汇率风险可以依靠技术手段保护，电费的收取就只能依靠整个经济系统正常运行和政府的担保了。如果安然公司不信任这个经济系统的运行效率，就没有必要进行项目融资，因为这时再好的合同条款对项目都毫无助益。

◆ 思考题

1. 试说明项目融资中担保的作用。
2. 在项目融资中能够为项目提供担保的主体有哪些？他们为项目提供担保的原因是什么？
3. 项目担保可以解决项目融资中的哪些风险？这些风险一般通过什么样的担保解决？
4. 项目担保的基本条件有哪些？
5. 简述安排项目融资担保的步骤。
6. 项目担保有哪些主要的类型？
7. 常用的项目融资担保形式有哪些？

第 6 章

项目融资模式之一——项目融资模式基础

◆ 本章导读

本章主要介绍项目融资模式设计的原则、项目融资模式的结构特征、根据融资主体不同划分的两种融资模式、以特殊协议为基础的项目融资模式等内容。

本章的主要知识点包括：

- 项目融资模式的概念；
- 项目融资模式设计的原则；
- 项目融资模式的结构特征；
- 由投资者直接安排项目融资模式和通过项目公司安排项目融资模式的基本思路和适用范围；
- 以产品支付为基础的项目融资模式的适用范围、特点和操作思路；
- 以设施使用协议为基础的项目融资模式的适用范围及特点；
- 杠杆租赁融资模式的适用范围、操作思路及特点；
- 黄金贷款融资模式的主要形式及操作思路。

◆ 引导讨论

项目融资模式的“创新”

采取项目融资模式筹集资金的项目往往具有资金需求量大、建设周期长等特点，从而使这类项目的出资主体在做出投资决策或贷款决策时十分谨慎，不仅要对项目的现金流量状况和风险情况进行充分的分析和论证，而且要对项目融资结构进行复杂的设计。考虑到融资项目所需资金量较大的特点，往往其资金来源和融资方式都具有多元化的特征。在项目融资实践中出现了一些与典型的项目融资模式在贷款形式方面有着明显不同的融资模式，在典型的项目融资模式中，融资主体负责筹集项目所需资金，并组织实施项目的建设和运营过程，并用项目运营期产生的现金流量偿还贷款。而新型融资模式则与之不同，在贷款形式方面出现了两种较为明显的"创新"形式。

一是从 20 世纪 50 年代开始，在美国的油田开发等资源开采类项目中，出现了以产品支付为基础的项目融资模式，这种项目融资模式的还款方式与其他项目融资方式不同的是，并不是用项目运营期产生的现金流量偿还银行贷款，而是在借贷合同中就明确约定用项目运营期生产的一定量的产品偿还银行的贷款。这种项目融资模式使银行的安全保证形式发生了变化，解决了特定项目的资金需求，但是银行能够接受为哪些项目以这种模式提供资金、这种项目融资模式在操作中如何解决法律及政策上的障碍是值得关注的问题。

二是在一些工业项目中出现了通过租赁取得项目所需设备或项目资产的方式，从而大大减轻了项目实体的融资压力。然而这种项目融资模式参与方众多、操作过程复杂，在融资设计中如何能够使各参与方实现共赢同样是值得关注的问题。

在对项目的可行性和可融资性进行了充分的论证并初步拟定项目的投资结构以后，项目的直接投资者和主办人必须结合项目的特点以及项目风险处理的要求，考虑项目债务资金的来源及可能取得债务资金的方式，即项目融资模式问题。

项目融资模式是指项目实体取得资金的具体形式，它是项目融资整体结构组成的核心部分。项目融资模式的设计需要与项目投资结构的设计同步考虑，并在项目的投资结构确定下来之后进一步细化完成融资模式的设计工作。

在项目融资发展的几十年历史中，基于项目的不同特点产生了多种融资模式，本章主要介绍项目融资模式设计的原则、融资模式的结构特征、从项目融资主体角度划分的融资模式及针对项目特性所划分出的融资模式，而对基础设施领域中使用最多的 BOT 融资模式、PPP 融资模式和 PFI（private finance initiative，私人主动融资）模式将在第 7 章加以详细介绍，对近些年来国外发展较快的资产证券化融资模式将在第 8 章加以介绍。

■ 6.1　项目融资模式设计的原则

严格地讲，国际上很少有两个项目的融资模式是完全一样的，这是由项目在行业性质、投资结构等方面的差异以及投资者对项目的信用支持、融资战略等方面的不同考虑所造成的。然而，无论一个项目的融资模式如何复杂，实际上融资模式中总是包含一些共性的东西，这就是人们所说的在设计项目融资模式时所必须遵循的一些基本原则。

6.1.1　争取适当条件下的有限追索融资

由于融资项目的投资额度和风险往往超过项目投资者的承受能力，因此如何实现融资对项目投资者的有限追索是设计项目融资模式的一个最基本的原则。一个项目的债务资金追索形式和追索程度往往取决于贷款银行对项目风险的评价以及项目融资结构的设计，具体说来取决于包括项目所处行业的风险系数、投资规模、投资结构、项目开发阶段、项目经济强度、市场安排以及项目投资者的组成、财务状况、生产技术管理、市场销售能力等在内的多方面因素。

由于融资项目风险较大，项目投资者在融资模式设计时通常要考虑尽量降低债权方对项目投资者的追索责任，通常贷款银行在确定对项目投资者的追索责任时往往要考虑三个方面的问题。

（1）项目的经济强度在正常情况下是否足以支持融资的债务偿还。

（2）项目融资是否能够找到强有力的来自投资者以外的信用支持。

（3）对于融资结构的设计能否做出适当的技术性处理，如提供必要的担保等。

6.1.2 实现项目风险的合理分担

由于融资项目的风险程度超过了直接投资者的承受能力，合理分配项目风险是项目投资者做出项目融资决策和进行项目投融资设计时必须考虑的一个重要目标，因此确保项目直接投资者不承担项目的全部风险责任是项目融资模式设计的第二条基本原则，实现这一目标的关键是如何在投资者、贷款银行以及其他与项目利益有关的第三方之间有效的划分项目的风险。

前文曾经提到，项目在不同阶段的各种风险有可能通过合理的融资结构设计将其分散。例如，项目建设期和试生产期的全部风险很可能由项目的直接投资者（有时包括项目的工程承包公司）全部承担，但是当项目建成投产以后，通常贷款人同意将项目直接投资者所承担的风险责任限制在一个特定的范围内，项目直接投资者（有时也包括对项目产品有需求的第三方）有可能只需要以购买项目全部或绝大部分产品的方式承担项目的市场风险，而贷款银行也有可能同样需要承担项目的一部分经营风险。这是因为尽管项目直接投资者或者项目投资者以外的第三方产品购买者以长期协议的形式承购了全部的项目产品，但对于贷款银行来说仍然存在两种潜在的风险：第一，有可能出现国际市场产品价格过低而导致项目现金流量不足的问题；第二，有可能出现项目产品购买者不愿意或者无力继续执行产品销售协议而造成项目的市场销售问题。

这些潜在问题所造成的风险是贷款银行必须承担的，除非贷款银行可以从项目直接投资人方面获得其他的信用保证支持。

项目风险的分担问题一般在项目投资结构的设计中就有所考虑，如在合资项目中主要投资者通过引入一些小股东（投资者）而保证一部分项目产品市场的方法，就可以起到很好的分担市场风险的作用；同时，在项目融资模式设计中如何在项目各参与方之间合理地分配风险也是需要考虑的关键问题，如项目融资主体的确定将直接关系到项目风险的承担主体及其所承担风险的大小、针对项目特点所设计的各类融资模式（如产品支付融资）本身就是一种处理项目市场风险的方式。

以上两条原则是项目融资模式设计时需要考虑的最主要原则，除此之外，投资者在设计项目融资模式时还会遇到一些其他带有共性的问题需要解决。

6.1.3 最大限度地降低融资成本

一般来说，项目融资所涉及的投资数额大、资本密集程度高、运作的周期也长，因此在项目融资结构的设计与实施过程中经常需要考虑的一个重要问题是如何降低融资成本。尽管项目的融资成本包括固定融资成本（资金筹集费用）和变动融资成本（资金占用费用）两部分，但是由于项目固定融资成本的数额往往难以准确确定，在融资模式设计时主要考虑如何选择适当的融资模式以降低资金的占用成本（如利率）。为降低项目的融资成本，在具体设计项目融资模式时应尽量从以下几个方面入手。

第一，完善项目投资结构设计、增强项目的经济强度及尽量降低项目风险（尤其是贷款银行实际承担的风险）以获取较低的债务资金成本。

第二，合理选择融资渠道、优化资金结构和融资渠道配置，尽量选择成本较低的资金来源并提高此类资金在全部资金来源中所占的比例，从而降低项目的综合融资成本。

第三，充分利用各种税收优惠，如加速折旧、税务亏损结转、利息冲抵所得税、减免预提税、费用抵税等。这一点在项目融资中非常重要，有的融资模式甚至是专门为了充分吸收税务亏损而设计的，如杠杆租赁融资模式。通过合理地利用项目的税收优惠，可以降低融资成本或提高投资回报。

6.1.4　实现发起人对项目较少的股本投入

目前世界各国往往都规定各类项目在其投资建设时必须实行资本金制度，也就是要求项目投资者注入一定比例的股本资金。在项目融资中，贷款银行为了降低其贷款资金的风险、约束项目直接投资者的行为，往往也会要求项目直接投资者注入一定数量的股本资金作为对项目开发的支持。然而在项目融资实践中，股本资金的投入可以比公司融资更灵活，这就为设计项目融资模式时争取实现发起人对项目较少的股本投入提供了条件。比如，项目发起人除可以认购项目公司股本或提供一定金额的股本金外，还可以以担保存款、信用证担保等非传统的方式代替实际的股本资金投入。因此如何使发起人以最少的资金投入获得对项目最大限度的控制和占有，是设计项目融资模式时必须加以考虑的问题。

6.1.5　处理好融资与市场安排之间的关系

长期的市场安排是实现有限追索项目融资的一个信用保证基础，没有做出合理的长期市场安排就很难组织起来项目融资。对于大多数项目投资者来说（尤其是在非公司型合资结构中），以合理的市场价格从投资项目中取得部分产品是其参与该项目投资的一个主要动机。这样就可能出现一种矛盾的局面：从贷款银行角度来看，低于公平价格的市场安排意味着银行将要承担更大的市场风险；但对于项目投资者来说，高于公平价格的市场安排则意味着全部或部分失去了项目投资的意义。因此在设计项目融资模式时，能否确定以及如何确定项目产品的公平市场价格就成为借贷双方谈判的一个焦点问题。

国际项目融资在多年的发展中积累了大量处理融资与市场关系的方法和手段，其中除“无论提货与否均需付款合同”和“提货与付款合同”外，还有一些融资模式就直接是对该问题的解答，如以产品支付为基础的项目融资模式就是一个典型的例子。

6.1.6　处理好项目投资者的近期融资战略和远期融资战略的关系

从项目融资的实践角度来看，项目融资一般都是 7～10 年的中长期贷款，期限最长的可以达到 20 年。在项目投资过程中，由于投资者自身的特点决定他们对项目融资的考虑也有所不同：有的投资者愿意接受长期的融资安排；有的投资者则更多考虑的是近期融资的需要，他们选用项目融资方式是出于对某个国家或某个投资领域不十分熟悉、对项目的风险及未来发展没有十分把握而采取的一种谨慎策略，或者是出于投资者在财务、会计或税务等方面的特殊考虑而采取的一种过渡性措施。在此背景下，其融资战略只能是一种短期战略，项目运行中如果采用项目融资方式的各种决定因素变化不大，就长期保持这种项目融资的结构；一旦这些因素朝着有利于投资者的方向发生较大的变化，他们就会希望重新安排融资结构、放松或取消银行对投资者的种种限制，以降低融资成本，这就是在项目融资中经常会遇到的“重新融资问题”，这也是投资者基于经济利益因素而做出的正确选择。基于这一原因，在设计项目融资结构时，投资者需要明确选择项目融资方式的目的以及对重新融资问题是如何考虑的，为尽可能地把近期融资与远期融资结合起来，不同的项目融资结构在重新融资时的难易程度是有所区别的，有些结构比较简单，有些结构相对复杂，项目融资模式的设计必须充分考虑这一问题。

6.1.7 争取实现资产负债表外融资

实现非公司负债型融资（即资产负债表外融资）是一些投资者选用项目融资方式筹集项目资金的原因之一。通过项目投资结构的设计，在一定程度上可以做到不将所投资项目的资产负债与投资者本身公司的资产负债表合并，但是多数情况下这种安排只对于共同安排融资的合资项目中的某一个投资者而言是有效的。如果是投资者单独安排融资，如何实现投资者的非公司负债型融资的要求是在设计项目融资模式时需要考虑的问题。解决这一问题往往需要在项目所在国法律法规的约束下，经过复杂的设计、选择较为灵活的变通形式才能实现。

例如，在项目融资中可以把一项贷款或者一项为贷款提供的担保设计成“商业交易”的形式，按照商业交易来处理。因为商业交易在国际会计制度中是不必进入资产负债表的，这样就既实现了融资的安排，又达到了不把这种贷款或担保列入投资者的资产负债表的目的。再如在 BOT 项目融资模式中，政府以“特许合约”为手段利用私人资本和项目融资兴建本国的基础设施，一方面达到了改善本国基础设施状况的目的，另一方面又有效地减少了政府的直接对外债务，使政府所承担的义务不以债务的形式出现。

6.1.8 争取实现融资结构最优化

融资结构是指融通资金的各组成要素（如资金来源、融资方式、融资期限、利率等）的组合和构成。要做到融资结构的优化，应该把握的基本原则是：以融资需要的资金成本和筹资效率为标准，力求融资组成要素的合理化、多元化。筹资人应避免依赖于单一融资方式、单一资金来源、单一货币资金、一种利率和一种期限的资金，而应根据具体情况并从筹资人的实际资金需要出发，注意内部筹资与外部筹资、直接融资与间接融资相结合，尽量提高筹资的效率与效益、降低筹资成本、减少筹资风险。具体而言，这一原则包括以下几个方面。

1. 融资方式种类结构优化

一般来讲，融资有多种方式，各种方式都有其优点和不足，筹资人必须适当地进行融资方式选择或融资方式组合（如股权融资和债务融资的适当组合等）的设计，以确立最合适的融资模式，实现资金来源多元化以及资本结构优化。

2. 融资成本的优化

筹资人在选择融资方式的时候要熟悉各种不同类型金融市场的性质和业务活动，以便能从更多的资本市场上获得资金来源。在同一市场上应该与多家融资机构洽谈融通资金，增加自己的选择余地。要贯彻择优的原则，争取最低成本的资金来源，努力降低融资综合成本。

3. 融资期限结构优化

要保持一个相对平衡的债务期限结构，尽可能地使债务与清偿能力相适应，体现债务资金内部不同期限资金的均衡性，具体做法如下。

（1）要控制短期债务，短期债务通常主要用于融通贸易支付或短期头寸调剂，对短期融资应严格限制其用途，如果把短期融资用以抵付长期债务的本息偿还，则债务结构必然恶化，因此一般应将短期债务控制在总债务的 20%以内比较合适。

（2）将债务融资偿还期与投资人投资回收期衔接。

（3）应尽量将债务的还本付息时间比较均衡地分开，以避免在个别年或若干年度内出现“偿债高峰”期。

（4）融资利率结构优化。一般来说，筹集固定利率贷款或债务比较有利，如果浮动利率贷款金额或债券规模过大，一旦金融市场利率上扬并在相当长的时间内居高不下，则很可能因债务的利息负担增加而导致清偿困难。具体选择利率形式的基本原则是：当资本市场利率水平相对比较低且有上升趋势时，应尽量争取固定利率的融资以避免利率浮动升高可能带来的损失；反之，当市场利率处于相对比较高的水平且有回落趋势时，就应考虑用浮动利率签约。应该注意的是，固定利率资金具有风险小但灵活性较差的特点，而浮动利率资金具有灵活性强但风险大的特点，项目投资者在进行融资时必须根据项目的特点和金融市场的变化趋势进行谨慎地选择。

（5）融资货币币种结构优化。融入资金的币种应能与筹资项目未来收入的币种相吻合，即现在所筹集的资金的货币形式就是将来的还款货币。一般来说，融资货币应尽可能地提高融入软币的比重，以避免融入硬币比值提高的损失，争取获得融入软币币值降低的收益。但究竟用软币有利还是硬币有利，或者软硬搭配有利，这还得按实际情况进行选择决策，币种的选择不能单纯以融资谈判时货币市场汇率行情为依据。筹资人应注意研究国际金融市场汇率的变化趋势，将汇率与利率因素两者相结合考虑，将不同的货币的利率幅度以及不同货币汇率变化可能造成的影响综合考虑，权衡利弊得失，尤其是在筹集中长期资金时，更要把握未来较长期内融入货币的利率和汇率走势。

（6）筹资方式可转换性原则。公司在筹集资金时应充分考虑筹资调整弹性，即筹集方式相互转换的能力。应选择转换能力较强的筹资方式，以避免或减轻风险。一般来说，短期筹资转换能力较强但期限短，在面临风险时，可及时采用其他筹资方式。在长期筹资时，可以发行可转换优先股和可转换债券，尤其是使用可转换债券既能增加股本，又能提高股本收益率。

总之，在为项目筹集资金时不能过度依赖某一种筹资方式或几个筹资渠道，而要采取多元化、分散化的筹资方式，增强筹资转换能力，降低风险。

■ 6.2 项目融资模式的结构特征

由于各个项目在建设时间、地理位置、项目性质、投资者状况及其目标要求等多方面存在差别，因此每个项目融资方案都带有鲜明的特点，但是具体的项目融资模式往往都离不开以下三个方面的基本结构特征。

6.2.1 在贷款形式方面的特征

项目融资的贷款方往往通过以下两种形式中的一种向项目提供资金。

（1）贷款方为借款方提供有限追索权或无追索权的贷款，该贷款的偿还将主要依靠项目的现金流量。

（2）通过“远期购买协议”或“产品支付协议”，由贷款方预先支付一定的资金来“购买”项目的产品或一定的资源储量（最终将转化为销售收入）。

6.2.2 在信用保证方面的特征

无论采用哪种项目融资模式，最重要的环节都是建立结构严谨的担保体系。这种担保体系的构造一般具有以下特征。

（1）贷款银行要求对项目的资产（对于资源性项目，还包括所有的资源储量或者开采权）拥有第一抵押权，对于项目现金流量具有有效控制权。因此，当商业银行与世界银行等多边金融机构同时对项目提供贷款时，商业银行往往愿意为后者的贷款提供担保，以取得项目资产及现金流量的完全抵押权。

（2）一般要求项目投资者（借款人）将其与项目有关的一切契约性权益转让给贷款银行。所以，项目公司根据“或付或取”合同取得项目收入的权利、工程公司向项目公司提供的各种担保的权益等都必须转让给贷款者。

（3）要求项目投资者成立一个单一业务的实体，即把项目的经营活动尽量与投资者的其他业务分开，除项目融资安排之外，限制该实体筹措其他债务资金。这种要求在股权式合资结构中容易操作，而在非公司型投资结构中，就需要巧妙地设计项目的投资结构和融资结构。

（4）在项目的建设期要求项目发起人（或项目工程公司等）提供完工担保以保证项目按商业标准完工。

（5）在项目经营阶段，要求项目提供类似“或付或取”（无论提货与否均需付款）或者“提货与付款”性质的市场销售安排，以保证项目产生稳定的现金流量，除非贷款银行对项目产品的市场状况充满信心。在项目融资中，只有很少一部分的产品会在即期市场上销售。

6.2.3　在贷款发放方面的阶段特征

一般而言，融资项目可以分为两个明显的阶段：建设阶段和经营阶段，贷款协议往往对这两个阶段贷款发放和追索权做出不同的规定。

1. 在项目建设阶段，贷款多是完全追索性质的

对于贷款银行来说，在项目建设阶段风险是最高的，因此在这个阶段贷款往往具有完全追索权，并有项目发起人提供的具有法律效力的担保。当然，贷款方还有另外一种策略，就是提高利率并同时购买承建合同的担保及相关的履约担保。

在这一阶段，贷款的发放往往是随着工程的进度而逐步到位的，但贷款利息的偿还通常可以向后推迟。推迟的办法有两种：一种方法是把贷款的利息先累积起来等项目投产后有了净现金流量再分期偿还；另一种方法则是从银行贷出新款以偿还旧债的方式。根据各方事先在合同中规定好的标准，经过独立的专家审核并确定项目达到各项完工标准后，贷款方对项目发起人的追索权可能会被撤销或降低，贷款利率也可能会随之下调。达到完工标准标志着项目投产经营阶段的开始，此时项目就开始有了现金流入，并可以开始偿还贷款。

2. 在项目经营阶段，贷款可能被安排成有限追索的或无追索的

在项目的投资经营阶段，贷款人会进一步要求以项目产品销售收入和项目其他收入作担保。贷款利息和本金的偿还速度通常是和项目的预期产量、销售收入和其他应收款项相关联的，项目净现金流量的一个固定比例会自动用于债务偿还。而且在贷款协议中一般还会规定在某些特殊情况下，用于偿还贷款的比例可以增加甚至可以达到 100%。贷款银行可能要求提高偿贷比例的特殊情况包括：产品的需求或产量明显低于预期或贷款者有正当的理由认为项目的前景以及项目所在国的政治、经济环境发生恶性逆转等。

在投产阶段，偿贷比例通常是根据税后净现金流量计算的，但在有些情况下，项目发起方也会要求按税前净现金流量来计算。如果贷款银行是根据税前净现金流量来提供贷款的话，则他们实际提供的贷款额要高于根据税后利润计算所应发放的贷款。在这种情况下，贷款者会相应地提高他们对项目借款人或其担保人的追索权。

图 6-1 描述了项目在建设阶段和经营阶段贷款方和借款方双方的担保关系及贷款的资金流向。

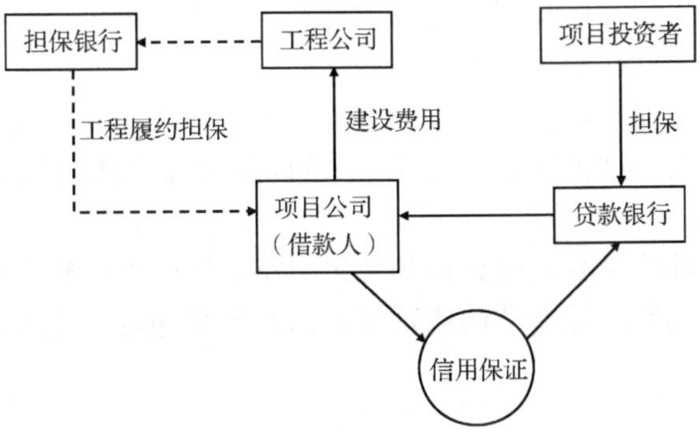

（a）项目建设阶段

信用保证包括：（1）工程合同的权益转让；（2）工程担保的权益转让

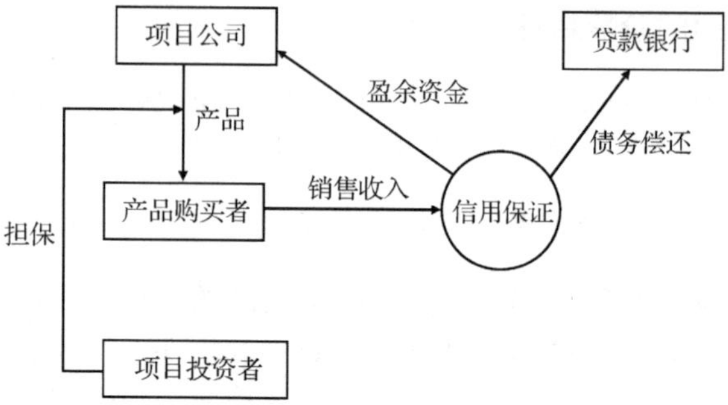

（b）项目经营阶段

信用保证包括：（1）销售合同及担保的权益转让；
（2）建立银行监控账户接收销售收入

图 6-1 项目融资两阶段贷款结构示意图

■ 6.3 根据融资主体不同划分的项目融资模式

在考虑项目取得资金的具体形式时，首先遇到的问题是由谁以项目融资主体的身份去进行融资。融资主体的确定往往与项目投资结构的设计有着密切的关系，尽管在不同的投资结构中项目投资者都在融资准备和融资谈判中发挥重要作用，但由于各种投资结构中项目实体是否具有法人资格有所不同，最后与贷款银行签订贷款协议的融资主体也就有所不同。按照融资主体的差异，项目融资模式可以分为两大类，即由投资者直接安排项目融资模式和投资者通过项目公司安排项目融资模式。

6.3.1 由投资者直接安排项目融资模式

由投资者直接安排项目的融资并且直接承担融资安排中相应的责任和义务，可以说是结构上最简单的一种项目融资模式。这种模式适用于投资者本身公司财务结构不是很复杂的情况，采取这种融资模式不仅有利于投资者税务结构方面的安排，而且对于那些资信状况良好的投资者来说，直接安排融资还可以获得成本相对较低的贷款。这是因为即使安排的是有限追索的项目融资，但由于是直接使用投资者的名义面对银行安排融资，对于大多数银行来说资信良好的公司名誉本身就是一种担保。在投资者直接安排融资的模式中，需要注意的问题是如何限制贷款银行对投资者的追索权利。贷款由投资者安排并直接承担其中的债务责任，在法律结构中实现有限追索会相对复杂一些，这是该种融资模式的一个缺点，这种模式的另外一个问题是项目贷款很难安排成为非公司负债型融资。

由投资者直接安排项目融资模式在非公司型投资结构中比较常用，因为绝大多数的非公司型投资结构不允许以投资结构或管理公司的名义融资。这种融资模式又可以分为两种操作方式。

1. 由投资者直接安排项目融资模式之一——投资者面对共同的贷款银行和市场安排进行融资

在这种方式下由项目投资者直接安排融资，但各个投资者在融资过程中面对的是共同的贷款银行和相同的市场安排，其具体过程如图 6-2 所示。

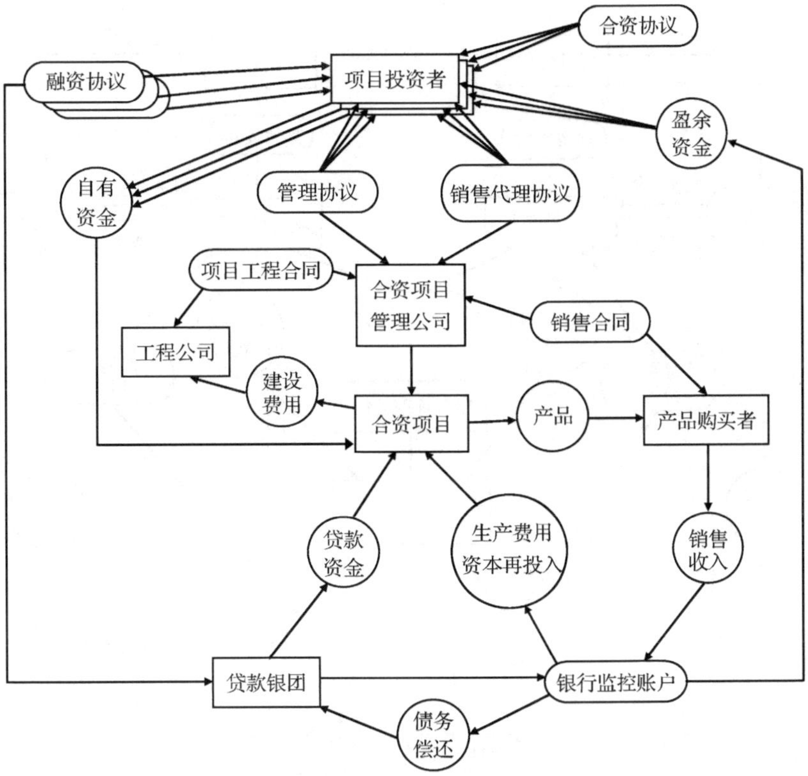

图 6-2　投资者面对共同的贷款银行和相同的市场安排进行融资

这种融资方式的具体操作过程如下。

（1）由项目投资者根据合资协议组成非公司型投资结构，并按照投资比例合资组建一个项目管理公司负责项目的建设和生产经营，项目管理公司同时也作为项目投资者的代理人负责项目的产品销售。项目管理公司的这两部分职能分别通过项目的管理协议和销售代理协议加以规定和实现。

（2）根据合资协议的规定，投资者分别在项目中投入相应比例的自有资金，并统一安排项目融资（但是由每个投资者独立与贷款银行签署协议）用于满足项目的建设资金和流动资金需求。

（3）在项目的建设期间，项目管理公司代表投资者与工程公司签订项目工程合同，监督项目的建设，支付项目的建设费用；在生产期间，项目管理公司负责项目的生产管理，并作为投资者的代理人销售项目产品。

（4）项目的销售收入将首先进入一个贷款银行监控下的账户，用于支付项目的生产费用、资本再投入以及偿还贷款银团的到期债务，而后按照融资协议的规定将盈余资金返还给投资者。

2. 由投资者直接安排项目融资模式之二——投资者独立安排融资和承担市场销售责任

在这种融资模式中，项目投资者组成非公司型投资结构投资项目，项目中由投资者而不是项目管理公司组织产品销售和债务偿还，其具体操作过程如图 6-3 所示。

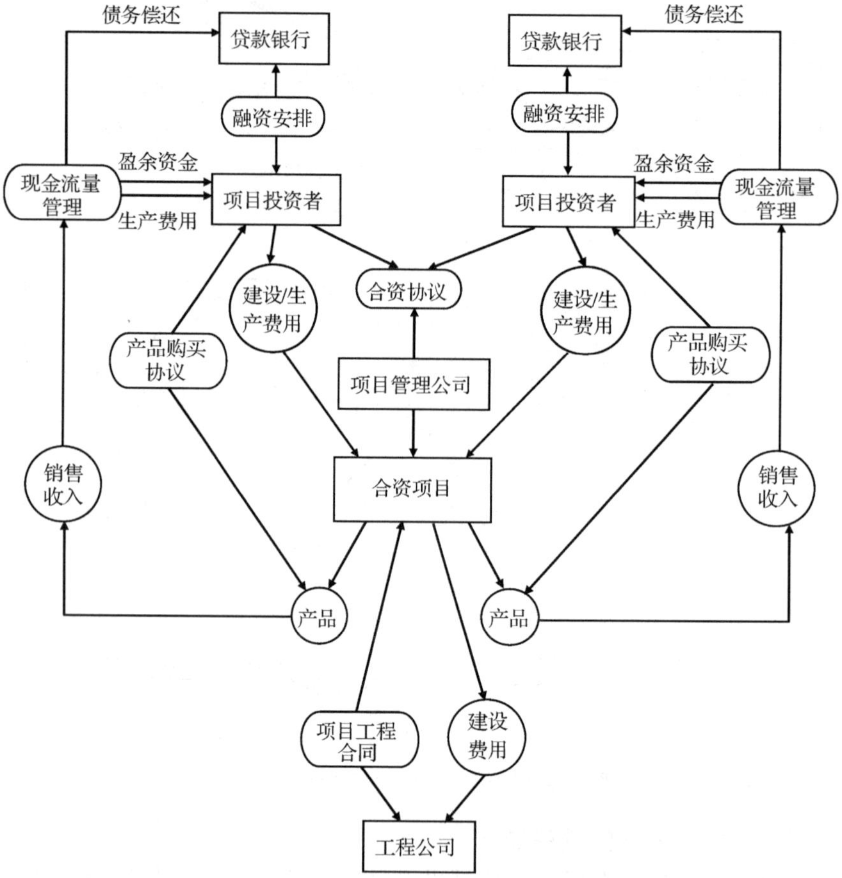

图 6-3 投资者独立安排融资和承担市场销售责任

这种融资模式在安排融资时更具有灵活性，其操作过程如下。

（1）项目投资者根据合资协议组建合资项目，任命项目管理公司负责项目的建设和生产管理。

（2）投资者按照投资比例，直接支付项目的建设费用和生产费用，根据自己的财务状况自行安排融资。

（3）项目管理公司代表投资者安排项目建设、安排项目生产、组织原材料供应，并根据投资比例将项目产品分配给项目投资者。

（4）投资者以"无论提货与否均需付款"性质协议规定的价格购买产品，其销售收入根据与贷款银行之间的现金流量管理协议进入贷款银行监控账户，并按照资金使用序列规定的原则进行分配。

在公司型投资结构中，投资者有时也可以为其股本资金投入部分直接安排融资，但是由于贷款银行缺乏对项目现金流量的直接控制，实际上要做到有限追索的项目融资是很困难的。

3. 投资者直接安排项目融资模式的特点

归纳起来，投资者直接安排项目融资的融资模式具有以下特点。

（1）投资者可以根据其投资战略的需要，较灵活地安排融资结构。这种灵活性表现在三个方面：①选择融资结构及融资方式上比较灵活。投资者可以根据不同需要在多种融资模式、多种资金来源方案之间加以充分地选择和组合；②债务比例安排比较灵活。投资者可以根据项目的经济强度和本身资金状况较灵活地安排债务比例；③可以灵活运用投资者在商业社会中的信誉。同样是有限追索的项目融资，信誉越好的投资者就可以得到越优惠的贷款条件。

（2）由于采用了投资者可以直接拥有项目资产并控制项目现金流量的投资结构，投资者直接安排项目融资的模式可以比较充分地利用项目的税务亏损（或优惠）条件组织债务，降低融资成本。

（3）融资可以安排在有限追索的基础上，追索的程度和范围可以在项目不同阶段之间发生变化。

但是，这种融资模式也有其不足之处，主要体现在以下三个方面。

第一，如果合资结构中的投资者在信誉、财务状况、市场销售和生产管理能力等方面存在较大差距，就会增加以项目资产及现金流量作为融资担保抵押的复杂性。

第二，在安排融资时，需要注意划清投资者在项目中所承担的融资责任和投资者其他业务之间的界限，这一点在操作上更为复杂。所以在大多数项目融资中，由项目投资者成立一个专门公司来进行融资的做法比较受欢迎。

第三，通过投资者直接融资很难将融资安排成为非公司负债型的融资形式，也就是说在安排成有限追索的融资时难度很大。

6.3.2　投资者通过项目公司安排项目融资模式

在非公司型投资结构中，由于项目实体并非独立法人，因此只能由投资者作为融资主体进行融资，这种安排也造成了债务风险隔离困难和难以实现资产负债表外融资的局面。而在公司型投资结构中，由于项目实体是独立法人，拥有项目的全部资产和独立经营项目的权利，因此项目公司完全可以成为融资主体，由项目公司安排融资将成为公司型投资结构中最合适的融资模式。除此之外，在非公司型投资结构或合伙制结构中，由于没有独立的项目法人存在，为了隔离债务风险，投资者也可能先为具体项目投资行为成立项目子公司，而后由项目子公司作为投资主体去进行投资，在这种形式下也是由投资者所成立的项目子公司去安排融资，而不是由投资者直接安排融资。

由此可以看出，项目投资者通过建立一个单一目的的项目公司来安排融资有两种基本形式。

1. 投资者通过项目公司安排项目融资模式之一——投资者通过项目子公司对项目投资

为了减少投资者在项目中的直接风险，在非公司型投资结构、合伙制结构甚至公司型投资结构中，项目的投资者经常建立一个单一目的的项目子公司作为投资载体，以该项目子公司的名义与其他投资者组成合资结构并安排融资。这是投资者通过项目公司安排融资的一种形式，这种形式的特点是项目子公司将代表投资者承担项目中的全部或主要的经济责任，但是由于该公司是投资者为一个具体项目专门组建的，缺乏必要的信用和经营历史（有时也缺乏资金），所以可能需要投资者提供一定的信用支持和保证。在项目融资中，这种信用支持一般至少包括项目的完工担保和保证项目子公司具备良好的经营管理的意向性担保，这种模式的具体操作过程如图 6-4 所示。

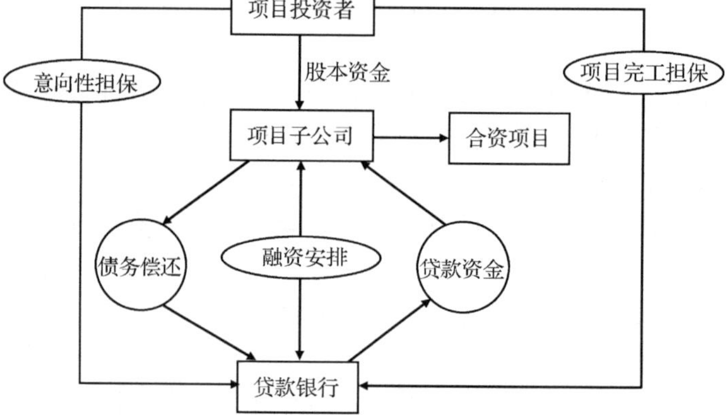

图 6-4　投资者通过项目子公司融资模式示意图

对于直接参与投资的投资者和合资项目本身而言，采用这种结构安排融资与投资者直接安排融资没有多大区别，然而对于通过项目子公司参与投资的投资者而言这种模式却与投资者直接安排融资有一定的差异。

（1）容易划清项目的债务责任。贷款银行的追索权只能涉及项目子公司的资产和现金流量，其母公司除提供必要的担保以外不承担任何直接的责任，融资结构较投资者直接安排融资要相对简单、清晰一些。

（2）项目融资有可能被安排成为非公司负债型的融资。

（3）在税务结构安排上灵活性可能会差一些，但这也不一定就构成这种融资模式的缺陷，这取决于各国税法对公司之间税务合并的规定。

2. 投资者通过项目公司安排项目融资模式二——共同组建项目公司形式

通过项目公司安排项目融资的另一种形式，也是最主要的形式，即由投资者共同投资组建一个项目公司，再以该公司的名义拥有、经营项目和安排融资，当项目采用公司型投资结构时这种形式较为常用。采用这种模式，项目融资由项目公司直接安排，主要的信用保证来自项目公司的现金流量、项目资产以及项目投资者所提供的与融资有关的担保和商业协议。对于具有较好的经济强度的项目来说，这种融资模式可以安排成为对投资者无追索的形式。图 6-5 是投资者共同组建项目公司并通过项目公司安排项目融资模式的示意图。

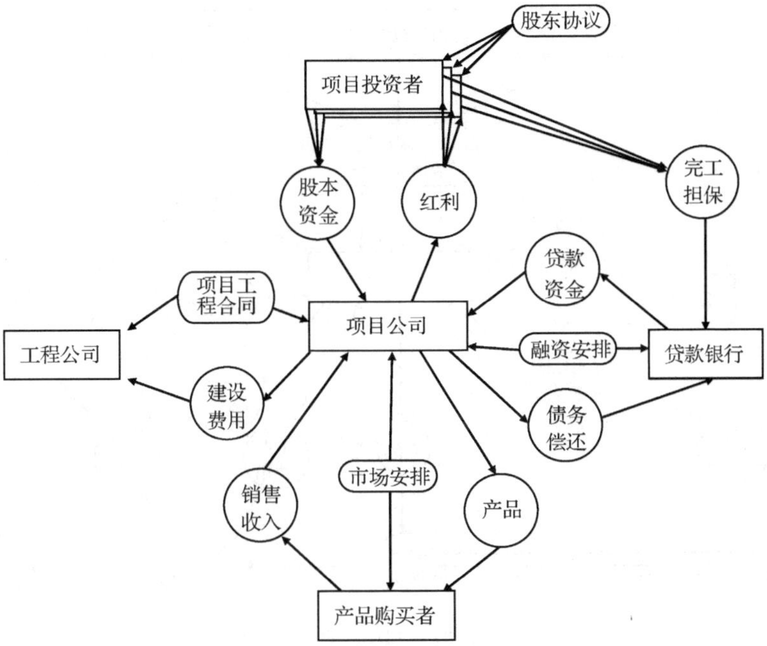

图 6-5　投资者共同组建项目公司并通过项目公司安排项目融资模式的示意图

这种模式的基本思路如下。

（1）项目投资者根据股东协议组建项目公司，并注入一定的股本资金。

（2）项目公司作为独立的生产经营者，签署一切与项目建设、生产和市场有关的合同，安排项目融资，推动项目的建设和经营活动并拥有项目全部资产的所有权。

（3）项目融资安排在对投资者有限追索的基础上。在项目建设期间，投资者为贷款银行提供完工担保。

完工担保是通过项目公司安排融资模式中很关键的一环。由于项目公司的弱点是除正在安排融资的项目之外没有任何其他的资产，也没有任何经营历史，所以投资者必须承担一定程度的项目责任，而完工担保是应用最普遍的一种。在项目生产期间，如果项目的生产经营达到预期标准，现金流量可以满足债务覆盖比率的要求，项目融资可以安排成为无追索贷款。

除在公司型投资结构中投资者通过项目公司安排融资之外，投资者还可以利用信托基金结构为项目安排融资，这种模式在融资结构和信用保证结构方面均与通过项目公司安排融资的模式类似。

另外，还有一种介于投资者直接安排融资和通过项目公司安排融资两者之间的项目融资模式，即在合伙制投资结构中利用合伙制项目资产和现金流量直接安排项目融资。虽然这种合伙制结构并不是项目公司那样的独立法人，项目贷款的借款人也不是项目公司，而是由独立的合伙人共同出面，但是项目融资安排的基本思路与通过项目公司安排融资是一样的（图 6-6）。

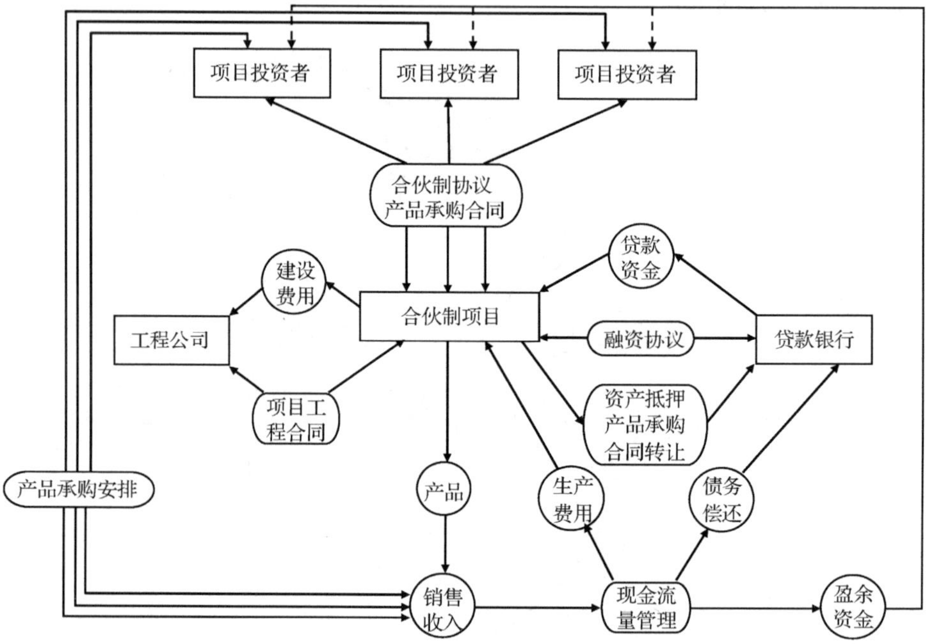

图 6-6　投资者通过合伙制项目安排融资模式

在图 6-6 所展示的融资结构中，投资者以合伙制项目的资产共同安排有限追索融资，债务责任被限制在项目资产和项目的现金流量范围内，投资者只是提供“无论提货与否均需付款”性质的市场安排协议作为项目融资的附加信用保证。采用这种结构，贷款银行将对项目的现金流量实施较为严格的控制。

3. 投资者通过项目公司安排项目融资的特点

与投资者直接安排项目融资相比，投资者通过项目公司安排项目融资具有以下特点。

（1）项目公司统一负责项目的建设、生产、市场安排，并且可以整体地使用项目资产和现金流量作为融资的抵押和信用保证，在概念上和融资结构上较易于为贷款银行接受，法律结构相对比较简单。

（2）项目投资者不直接安排融资，而是通过间接的信用保证形式支持项目公司的融资，如完工担保、“无论提货与否均需付款”或“提货与付款”协议等，投资者的债务责任在质的概念和量的概念上均比直接融资更清楚，较容易实现有限追索的项目融资和非公司负债型融资的目标要求。

（3）在公司型投资结构中，通过项目公司安排项目融资可以充分利用大股东在管理、技术、市场和资信等方面的优势为项目获得优惠的贷款条件，而这些优惠条件可能是其中一些条件相对较弱的股东无法得到的；同时，共同融资避免了投资者之间在安排项目融资过程中的相互竞争。

（4）这种模式的主要问题是缺乏灵活性，很难满足不同投资者对融资的各种要求。缺乏灵活性主要表现在两个方面：①在税务结构上缺乏灵活性，项目的税务优惠或亏损只能保留在项目公司中应用（图 6-6 中的合伙制结构项目融资除外）；②在债务形式选择上缺乏灵活性。虽然投资者对项目的资金投入形式可以选择以普通股、优先股、从属性贷款、零息债券、可转换债券等多种形式进入，但是由于投资者缺乏对项目现金流量的控制，在资金安排上有特殊要求的投资者就会面临一定的困难。

■ 6.4　以特殊协议为基础的项目融资模式

在项目融资中最简单的融资安排是在项目的现金流量分析和投资结构、资本结构、信用担保结构等方面的设计基础上，贷款银行对项目的现金流量和风险分配情况进行充分的论证并考虑是否为项目提供债务资金。一旦银行同意提供债务资金并已经经过谈判确定了融资关系，则贷款银行按协议向项目提供债务资金用以进行项目建设，待项目进入运营期后，以项目的现金流量来偿还银行贷款的本金和利息。然而并不是所有的融资都是按照这种经典的融资形式来运作的，一些项目的特殊性可能会导致在借贷行为方面出现一些特殊性或者是某些特殊的合同安排成为融资成功的关键。本节将介绍几个以特殊协议为基础的项目融资模式，具体包括：以产品支付为基础的项目融资模式、以设施使用协议为基础的项目融资模式、杠杆租赁融资模式和黄金贷款融资模式。

6.4.1　以产品支付为基础的项目融资模式

产品支付是项目融资的早期形式之一，是起源于 20 世纪 50 年代美国的石油天然气项目的一种融资安排。以产品支付为基础组织起来的项目融资模式，在信用保证结构上与其他的融资模式有一定的区别。

以产品支付为基础的项目融资模式是在石油、天然气和矿产品项目融资中被证明和接受的无追索权或有限追索权融资模式，它完全以产品和产品销售收益的所有权作为担保品而不是采用转让或抵押方式进行融资。这种模式是针对项目贷款的还款方式而言的，借款方在项目投产后不以项目产品的销售收入来偿还债务，而是直接以项目产品来还本付息。在贷款得到偿还前，贷款方拥有项目部分或全部产品的所有权，当然这并不意味着贷款银行真的要储存几亿桶石油或足以燃亮一座城市的电力，在绝大多数情况下产品支付只是产权的转移而已，而非产品本身的转移。通常贷款方要求项目公司重新购回属于它们的产品或充当它们的代理人来销售这些产品。因此，销售的方式可以是市场销售，也可以是由项目公司签署购买合同一次性统购统销。无论哪种情况，贷款方都用不着接收实际的项目产品。

因此，产品支付融资适用于资源储量已经探明并且项目产生的现金流量能够比较准确计算出来的项目。

1. 以产品支付为基础的项目融资模式的特点

以产品支付为基础的项目融资模式，在具体操作上具有以下基本特征。

（1）独特的信用保证结构。这种融资方式是建立在由贷款银行购买某一特定矿产资源储量的全部或部分未来销售收入的权益的基础上的，这部分生产量的收益也就成为项目融资的主要偿债资金来源。因此，产品支付是通过直接拥有项目的产品，而不是通过抵押或权益转让的方式来实现融资的信用保证。对于那些资源属于国家所有的项目，项目投资者获得的只是资源开采权，这时产品支付的信用保证是通过购买项目未来生产的现金流量，加上资源开采权和项目资产的抵押实现的。

（2）贷款银行的融资容易被安排成为无追索或有限追索的形式。由于所购买的资源储量及其销售收益被用作产品支付融资的主要偿债来源，而产品支付融资的资金数量多少决定于产品支付所购买的那一部分资源储量的预期收益在一定利率条件下经折现得出的资产现值，所以贷款的偿还非常可靠，从一开始贷款就可以被安排成为无追索或有限追索的形式。在这种融资模式中，如何计算所购买的资源储量的现值成为一个关键问题，同时也是实际工作中一个较为复杂的问题。为了计算资源储量现值，一般需要确定以下因素：第一，已证实的资源总储量，它将影响产品支付融资的最大可能性；第二，资源价格；第三，生产计划，包括年度开采计划和财务预算；第四，通货膨胀率、汇率、利率和其他一些经济因素；第五，资源税和其他有关政府税收等。

（3）产品支付的融资期限一般应短于项目预期的经济生产期，即如果一个资源性项目具有 20 年的开采期，产品支付融资的贷款期限将会大大短于 20 年。

（4）产品支付中的贷款银行一般只为项目的建设和资本费用提供融资，而不承担项目生产费用的融资，并且要求项目发起人提供最低生产量、最低产品质量标准等方面的担保等。

（5）在进行以产品支付为基础的项目融资模式设计时，一般成立一个融资中介机构，即专设公司，主要用以专门负责从项目公司购买一定比例的项目生产量。这样做的原因可能是出于以下方面的考虑：其一，贷款人所在国家的银行禁止银行参与非银行性质的商业交易；其二，在由多家银行提供项目贷款时，希望由一家专设公司负责统一管理，如果由银行直接与项目公司签订产品支付协议，则必须得到有关部门的授权才能从事此项贸易。

2. 以产品支付为基础的项目融资模式操作过程

以产品支付为基础的项目融资模式的基本思路具体如下。

（1）由贷款银行或者项目投资者建立一个融资中介机构，从项目公司购买一定比例的项目资源的生产量（如石油、天然气、矿藏储量）作为融资的基础，这个中介公司一般以信托基金结构的形式存在。

（2）贷款银行为融资中介机构安排用以购买这部分项目生产量的资金，融资中介机构再根据生产协议将资金注入项目公司作为项目的建设和资本投资资金；作为产品支付协议的一个组成部分，项目公司承诺按照一定的公式（购买价格加利息）安排产品支付；同时，以项目固定资产抵押和完工担保作为项目融资的信用保证。

（3）项目公司从专设公司那里得到购货款作为项目的建设和资本投资资金，用以项目的开发建设。

（4）在项目进入生产期后，根据销售协议项目公司作为融资中介机构的代理销售其产品，销售收入将直接进入融资中介机构用来偿还债务。在产品支付融资中也可以不使用中介机构而直接安排融资，但是这样融资的信用保证结构将会变得较为复杂；另外，使用中介机构还可以帮助贷款银行将一些由直接拥有资源或产品而引起的责任和义务（如环境保护责任）限制在中介机构内。

以产品支付为基础的项目融资模式的基本结构如图 6-7 所示。

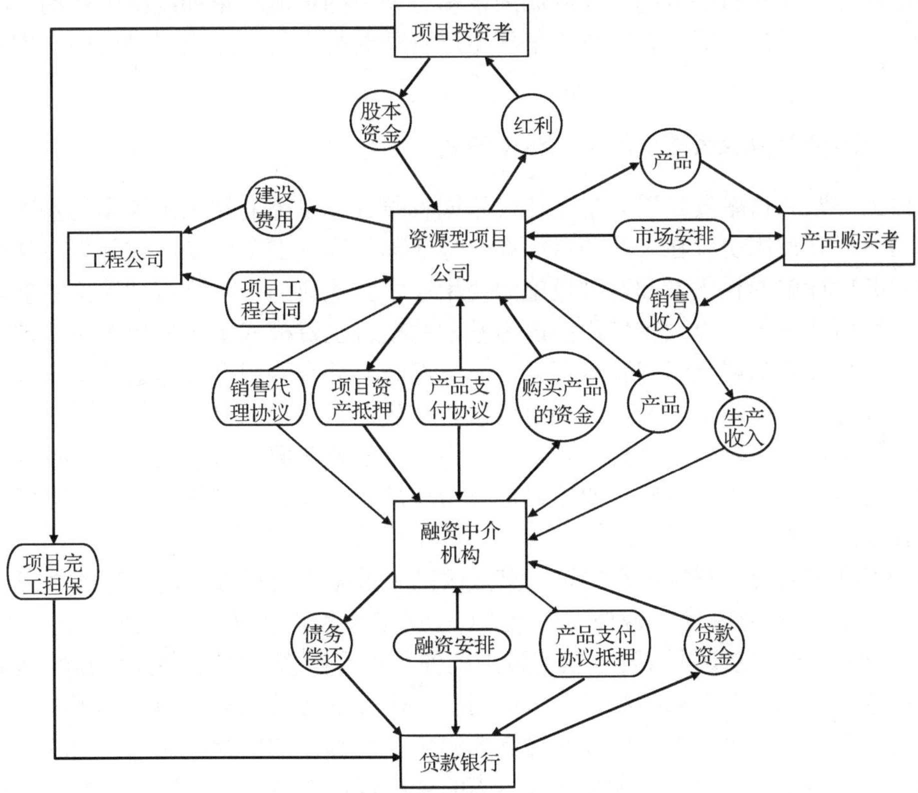

图 6-7　以产品支付为基础的项目融资模式的基本结构

3. 产品支付的另一种方式——生产贷款

产品支付项目融资的另一种可供选择的方式是生产贷款，生产贷款广泛应用于矿产资源项目的资金安排中。在形式上，生产贷款与项目融资中使用的其他贷款形式没有很大的区别，有时甚至可以更灵活地被安排成为提供给项目投资者的银行信用额度，投资者可以根据项目资金的实际需求在额度范围内安排提款和还款。生产贷款的资金数额是根据项目资源储量的价值计算出来的，通常表现为项目资源价值的一个预先确定的百分数，并以项目资源的开采收入作为偿还贷款的首要来源。

生产贷款的特点主要表现在两个方面。

（1）债务偿还安排上的灵活性。生产贷款可以根据项目预期的生产水平来设计融资的还款计划以适应项目经营在现金流量上的要求，因而可以说生产贷款是一种根据项目在融资期间债务偿还能力设计的有限追索融资。

（2）设计贷款协议上的灵活性。在生产贷款协议中可以把债务还款计划确定在一个具有上下限的范围内浮动，实际的债务偿还根据实际的生产情况在这个范围之内加以调整。

作为一种自我摊销的融资方式，产品支付通过购买一定的项目资源来安排融资，这种安排的一个突出特点是可能较少地受到常规的债务比例或租赁比例的限制，增强了融资的灵活性。产品支付融资的主要限制因素来自项目的资源储量和经济生产期，项目投资者和经营者的素质、资信、技术水平和生产管理能力也是产品支付融资中的重要考虑因素。

6.4.2 以设施使用协议为基础的项目融资模式

国际上一些项目融资是以一个工业设施或者服务性设施的使用协议作为基础进行安排的，这种设施使用协议在工业项目中有时也被称为委托加工协议，它是指在某种工业设施或服务性设施的提供者和这种设施的使用者之间达成的一种具有“无论提货与否均需付款”性质的协议。以设施使用协议为基础的项目融资模式主要应用于一些带有服务性质的项目，如石油或天然气管道项目、发电设施、某种专门产品的运输系统以及港口和铁路设施等。从国际市场上看，20 世纪 80 年代以来国际原材料市场的长期不景气，使原材料的价格与市场一起维持在较低的水平上，导致与原材料有关项目的投资风险偏高，以原料生产为代表的一些工业项目也开始尝试引入设施使用协议这一融资模式，并取得了良好的效果。

利用设施使用协议安排项目融资，其成败的关键是项目设施的使用者能否提供一个强有力的具有“无论提货与否均需付款”（在这里也可以称为“无论使用与否均需付款”）性质的承诺。这个承诺要求项目设施的使用者在融资期间定期向设施的提供者支付一定数量的预先确定下来的项目设施使用费。这种承诺是无条件的，不管项目设施的使用者是否真正地利用了项目设施所提供的服务，他都必须按约定支付相应的使用费给项目公司。在项目融资中，这种无条件承诺的合约权益将被转让给提供贷款的银行，通常再加上项目投资者的完工担保，就构成了项目信用保证结构的主要组成部分。理论上，项目设施的使用费在融资期间应能够足以支付项目的生产经营成本和项目债务还本付息。

图 6-8 是 20 世纪 80 年代初期澳大利亚一个运煤港口项目的建设实例，A、B、C 等几个公司以非公司型投资结构的形式在澳大利亚昆士兰州的著名产煤区投资兴建了一个大型的煤矿项目，该项目与日本、欧洲等地公司签订了长期的煤炭供应协议，但是港口运输能力不够影响到项目的产品出口，该项目的几个投资者与主要煤炭客户协商，希望能够共同参与港口的扩建工作，以扩大港口的出口能力满足买方的需求。然而买方都是国外的贸易公司，不愿意进行直接的港口项目投资，而 A、B、C 等几家公司或者出于

本身财务能力的限制，或者出于发展战略上的考虑，也不愿意单独承担起港口的扩建工作。最后，煤矿项目投资者与主要煤炭客户等各方共同商定采用以设施使用协议为基础的项目融资模式来筹集资金并进行港口扩建。

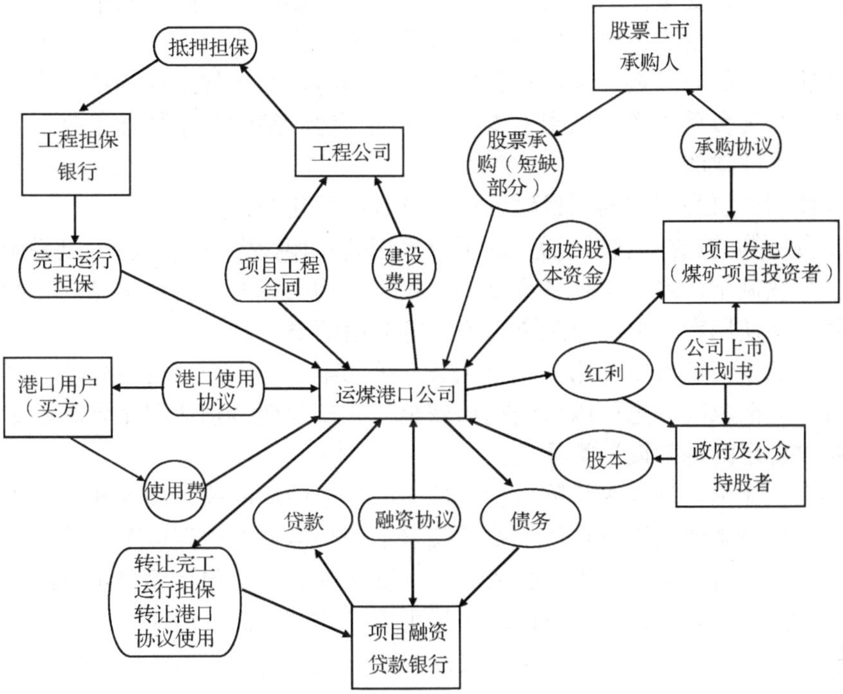

图 6-8　运用设施使用协议组织项目融资的运煤港口项目

第一步，煤矿项目的投资者与日本及欧洲的客户谈判达成协议，由煤炭客户联合提供一个具有“无论提货与否均需付款”性质的港口设施使用协议，在港口扩建成功的前提条件下定期向港口的所有者支付规定数额的港口使用费作为项目融资的信用保证。由于签约方是日本和欧洲实力雄厚的大公司，因而这个港口设施使用协议能够为贷款银行所接受。

第二步，A、B、C 等几家公司以买方的港口设施使用协议以及煤炭的长期销售合约作为基础投资组建了一个煤炭运输港口公司，由该公司负责拥有、建设、经营整个煤炭港口系统。因为港口的未来吞吐量及其增长是有协议保证的，港口经营收入也相对稳定和有保障，所以煤矿项目的投资者成功将新组建的煤炭运输港口公司推上股票市场，吸收当地政府、机构投资者和公众的资金作为项目的主要股本资金。

第三步，港口的建设采用招标的形式进行，中标的公司必须具备一定标准的资信和经验，并且能够由银行提供履约担保。

第四步，新组建的港口公司从煤矿项目投资者手中将港口的设施使用协议转让过来，以该协议和工程公司的承建合同以及由银行提供的履约担保作为融资的主要信用保证框架。这样，一个以设施使用协议为基础的项目融资就组织起来了。

对于日本、欧洲等地的煤炭客户来说，这样的安排相比直接参与港口扩建投资节约了大量的资金，同时也避免了投资风险，而且只是承诺了正常使用港口设施和支付港口使用费的义务；对于煤矿项目的投资者来说，这样的安排既避免了大量的资金投入，又有效地将港口项目的风险分散给了与项目有关的用户、工程公司以及其他投资者，完成了港口的扩建工作，更重要的是通过这一安排保证了煤矿项目的长期市场。

在生产型工业项目中，设施使用协议被称为委托加工协议，项目产品的购买者提供或组织生产所需要的原材料，通过项目的生产设施将其生产加工成为最终产品，然后由购买者在支付加工费后将产品取走。围绕委托加工协议组织起来的项目融资在结构上与上述安排是基本一致的。

以设施使用协议为基础的项目融资模式具有以下几个特点。

（1）投资结构的选择比较灵活，既可以采用公司型投资结构，也可以采用非公司型投资结构、合伙制结构或者信托基金结构。投资结构选择的主要依据是项目的性质、项目投资者和设施使用者的类型及融资、税务等方面的要求。

（2）项目的投资者可以利用与项目利益有关的第三方（即项目设施使用者）的信用来安排融资、分散风险，也可以节约初始资金投入，因而特别适用于资本密集、收益相对较低但相对稳定的基础设施类项目。

（3）具有“无论提货与否均需付款”性质的设施使用协议是项目融资的不可缺少的组成部分。这种设施使用协议在使用费的确定上至少需要考虑到以下三个方面项目资金的回收：①生产运行成本和资本再投入费用。②融资成本，包括项目融资的本金和利息的偿还。③投资者的收益，在这方面的安排可以较前两方面灵活一些。在安排融资时，可以根据投资者股本资金的投入数量和投入方式分别做出不同的结构安排。

（4）采用这种模式的项目融资，在税务结构处理上需要比较谨慎。虽然国际上有一些项目将拥有设施使用协议的项目公司的利润水平安排在损益平衡点上，以达到转移利润的目的，但是有些国家的税务制度是不允许这样做的。

6.4.3 杠杆租赁融资模式

由于融资项目多属基础设施项目或是资源开发类项目，在这类项目的投资总额中大型设备购置费所占比例较大。项目所需设备除可以通过贷款筹集资金购置以外，也可以采取租赁的形式获得。

根据出租人对购置一项设备的出资比例不同，可以将金融租赁划分为直接租赁和杠杆租赁两种类型。在一项租赁交易中，凡设备购置成本100%由出租人独自承担的即为直接租赁，而在项目融资中得到普遍应用的是杠杆租赁。

以杠杆租赁为基础组织起来的项目融资模式是指在项目投资者的要求和安排下，由杠杆租赁结构中的资产出租人融资购买项目的资产然后租赁给承租人（项目投资者或项目公司）的一种融资结构，资产出租人和贷款银行的收入以及信用保证主要来自融资结构中的税务好处、租赁费用、对项目的资产以及对项目现金流量的控制。

在项目融资的租赁安排中提供租赁的出租人可以是以下三方。

（1）专业租赁公司、银行和财务公司，这些机构可以为项目安排融资租赁，包括直接租赁和杠杆租赁。

（2）设备制造商和一部分专业性租赁公司，这些机构主要为项目安排经营租赁。

（3）项目的投资者以及与项目发展有利益关系的第三方，也可以采取租赁形式将资金投入项目中，他们提供的租赁包括经营租赁、直接租赁和杠杆租赁等。

1. 杠杆租赁融资模式的优势分析

从一些国家的实际情况来看，租赁在融资活动中使用得非常普遍，特别是在购买轮船和飞机的融资活动中这种方式应用更为普遍。在英国和美国，很多大型工业项目也采用金融租赁方式来建设，这是因为金融租赁，尤其是通过杠杆租赁方式获取的设备，往往具有技术水平先进、资金占用量大的特点，所以它能享受到诸如投资减免、加速折旧、低息贷款等多种优惠待遇，使得出租人和承租人双方都能得到好处，从而获得一般租赁所不能获得的更多的经济效益。

对项目投资者和项目公司来说，采用杠杆租赁融资方式解决项目所需资金具有以下好处。

（1）项目公司仍拥有对项目的控制权。根据金融租赁协议，作为承租人的项目公司拥有租赁资产的使用、经营、维护和维修权等。在多数情况下，金融租赁项下的资产甚至被看成由项目发起人完全所有、由银行提供融资的资产。

（2）可实现百分之百的融资要求。一般来说，在项目融资中项目发起人总是要提供一定比例的股本资金，以增强贷款人提供有限追索性质贷款的信心。但是在杠杆租赁融资模式中，由金融租赁公司的部分股本资金加上银行贷款，就可以全部解决项目所需设备的购置资金需求，项目发起人不需要再进行任何股本投资。

（3）较低的融资成本。在多数情况下，项目公司通过杠杆租赁融资的成本低于银行贷款的融资成本，尤其是在项目公司自身不能充分利用税务优惠的情况下这种优势体现得更明显。因为在许多国家中，金融租赁可享受到政府的融资优惠和信用保险。一般情况下，如果租赁的设备为新技术、新设备，政府将对租赁公司提供低息贷款；如果租赁公司的业务符合政府产业政策的要求，政府可以提供 40%～60%的融资。同时，当承租人无法交付租金时，由政府开办的保险公司向租赁公司赔偿 50%的租金，以分担风险和损失。这样，金融租赁公司就可以将这些优惠的租金分配一些给项目承租人——项目公司。

（4）可享受税前偿租的好处。在金融租赁结构中，项目公司支付的租金可以被当作费用支出，这样就可以直接计入项目成本，不需要缴纳税金。这对项目公司而言，就起到了减少应纳税额的作用。

2. 杠杆租赁融资模式的复杂性

与其他融资模式相比，以杠杆租赁为基础的项目融资模式在结构上较为复杂，其复杂性体现在以下方面。

（1）多数融资模式的设计主要侧重在资金的安排、流向、有限追索的形式和程度以及风险分担等问题上，而将项目的税务结构和会计处理问题放在项目的投资结构中加以考虑和解决。杠杆租赁融资模式则不同，在融资模式设计时不仅需要以项目本身经济强度特别是现金流量状况作为主要的参考依据，而且也需要将项目的税务结构作为一个重要的组成部分加以考虑。因此，杠杆租赁融资模式也被称为结构性融资模式。

（2）杠杆租赁融资模式中的参与者比其他融资模式要多。在一个杠杆租赁融资模式中，至少要有以下四部分人员的介入。

第一，至少由两个股本参加者组成的合伙制结构（在美国也可以采用信托基金结构）作为项目资产的法律持有人和出租人。合伙制结构是专门为某一个杠杆租赁融资结构组织起来的，其参加者一般为专业租赁公司、银行和其他金融机构，在有些情况下，也可以是一些工业公司。合伙制结构为杠杆租赁结构提供股本资金（一般为项目建设费用或者项目收购价格的 20%～40%）、安排债务融资、享受项目融资结构中的税务好处（主要来自项目折旧和利息的税务扣减）、出租项目资产收取租赁费，在支付到期债务、税收和其他管理费用之后取得相应的股本投资收益（在项目融资中这个收益通常表现为一个预先确定的投资收益率）。

第二，“债务参加者”（其数目多少由项目融资的规模决定）。债务参加者为普通的银行和金融机构。债务参加者以对股本参加者无追索权的形式为被融资项目提供绝大部分的资金（一般为 60%～80%），由债务参加者和股本参加者所提供的资金应构成被出租项目的全部或大部分建设费用或者购买价格。通常债务参加者的债务被全部偿还之前在杠杆租赁结构中享有优先取得租赁费的权利，对于债务参加者来说，为杠杆租赁结构提供贷款和为其他结构的融资提供贷款在本质上是一样的。

第三，项目资产承租人。项目资产承租人是项目的主办人和真正投资者，项目资产承租人通过租赁协议的方式从杠杆租赁结构的股本参加者手中获得项目资产的使用权，支付租赁费作为使用项目资产的报酬。由于在融资结构中充分考虑到了股本投资者的税务好处，所以与直接拥有项目资产的融资模式比较，项目投资者可以获得较低的融资成本。具体来说，只要项目在建设期和生产前期可以有相当数额的税务扣减，这些税务扣减就可以被用来作为支付股本参加者的股本资金投资收益的一个重要组成部分。与其他模式的项目融资一样，项目资产的承租人在多数情况下也需要为杠杆租赁融资提供项目完工担保、长期的市场销售保证、一定形式和数量的资金投入（作为项目中真正的股本资金）以及其他形式的信用保证。由于其结构的复杂性，并不是任何人都可以组织起来以杠杆租赁为基础的项目融资，项目资产承租人本身的资信状况是一个关键的评判指标。

第四，杠杆租赁经理人。杠杆租赁融资结构通常是通过一个杠杆租赁经理人组织起来的，这个经理人相当于一般项目融资结构中的融资顾问角色，主要是由投资银行担任。在安排融资阶段，杠杆租赁经理人根据项目的特点、项目投资者的要求设计项目融资结构，并与各方谈判组织融资结构中的股本参加者和债务参加者，安排项目的信用保证结构。如果融资安排成功，杠杆租赁经理人就代表股本参加者在融资期内管理该融资结构的运作。

（3）实际操作中对杠杆租赁项目融资结构的管理比其他项目融资模式复杂。一般项目的融资结构的运作通常包括两个阶段，即项目建设阶段和项目经营阶段，但是杠杆租赁项目融资结构的运作需要包括五个阶段（图 6-9）：项目投资组建阶段（合同阶段）、租赁阶段、建设阶段、经营阶段、中止租赁协议阶段。

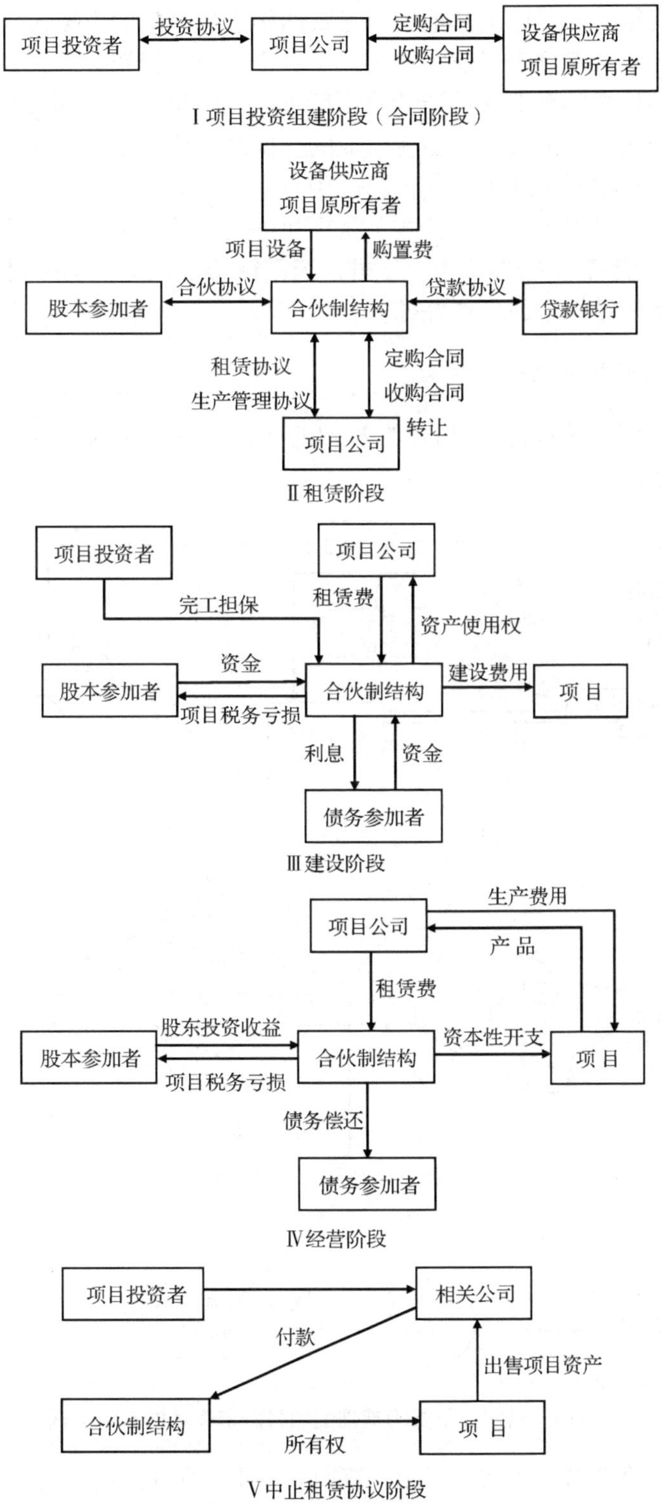

图 6-9　杠杆租赁融资结构的五个阶段

杠杆租赁融资结构的运作与其他项目融资结构运作之间的主要区别在于两个方面。

第一，在项目投资者确定组建（或参加）一个项目的投资之后，需要将项目的资产及投资者在投资结构中的全部收益转让给由股本参加者组织起来的杠杆租赁融资结构，然后再从资产出租人（即由股本参加者组成的合伙制结构）手中将项目资产转租回来。

第二，在融资期限届满或由于其他原因中止租赁协议时，项目投资者的一个相关公司需要以事先商定的价格（或价格公式）将项目的资产购买回去。这个相关公司在一些国家规定不能是投资者本人或项目子公司，否则就会被认为是另一种租用购买融资结构，而失去杠杆租赁结构中的税务好处。

3. 杠杆租赁融资模式的运作过程

图 6-10 是一个完整的以杠杆租赁为基础的项目融资模式的基本结构，这个融资结构的运作过程如下。

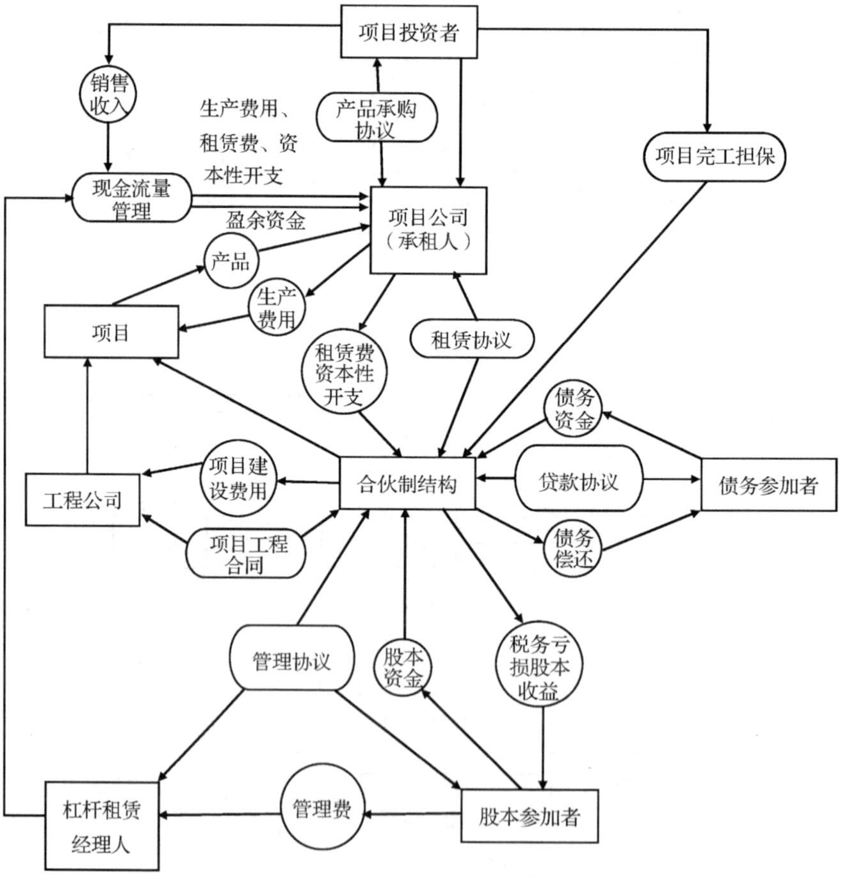

图 6-10　以杠杆租赁为基础的项目融资模式的基本结构

（1）项目投资者设立一个单一目的的项目公司，项目公司签订资产购置和建造合同、购买开发建设所需的厂房和设备，并在合同中说明这些资产的拥有权将转移给金融租赁公司，然后再从其手中将这些资产转租回来。当然，这些合同必须在金融租赁公司同意的前提下才可以签署。

（2）由愿意参与到该项目融资中的两个或两个以上的专业租赁公司、银行及其他金融机构等以合伙制形式组成一个特殊合伙制的金融租赁公司，这个金融租赁公司将作为资产出租人负责筹资购置设备并出租。因为对于一些大的工程项目来说，任何一个租赁机构都很难具有足够大的资产负债表来吸收和利用项目拥有的税收好处。因此，项目资产往往由许多租赁公司分别购置和出租，大多数情况下是由这些租赁公司组成一个新的合伙制结构来共同完成租赁业务。这个合伙制金融租赁公司就是租赁融资模式中的“股本参与者”，它们的职责是：第一，提供项目建设费用或项目收购价格的 20%～40%作为股本资金投入；第二，安排债务资金用以购买项目及资产；第三，将项目及资产出租给项目公司。

在这项租赁业务中，只有合伙制结构能够真正地享受到融资租赁中的税务好处。它在支付银行债务、税收和其他管理费后，就能取得相应的股本投资收益。

（3）由合伙制金融租赁公司筹集购买租赁资产所需的债务资金，也即寻找项目的债务参与者来为金融租赁公司提供贷款，这些债务参加者通常为普通的银行和金融机构，它们通常以无追索权的形式提供 60%～80%的购置资金。一般来讲，金融租赁公司必须将其与项目公司签订的租赁协议和转让过来的资产抵押给贷款银行，这样贷款银行的债务在杠杆租赁中就享有优先取得租赁费的权利。

（4）合伙制金融租赁公司根据项目公司转让过来的资产购置合同购买相应的厂房和设备，然后把它们出租给项目公司。

（5）在项目开发建设阶段，项目公司根据租赁协议从合伙制金融租赁公司手中取得项目资产的使用权，并代表租赁公司监督项目的开发建设。在这一阶段，项目公司开始向租赁公司支付租金，租金在数额上应该等于租赁公司购置项目资产的贷款部分所需支付的利息。同时在大多数情况下，项目公司也需要为杠杆租赁提供项目完工担保、长期的市场销售保证及其他形式的信用担保等。

（6）项目进入生产经营阶段时，项目公司生产出产品并根据产品承购协议将产品出售给项目投资方或用户。这时，项目公司要向租赁公司补缴在建设期间内没有付清的租金。租赁公司以其收到的租金通过信托支付银行贷款的本息。

（7）为了监督项目公司履行租赁合同，通常由租赁公司的经理人或经理公司监督或直接管理项目公司的现金流量，以保证项目现金流量在以下项目中按顺序进行分配和使用：生产费用、项目的资本性开支、租赁公司经理人的管理费、相当于贷款银行本息的租金支付、相当于租赁公司股本投入的投资收益的租金支付、作为项目投资者投资收益的盈余资金。

4. 杠杆租赁融资模式的特点

杠杆租赁融资模式的特点主要体现在以下方面。

（1）融资模式比较复杂。由于杠杆租赁融资模式的参与者较多，资产抵押以及其他形式的信用保证在股本参加者与债务参加者之间的分配和优先顺序问题比一般项目融资模式复杂，再加上税务、资产管理与转让等方面的问题，造成组织这种融资模式所花费的时间要相对长一些，法律结构及文件的确定也相对复杂一些，因此这种融资模式往往适合于大型项目的融资安排。

（2）债务偿还较为灵活。杠杆租赁融资充分利用了项目的税务好处，如税前偿租等作为股本参加者的投资收益，在一定程度上降低了投资者的融资成本和投资成本，同时也增加了融资结构中债务偿还的灵活性。据统计，杠杆租赁融资中利用税务扣减一般可偿还项目全部融资总额的 30%～50%。

（3）杠杆租赁融资应用范围比较广泛，既可以作为一项大型项目的融资安排，也可以为项目的一部分建设工程安排融资，如用于购置项目的某一项大型设备。

（4）融资项目的税务结构以及税务减免的数量和有效性是杠杆租赁融资模式的关键。杠杆租赁模式的税务减免主要包括对设备折旧提取、贷款利息偿还和其他一些费用开支上的减免，这些减免与投资者可以从一个项目投资中获得的标准减免没有任何的区别。但一些国家对于杠杆租赁的使用范围和税务减免有很多具体的规定和限制，使其在减免数量和幅度上较之其他标准更大，这一点要求在设计融资结构时必须了解和掌握当地法律和具体的税务规定。

（5）受上述复杂因素的影响，杠杆租赁融资模式一经确定，重新安排融资的灵活性以及可供选择的重新融资余地变得很小，这也会给投资者带来一定的局限。投资者在选择采用杠杆租赁融资模式时，必须注意这一特点。

6.4.4 黄金贷款融资模式

黄金贷款与产品支付融资在概念上有一定相似之处，同样是一种由项目产品所支付的融资。这种融资模式往往适用于黄金开采项目的资金筹集之中。

1. 黄金贷款的概念及其基本形式

由于黄金具有商品和货币的双重特性，黄金贷款的基本形式是在项目建设初期由贷款银行将一定数量的黄金借给项目的投资者（借款人），以满足其项目建设的资金需要，而在项目的生产期间投资者再以生产出来的黄金分期偿还贷款。与产品支付类型的融资比较，黄金贷款在形式上看起来更像一种易货贸易（即通常所说的借金还金）和一种远期的销售合同。提供黄金贷款的银行不是以购买被融资项目的全部或部分资源储量作为融资的基础，而只是要求黄金借款人在一定的时期内以黄金的形式偿还贷款。

以黄金贷款作为基础的项目融资始于 20 世纪 70 年代末和 80 年代初世界性的黄金开采热。黄金贷款模式有两个重要的优点：一是低利率和对项目产品某种程度上的自然保值，使其成为许多金矿公司，尤其是中小规模公司十分欢迎的一种项目融资手段。黄金贷款的年利率长期保持在 2%～3%的水平，即使加上项目融资中其他融资成本（如银行信用证）也很少超过 4%，这对于美元长期贷款利率为 7%～9%的项目投资者而言无疑是具有很大吸引力的；二是由于投资者是以项目的产品作为偿还债务的工具，在一定程度上避免了变化无常的黄金价格对项目经济强度的冲击，起到了一种自然保值的作用。但是风险的降低都是有代价的，金价的上升同时也将给投资者带来机会损失，贷款的机会成本也就相应增加了。

随着计算机等先进计算和通信手段在国际商品交易和金融活动中的大规模应用，黄金贷款的概念近些年来也被引入其他类型项目的融资安排。对于铜、铝、铅、锌等有色金属项目，由于具有公认的国际定价标准（如伦敦金属交易所公布的官方价格）和各种活跃的期货、期权等金融衍生工具类交易手段，采用黄金贷款概念的项目融资已呈现不断发展的态势。

黄金贷款有以下几种形式。

（1）现金贷款。黄金贷款中的现金贷款也称为综合黄金贷款，贷款的本金可以是一种单一货币，也可以安排成为多种货币的选择权。与一般的现金贷款不同，综合黄金贷款是现金贷款与一系列黄金远期销售安排或黄金最低价格安排的结合，并且使得黄金远期销售的收益能够满足贷款本息偿还的责任。由于贷款安排与黄金销售安排是作为一揽子计划提出来的，所以投资者通常可以从贷款银行处获得较一般商业贷款优惠的融资条件。

（2）黄金贷款。最简单的黄金贷款形式是提供黄金贷款的银行以现有的黄金换取被融资矿山未来生产出来的黄金，并在贷款期间收取一定的名义利息，习惯上称为黄金借用费。贷款银行确定黄金借用费的参照标准是每日路透社电讯标出的黄金远期利率（gold forward offered rate，GOFO）和 LIBOR，一般在两者之间取值，略高于黄金贷款银行的黄金借入成本。在实际操作中，对于多数黄金贷款的借款人来说，他们并不是真正收到黄金，而是收到贷款银行代其销售黄金后所得到的资金用来投入项目的建设。

（3）黄金租赁。黄金租赁是一种将黄金贷款的优点与矿山项目投资所带来的机器设备折旧及其他税务优惠结合起来的融资手段，因而可以说是一种创新的杠杆租赁融资概念，其核心表现在杠杆租赁中债务融资部分采用的是黄金贷款而不是现金贷款。理论上，黄金租赁融资结构的成本有可能设计得低于一般的黄金贷款，因为项目的投资者可能通过出让税务好处获取进一步的利益。但是，黄金租赁融资在结构运作上较一般项目融资结构复杂，组织融资的时间及费用也就相对较高。

（4）递延远期黄金销售（deferred forward sales of gold）合同。作为“借金还金”的黄金贷款的另一种形式，项目的投资者可以将矿山未来生产的黄金以远期销售的形式卖给贷款银行，以换取相应的资金投入项目的开发建设，所不同的是贷款银行无论在形式上还是在实际操作中都没有将黄金真正贷给借款人。采用这种递延远期黄金销售合同方式安排项目融资需要注意公司所得税的处理问题，在一些国家远期销售合同的收益是要计入当年的经营收入的，因此也就无法享受税前支付的优势。

（5）黄金债券和黄金股权证。与黄金相关联的金融投资证券是北美金矿公司进行融资的一种工具，其特点是将金矿项目一定的风险和收益转移给证券的持有人。黄金证券有以下两种主要形式：①带有黄金股权证的债券（bonds with attached gold warrants）。这种债券既带有债券的稳定利息收入的特点，又可以分享到黄金价格上升的好处。②单纯黄金股权证。这种股权证的投资者单纯追求黄金价格变化的好处，而没有任何的利息收入。

对于证券投资人来说，多数黄金证券的吸引力在于既可以获得一定的固定收入又可以在证券到期时分享到金价上升的好处；对于项目投资者和借款人来说，发行黄金证券可以获得成本较低的长期资金。但是黄金证券的发行比以上几种形式的黄金贷款要复杂得多，证券发行能否成功以及融资成本的高低除要受到证券市场一般状况的影响之外，也在很大程度上取决于与证券相联系的黄金期权的期限、期权执行价格及贴水、对金价变化的预期、证券兑现的信用保证以及黄金期权在证券兑现中所占有的比例等多方面的限制。

黄金贷款融资模式在结构上与贷款银行直接安排融资的结构有一定的区别。在黄金贷款融资结构中，贷款银行（即项目融资的债务资金提供者）的功能一般由以下三个部分组成。

（1）黄金贷款银行，为项目投资者提供所需资金的银行。

（2）担保银行或担保银团，以银行担保或担保信用证的形式为项目投资者的黄金贷款提供担保，承担常规意义上的项目融资的全部风险，并取得项目资产抵押、现金流量控制、项目完工担保等相应的权利，黄金贷款银行通常不承担任何项目风险。

（3）黄金价格保护计划，在项目投资者与黄金贷款银行之间根据项目融资的要求安排一系列的远期销售或保底价格安排。

2. 黄金贷款融资模式的基本思路

图 6-11 是黄金贷款融资模式的一种结构，其基本思路如下。

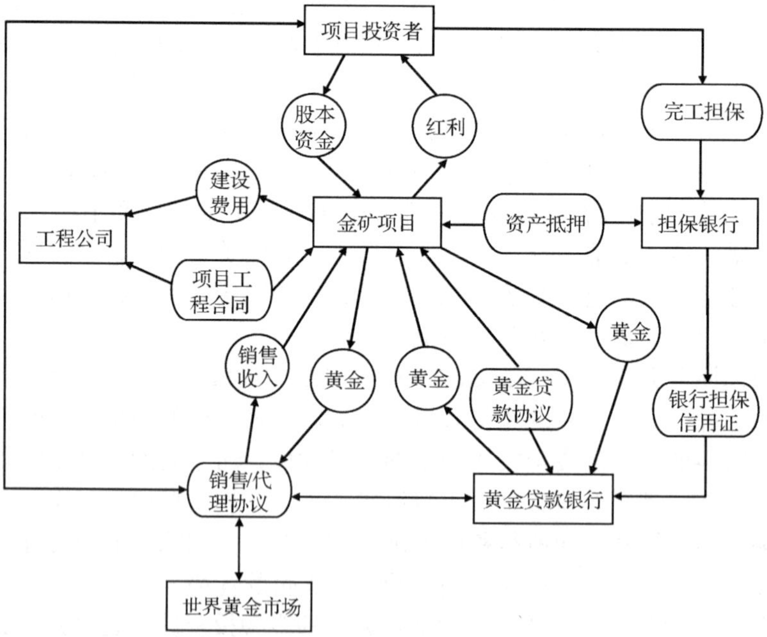

图 6-11　黄金贷款融资模式示意图

第一，项目投资者通过黄金贷款银行安排一笔黄金贷款，利用出售黄金所获得的资金建设开发项目，支付工程公司费用。

第二，因为黄金贷款银行通常不承担项目风险，项目投资者必须与担保银行（或银团）做出有限追索的项目融资安排，由担保银行承担项目风险、获得项目建设的完工担保和项目资产的第一抵押权，并收取一定的项目担保费用。另外，由于黄金价格的不稳定性，黄金贷款银行将会要求担保银行所提供的备用信用证（如银行担保）的金额高出最初黄金提款金额的 10%～50%，以防止在贷款期间因金价升高而造成黄金贷款银行的风险增加。

第三，在项目进入生产阶段之后，投资者用生产出来的黄金偿还贷款，避免了任何价格波动风险。但是作为承担项目风险的担保银行，一般要求投资者与黄金贷款银行安排金价保护计划，至少将贷款期间黄金产量的25%～40%通过黄金贷款银行在期货市场上进行保值，保证项目至少拥有足够的维持生产的资金，减少金价急剧下跌可能对项目造成的负面影响。保值有两种主要形式：一种形式称为“参与型底价保值计划”，即黄金银行担保投资者出售黄金获得一个最低价格，但是如果现货市场上金价超过一定水平，黄金银行就会分享一部分好处；另一种形式称为“非参与型底价保值计划”，黄金银行保证投资者可以获得一个最低价格，而不参与分享任何金价上涨的好处。但是采用这两种保值计划投资者要事先支付黄金贷款银行一笔费用，费用的多少取决于对金价趋势的分析以及黄金的底价水平。

黄金贷款融资所面向的对象是具有已证实储量并完成最后可行性研究报告的项目，黄金贷款的数量通常只占可采储量的30%～50%。采用黄金贷款融资时，虽然黄金贷款为投资者提供了一种自然保值的融资工具，特别是在金价下跌时贷款变得十分便宜从而减少了偿债的压力，但是金价风险仍然是采用黄金贷款进行项目融资的主要风险。通常当金价上升时，项目投资者所承担的实际利率迅速上升，将失去黄金贷款低利率的吸引力。因此，目前对于黄金贷款融资模式进行了一些创新，流行的做法是在资金安排上加入由黄金贷款转为现金贷款或由现金贷款转为黄金贷款的期权选择。通过增加期权选择，融资成本（主要是利息）比通常的黄金贷款要高一些，但是增加了很大的灵活性，减少了机会成本损失。在贷款期间，如果投资者认为前一阶段金价可能上升，而后一阶段金价可能下跌，则可以选择附有转换成黄金贷款期权的现金贷款；反之，则可以选择附有现金贷款期权的黄金贷款。

◆ 案例　中信在波特兰铝厂项目中的融资实例

一、项目背景

波特兰铝厂位于澳大利亚维多利亚州的港口城市波特兰，始建于 1981 年，最早是由美国铝业公司独资建设的，后来因为国际市场铝价大幅度下跌和电力供应等问题使该项目的收益情况和风险状况需要重新考虑，该项目于 1982 年停建。在与维多利亚州政府达成 30 年电力供应协议并引入了一些共同投资者之后，波特兰铝厂于 1984 年重新开始建设。1986 年 11 月投入试生产，1988 年 9 月全面建成投产。

1985 年 6 月，美铝澳大利亚公司与中国国际信托投资公司（简称中信公司）接触，邀请中信公司投资波特兰铝厂。经过历时一年的投资论证、可行性研究、收购谈判、项目融资等阶段的紧张工作，中信公司在 1986 年 8 月成功地投资了波特兰铝厂，持有该厂 10%的资产，每年可获得产品 3 万吨铝锭。与此同时，中信公司又成立了中信澳大利亚公司和中信澳大利亚（波特兰）公司，代表总公司管理项目的投资、生产、融资、财务和销售，承担总公司在合资项目中的经济责任。

波特兰铝厂投资是当时中国在海外最大的工业投资项目。中信公司在进行项目的投资决策的过程中，采取了积极、慎重、稳妥的方针，大胆采用了当时在我国还未采用过的国际上先进的有限追索杠杆租赁的项目融资模式，为项目投资的成功奠定了坚实的基础。

二、项目融资结构

1. 波特兰铝厂的投资结构

波特兰铝厂采用的是非公司型投资结构，这个结构是在中信公司决定参与投资之前就已经由当时的项目投资者谈判确定。因而对于中信公司来讲，在决定是否投资时没有决策投资结构的可能，所能做的只是在已有的投资结构基础上尽量加以优化：第一，确认参与该投资结构是否可以实现中信公司的投资战略目标；第二，在许可的范围内就合资协议的有关条款加以谈判以争取较为有利的参与条件。

1986 年中信公司参与波特兰铝厂投资之后，项目的投资结构组成为

美铝澳大利亚公司	45%
维多利亚州政府	35%
第一国民资源信托基金	10%
中信澳大利亚公司	10%

1992 年，维多利亚州政府将其在波特兰铝厂中的 10%资产出售给日本丸红株式会社，投资比例又发生了变化。

图 6-12 是波特兰铝厂的投资结构和管理结构示意图。波特兰铝厂项目的投资者在合资协议的基础上组成了非公司型的投资结构，组成由四方代表参加的项目管理委员会作为波特兰铝厂的最高管理决策机构，负责项目的建设、生产、资本支出和生产经营预算等一系列重大决策，同时通过项目管理协议委任美铝澳大利亚公司的一个全资拥有的单一目的的项目公司——波特兰铝厂管理公司作为项目经理负责日常生产经营活动。

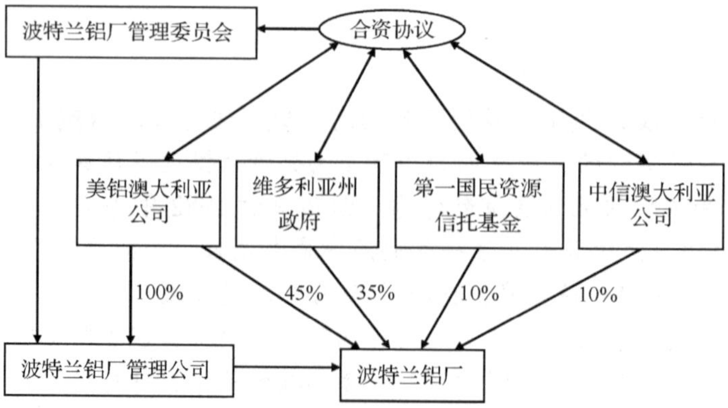

图 6-12　波特兰铝厂的投资结构和管理结构（1986 年）示意图

在本书第 4 章讨论项目投资结构时所列举的非公司型投资结构的特点在波特兰铝厂项目中均有所体现。其主要特点具体如下。

（1）波特兰铝厂的资产根据投资比例由项目投资者直接拥有，铝厂本身不是一个法人实体，投资各方单独安排自己的项目建设和生产所需资金。波特兰铝厂的这种资产所有权形式使中信澳大利亚公司在为该项目安排融资时可以以其直接按比例拥有的项目资产作为贷款抵押。

（2）项目投资者在支付了项目生产成本之后直接按投资比例获取项目最终产品——铝锭，并且电解铝生产的两种主要原材料——氧化铝和电力也是由项目投资者分别与其供应商签订长期供应协议，因而每个投资者在项目中的生产成本构成是不尽相同的，所获得的利润也不一样。

（3）波特兰铝厂的产品销售由各个项目投资者直接独立进行安排。

（4）由于波特兰铝厂资产由投资者直接按比例拥有，项目产品以及项目现金流量直接为投资者所支配，因而与一切非公司型投资结构一样，波特兰铝厂自身不是一个纳税实体。与项目有关的纳税实体就是项目的各个投资者，各个投资者可以自行安排自己的税务结构问题。

波特兰铝厂的投资结构所具备的以上几种主要特征，为中信公司自行安排有限追索的项目融资提供了有利的条件。

2. 中信澳大利亚公司在波特兰铝厂项目中所采用的融资模式

中信澳大利亚公司在波特兰铝厂项目投资中所采用的是一个为期 12 年的有限追索杠杆租赁融资模式，其融资结构如图 6-13 所示。

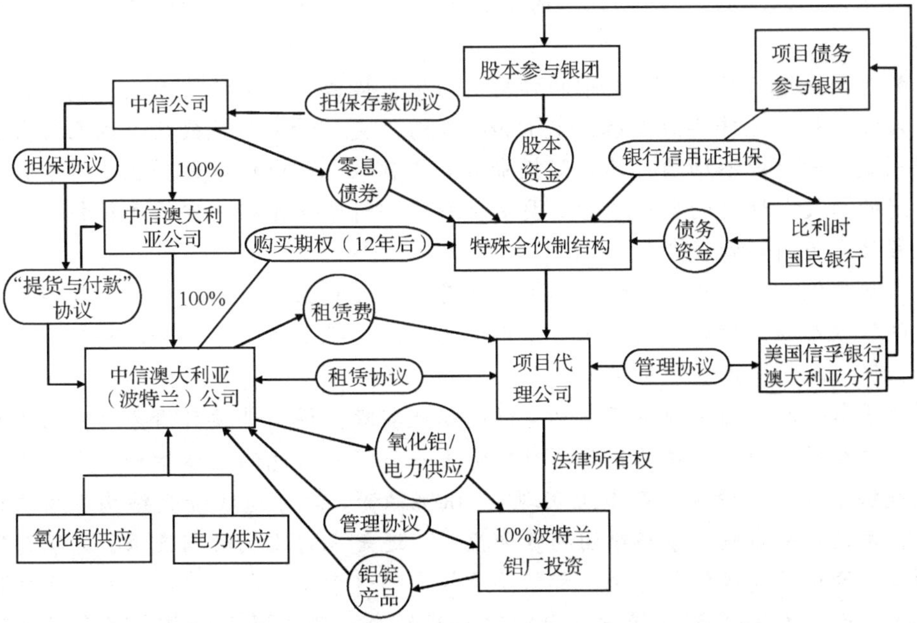

图 6-13　中信澳大利亚公司在波特兰铝厂项目中使用的融资结构示意图

在图 6-13 中的有限追索杠杆租赁融资中有四个主要的参与主体，具体如下。

1）股本参与银团

五家澳大利亚国内的银行是杠杆租赁融资结构中的股本参与者，它们共同组成的特殊合伙制结构以及其所任命的波特兰项目代理公司——项目代理公司是 10%波特兰铝厂资产的法律持有人和杠杆租赁结构中的资产出租人。特殊合伙制结构是专门为中信波特兰铝厂项目融资采用的有限追索杠杆租赁结构组织起来的，负责为中信澳大利亚公司在波特兰铝厂项目中 10%投资提供股本资金（占中信在波特兰铝厂 10%资产投资所需资金的三分之一）和安排债务资金。股本参与银团直接享有项目融资结构中来自加速折旧以及贷款利息税前支付等因素所带来的巨额税务好处，并通过与中信澳大利亚（波特兰）公司签署的资产租赁协议（也称委托加工协议）将项目资产出租给中信澳大利亚（波特兰）公司生产电解铝。股本参与银团通过租赁费收入回收项目的权益资本投入、偿还到期债务、支付管理费用、缴纳税金等。股本参与银团本身的投资收益来自两个部分：第一，来自项目建设期巨额税务亏损所带来的避税效应，通过利用合伙制结构特点吸收这些税务亏损抵免公司所得税；第二，通过租赁费形式获取吸收税务亏损以外的部分收益。

股本参与银团在波特兰铝厂项目中不直接承担任何的项目风险或者中信公司的信用风险，这些风险由项目债务参与银团以银行信用证担保的方式承担。

2）项目债务参与银团

在波特兰铝厂项目杠杆租赁融资结构中，债务资金结构由两个部分组成：比利时国民银行和项目债务参与银团。杠杆租赁所需的全部债务资金（占中信公司在波特兰铝厂 10%资产投资所需资金的三分之二）是由比利时国民银行提供的，但是由于比利时国民银行在提供债务资金时要求不承担任何的项目信用风险（全部风险由项目债务参与银团以银行信用证形式承担），所以比利时国民银行不是杠杆租赁结构中真正意义上的“债务参与者”。

比利时国民银行在融资结构中的作用是为项目提供无须缴纳澳大利亚利息预提税的贷款。比利时税法允许其国内银行申请扣减在海外支付的利息预提税，因而澳大利亚利息预提税成本就可以不由项目的实际投资者和借款人——中信澳大利亚公司承担。从项目投资者的角度，这样的安排尽管需要支付给比利时国民银行一定的手续费，但也可以在一定程度上节省融资成本。

杠杆租赁结构中真正的“债务参加者”是由澳大利亚、日本、美国、欧洲等几家银行组成的贷款银团，贷款银团以银行信用证的方式为股本参与银团和比利时国民银行提供信用担保，承担全部的项目风险。

上述股本参与银团、项目债务参与银团以及实际提供全部项目债务资金的比利时国民银行三方组成了中信波特兰铝厂项目融资中一种很有特色的主体结构，它们为全部项目投资提供了 96%的资金，基本上实现了 100%融资。对于这种资金结构下的项目投资者来说，无论是来自股本参与银团的资金投入，还是来自比利时国民银行的项目贷款，都是项目融资中的高级债务资金，都需要承担有限追索的债务责任；但是对于项目融资中的各方来说，根据其资金性质又可以进一步划分为股本资金和债务资金两个组成部分，股本资金的收益主要来自投资结构中的税务收益和资本回收，而债务资金的收益主要来自利息收入。项目债务参与银团提供的银行信用证作为一种主要的融资担保工具第一次使用在杠杆租赁的融资结构中，通过信用证担保安排比利时国民银行贷款，充分利用了政府间对利息预提税的特殊规定为中信公司节约了总值几百万美元的利息预提税款。

3）项目资产承租人

中信澳大利亚公司全资拥有的中信澳大利亚（波特兰）公司是杠杆租赁结构中的资产承租人。中信澳大利亚（波特兰）公司通过一个 12 年期的租赁协议，从项目代理公司（也即从由股本参与银团组成的特别合伙制结构）手中获得 10%波特兰铝厂项目资产的使用权。中信澳大利亚（波特兰）公司自行安排氧化铝购买协议、电力供应协议等关键性生产支持协议，使用租赁的资产生产出最终产品铝锭，并根据与其母公司——中信澳大利亚公司签署的“提货与付款”性质的产品销售协议将铝锭销售给中信澳大利亚公司。由于项目融资的有限追索性质，中信澳大利亚（波特兰）公司的现金流量按约定处于融资经理人的监控之下，用来支付生产成本、租赁费等经营费用，并在满足了一定的留置基金要求的条件下，可以以利润的形式返还给承租人——中信澳大利亚公司。

在项目融资结构中，中信澳大利亚（波特兰）公司是项目投资者专门建立起来的单一目的项目子公司。根据融资安排，在 12 年租赁期限结束时，中信澳大利亚（波特兰）公司可以通过期权安排收购股本参与银团在项目中的资产权益，成为 10%波特兰铝厂资产的法律持有人。

4）杠杆租赁经理人

图 6-13 中的美国信孚银行澳大利亚分行在有限追索的杠杆租赁融资结构中扮演了四个方面的重要角色：第一，作为中信公司的融资顾问，负责组织了这个难度极高被誉为澳大利亚最复杂的项目融资结构；第二，在融资结构中承担了杠杆租赁经理人的角色，代表股本参与银团处理一切有关特殊合伙制结构以及项目代理公司的日常运作；第三，担任了项目债务参与银团的主经理人；第四，分别参与了股本参与银团和债务参与银团，承担了贷款银行的角色。

3. 融资模式中的信用保证结构

除以上几个方面在杠杆租赁融资中发挥了重要的作用之外，图 6-13 中由中信公司和中信澳大利亚公司共同为项目安排的信用担保结构同样对项目融资结构的成功发挥着至关重要的作用。

作为一个有限追索的项目融资，项目投资者（在这里是中信公司和 100%控股的中信澳大利亚公司）所承担的债务责任以及所提供的信用支持表现在三个方面。

第一，“提货与付款”性质的市场安排。中信澳大利亚公司通过与中信澳大利亚（波特兰）公司签署一项与融资期限相同的“提货与付款”形式的长期产品购买协议，保证按照国际市场价格购买中信澳大利亚（波特兰）公司生产的全部项目产品，降低了项目贷款银团的市场风险。

但是，由于中信澳大利亚公司与中信澳大利亚（波特兰）公司一样都是于 1986 年刚刚成立的“空壳公司”，所以贷款银行要求中信公司对中信澳大利亚公司与中信澳大利亚（波特兰）公司之间的“提货与付款”协议提供担保。

第二，“项目完工担保”和“项目资金缺额担保”。中信公司在海外的一家国际一流银行中存入一笔固定金额（为项目融资总金额的10%）的美元担保存款，作为项目完工担保和资金缺额担保的准备金。在项目建设费用超支和项目现金流量出现缺额时，根据一定的程序项目融资经理人可以动用担保存款资金。但是这个担保是有限的，其限额为担保存款的本金和利息。在这个项目的实际融资和运作过程中，由于项目经营情况一直很好，这笔担保存款从来没有被动用过，并在1990年通过与银行谈判解除了对担保存款的限制要求。

第三，中信公司在项目中的股本资金投入。中信公司以大约为项目建设总金额的4%的资金购买了特殊合伙制结构发行的与融资期限相同的无担保零息债券，成为中信公司在项目中的实际股本资金投入。虽然投资金额很少，但是作为项目投资者的一种实际投入可以对贷款银团起到一种良好的心理安慰作用。

三、融资结构简评

（1）虽然中信公司投资波特兰铝厂时，该项目的投资结构早已确定下来，但是该项目采用的是一种非公司型投资结构，使得中信公司在制定投资决策时单独安排项目融资成为可能。

（2）由于电解铝厂建设项目资本高度密集，根据澳大利亚的有关税法规定可以享有数量相当可观的减免税优惠，如固定资产加速折旧、投资扣减等。但是在项目投资初期中信澳大利亚公司刚刚建立，没有其他方面的经营收入，不能充分利用每年可以得到的减税优惠和税务亏损；即使每年未使用的税务亏损可以向以后年份结转，但从货币时间价值的角度考虑这些减税优惠和税务亏损如能尽早利用，也可以提高项目投资者的投资效益；此外，如果能够利用减税优惠和税务亏损偿还债务，还可以减少项目前期的现金流量负担，提高项目的经济强度和抗风险能力。

从这一考虑出发，中信公司选择了杠杆租赁融资模式，充分利用这种模式可以吸收减税优惠和税务亏损的特点，减少了项目的直接债务负担，提高了投资的综合经济效益。

（3）项目融资结构复杂，为修改融资结构以及后期的重新融资带来许多不便因素。杠杆租赁融资结构由于大量使用和转让减税优惠和税务亏损，结构设计除要在各贷款银行之间取得一致意见之外，还需要得到税务部门的批准。融资结构一旦确定下来之后，任何涉及结构性的调整都需要得到大多数银行以及税务部门的重新审核。这一过程交易成本很高，因而这种复杂的融资结构多数情况下只适用于大型或超大型项目的融资实践。

◆ 思考题

1. 简述项目融资模式设计的基本原则。
2. 简述项目融资模式的结构特征。

3. 试比较投资者直接安排项目融资两种方式的异同，并分析其适用范围。
4. 试分析通过项目公司安排项目融资模式的具体形式及适用范围。
5. 简述以产品支付为基础的项目融资模式的操作过程、特点及适用范围。
6. 简述生产贷款融资模式的特点。
7. 试阐述以设施使用协议为基础的项目融资模式的特点及适用范围。
8. 试说明杠杆租赁融资模式的特点、运作过程及适用范围。
9. 试说明黄金贷款融资模式的基本思路。
10. 分析在中信澳大利亚波特兰铝厂融资实例中为什么中信公司选择了杠杆租赁融资模式。

第 7 章

项目融资模式之二——基础设施项目融资模式

◆ 本章导读

本章主要介绍在基础设施领域和公共设施领域应用较多的三种融资模式，即 BOT 模式、PPP 模式、PFI 模式。

本章的主要知识点包括：

- BOT 模式的概念和基本形式；
- BOT 模式的优缺点；
- BOT 模式的适用范围；
- BOT 模式的参与方及其相互关系；
- BOT 模式的实施步骤；
- BOT 模式中的特许权协议；
- BOT 模式的风险处理和安全框架；
- PPP 模式的概念和内涵；
- PPP 模式的优点；
- PPP 模式的典型操作方式；
- PPP 模式与 BOT 模式的异同；
- PFI 模式的概念和主要类型；
- PFI 模式的运作程序；
- PFI 模式的优缺点；
- PFI 模式与 BOT 模式的区别；
- PFI 模式与 PPP 模式的区别。

◆ 引导讨论

我国基础设施建设成就及其资金来源

基础设施是指为社会生产和居民生活提供公共服务的物质工程设施，是用于保证国家或地区社会经济活动正常进行的公共服务系统。如果按项目性质和所属行业对基础设施概念进行界定的话，狭义的解释包括电力、通信、供水、公路、铁路、港口、机场等设施；广义的解释还包括教育机构、文化机构、法律机构等设施。基础设施建设具有“乘数效应”，即能带来几倍于投资额的社会总需求和国民收入，一个国家或地区的基础设施是否完善是其经济是否可以长期持续稳定发展的重要基础。

新中国成立以来，我国基础设施建设取得了很多成就，为经济社会持续发展提供了坚实的保障。近些年我国综合运输体系建设逐步加快，交通网络日益完善，运输能力和效率明显提升。2018 年末，我国铁路营业里程达到 13.1 万公里，比 1949 年末增长 5 倍，其中，高速铁路达到 2.9 万公里，占世界高铁总量60%以上，以“四纵四横”为主骨架的高铁网基本形成；公路里程 485 万公里，增长 59 倍，其中，高速公路从无到有，2018 年末达到 14.3 万公里；内河航道里程 12.7 万公里，增长72.7%；定期航班航线里程 838 万公里，比 1950 年末增长 734 倍。邮电通信业规模不断扩大，电信基础设施建设加快推进，信息化网络化后来居上。2018 年末，全国邮政营业网点 27.5 万处，比 1949 年末增长 9.4 倍；邮路总长度 985 万公里，比 1978 年末增长103%；光缆线路总长度达 4358 万公里。能源供给能力明显增强，建立了较为完善的能源供给体系。2018 年我国一次能源生产达到 37.7 亿吨标准煤，比 1949 年增长 158 倍。2018 年末，我国发电装机容量 19 亿千瓦，比 1978 年末增长 32.3 倍。

我国基础设施的快速发展和不断完善过程意味着巨大的资金需求，我国在经济发展的不同阶段，基础设施项目的建设模式和资金来源也有所不同。在改革开放以前都是由国家预算支出来进行基础设施建设的，政府的预算拨款可以让建设单位无偿使用。1979 年国家尝试推行了基本建设的“拨改贷”政策，从原来的财政无偿拨款形式转变为后来的有偿使用模式。随着 1985 年税收管理和财政体制的调整，持续增强的金融能力在一定程度上补充了财政能力，政府部门运用银行信贷资金来填补财政投资资金的缺额，使其变成了投资资金的关键来源。1993 年，《中共中央关于建立社会主义市场经济体制若干问题的决定》全面地提出了要进一步深化投资体制改革，基础性项目的建设要鼓励和吸引各方投资参与，地方政府和中央政府进行项目建设事权划分，按照统一规划，由国家开发银行等政策性银行通过财政投融资等渠道筹资，采取控股、参股和政策性优惠贷款等多种形式进行。从 1998 年起，我国采取了积极的财政政策，中央财政连续发行长期建设性国债用于基础设施建设、生态环境建设、西部大开发和企业技术改造。在“土地财政”的支撑下，地方政府通过城投债、产业投资基金等方式进行直接融资发展迅速，ABS、BOT 以及 PPP 等融资方式的运用范围更加广泛。此后，地方政府又通过发行地方债券或通过投融资平台筹措资金等方式补充基础设施建设资金。

（资料来源：根据中国知网论文和互联网公开资料整理）

第 6 章中主要介绍了以产品支付为基础的融资、以设施使用协议为基础的融资、杠杆租赁融资以及黄金贷款融资等几种特定的融资模式，这些模式往往有其明确的应用范围，即只适用于在产品或现金流量上具有明显特征的项目。我国从 20 世纪 80 年代开始应用项目融资方式为大型基础设施项目筹集资金，40 多年来我国项目融资的主要应用领域集中在大型基础设施的建设方面，而且这些基础设施建设项目的融资模式以 BOT 模式和 PPP 模式为主。因此本章将专门对国内外在基础设施建设项目中应用较多的 BOT 模式、PPP 模式及 PFI 模式加以介绍。

■ 7.1 BOT 模式

BOT 模式是 20 世纪 80 年代兴起的一种基础设施项目的融资模式，是一种利用外资和社会资本兴建基础设施的融资模式。BOT 是建设（build）、运营（operate）和移交（transfer）三个英文单词的第一个字母的缩写，代表着一个完整的项目融资过程。

20 世纪 80 年代初期到中期是项目融资发展的一个低潮时期，这一阶段虽然有大量的资本密集型项目（特别是发展中国家的基础设施项目）在寻找资金，但是由于世界经济的衰退和第三世界债务危机所造成的恶劣影响还远没有在人们心目中消除，如何增强项目抵抗政治风险、金融风险、债务风险的能力以及如何提高项目的投资收益和经营管理水平成为银行、项目投资者、项目所在国政府在安排项目融资时所必须面对的一个问题。随着 BOT 模式这种代表国际项目融资发展新形式的出现，它引起了国际上广泛的重视并被大量应用于基础设施建设项目之中。

7.1.1 BOT 模式的概念和基本形式

BOT 即建设-运营-移交，是私营机构参与国家基础设施建设的一种形式。由于近些年来 BOT 受到了广泛的关注和使用，因此国内外一些权威机构都对 BOT 的概念进行了界定，其中比较有影响的定义如下。

（1）联合国工业发展组织（United Nations Industrial Development Organization，UNIDO）把 BOT 定义为：在一定时期内对基础设施项目进行筹资、建设、维护及运营的私有组织，此后所有权移交为公有。

（2）亚洲开发银行（Asian Development Bank，ADB）把 BOT 定义为：项目公司计划、筹资和建设基础设施项目；经所在国特许一定时期经营该项目；特许权到期时，项目的资产所有权移交给国家。

（3）我国原国家计委所称的外商投资特许权项目（BOT 投资方式）是指外商“建设-运营-移交”的基础设施项目。

尽管上述定义的表述有所不同，但其表达出的 BOT 融资模式的基本思路是相同的。BOT 融资模式的基本思路是：由项目所在国政府或所属机构对项目的建设和经营提供一种特许权协议并将其作为项目融资的基础，由本国公司或者外国公司作为项目的投资者和经营者安排融资、承担风险、开发建设项目并在有限的时间内经营项目以获取商业利润，最后根据协议将该项目移交给相应政府机构。所以，有时 BOT 被称为“暂时私有化”（temporary privatization）过程。BOT 模式的基本思路如图 7-1 所示。

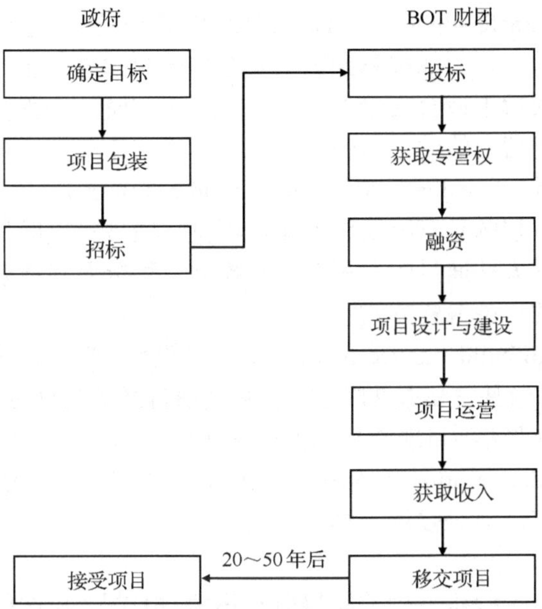

图 7-1　BOT 概念模型

BOT 作为大型基础设施项目的一种投融资模式，在其实际操作中有很多种模式。根据世界银行在《1994 年世界发展报告》中提出的观点，BOT 至少有三种具体的形式：BOT、BOOT、BOO，除此之外，BOT 模式还有一些变通的形式。以下是一些较为普遍的 BOT 项目融资方式。

（1）标准 BOT：该模式是 BOT 模式最基本的形式，是指项目所在国政府向私人财团（相对于政府或政府背景的公立机构而言）授予特许经营权，由私人财团自己融资来设计、建设基础设施项目，并按照特许权协议规定在一定时间内经营项目以期收回投资；经营期满，项目所有权和经营权将按约定移交给项目所在国政府。

（2）BOOT（build-own-operate-transfer），即“建设-拥有-运营-移交”，具体是指由私营财团融资建设基础设施项目，项目建成后在规定的期限内私营财团拥有项目的所有权并进行经营，经营期满后将项目移交给政府部门的一种融资方式。

BOOT 与 BOT 的区别主要体现在两个方面。

一是所有权的区别。在 BOT 方式下，项目建成后私营部门只拥有所建成项目的经营权，但在 BOOT 方式下，在项目建成后的规定期限内，私营部门既有经营权，也有所有权。

二是时间上的区别。采用 BOT 方式建设的项目，其从项目建成到移交给政府的时间间隔一般比采用 BOOT 方式要短。

（3）BOO（build-own-operate），即“建设-拥有-运营”。具体是指私营部门根据政府赋予的特许权建设并经营某项基础设施，但是并不在一定时期后将该项目移交给政府部门。这种方式和 BOT 方式或 BOOT 方式的最大区别就在于没有正式的移交过程，因此该方式往往适用于项目的收益较低、运营期较短或移交意义不大的基础设施建设项目。

（4）BTO（build-transfer-operate），即“建设-移交-运营”。这种方式往往适用于一些对经营权有特殊考虑的项目，如关系到国家安全的产业如通信业，为了保证国家信息的安全性，一般项目建成后不适合交给外国投资者经营，而是将所有权移交给项目所在国政府，由项目所在国经营通信的垄断公司经营或与项目开发商共同经营项目。

（5）BLT（build-lease-transfer），又称 BRT（build-rent-transfer），即“建设-租赁-移交”。具体是指获得特许经营权的私营财团融资建设项目，项目建成后私人财团按约定将项目资产出租给政府或第三方并通过收取租金回收投资，租赁期满结束后项目的所有资产再移交给政府公共部门的一种融资方式。

（6）DBFO（design-build-finance-operate），即“设计-建设-融资-运营”。这种方式是从项目设计开始就特许给某一私人部门进行，直到项目经营期收回投资并取得投资收益，在该项目中私营财团负责为项目融资并承担财务风险，同时也可以分享项目的潜在收益。

（7）FBOOT（finance-build-own-operate-transfer），即“融资-建设-拥有-运营-移交”。这种形式类似于 BOOT，只是强调了私营财团只有先融通到资金，政府才予以考虑是否授予特许经营权。

（8）BOL（build-operate-lease），即“建设-运营-租赁”。在这种方式中私营财团在特许经营期满后并不将项目移交给政府，而是以租赁方式继续经营项目。

（9）DBOM（design-build-operate-maintain），即“设计-建设-运营-维护”，这种方式强调私营财团在项目运营期对项目资产进行规定的维护。

（10）DBOT（design-build-operate-transfer），即“设计-建设-运营-移交”。这种方式是从开始就特许给某一私营机构进行项目的设计、建设、运营等工作，特许终止时项目须完好地移交给政府。

（11）SOT（sold-operate-transfer），即“出售-运营-移交”，具体是指项目所在国政府与外商签订特许权经营协议后，把已经投产运行的基础设施项目移交给外商经营，凭借该设施项目在未来若干年内的收益一次性地从外商手中融得一笔资金用于建设新的基础设施项目。特许经营期满后，外商再把该设施无偿地移交给项目所在国政府。

（12）TOT（transfer-operate-transfer），即“移交-运营-移交”。它是指政府把需要更新改造的基础设施项目移交给私营机构，由私营机构进行更新改造后，运营一定时间以回收投资并获取合理的回报，特许期满后将基础设施无偿地移交给政府。

（13）BT（build-transfer），即“建设-移交”。在该方式中，项目在建成后就移交给政府，政府按协议向项目发起人支付项目总投资及合理的投资回报。这种形式适合无法进行收费经营的项目，或者基于安全或战略的考虑必须由政府直接运营的关键设施。

（14）BOOST（build-own-operate-subsidize-transfer），即“建设-拥有-运营-补贴-移交”。这种方式往往是对一些国民经济效益或社会效益比较突出但财务效益不理想的项目，在项目经营期由政府给予私营机构一定的补贴。

除此之外，BOT 模式的衍生形式还有很多，如 BOD（build-operate-deliver，建设-运营-移送）、ROO（rehabilitate-own-operate，改造-拥有-运营）、CAO（contract-add-operate，协议-扩建-运营）、DOT（develop-operate-transfer，开发-运营-移交）、ROMT（rehabilitate-operate-maintain-transfer，改造-运营-维护-移交）等。由于各个国家在基础设施建设中都

面临着资金紧缺的局面，因此 BOT 模式及其衍生形式被大量使用。同时，在基础设施投融资方面也发生了一些值得关注的变化：一种变化是在有些基础设施项目中，政府与私营机构的关系发生了变化，两者之间存在一定的合作关系，从而产生了 PPP 模式，我国统称为政府和社会资本合作；另一种变化是私营机构参与投资建设的项目不仅包括营利性的基础设施，而且扩展到具有或部分具有公共产品性质的基础设施项目中，因此私营机构获得投资回报的方式也发生了变化，产生了 PFI 模式，即“私人融资启动”或“私人主动融资”。

7.1.2　BOT 模式的产生与发展

1. *BOT 模式的发展历程*

尽管现代意义上的 BOT 融资模式只有几十年的历史，然而 BOT 这种采取政府授权给私营机构进行项目的建设和运营的方式却有很长时间的历史。早在 17 世纪初期，英国在修建航海灯塔的时候就采取了与 BOT 模式十分接近的方式；19 世纪初美国也以类似的方式修建桥梁、电站；著名的苏伊士运河也是由英、法两国的大股东组成万国苏伊士运河公司，由公司负责运河的设计、融资、施工，并由运河公司与埃及政府签订协议确定有限期限的经营权，经营期满由埃及政府收回运河，并作为运河的最终所有者。从以上实例可以看出，BOT 的发展历史至少有 300 多年，然而在 20 世纪以前的 BOT 融资模式在理论上并未引起足够的关注，在实践中应用的实例也不是很多。

有学者认为现代意义上的第一个 BOT 项目是香港中区海底隧道项目，这个项目于 1956 年提出、1965 年 8 月形成意向、1969 年正式签署协议。在该项目中，越港隧道有限公司与伦敦劳埃德银行签订了一份 1.47 亿英镑的贷款协议，并于 1969 年 9 月开工建设，1972 年 8 月交付使用，到 1977 年该项目已经还清全部债务。这一项目的筹资和运营过程具备 BOT 模式的基本特点，而且在符合 BOT 制度特征的基础设施项目中时间最早，无论是授予特许权日期还是工程开工日期都是最早的，所以被认为是现代意义上的第一个 BOT 项目。

20 世纪 80 年代中期以前，绝大部分国家基础设施项目的建设是由国家投资、政府主办的。随着经济的发展，基础设施建设资金需求量和政府资金短缺之间的矛盾日益突出，特别是在发展中国家这种情形尤为严重。正是迫于基础设施落后和资金不足这种压力，一些国家政府和金融机构不得不寻求新的方法解决当时所面临的困难。

1984 年，当时的土耳其总理厄扎尔首先提出了 BOT 这一概念，厄扎尔提出这种方式的目的是想利用该方式建造一座发电厂。这种新的投融资方式提出后立即引起了世界的注意，尤其是对于马来西亚和泰国等发展中国家来说，它们把 BOT 看成减少公共部门借款的一种方式，同时也有利于推动国家吸引国外直接投资，各国纷纷探索如何利用 BOT 方式建设大型基础设施。

20 世纪 80 年代中后期，BOT 融资模式逐渐受到各国政府尤其是发展中国家政府的关注。这种融资模式被各国广泛地应用于基础设施项目的建设中，并且成为国际建设项目工程承包市场中营业额增长最快的一种方式。由于 BOT 项目的最终所有权属于政府，保证了国家基础设施项目的主权，因此 BOT 融资模式已成为发展中国家减少主权借款和吸引国内外资金直接投资基础设施建设的有效手段，具有广阔的应用前景，20 世纪 80 年代中后期开始建设的英法海底隧道项目则进一步促进了 BOT 方式在世界范围内的应用。

2. 中国 BOT 模式的发展历程

BOT 项目融资模式在中国被称为特许权融资模式，其定义是指国家或地方政府部门通过特许权协议授予签约方的外商投资企业（包括中外合资、中外合作、外商独资）承担公共基础设施项目的投融资、建设、经营、维护；在协议规定的特许期限内，项目公司投资建造项目设施，并向设施使用者收取适当的费用以收回项目的建设投资和经营、维护的成本并获得合理的回报；特许期届满，项目公司将设施无偿地移交给签约方政府部门。

国内第一个 BOT 项目是深圳沙角 B 电厂，1984 年深圳特区电力开发公司同香港和合实业公司签署了项目合资协议，1986 年完成项目融资安排并开始动工，1988 年建成投入使用。该项目总投资额 42 亿港元，项目特许期为 10 年，特许期满，电厂所有权归深圳特区电力开发公司所有。由于该项目是在改革开放初期运作的，所以项目融资结构比较简单，加上国内缺乏 BOT 融资的经验，遗留了一些问题，该项目虽然开创了中国基础设施项目融资的新途径，但当时 BOT 融资模式在国内并没有得到大范围推广。

1994 年，中国政府开始加强对 BOT 融资模式的研究。1994 年 5 月和 11 月国家计委分别与世界银行、亚洲开发银行联合召开了两次吸引国外资本投资于我国基础设施的国际研讨会。1995 年 8 月国家计委、电力部和交通部联合下发了《关于试办外商投资特许权项目审批管理有关问题的通知》，为我国运作 BOT 项目提供了法规依据。同时国家计委选择广西来宾电厂 B 厂、成都市自来水六厂 B 厂等项目作为 BOT 试点项目，这标志着我国采用 BOT 模式为基础设施项目融资进入了规范运作的阶段。从这时候开始，我国相继在北京京通高速公路、上海延安东路隧道、重庆地铁、深圳地铁等项目中采用了 BOT 模式进行项目建设，BOT 模式在中国基础设施领域开始有盛行的趋势。

1996 年在福建泉州市，中国国内第一家民营企业投资兴建的 BOT 项目——刺桐大桥工程项目竣工。该项目由福建泉州市民营企业名流实业股份有限公司和市政府授权投资机构按照 6∶4 的比例出资，依法设立泉州刺桐大桥投资开发有限公司，投资约 2 亿元兴建刺桐大桥。项目公司负责项目前期准备、施工建设、经营管理的全过程。特许期限为 30 年，期满后无偿交给市政府。这种以少量国家资本带动大量私有资本参与基础设施建设的方式，对引导私有资本投资于基础设施领域起到了积极作用。该项目是我国第一次完全利用国内资金进行基础设施项目建设的 BOT 项目，因此被称为“国产”BOT。

7.1.3 BOT 模式优缺点分析

BOT 模式通常运用于社会性很强的基础设施建设项目，采用 BOT 模式进行建设的基础设施项目包括道路、桥梁、轻轨、隧道、铁路、地铁、水利、发电厂和水厂等。BOT 项目特许期内项目生产的产品或提供的服务既有可能销售给国有单位（如自来水厂、电厂等），也有可能直接向最终使用者收取费用（如交纳通行费、服务费等）。与传统的承包模式相比，BOT 融资模式的优点主要体现在以下方面。

（1）能减少政府的直接财政负担，减轻政府的借款负债义务。在 BOT 项目中，所有的项目融资负债责任都被转移给项目公司，政府无须保证或承诺支付项目的借款，从而也不会影响项目所在国政府和发起人为其他项目融资的信用，避免政府的债务风险，政府可以将原来用于这些方面的资金转用于其他项目的投资与开发。

（2）有利于转移和降低风险。在 BOT 项目中，政府除为项目提供必要的条件和少量的保证外，不为项目的筹资行为和项目的运营提供其他强制性的义务，因此也就将项目的建设阶段和运营阶段的风险转移给了私营机构，私营机构必须通过严密的合同体系、担保体系来分配和处理各种风险。

（3）有利于提高项目的运行效率。在 BOT 模式的应用实践中，一般将该模式视为提高项目的设计和管理效率的一种有效手段，这是因为一方面 BOT 项目一般具有投资数额大和项目周期长等特点，从而导致项目风险较大，同时由于私营企业的参与，贷款机构对项目的要求就会比政府更加严格，从而有利于减少项目建设和运营中的风险，确保项目成功；另一方面，私营企业为了减少风险、获得较多的收益，客观上也会促使其在建设和运营阶段加强管理，以确保其投资目标的实现。因此尽管项目前期工作量较大，但一旦进入实施阶段，项目的设计、建设和运营效率就会比较高，用户也可以得到较高质量的服务。此外，在 BOT 项目投资财团的选择招标中，项目所在国政府往往将投标方的技术、管理能力列为重要的考虑目标，该竞争机制有利于提高项目的运营效率。

（4）BOT 融资方式可以提前满足社会和公众对基础设施的需求。采用这一方式，可使一些本来亟须建设而政府目前又无力投资建设的基础设施项目可以提前开工建设并投入使用，从而有利于社会生产力的提高，也有利于促进经济的发展。

（5）BOT 项目通常都由外国的公司来承包，这会给项目所在国带来先进的技术和管理经验，既给本国的承包商带来较多的发展机会，也促进了国际经济的融合。

（6）BOT 模式有利于开发当地资本市场和吸引外资。BOT 模式既可以通过鼓励当地机构和人士参与基础设施投资而汇集本地资本，也可以通过吸引国外投资来支持本地基础设施建设。

上述这些优点是项目所在国政府愿意采取 BOT 模式进行基础设施建设的主要原因，然而对于进行项目投资的私营机构来说，BOT 模式也具有一定的吸引力，否则缺少了私营机构的主动性，BOT 项目无法得以建设。对于投资财团来说，BOT 模式的吸引性体现在以下几点。

第一，BOT 模式具有独特的项目背景、定位和资源优势，可以保证项目投资者可观的投资回报。采用 BOT 模式进行建设的项目往往是由项目所在国政府根据经济和社会发展的需要提出的亟须建设的项目，这类项目或是有稳定的市场需求，或是由政府提供了市场保障和价格保障，从而大大降低了项目的运营风险，同时也确保了项目的投资收益。

第二，特许权协议一般对私营机构的独占经营权有所规定，从而可以有效地避免同类项目对已建成基础设施的冲击和业务竞争，有利于保障项目投资者的投资目标实现。

第三，BOT 模式可以使私营财团有机会参与基础设施项目的投资，不仅可以扩展其业务范围，而且也可以借助其在 BOT 项目中的成功表现创造更多的投资机会。

第四，BOT 模式有利于促进投资者其他业务的发展。组成投资财团的投资者除期望从 BOT 项目中获得收益外，可能其中某些投资者本身就是大型设备的生产厂商、项目原材料的提供方、项目产品的购买方或者是能从项目的建设和运营中获得其他业务机会，参与 BOT 项目投资将有利于其扩展业务市场，获得新的市场机会。

尽管 BOT 模式对于项目所在国政府和投资财团来说都具有一定的可取之处，但是也不能忽视采用 BOT 项目融资模式可能带来的负面效果，这些负面效果主要表现为以下几方面。

一是可能导致大量税收的流失。BOT 模式实际上是基础设施暂时私有化的过程，以改变长期以来只能由国有部门进行基础设施建设的局面，这种操作可能导致税收的大量流失。在国有部门建设的情况下，可以保证税收及时、足量地缴纳。然而在 BOT 融资模式下，项目公司多以外资企业形式出现，而许多国家对外资企业都有一定的优惠政策，这些优惠政策很可能造成税收的流失。

二是可能造成基础设施的掠夺性经营。在 BOT 项目中，私人部门只是项目设施在特许期内的经营者，特许期满项目设施总要无偿地移交或以一定的价格移交给政府指定的企业。所以项目公司为了能够早日收回投资并获得利润，就必须在项目的建设和经营中采用先进的技术和管理方法，提高项目的生产效率和经营业绩，增加项目的竞争力，使得投融资双方均能获得一定的利润回报。这种掠夺性的经营方式往往导致在特许期满进行项目资产移交时，主要的项目设施处于维修不力的状态，需要投入大量的维护和保养资金才能保证项目设施恢复良好的运行状态。

三是 BOT 模式可能导致政府失去对项目关键环节的控制。在项目的投标阶段，由于投标期较长，政府很容易失去对设计过程的控制，也无法保证中标设计方案能全部满足政府的各种需求，尤其是隐性需求；在项目特许期内，私营机构拥有项目的独立经营权，政府失去了对项目经营权的控制，也就难以确保项目运营中公共利益的保护。

四是私营机构承担了项目的大部分风险，从而造成了融资费用较高。基础设施建设项目采用 BOT 模式建设往往具有更高的融资成本，造成这种现象的原因是：一方面银行提供给政府机构贷款的条件往往比私营机构有一定程度的优惠；另一方面，贷款利率的高低也与贷款人承担的风险有关系。BOT 项目中私营机构承担原应由政府承担的部分风险，因此可能会造成融资前期费用的增加和贷款利率的上升。

五是 BOT 项目的资金流特点有可能造成大量外汇的流出，影响国家外汇平衡。项目的投资者中通常由国外投资者参与，而且项目的债务资金往往由国际银行提供，而项目的基础设施属性又决定了其收入的货币形式为项目所在国本国货币。项目产生的收入与贷款还本付息、投资收益汇出的货币形式不同将产生货币倒换问题，进而造成大量的外汇流出。

7.1.4 BOT 模式的适用范围

由于 BOT 模式的实质是在政府的特许下，允许私营机构进行基础设施建设并通过运营期向设施的使用者进行收费以偿还债务并获取利润，因此 BOT 模式的适用范围需要考虑项目的特点及项目所在国的经济体制的限制。一般来说，采用 BOT 模式进行建设的项目必须是具有较强盈利能力的基础设施项目，只有项目具有较强的盈利能力才能吸引私营机构进行投资，对于盈利能力不强的项目来说，如果希望通过 BOT 模式进行建设，则政府要对投资财团采取其他形式的利益补偿，如给予一定的补贴或给予投资方其他的资源或经营权等。由于 BOT 模式的核心是由私营机构运营基础设施，因此只有国家的经济体制允许私营化的领域才可能通过 BOT 模式进行建设。由于各个国家的经济体制、基础设施建设和运营方式不同，因此发达国家和发展中国家 BOT 模式的适用范围也有所不同，具体如下。

（1）在发达国家，由于各类经济法规健全、政策透明度高、市场竞争有序，为 BOT 项目提供了良好的外部环境，所以 BOT 模式已作为基础设施私有化的有效方式之一而得到成功的应用。在发达国家 BOT 模式的应用领域一般比较广泛，其应用范围可以包括：公共设施项目，如电力、电信、自来水、排污、医院等；公共工程项目，如大坝、水库、仓库等；交通设施项目，如公路、铁路、桥梁、隧道、港口、机场等。

（2）在发展中国家应用 BOT 模式往往是为了解决资金短缺的问题，而且受自身投资环境的限制较多。承包商往往认为发展中国家投资风险大，融资成本和股本回报要求都较高。对于特定的项目，在项目产品价格可接受的情况下可以采用 BOT 模式进行建设，如电力项目、收费公路项目等；某些类型的项目（如水厂、地铁等）如欲采用 BOT 模式，则必须进行认真的项目规划和论证，以保证在基础设施建设和运营过程中既能够使投资方适度获利，又有利于公共利益的保护；而有些项目使用 BOT 模式基本上是不可行的，如我国的铁路建设项目，这些领域在我国长期由国有资本垄断经营，目前只是有极少数的私营机构经营的试验，尚不具备大范围私营化的条件，所以无法通过 BOT 模式进行建设。

7.1.5 BOT 模式的参与方

与一般融资项目一样，BOT 项目融资结构中也有项目投资者、直接主办人、政府机构、与项目有利益关系的第三方等融资参与主体，但是在 BOT 模式中，政府机构的作用却与一般项目有明显不同。在 BOT 项目中，政府机构往往既是项目的提出者，又是项目的受益人之一和最终所有者，BOT 项目中参与者及参与者之间的关系有着一定的特殊性。

1. BOT 模式的参与主体构成

BOT 项目的参与人主要包括政府、项目承办人（即被授予特许权的私营部门）、投资者、贷款人、保险和担保人、总承包商（承担项目设计、建造）、运营开发商（承担项目建成后的运营和管理）等。此外，项目的用户也因投资、贷款或市场保证而成为 BOT 项目的参与者。各参与人之间的权利和义务依各种合同、协议而确立，如政府与项目承办人之间订立特许权协议，各债权人与项目公司之间签订贷款协议等。

BOT 项目的全过程涉及项目发起与确立、项目资金的筹措、项目设计、建造、运营管理等诸多方面和环节。BOT 融资结构总的原则是使项目众多的参与方的分工责任与风险分配明确、合理，把风险分配给予该风险最为接近的一方。

BOT 模式主要由以下三方组成。

1）项目的最终所有者（项目发起人）

项目发起人是项目所在国政府、政府机构或政府指定的公司。从项目所在国政府的角度考虑，采用 BOT 融资模式的主要吸引力在于两点。

第一，可以减少项目建设的初始投入。大型基础设施项目如发电站、高速公路、铁路等公共设施的建设，具有资金占用量大、投资回收期长的特点，而资金紧缺和投资不足是发展中国家政府所面临的一个普遍性的问题。利用 BOT 模式进行基础设施建设，政府部门可以将有限的资金投入更多的领域。

第二，可以吸引外资、引进先进技术、提高项目的管理水平。

在 BOT 模式中，项目发起人与其他几种项目融资模式中投资者的作用有一定程度的区别。在 BOT 项目特许期内，政府作为项目发起人在法律上既不拥有项目，也不经营项目，而是通过给予项目某些特许经营权和一定数额的从属性贷款或贷款担保作为项目建设、开发和融资安排的支持。在融资结束后，项目的发起人通常会无偿地获得项目的所有权和经营权。由于特许权协议在 BOT 模式中处于核心地位，所以有时 BOT 融资模式也被称为特许权融资模式。

在 BOT 项目的初始阶段，政府根据经济和社会发展的需要提出项目，并通过建设条件保证、市场条件保证等措施来增加项目的吸引力，以吸引项目的投资；在项目建设和运营期间，政府除按承诺提供项目的必要支撑条件外，还可能为项目的融资和运营提供其他形式的支持；特许期结束后，政府作为项目的最终所有者将有偿或无偿获得项目资产。需要说明的是，政府在不同的 BOT 项目中发挥作用的方式、为项目提供的条件等将有很大差异，也并不见得所有的项目都是由政府首先提出或最终收回项目资产的。

2）项目的直接投资者和经营者

此处所说的项目直接投资者和经营者是指组成投资财团，参与项目投标并获得政府的特许经营权，进行项目筹集资金、建设并在特许期内拥有项目经营权的主体。项目经营者是 BOT 融资模式的主体，是项目筹资、建设和经营的主体，承担项目中的大部分风险并从项目经营中获得利润。项目经营者的角色一般由一个专门组织起来的项目公司来承担，项目公司的组成以在这一领域具有技术能力的经营公司和工程承包公司作为主体，有时也吸收项目产品（或服务）的购买者和一些金融性投资者参与。因为在特许权协议结束时，项目要最终交还给项目发起人，所以从项目所在国政府的角度，选择合适的项目经营者不仅有利于确定特许期内基础设施项目的建设和运营效率，也有利于特许期结束后政府能继续利用所接收的基础设施为公众提供服务，政府选择项目经营者的标准和要求一般包括：第一，项目经营者要有一定的资金、管理和技术能力，保证在特许权协议期间能够提供符合要求的服务；第二，经营的项目要符合环境保护标准和安全标准；第三，项目产品（或服务）的收费要合理；第四，项目经营期内要保证做好设备的维修和保养工作，保证在特许权协议终止时项目发起人接收的是一个运行正常、保养良好的项目，而不是一个过度运用的超期服役项目。

3）项目的贷款银行

BOT 模式中的贷款银行组成较为复杂，除商业银行组成的贷款银团之外，政府的出口信贷机构和世界银行或地区性开发银行的政策性贷款在 BOT 模式中通常起到很重要的作用。BOT 项目贷款的条件取决于项目本身的经济强度、项目经营者的经营管理能力和资金状况，但是也在很大程度上依赖于项目发起人和所在国政府为项目提供的支持和特许权协议的具体内容。

BOT 项目资金需求量大，而且贷款资金往往是项目资金的主要来源，因此筹集到足够的债务资金是 BOT 项目成功的关键。为 BOT 项目提供贷款的银行数量取决于项目的筹资额度和风险程度。一般来说，如果项目筹资额度较小且项目风险较小，往往贷款可以由少数几家银行来提供，如果项目投资额度增加或风险较大，贷款银行的数量也将有所增加，对项目的担保体系的要求也会更加严格。根据 BOT 项目中提供贷款的银行数量来分，贷款有独家贷款（包销）、联合贷款和银团贷款三种形式。

除上述参与者之外，BOT 项目中的参与者还包括工程公司、运营商、保险公司、供应商（燃料供应商、设备供应商）、产品（或服务）购买者、融资顾问等，其中某些参与者可能本身就是项目的投资财团的一员。

2. BOT 项目主要参与方所关注的问题

在 BOT 项目中，项目发起人（政府）、项目投资者（私营财团）和贷款银行是最主要的参加方，而 BOT 项目成功组建的前提是政府授予私营财团特许权协议。在 BOT 项目中，政府、私营财团和贷款银行都是经济行为中的平等主体，因此只有在特许权协议的授予和贷款协议的形成中充分考虑到各参与方所关注的问题，项目才有可能成功筹资建设。在 BOT 项目中的各主要参与方所关注的问题如下。

1）项目发起人（政府）所关注的问题

政府作为 BOT 项目的发起者和最终所有者，将过去多由财政投资建设的基础设施项目暂时私有化，因此政府所关注的问题往往既涉及项目，又涉及公众；既涉及项目特许期，又涉及特许期结束后的项目运营。政府关注的问题包括以下几点。

（1）项目所在国内的经济体制、法律政策、人们的主观认识等环境因素是否有利于保证 BOT 项目的成功，这些因素也将直接影响到项目是否能吸引到有实力的私营机构参与投资。

（2）投资财团的经验、资信、筹资能力和经营管理能力以及项目中的各种协议的设置是否有利于保证项目的成功。

（3）在项目的建设阶段和特许经营期内，项目运营方可能要求的各种直接或间接项目支撑条件，这些要求与政府的利益及风险承受能力相比是否存在着“过度保证”。

（4）项目建设阶段和经营阶段的各种活动是否有利于实现项目的建设目标，并尽可能地保护公众利益。

（5）在建设期和特许经营期内是否存在着一些明显的不确定性因素，这些因素是否会影响到项目的现金流量或影响到项目的成败。

（6）特许经营期结束后，政府是否能够获得一个保养良好的、可持续运营的基础设施等。

2）项目直接投资者和经营者关心的问题

私营机构作为 BOT 项目的直接投资者和经营者，其投资的主要目标是通过参与基础设施的建设和经营获取财务效益，因此可能影响项目财务效益的因素都是投资者所关心的问题，这些问题包括以下几方面。

（1）项目的建设成本、工期、特许期限、建成后的运营成本、收费标准及其调整程序和办法。

（2）项目的现金流量能否满足偿还债务的要求并为投资者带来满意的投资回报。

（3）项目所在国政府对 BOT 项目是否有明确的政策、规则或专门法规，这些政策和法规对项目的建设和运营有什么影响。

（4）项目所在国的政治经济状况、建设条件及竞争项目的情况，这些因素是否构成项目建设和运营阶段的关键风险。

（5）政府是否愿意分担项目风险，特别是那些投资者不能控制的风险。

3）贷款银行关心的问题

虽然贷款银行同项目投资者一样十分关注项目的成败，但是实际上银行最关注的是项目的贷款偿还是否安全、有保障，并且项目的现金流量和担保体系都是银行所考虑的重要内容。银行所关注的因素包括以下几点。

（1）项目完工计划和技术目标的可行性，如果项目未能按时完工或未达到原设计标准，风险由谁承担。

（2）项目绝大部分建设资金的落实情况。

（3）偿还债务的收入来源是否可靠，能否保证大部分项目收入用于偿还债务。

（4）贷款担保条件、项目发起人及其他参与方做出的承诺以及贷款人拥有多大的追索权。

（5）政府实施项目的决心、实力及对风险分担的态度。

尽管 BOT 项目主要参与方关注的问题有所不同，但是通过适当的利益和风险分配机制的设计使各参与方具有一定的相同目标将有利于项目的顺利建设和运营。对于项目的各参与方来说，项目各阶段的现金流量状况是大家共同关注的问题，图 7-2 描述了 BOT 项目的基本现金流量在各项目融资参与方之间的流动方向。

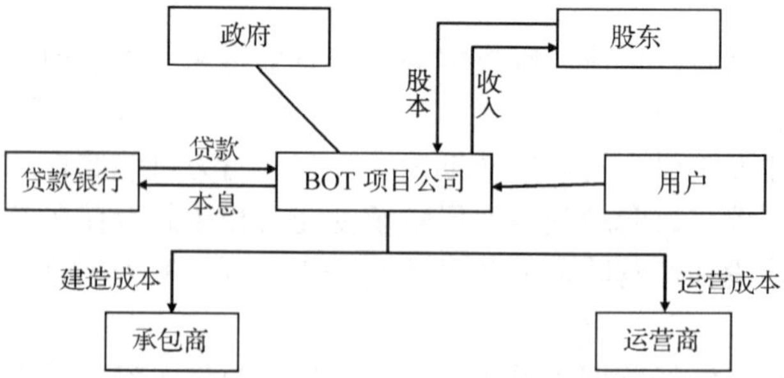

图 7-2　BOT 项目的基本现金流向

成功的项目融资是充分发挥各个参与方的优势，将风险分配给最能承受并管理这类风险的参与者，而且让每个参与方得到项目成功所带来的收益。因此，为了消除各方的疑虑，需要明确各参与方的关系，针对各种矛盾进行详尽的谈判，并最终签订各种协议，以约束各方的行为，最终保证项目的顺利实施和运营。

3. BOT 项目各参与方之间的关系

图 7-3 描述了一个简单的 BOT 项目中各参与方之间的内部关系，从中可以看出在 BOT 项目中各参与者之间是通过各种协议组织在一起的，而每一个协议都是在项目各参与方之间进行的利益和风险分配的一种机制和手段。

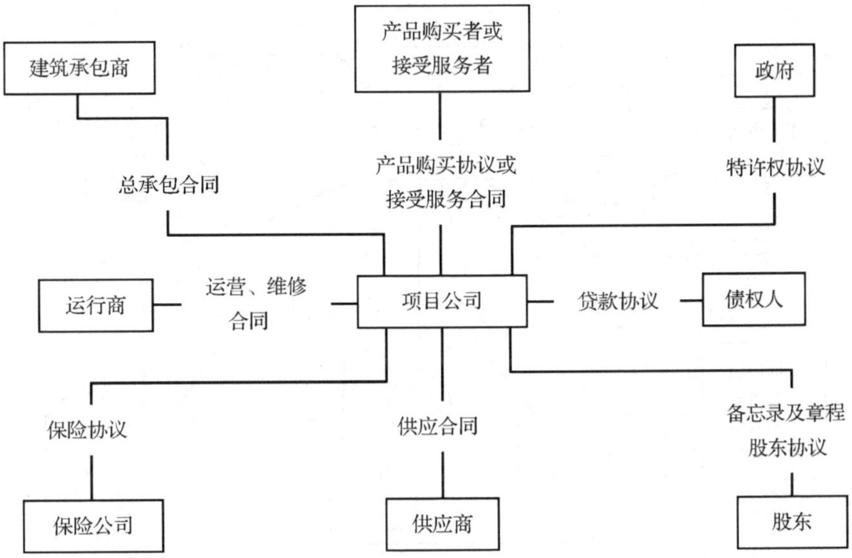

图 7-3　BOT 项目中各参与方关系示意图

从图 7-3 中可以看出，BOT 项目与一般项目融资结构最大的区别就体现在政府特许权协议上，这个协议不仅将私营财团建设和运营基础设施的行为合法化，而且也影响到投资者和政府之间风险和利益的分配关系。除政府提供的特许权协议以外，BOT 项目各参与者之间的关系与一般融资项目并没有明显区别。然而由于 BOT 项目多数都属于基础设施建设项目，因此 BOT 项目的产品购买者或设施的使用者或者直接是与政府有关的机构（如水厂或电厂建设项目的产品购买者一般直接就是国有的供水公司或电网公司），或者是由政府为项目的市场状况提供一定的保障（如高速公路项目中政府所提供的最低车流量保证）；同时，BOT 项目中的产品（或服务）的销售收入（或营业收入）受政府的影响比较大，出于维护公共利益的角度，政府一般在投资财团选择时要规定项目运营期的收费标准，从而影响到项目运营期的收入水平。

除图 7-3 中所展示的各项目参与方之间的关系外，BOT 项目成功的另一个关键因素是项目的参与方或第三方为项目提供的各类协议和担保等所组成的担保体系。图 7-3 中的各个协议本身就会构成对项目现金流量有影响的重要安排，但除此之外，有时银行还会要求项目的参与方或第三方提供适当的担保来确保债务资金的安全。整个 BOT 项目融资结构正是由项目各参与方之间的各种协议安排及担保体系所构成的，通过这些协议和担保安排既能有效地分配风险，又能保证各参与方在项目的不同阶段协同运作，一个典型的 BOT 项目结构如图 7-4 所示。

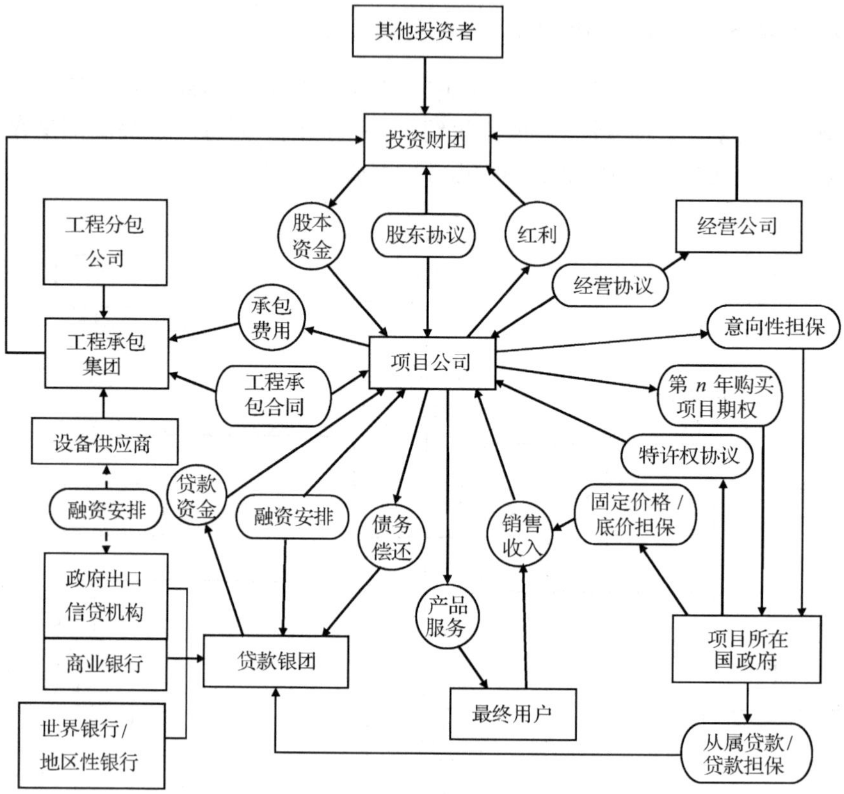

图 7-4　典型的 BOT 项目结构示意图

7.1.6　BOT 模式的实施步骤

尽管在不同的 BOT 项目中，项目参与方发挥的作用及相互关系有很大差异，然而各个 BOT 项目的组织和实施过程基本上是相同的。一个典型的 BOT 项目要经历以下几个阶段，即准备阶段、实施阶段和移交阶段。

1. 准备阶段

准备阶段的工作目的是为项目的建造和运营创造条件，包括组织条件、资金条件和实施方案等，这一阶段的具体工作内容和步骤如下。

1）项目识别与立项

（1）项目识别。这一工作主要是指政府认真考虑某一具体项目是否可以采用 BOT 模式建设。首先，政府需要结合经济和社会发展的需要判断项目是否符合政府基础设施建设规划或者是否属于有重大经济和社会效益且需要优先建设的项目；其次，政府将重点研究采用 BOT 融资模式满足该项目需要的可能性。

（2）确定是否以 BOT 模式执行该项目。项目能否采用 BOT 模式进行投资建设，主要是由项目能否保证投资人获得合理的投资回报决定的。盈利能力不足或无盈利能力的基础设施项目的建设方式可以采用以下两种方式：一是由政府或者公共机构进行投资建设，项目建成后面向公众提供免费服务；二是由政府给予财政补贴或者给予其他形式的支持，提高项目投资者的投资回报进而吸引私营机构进行投资建设。

（3）预可行性研究。政府必须对项目进行技术、经济及法律上的可行性研究，分析项目的可能风险及投资者的利益与风险要求、政府或投资者在项目中的担保义务等并最终确定项目是否采用 BOT 模式进行建设。

（4）项目立项。按照我国现行项目管理体制和关于招投标的有关规定，项目发起方在进行项目投资方选择之前，应将《项目建议书》或《预可行性研究报告》报有关部门审查并批准，政府有关部门给予的批复也将构成项目招投标的基础和依据。

2）合同采购准备工作

BOT 项目中投资财团的选择多采取公开竞争的形式进行，一旦项目的意见书得到批准，接下来就进入招投标程序。

A. 确定采购方式

政府机构需要根据工程项目的特点、招标前的准备工作、合同的类型等因素，确定合同的采购方式。BOT 项目的实施主体一般选择的采购方式有以下三种：公开招标方式、有限招标方式、独家谈判。采用 BOT 模式建设的项目应尽可能采用公开招标的方式选择实施方，以便利用公开竞争降低成本、提高效率。

B. 确定投标资格

投标资格指招标人在招标文件中规定的关于投标人的条件要求，资格预审须知中明确列出投标人应满足的最基本条件，可分为一般资格条件和强制资格条件两类。

一般资格条件包括投标人的法人资格、资质等级、财务状况、工程经验、企业信誉、分包计划、设备技术能力等方面的要求。

强制资格条件根据招标项目对潜在招标人是否有特殊的要求而定，一般对于大型复杂的项目来说，尤其需要有专门技术、设备或经验的投标人才能完成时，则应设置此类要求。

C. 研究确定技术参数，准备招标文件

招标人应根据 BOT 项目的特点编制项目的技术、标准规范，确定技术参数。招标准备阶段应编制好招标过程可能涉及的有关文件，保证招标活动的正常进行。这些文件通常包括：招标须知、合同文件、技术规范、设计图、资格预审文件、合同协议书以及资格预审和评标的办法等。

D. 确定投标评价办法和评标准则

评标是对各投标书优劣的比较，应由评标委员会负责评标工作。评标委员会由招标人和有关的技术、经济、法律等方面的专家组成，成员人数不少于 5 人。由于 BOT 项目往往属于大型的复杂项目，评审内容复杂、涉及面广，通常评标过程分为初评和详评两个阶段。

E. 投标者资格预审

对投标者的法人资格、资信状况、项目的产业能力（包括技术、组织、管理、投资、融资等能力）、以往的经验和业绩进行公开评审。

3）有投资意向者投标

有意向者投标是指投标人应招标人的邀请，按照招标的要求和条件，在规定的时间内编制标书并向招标人提交，以争取中标的行为。在提交标书之前，投标人一般需要进行可行性研究及投标决策、准备投标文件等工作。投标人需准备的投标文件至少包括以下一些文件：投标函、项目可行性研究报告、项目融资方案、项目建设工期与进度安排计划、投标保证金、招标文件要求的其他文件。

4）选择投资者

A. 对标书进行评价

由国家发展改革委组织中央与地方政府有关部门、项目发起人以及熟悉项目的技术、经济、法律专家参与进行公开评标。选出最具有资格的投标者，对特许权协议进行确认谈判后进行公开揭标。

B. 澄清与调整标书，合同谈判

评标委员会认为必要时，可以单独约见投标人对标书中含义不明确的内容做必要的澄清或说明，但澄清或说明不得超出标书文件的范围或改变投标文件的实质性内容。澄清的内容也要整理成文字材料，并作为标书的组成部分。

决标后，招标委员会应邀请中标者与政府进行合同的谈判。BOT 项目的合同谈判时间比较长，而且非常复杂，因为项目牵扯到一系列的合同以及相关的条件，谈判的结果是要中标人能为项目筹集资金，并保证政府把项目交给最合适的投标人。在特许权协议签字前，政府和中标人都要花费大量的时间和精力进行谈判和合同的修改。在这一过程中，政府将与项目公司就最后的特许权协议或项目协定进行谈判，并就最后的贷款协定、建筑合同、供应合同及实施项目所必需的其他附属合同进行谈判。

C. 授予项目特许权，签订项目委托协议

中标人在谈判结束后，政府即授予项目公司对 BOT 项目的设计、资金筹措、建设、维护和移交的权利。而后，项目公司必须签署与项目贷款方的信贷协议、与建筑承包商的建设合同、与供应商的设备和材料供应合同、与保险公司的保险合同等。

5）项目开发准备

在获得了基础设施项目的建设和经营权后，投资财团可以根据需要成立特别目的公司（special purpose vehicle，SPV），SPV 的数量及其职能取决于具体项目的融资结构设计。项目公司成立后，需要与项目的各相关方就相关业务关系形成正式的协议及合同，这些协议或合同多数在投标之前已经形成意向，但是只有在中标后才能正式签订合同。在此阶段需要签订的各种协议及合同包括：贷款协议、工程承包合同、材料供应合同、设备购买协议、保险合同、设施经营维修合同等。

2. 实施阶段

项目实施阶段是指从项目具备开工条件开始，经历项目建设和经营阶段直到特许经营期结束为止所经历的全部时间。在这一阶段，项目公司按特许权协议和相关协议安排进行项目的投资建设，并通过项目的经营活动偿还银行的贷款、收回投资并实现收益。

3. 移交阶段

在特许期期满时，项目公司把项目移交给项目所在国政府，项目移交包括资产评估、利润分红、债务清偿、纠纷仲裁等。

7.1.7　BOT 模式中的特许权协议

BOT 融资的关键文件是特许权协议，特许权协议说明了特许权的授予者与被授予者双方的权责，这是整个 BOT 融资的基础，因此有必要搞清楚特许权协议的内容和协议的基本条款。

特许权是指政府机构授予特定主体从事某种业务的权利，如耕耘土地、经营工业、提炼矿物等。在 BOT 项目的实践中，特许权是指项目所在国政府授予国内外项目的主办者在其境内或土地区域内从事某一 BOT 项目的建设、经营、维护和移交的权利。特许权协议是规定和规范 BOT 项目中项目所在国政府与项目的私营机构之间的相互权利与义务的一种法律文件，它是 BOT 项目所有协议的核心和依据。

BOT 特许权协议的内容分为一般条款和权利义务条款两部分，其中，一般条款包括以下内容：特许权的双方当事人、授权目的、授权方式、特许权范围、特许期限、特许权协议生效的条件。

常见的授予特许权的方式可以分为三种：①政府通过立法性文件确定授权关系；②以合同或协议的形式确定，即政府或政府授权部门与项目主办人或项目公司签订特许权合同或协议；③同时并用以上两种形式，即先由政府单方面公布立法性文件，然后由政府或政府授权部门与项目主办人或项目公司签订特许权协议。

特许权协议涉及 BOT 项目的产品性能和质量、建设期、特许期、项目公司结构、资本结构、备用资金、原料和燃料供应、项目收费和价格调整方式、最低收入担保、外汇安排、贷款人的权利、不可抗力、项目建设规定、维修计划、移交条件、奖励及仲裁等内容。其基本条款包括以下几点。

（1）特许经营权的范围。这一方面的规定主要包括三方面的内容。

一是权力的授予，即规定由哪一方来授予项目主办者哪些特权，一般是项目所在国政府或其公营机构授予私营机构特权。

二是授权范围，包括项目的建设、运营、维护和转让权等，有时还授予主办者一些从事其他事务的权力。

三是特许期限，即项目所在国政府许可主办者在项目建成后运营合同实施的期限，该条款与政府及其用户的利益密切相关，所以也是特许经营权协议的核心条款。

（2）项目建设的规定。此条款主要是规定项目的主办者或者其承包人从事 BOT 项目建设的具体安排，包括项目用地如何解决、项目的设计要求、承包商的具体义务、工程如何施工及采用的施工技术、工程建设质量的保证、工程的进度及工期延误方面的处理等方面的规定等。

（3）土地征收和使用的规定。此条款规定土地征收是由项目公司还是政府部门承担，如由政府部门承担，将土地修整到什么程度项目公司才介入。在明确了征地事项后，还应明确项目公司对土地的使用方式、使用年限、征地费用的承担及事项等。

（4）项目融资安排及其方式。此条款主要是规定一个 BOT 项目将如何进行融资、融资的利率水平、资金来源、双方同意将采用什么样的方式融资等。此外，还包括收益的分配、支付方式、外汇兑换、经济担保及税收等内容。

（5）项目的经营及维护。此条款规定项目公司营运和维护合同的方式和措施，项目公司、政府等各方的权利和义务，服务标准、收费标准、收费记录的检验，运营维护商的选择和责任等。

（6）能源物资供应。例如，在燃煤电站 BOT 项目的特许权协议中，规定项目所在国政府应保证按时、按质地向项目公司供应燃煤或其他能源物资，以及规定所供应能源的价格等。

（7）项目的成本计划、收费标准的计算方式。此条款主要包括双方在分析确定项目成本的基础上，如何确定项目公司对项目设施的收费标准及其计算方式，项目公司将如何向项目设施的用户收取服务费，以及计价货币币种等内容，如果遇到特殊情况对收费标准做出调整的可能性及其程序等。

（8）项目的移交。此条款主要规定项目移交的范围、运营者对设施进行最后的检修方式、项目设施风险的转移时间、项目设施移交的方式及其费用的负担、移交的程序如何确定等。

（9）协议双方的一般义务。此条款将对项目所在国政府和项目公司的一般义务做出规定，其中项目所在国政府的一般义务包括：保证纳税优惠，进出口、入境、就业许可等其他优惠政策，确保第三方不干预等。项目公司的一般义务包括：遵守法律法规、安全和环境标准的义务，保护考古地质和历史文物的义务，以及投保必要的保险、纳税、利用项目所在国劳动力等。

（10）违约责任。此条款规定出现违约情况后的处理和补救措施，包括协议终止和各种类型的赔偿责任。

（11）协议的转让。此条款规定协议的权利和义务能否转让，在何种情况下可以由哪一方进行转让或处置，包括抵押、征收的限制条件，如对设置财产抵押权的限制等。

（12）争议解决和法律适用条款。争议解决方式一般选择协商或仲裁，如选择仲裁则必须明确仲裁机构、地点、仲裁规则、适用法律、语言、费用的承担等。

（13）不可抗力。此条款规定不可抗力的范围、发生不可抗力情况后的通知程序、风险与费用的分配与承担、终止协议后双方的义务（如文件的归属、保密）等。

7.1.8 BOT 模式的风险处理和安全框架

在尽可能地采取相应措施降低风险的前提下，必须考虑如何在项目各参与方之间分配风险的问题。BOT 模式中风险的分担一般遵循如下原则：项目参与各方承担的风险要与期望的收益相匹配，将特定风险分配给最有能力承担或管理的一方。

图 7-5 是 BOT 项目的安全框架，这种安全框架就是项目风险的分配机制。从图 7-5 中可以看出，BOT 项目的风险分配是通过一系列协议来完成的，每类协议都是在各项目参与方之间分配特定的风险，其基本思路具体如下。

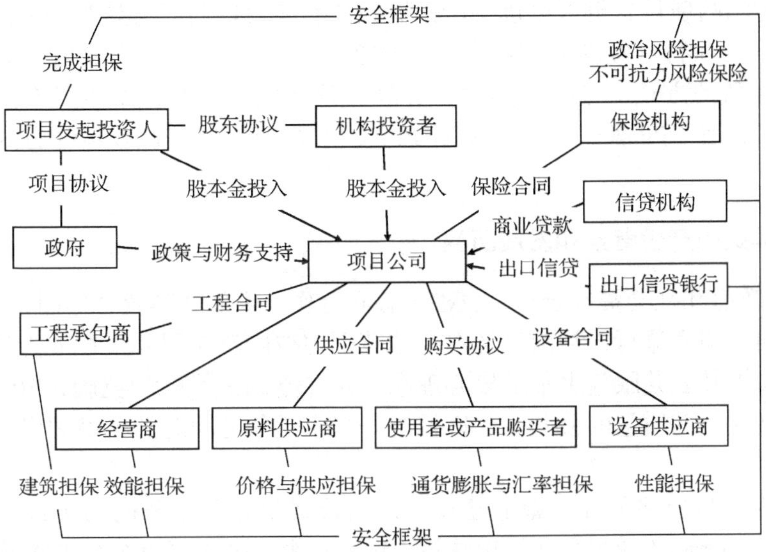

图 7-5 BOT 项目的安全框架

（1）项目发起投资人通过和机构投资者签订股东协议共同注入项目建设所需的资金，同时项目发起投资人同政府签订项目协议，通过协议明确规定政府应承担的风险以及承担风险的方式与方法。

政府可承担的风险包括：政治风险、法律与政策变动风险、一部分金融风险、一部分不能保险的不可抗力风险、一部分市场风险以及由政府方面的原因造成完工延期和项目费用增加的风险等。而项目投资者可承担的风险通常包括：开发风险、工程建设风险、一部分运营风险、供应风险等。政府和项目投资者实际承担的风险则取决于两者之间进行的谈判，并通过特许权协议或其他专门协议加以确定。

（2）项目投资者可以通过签订施工进度合同、固定总价合同或交钥匙合同等将部分工程建设风险转移给工程承包商，可以通过签订运营维护合同、锁定价格的供应合同等将部分运营风险和供应风险转移给经营公司和供应商。

（3）项目公司通过与使用者和产品购买者签订协议转嫁通货膨胀和利率变动带来的风险。

（4）对于 BOT 项目在建设或经营期间可能会发生的政治风险、不可抗力风险等，项目公司可以通过投保的形式与保险机构签订保险合同来避免此类风险所带来的损失。

■ 7.2 PPP 模式

BOT 模式的典型特征是由政府提出项目并授予私营机构特许经营权，由私营机构筹资建设基础设施以偿还贷款、收回投资并获得回报，因此 BOT 模式一般只适用于具有较强盈利能力的基础设施项目，而且在特许经营期内由私营机构按规定独立经营。近些年来，在基础设施建设领域出现了一些新的变化，即采取政府特许权方式建设的项目不仅包括盈利能力强的项目，也可以进一步扩展到盈利能力较弱或无盈利能力的项目；项目也不一定表现为在特许经营期内由私营机构独立经营，也可以采取由政府和私营机构合作建设或经营的方式。基础设施建设和经营领域的这些变化产生了新的项目融资方式，即 PFI 模式和 PPP 模式，本节将对 PPP 模式的概念、特征和运作方式进行简要的介绍。

7.2.1 PPP 模式的产生背景和发展历程

PPP，即政府和社会资本合作，也称为公私合作，或公共私营合作制，在 20 世纪 90 年代开始在西方国家流行，目前已经在全球范围内被广泛应用并正在成为各国政府实现其经济目标和提升公共服务水平的核心理念。在首倡 PPP 模式的英国，PPP 模式被认为是政府提供现代、高质量的公共服务以及提升国家竞争力战略的关键因素，是政府现代化的基石。

私营机构参与公共基础设施的建设、运营及提供公共服务的历史最早可以追溯到 1782 年，法国 Perrier（佩里尔）兄弟建设、运营自来水公司可以视为 PPP 模式应用的开端。直到 20 世纪中叶，随着政府财政在公共基础设施建设中地位的下降，私营机构在公共基础设施的建设中开始发挥越来越重要的作用，在公共基础设施的建设项目中采取了多种多样的私人企业参与公共基础设施建设的方式，PPP 模式才得到人们的广泛关注开始逐渐盛行。

英国是较早推广 PPP 模式的国家。20 世纪 90 年代以来，英国政府积极改革了它向公众提供公共服务的模式，并充分发挥利用各私人领域的商业服务公司或机构在金融、设计和管理方面的技术和经验为公共领域提供服务，形成完备的多元投资模式。20 世纪 90 年代初，英国政府推出 PFI 计划，这被广泛认为是现代 PPP 模式的一个重要起点。当时，英国首相撒切尔夫人正大力推行私有化，为解决基础建设资金需求增长迅猛而公共财政紧张的矛盾，于是开始在基础设施领域实施 PFI 计划：政府从很多公共基础设施领域逐步退出，同时制定优惠政策鼓励私人资本进入。在基础设施项目建设中引入市场竞争，积极吸引私人资本参与经营性基础设施的建设，按照市场化方式运作，既能有效地减轻政府在基础设施建设中的支出压力，又可以提高基础设施的服务水平与效率，PPP 模式正是在这样的背景和需求下产生的。

英国政府自 1992 年起大力推动私人主动融资 PFI 方式，1997 年工党执政以后将其纳入了一个新的概念——公私合作（PPP），并将 PPP 解释为包括三个方面的内容：①完全或部分的私有化；②由私人主动融资并承担风险的发包项目依然称为 PFI；③与私营企业共同提供公共服务。英国政府通过推行 PPP/PFI，引导私营企业参与投资各项基础设施，并通过政策规定公共建设项目采购前应优先考虑以公私合作方式进行，以解决政府面临的财政困难。

7.2.2 PPP 模式的概念和内涵

对于 PPP 模式的概念，不同的学者和机构有不同的表述。

加拿大公私合作协会（Canadian Council for Public-Private Partnerships）的定义是：

PPP 模式是公共和私营部门的一种风险合作，它根据各个合作者的专长，通过资源、风险和收益的适当分配来更好地满足公共需要。

柯尼汉（Kernighan）将 PPP 模式定义为一种广义的关系，即 PPP 是公共和私营部门为了共同的目标或利益所形成的共享彼此权利、工作、支持以及信息的关系。

曹远征在《公共民营合作制在中国》一文中对 PPP 模式的定义为：PPP 最核心的问题是为了完成某些公共设施、公共交通工具及相关的服务项目而在公共机构与民营机构之间达成伙伴关系，签署合同明确双方的权利和义务以确保这些项目的顺利完成。

世界银行在《PPP 参考指南（第 2 版）》中提出，PPP 模式是私人部门和政府机构之间为提供公共基础设施和服务而形成的长期契约关系，在契约中私人部门需要承担较大的风险和管理责任，并根据项目绩效获得回报。

我国财政部提出，PPP 模式是在基础设施和公共服务领域建立的一种长期合作关系，通常模式是由社会资本承担设计、建造、运营、维护基础设施的大部分工作，并通过“使用者付费”及必要的“政府付费”获得合理的投资回报；政府部门负责基础设施和公共服务价格和质量监管，以保证公共利益最大化。

我国国家发展改革委认为，PPP 模式是政府为增强公共产品和服务的供给能力、提高供给效率，通过特许经营、购买服务、股权合作等方式，与社会资本建立的利益共享、风险分担及长期合作关系。

国内外机构和学者对 PPP 的定义还有很多，综合起来 PPP 的概念有广义和狭义之分。广义的 PPP 泛指公共部门与私人部门为提供公共产品或服务而建立的各种合作关系；而狭义的 PPP 可以理解为一系列项目融资模式的总称，是指公共部门与私人部门共同参与生产和提供物品与服务的制度安排，这种制度安排有很多种形式，合同承包、特许经营、股权合作、政府付费或给予补助等都符合这一定义。

从上述定义可以看出，广义的 PPP 不是一种具体的项目融资或建设方式，而是一种十分广泛的合作关系，本书中对 PPP 模式的讨论则是指狭义的 PPP 模式。

在狭义的 PPP 模式中，PPP 是政府、私营企业和非营利性企业基于某个项目而形成的相互合作关系的具体形式。通过这种合作形式，合作各方可以达到与其单独行动相比更为有利的结果。合作各方参与某个项目的时候，政府并不是把项目的责任全部转移给私营企业，而是要通过对项目的扶持，实现参与合作的各方的利益，同时共同承担责任和融资风险。可见，PPP 的基本特征包括共享投资收益、分担投资风险和承担社会责任。

从 PPP 模式的定义和基本特征看，其主要包括以下几个方面的内涵。

1）PPP 模式是一种新型的项目融资模式

PPP 项目融资是以项目为主体的融资活动，是项目融资的一种实现形式，主要根据项目的预期收益、资产以及政府扶持措施的力度而不是项目投资人或发起人的资信来安排融资。项目经营的直接收益和通过政府扶持所转化的效益是偿还贷款的资金来源，项目公司的资产和政府给予的有限承诺是贷款的安全保障。

2）PPP 模式是政府和社会资本基于具体项目形成的合作关系

在我国 PPP 模式也被称为政府和社会资本合作，在一个具体的 PPP 项目中，政府和社会资本通过签订 PPP 合同建立伙伴关系，并明确双方的合作方式以及在合作过程中的职责、权利和承担的义务。伙伴关系意味着双方在项目中存在着共同的利益和目标，双方经协商一致共同或分别承担项目中的某些事务，在项目合作中双方相互信任，相互依赖。

3）PPP 模式中政府和社会资本利益共享、风险共担

PPP 模式中政府通过与社会资本合作建设和运营项目谋求公共利益和社会利益，社会资本则在合作关系中谋求商业利益。在这种合作关系中，政府既要通过合约安排保证社会资本获得合理的投资回报，同时也要通过制度安排避免社会资本获得超额利益。

在合作关系中，政府和社会资本方在进行充分的风险识别和分析的基础上，通过制度安排分担项目的风险，风险分担的主要原则包括：风险应由对其发生和发展有控制能力的一方承担；各方所承担的风险应和其在项目中可能获得的利益相匹配。

4）PPP 模式中社会资本在项目中的参与程度更高

政府的公共部门与社会资本以特许权协议为基础进行全程的合作，双方共同对项目运行的整个周期负责。PPP 模式的操作规则使社会资本参与到项目的确认、设计和可行性研究等前期工作中来，这不仅降低了民营企业的投资风险，而且能将社会资本在投资建设中更有效率的管理方法与技术引入到项目中来，还能有效地实现对项目建设与运行的控制，从而有利于降低项目建设投资的风险，较好地保障国家与社会资本各方的利益。这对缩短项目建设周期，降低项目运作成本甚至资产负债率都有值得肯定的现实意义。

5）PPP 模式可以在一定程度上保证社会资本“有利可图”

私营部门的投资目的是寻求既能够还清贷款又有投资回报的项目，无利可图的基础设施项目是吸引不到社会资本的投入的，而如果采取 PPP 模式的话，政府可以给予私人投资者相应的政策扶持作为补偿，从而很好地解决了这个问题，如税收优惠、贷款担保、给予私营企业土地优先开发权等，通过实施这些政策可以提高社会资本投资基础设施项目的积极性。

6）PPP 模式有效地定位政府在项目中的角色

在传统模式下，政府既是项目的投资者，同时又是项目的执行者和监督者，这种三位一体的模式带来的管理缺位极易造成决策失误或监督失效，导致项目投资效益低下，甚至影响工程质量、滋生腐败现象。在 PPP 模式下，政府作为项目的发起人和参与者之一，通过项目引入社会资本参与合作，借助社会资本的资金和技术优势来更好地完成项目。项目实施由专门成立的 SPV 组织，SPV 负责项目的融资、建设并承担相应的风险。在这种明晰的关系结构下，政府可以对项目进行有效的监督、监管。

7.2.3　PPP 模式的优点

PPP 模式的一个最显著的特点就是政府公共机构与私营机构及项目的投资者之间相互协调，共同在项目建设中发挥作用（其主要运作思路如图 7-6 所示）。其中，政府公共机构与私营机构以特许经营权协议为基础进行合作。与以往私营机构参与基础设施及城市公用事业建设的方式不同，该模式的合作始于项目的早期论证阶段，并贯穿于项目的全过程，双方共同对项目的整个周期负责。在项目的早期论证阶段，双方共同参与项目的确认、技术设计和可行性研究工作；对项目采用项目融资的可能性进行评估确认；采取有效的风险分配方案，把风险分配给最有能力的参与方来承担。

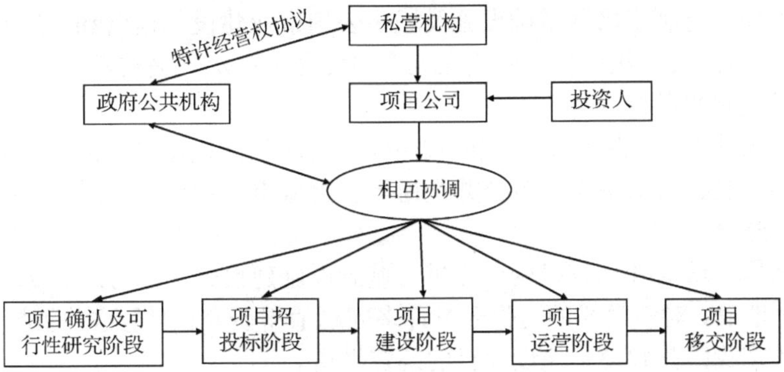

图 7-6　PPP 模式的主要运作思路

在 PPP 模式中，政府通常与提供贷款的金融机构达成一个直接协议，这个协议不是对项目进行担保的协议，而是一个向借贷机构承诺将按与项目公司签订的合同支付有关费用的协议，这个协议使项目公司能比较顺利地获得金融机构的贷款。采用这种融资形式的实质是：政府通过给予社会资本长期的特许经营权和收益权来换取基础设施及城市公用事业的建设及有效运营。

与以往私营机构参与基础设施及城市公用事业建设相比，PPP 模式能够使政府部门和私营机构充分利用各自的优势，即把政府部门的社会责任、远景规划、协调能力与私营机构的创业精神、民间资金和管理效率结合到一起，其优势如下。

（1）采用 PPP 模式可以有效地降低整个项目的费用支出。美国原交通部部长 Norman Mineta（诺曼・峰田）介绍说，研究及实践表明，PPP 模式可以降低 6%～40%的项目费用，并且可以限制费用支出超过预算的情况发生。

（2）PPP 模式可以使私营企业尽早介入项目。PPP 模式可以让私营企业在初始阶段就参与项目的识别、可行性研究、设计和融资等项目建设过程，保证了项目在技术和经济上的可行性，缩短前期工作周期，并有利于充分利用私营企业的先进技术和管理经验。

（3）有利于转变政府职能，减轻财政负担。政府可以从繁重的事务中脱身出来，从过去的基础设施及城市公用事业的提供者变成监管者，也可以在财政预算方面减轻政府压力。

（4）有利于改善基础设施及城市公用事业产品和服务的质量。在 PPP 模式下，公共部门和私营企业共同参与建设和运营，双方可以形成互利的长期目标，更好地为社会和公众提供服务。而且私营企业参与项目的运营、管理和维护，有利于提高建设和运营效率，引入新的管理体制，用户可以得到较高质量的服务。

（5）有利于重新整合项目的各种资源。通过 PPP 融资模式使项目的参与各方重新整合，组成战略联盟，对协调各方不同的目标起到了关键性作用。

（6）有利于投资风险合理分担。由于 PPP 项目一般具有巨额资本投入、项目周期长等因素带来的风险，政府部门不是把项目风险全部转移给私营企业，而是本身也承担其中的部分风险，这样有利于提高私营企业完成项目的信心，保证项目顺利实施。另外，还可以增加项目的资本金数量，进而降低基础设施及城市公用事业项目较高的资产负债率。

（7）PPP 模式有利于培养基础设施及城市公用事业建设、运营和管理的人才。在政府与私营企业的合作过程中，政府职员在无形中接受了一次先进技术和管理经验的培训，有利于其自身素质的提高。

（8）PPP 模式应用范围广泛。该模式突破了当前私营企业参与公共基础设施项目组织机构的多种限制，可适用于城市公共交通等各类城市公用事业及道路、铁路、机场、医院、学校的建设等。

PPP 模式作为政府和私营机构合作进行基础设施建设的一种方式，尽管目前对其概念尚没有完全明确，对该模式的运作还有许多问题值得研究，但是这种新的方式的提出，势必有利于拓宽我国基础设施建设项目的筹资渠道。

7.2.4 PPP 模式的典型操作方式

PPP 模式的应用范围十分广泛，不仅可以应用在可盈利的基础设施领域，而且可以应用在盈利能力不足或没有盈利能力的基础设施领域或公共设施领域。PPP 模式的具体操作方式也有很多种，广义的 PPP 模式的操作方式包括：外包类、特许经营类和私有化类，既包括具有融资性质的各种操作方式，也包括非融资性质、股权产权转让性质、合资合作性质的操作方式。这里只给出政府和社会资本在基础设施和公共设施领域常用的几种典型操作方式。

（1）作业外包。政府或政府授权公司通过签订外包合同将某些作业性、辅助性工作委托给外部企业、个人承担和完成，以期达到集中资源和注意力于自己的核心事务的目的。一般由政府方给作业承担方付费。

（2）运营与维护合同。政府部门与私营部门签订运营与维护合同，由私营部门在特定的时间内运营基础设施或公共设施，获取商业利益；政府部门仍保留资产的所有权，并承担相应的资本风险。

（3）租赁-建设-运营（lease-build-operate，LBO）。政府部门与私营部门签订长期的租赁协议，由私营部门租赁已有的基础设施，向政府部门交纳一定的租金，并利用自身的融资能力筹集资金对原有的基础设施进行扩建，而后通过基础设施的运营维护过程获得商业利益。

（4）建设-移交-运营（BTO）。私营机构利用自身的筹资能力为基础设施融资并负责其建设过程，完工后将设施所有权移交给政府方；随后政府方再授予其经营该设施的长期合同，私营机构通过经营活动获取商业利益。

（5）建设-运营-移交（BOT）。这一操作方式的具体操作思路在上一节已有所述及，在此不再赘述。

（6）扩建后经营整体工程并移交。政府和私营机构签订协议，由私营机构负责对已有的基础设施进行扩建，并负责扩建过程中的融资，完工后由私营机构在一定时期内经营和维护扩建后的整体基础设施以获取商业利益。

（7）购买-建设-运营（buy-build-operate，BBO）。政府部门将已有的基础设施出售给私营机构，由私营机构负责对该基础设施进行改建、扩建，并拥有永久经营权。

（8）建设-拥有-运营（BOO）。私营机构负责基础设施的融资和建设过程，并拥有基础设施的永久经营权；政府部门依协议规定对项目的某些方面具有约束权，并对项目的建设和运营过程保持持续的监管。

上述各种操作方式各有其特点，其适用性也有所区别，表 7-1 中列出了具体操作方式的应用情境。需要说明的是，对于已有设施的专项服务采购、已有基础设施的扩建和新建基础设施项目来说,可供使用的 PPP 模式的具体操作方式不仅限于表中所列的方式，表中只是给出了较常用的方式。

表 7-1 PPP 模式具体操作方式的应用情境

设施类型	适用的具体操作方式
已有设施的专项服务采购	作业外包
	经营与维护合同
对已有基础设施的扩建	租赁-建设-运营
	购买-建设-运营
	扩建后经营整体工程并移交
新建基础设施	建设-移交-运营
	建设-运营-移交、建设-拥有-运营-移交
	建设-拥有-运营

7.2.5 PPP 模式成功的必要条件

PPP 模式作为解决公共设施和基础设施领域资金不足问题的有效手段，其能否成功运作是政府部门和社会资本十分关注的问题。PPP 模式成功运作既需要在融资结构设计方面的保证，又需要有良好的外部环境支撑。在融资结构设计方面，应该做好选择合适的社会资本方、建立适当的组织结构及合作各方的利益协调机制、搭建合理的风险分担结构、确定合理的合作期限、确定合理的合作报价等工作。而外部环境方面，影响 PPP 模式成功运作的因素包括以下几点。

（1）政府部门的有力支持：在任何情况下，政府均应从保护和促进公共利益的立场出发，负责项目的总体策划、组织招标，理顺各参与机构之间的权限和关系，降低项目总体风险。

（2）健全的法律法规制度：PPP 项目的运作需要在法律层面上对政府部门与社会资本在项目中需要承担的责任、义务和风险进行明确界定，保护双方利益。

（3）专业化机构和人才的支持：PPP 模式的运作需要比较复杂的法律、金融和财务等方面的知识。一方面要求政策制定参与方制定规范化、标准化的 PPP 交易流程，对项目的运作提供技术指导和相关政策支持；另一方面需要专业化的中介机构提供具体专业化的服务。

7.2.6 PPP 模式与 BOT 模式的异同

PPP 模式和 BOT 模式一样，都是解决基础设施项目资金不足问题的一种有效方式，两种模式的具体概念提出时间不同、融资模式定义的角度不同，导致两种融资模式在概念上存在着一定的交叉，在实践操作上也存在一定的共同点。PPP 模式与 BOT 模式的共同点包括三点。

（1）两种融资模式的当事人都包括融资人、出资人、担保人。融资人是指为开发、建设和经营某项工程而专门成立的经济实体，如项目公司。出资人是指为该项目提供直接或间接融资的政府、企业、个人或银团组织等。担保人是指为项目融资人提供融资担保的组织或个人，也可以是政府。

（2）两种模式都是通过签订特许权协议使公共部门与私营机构发生契约关系的。一般情况下，政府通过签订特许权协议，由私营机构建设、经营、维护和管理，并由私人企业负责成立的项目公司作为特许权人承担合同规定的责任和偿还义务。

（3）两种模式都以项目运营的盈利偿还债务并获得投资回报，一般都以项目本身的资产作担保抵押。

尽管两种融资模式存在着一些共同点，然而它们在具体融资操作中也存在着明显的区别。

首先，两种模式中政府与社会资本的关系有所不同。在 BOT 模式中，政府和社会资本之间是垂直的授权关系，在 BOT 项目建设和运营过程中，政府部门除进行授权和按约定给予项目必要的支持以外，政府部门无权干涉项目建设和运营过程中的具体事务（有关政府部门的必要监管除外）。而 PPP 模式中，政府部门和社会资本之间是合作关系，双方共同参与项目的全过程、共享收益、共担风险，通过双方的合作实现各自的利益目标。

其次，两种模式中组织机构设置不同。在 BOT 模式中，多数时候是由政府机构识别并筛选出拟通过 BOT 模式建设的项目并开展了可行性研究以后，对项目进行必要的包装，通过项目采购过程确定项目的投资主体以后，由投资主体自行组建项目公司，并独立开展项目的融资、建设和运营过程，项目投资主体独享特许经营期内的经营收益。在 BOT 模式的组织结构设计中，政府部门和社会资本分别参与了项目的某些阶段或工作，没有设立双方的利益协调机制。

而在 PPP 模式中，由于政府部门和社会资本方在项目全过程中是合作关系，因此其组织结构设计中由双方共同成立了项目融资、建设和运营主体，双方共同参与项目全过程的各项事务，并建立了双方的利益协调机制，保证了双方在项目全过程中利益共享、风险共担。

PPP 模式与 BOT 模式在组织结构方面的差异如图 7-7 和图 7-8 所示。

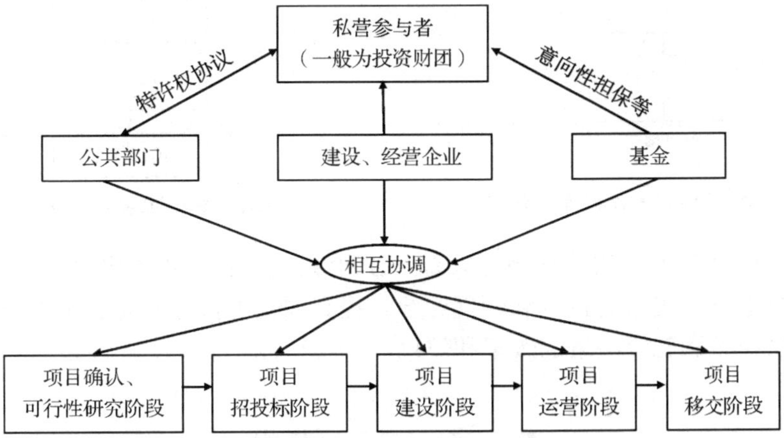

图 7-7　PPP 模式组织结构示意图

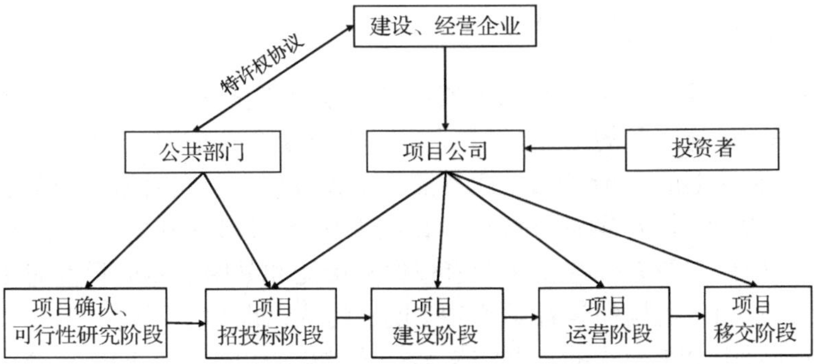

图 7-8　BOT 模式组织结构示意图

最后两种模式运作程序不同。

从图 7-7 和图 7-8 中可以看出，PPP 模式和 BOT 模式的操作思路有着明显的区别，这种区别主要体现在两个方面。

一是社会资本的参与阶段不同，PPP 模式中社会资本参与了项目完整的生命周期，而 BOT 模式中社会资本只参与了项目的部分阶段。

二是两种模式中政府和社会资本间的关系有所不同。两种融资模式的运作思路明显不同，进而导致其运作程序也明显不同，图 7-9 和图 7-10 展示了 BOT 模式和 PPP 模式的基本运作程序。

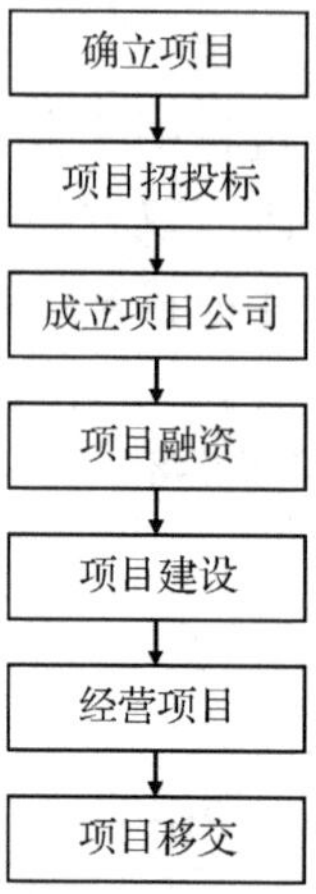

图 7-9　BOT 模式运作程序示意图

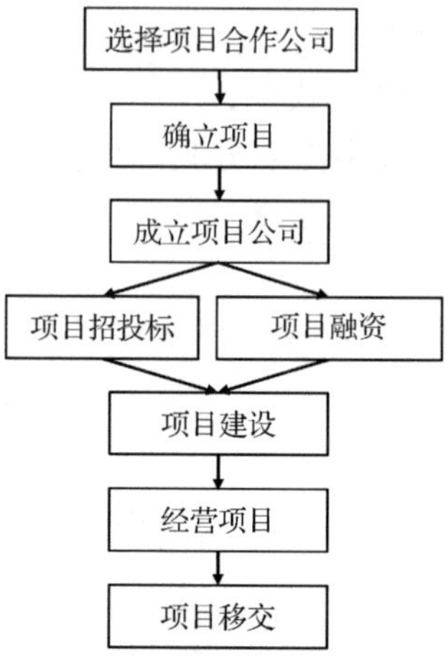

图 7-10　PPP 模式运作程序示意图

从图 7-9 和图 7-10 中很明显地可以看出，PPP 模式中社会资本更早地介入项目之中，有利于利用社会资本先进的技术和管理经验，提高项目可行性研究、技术方案制订与选择、项目投资决策和融资决策的效率和效果。

■ 7.3　PFI 模式

7.3.1　PFI 模式的概念和主要类型

PFI 即“私人主动融资”或“私人融资启动”，是英国政府在 1992 年提出的一种公私相互合作提供基础设施服务的方式。世界上第一个 PFI 项目是 1986 年 3 月开始实施的英国首都伦敦泰晤士河上的 Dart ford（达特福德）大桥项目，当时该项目的融资方式被定义为 DBFO 即“设计-建设-融资-运营”，直到 1992 年才被正式定义为 PFI。PFI 模式被正式提出以后，已经在西方一些发达国家被逐渐接受和采用。然而目前对 PFI 模式的定义尚没有统一，不同的机构和学者对于 PFI 模式的认识也有所不同。

英国财政部对于 PFI 模式的官方定义为：公共部门以一个长期协议或合同的方式从私营部门购买高质量的服务，包括双方协定的交付成果、相应的维护维修或建设必要的基础设施。该方式的实质就是政府与私营部门合作，由私营部门提供特定的政府公共物品或公共服务，政府直接向私营部门支付费用购买产品或服务，或者授予私营部门收费特许权。

英国学者认为 PFI 模式的内涵包括以下三点。

（1）PFI 模式是一种将私有资金和技术融入以往由公共部门负责提供的项目的方式，这些项目包括学校、医院、道路、水利设施等。在 PFI 项目中，私营部门通常会拥有项目的经营权，公共部门则在规则制定等过程中扮演重要的角色。

（2）PFI 模式就是利用私有资金来开发公共项目并使公共设施的提供者承担项目整个生命周期的成本以及运营阶段的责任和风险。

（3）PFI 模式是一种机制，在这种机制中私营部门能够把其先进的管理方法和创新的技术应用于公共设施的建设中，政府部门也能够保证其获得更高的投资回报率。

日本学者井熊均认为，PFI 模式是在原来由公共部门所从事的社会资本整备、运营领域，吸收民间资金和经营方法，以民间为主导，高效率、高效果地进行社会资本整备的一种方法。

日本开发银行 PFI 研究会认为，PFI 模式是将公共项目的设计、融资、建设、运营等业务在一个相对较长的时间内由民间来进行的一种活动，PFI 与民营化有着严格的区别：民营化是将公共项目从政府部门严格地剥离开来，而对 PFI 项目来说，政府部门依旧发挥着很大的作用，如服务购买、事业推进等。

国内比较有代表的观点认为，PFI 模式是指政府部门根据社会对基础设施的需求提出需要建设的项目，通过招投标由获得特许权的私营部门进行公共基础设施项目的建设与运营，并在特许期（通常为 30 年左右）结束时将所经营的项目完好地、无债务地归还政府，而私营部门则从政府部门或接受服务方收取费用以回收成本的项目融资方式。

PFI 模式中政府与私营部门合作，由私营部门承担部分政府基础设施生产或提供公共服务，在项目的特许经营期内可以根据项目特点采取多种形式运营，并可以实现政府公共物品产出中的资源配置最优化、效率和产出的最大化。

PFI 被认为是 200 年来英国建设业最具根本性的变革，英国政府要求公共项目在计划阶段必须首先考虑采用 PFI 方式，除非经过政府的评估部门认定该项目不宜或不能或没有私人部门参与的情况下，才能采用传统的政府财政投资兴建的办法。

根据资金回收方式的不同，PFI 项目通常可以划分为以下三种类型。

（1）独立核算型，即由私营部门进行项目的设计、融资、建设和运营，通过向设施使用者收费回收成本、偿还贷款并获取回报；在合同期满后，私营部门将项目建成的设施完好地转交给公共部门。在独立核算型 PFI 模式中，私营部门享有特许期内项目的所有权和经营权，只有在双方的共同事务、计划的策定和认可、法律程序部分才受到规范。这种类型的 PFI 模式在操作上与 BOT 没有本质的区别，因此有人认为，PFI 模式是应用范围扩展了的 BOT 模式。

（2）向公共部门出售的公共服务型，即私营企业负责建设并运营公共设施或基础设施，在经营期内政府以影子价格的方式或租金的形式向私营部门支付费用，这种类型的 PFI 模式的适用范围是地铁车辆、医院、学校运动设施、军用住宅等。私营部门不仅建设基础设施，而且提供 20 年以上的设施管理和附带的服务。

（3）合伙经营型，即由私营部门和公共部门共同计划，由政府投入部分资金，由私营部门进行项目的建设和运营，资金回收方式及其他有关事项由双方经谈判后在合同中做出约定。这种类型的 PFI 模式适用于准备期和投资回收期较长的项目。

7.3.2 PFI 模式的运作程序

PFI 模式在运营上与 BOT 模式有一定相似之处，只是在项目运营期的成本回收方式上有所区别，其具体的运作程序如下。

（1）项目的提出与采用 PFI 方式的决策。严格意义上来讲，这一阶段并不是 PFI 方式的运作程序，而是项目采取 PFI 模式运作的前期准备工作。然而这一部分的准备工作对于有意向参与基础设施建设的私营部门来说，不仅意味着是否存在投资机会，也将影响到项目将来的运营模式。这一阶段的主要工作是由政府根据经济和社会发展的需要提出亟须建设的基础设施项目，并进行项目的财务效益、经济效益和社会效益的分析，判断项目是否存在建设的必要性、可行性、盈利能力、债务偿还能力等，并论证项目是否可民营化以及项目民营化最适合的模式等。

（2）项目招标。在项目民营化可能性及民营方式分析的基础上，政府有关部门可以通过招投标确定项目的投资主体。PFI 项目中的投资主体可以是多种类型的主体，主要是非政府的具有独立投资决策权的经济主体，包括国有企业、股份公司、私人资本和外国公司等；也可以是多种经济主体组合的组织，如由几个投资主体为某一公共项目而成立的项目公司。该组织应具有足够的资金筹集能力，并负责项目的资金筹集、建设和运营，承担项目中的风险。

（3）协议谈判。经招标程序后，政府有关机构应对所有投标各私营机构按事先规定的标准进行评估，确定项目的开发主体，并进入投资谈判阶段。政府应与私营部门进行与项目建设和运营有关事宜的一系列谈判，并最终形成特许权协议，特许权协议授权该投资主体成立项目公司，负责项目的建设、融资、运行、维护和管理工作。同时，双方还将确定项目的建设规划、施工标准、运营方案等具体事项。

（4）筹集资金。获得特许权协议后，项目投资主体组建项目公司，并自主选择筹资方式投资建设该项目。项目全部资金中可能有一小部分来自国家或地方政府给予的保证金，其余资金则由项目公司筹集。在项目公司筹集的资金中，资本金应占一定的比例（如10%），其余则主要通过银行贷款的方式获得。贷款银行在审核项目公司的贷款申请时，应重点考虑以下几个方面的因素：一是项目本身的现金流量状况是否构成对银行债务资金的安全保障；二是分析项目投资者的资产、信誉和还款能力等；三是项目的风险情况及政府部门、投资者或第三方可以为项目的风险提供哪些安全保障。

贷款银行如果经过分析认为项目的风险水平在银行可接受范围内，项目可以获得银行的贷款，但贷款的利率水平与项目风险水平密切相关。

（5）项目建设。筹集到项目所需的建设资金后，项目公司可以独立自主或委托代理机构进行项目的工程报建、勘察设计、施工、竣工验收等工作，对于项目建设阶段的各项工作，项目公司一般通过招投标程序选择具体的实施主体，并与中标方签订相关的协议。由于采取 PFI 模式建设的项目属公共基础设施项目，因此在项目建设阶段政府有关机构从维护公共利益和确保项目成功的角度出发，往往要对项目进行必要的监督管理。

（6）项目经营。根据基础设施项目的营利性和特许权协议的约定，项目投资者或项目公司在特许经营期内经营项目，并从项目的设施使用者（公众）或有关政府机构获得设施使用费或投资回报、租金等。在项目经营期内，项目公司可以直接经营项目，也可以聘请专业的经营管理公司经营项目。

（7）特许经营期结束，移交项目。按特许权协议约定，特许经营期结束后项目公司将项目资产移交给政府有关机构。但特许权协议往往也约定，如果在特许经营期内项目投资主体正常经营而没有获得规定的收益，项目应通过延长经营期或通过租赁的形式允许私营投资者继续经营项目，以收回投资并获得适当的回报。

7.3.3 PFI 模式的优缺点

PFI 模式作为一种在英国兴起的新型融资模式，目前已经在发达国家的公共基础设施建设中有了广泛应用，在实践中这种融资模式体现出了较为明显的优点。

首先，PFI 模式的适用范围非常广泛，不仅包括基础设施项目，在学校、医院、监狱等公共设施领域也有广泛的应用。在英国 PFI 模式还被用于国防训练、政府部门的设备改造、政府的公共住房开发、城市的重建等项目。

其次，推行 PFI 模式能够广泛吸引经济领域的私营部门或社会投资者参与公共物品的产出，这不仅大大地缓解了政府公共项目建设的资金压力，同时也提高了政府公共物品的产出水平。

最后，吸引私人部门的知识、技术和管理方法，提高公共项目的效率和降低产出成本，使社会资源配置更加合理化，同时也使政府摆脱了长期困扰政府的项目低效率的压力，使政府有更多的精力和财力用于社会发展更加急需的项目建设。

PFI 方式最大的优势在于，它是政府公共项目投融资和建设管理方式的重要的制度创新，它在英国的多年实践中被认为是政府获得高质量、高效率的公共设施的重要工具。

同时，PFI 模式在实践操作中也暴露出一些明显的缺陷。

（1）PFI 模式采购招标阶段流程过于复杂，使项目进展缓慢、交易成本高昂，反而降低了项目服务的物超所值（value for money，VFM）。

（2）PFI 的合同是政企双方经过艰难谈判的结果，一旦获得确认并签订，在项目实施运营阶段就难以变更，政府如果想要修改服务要求就会非常困难。

（3）对项目最终服务对象——纳税人而言，项目在未来二三十年内的总负债和总回报不透明，债务实际上最终转向纳税人，收益回报却被投资人独享。

（4）政府过于依赖或信任私营部门的风险承担能力，向私营部门不适当地转嫁风险，私营部门借机提高风险收益，最终向公共部门提高要价。

（5）PFI 模式的高杠杆率（允许股本仅占 10%，其余 90%为市场融资）造成私营投资者承担的风险与收益不对等。如果项目损失，私人投资者损失不大；如果项目成功，私人投资者偿还债务后，会获得高额回报。

7.3.4 PFI 模式与 BOT 模式的区别

由于独立核算型 PFI 模式与 BOT 模式基本一致，因此 PFI 模式被认为是扩展了应用领域和进行了必要优化的 BOT 模式，或者说 BOT 模式是 PFI 模式中的一种特例。事实上 PFI 模式和 BOT 模式存在着一定的区别。

1. 任务目标不同

BOT 模式提交具体工程，PFI 模式提交服务。PFI 合同对最终产品做出明确定义，但政府只对项目提出具体功能目标，而对如何实现最终产品一般不做具体说明，签订的是服务合同。比如，要建造一个大型公共体育场以解决市民健身需求，政府会对体育场规模及功能提出要求，但是不给出具体实施方案，最终方案则在谈判中与私营部门协商确定。也就是说政府对公共设施的设计结构并不关心，关心的是提供怎样的公共服务。PFI模式的目标是在政府固定的预算范围内、在现有税收条件下构筑低成本、高质量的公共产品供给体系，实现同一服务水平下公共财政支出缩减，以及同一负担水平下公共服务水平的提高。

2. 组织机构形式不同

PFI 模式使政府由基础设施生产者转变为设施或服务购买者，由于 PFI 模式中政府很可能以服务的购买者的身份存在，因此其地位与 BOT 模式有所不同，也就造成了两种模式的组织机构形式不同，这种不同体现在以下三方面。

（1）项目主体不同。PFI 项目主体通常为本国民营企业的组合，体现出民营资金的力量。而 BOT 项目主体则为非政府机构，既可以是本国私营企业，也可以是外国公司。所以 PFI 项目主体较 BOT 单一。

（2）PFI 实行全面代理制。BOT 项目公司作为项目开发主体，通常自身具有开发能力，仅把调查和设计等前期工作与建设、运营中的部分工作委托给有关专业机构。而 PFI 公司自身通常并不具有开发能力，在项目设计、建设、运营、资金运用管理等过程中广泛运用各种代理关系，而且通常在投标书和合同中加以明确，以确保项目开发安全进行。

（3）政府、项目公司、用户三者的关系不同。BOT 模式一般采用财源自立模式，即通过向用户收费来维持其运营成本。PFI 模式是公共服务提供型，即由民间资金进行公共产品的设计、建设和运营，政府购买由这些固定资产产出的公共服务，用户并不直接向项目公司支付费用，如公路建设项目，由政府购买 PFI 投资建设的道路的正常服务，用户并不直接付费给 PFI 项目公司。

3. 运作程序不同

BOT 模式运作程序包括：确立项目、招投标、成立项目公司、项目融资、项目建设、项目运营、项目移交等环节；PFI 模式运作程序主要包括：项目需求分析、PFI 项目确定、由政府部门和专家成立项目小组、招投标、成立 SPC 公司、项目设计建设、项目经营、项目移交或继续经营，两者不同点如下。

（1）PFI 模式多了 PFI 项目确定这一程序。PFI 在确立项目后要根据效用最大化 VFM 判断是否适合 PFI 模式，即以 VFM 作为公共投资的比较指标，要求在支付资金一定的情况下获取最高价值的服务。在进行 VFM 评价时，首先计算出公共部门自行建设、运营道路的全寿命费用作为公共部门比较值（public sector comparator，PSC），将其与基于 PFI 合约的费用额进行比较，最后根据比较结果来选择是否采用 PFI 模式。在比较过程中要充分考虑非 PFI 模式下政府承担的风险费用以及环境、社会效益等无法量化的政策目标。在项目决定采用 PFI 方式后，仍可通过投标人之间的竞争或对所投入的补助金等的比较，来寻求 PFI 模式 VFM 的最大化。在 BOT 中则无需这一程序。

（2）项目设计所处阶段不同。BOT 的项目设计是在招投标之前已经由公共部门确定的，招投标工作要依据此项目设计进行；PFI 的项目设计则在招投标工作之后进行，公共部门对项目的功能目标做出具体说明，由中标单位委托专业机构完成。

（3）项目移交不同。BOT 模式中明确规定在特许权期满后，将所有资产无偿交给政府部门拥有和管理，完成所有权移交。而 PFI 模式在合同期满后，如果私人企业通过正常经营达到合同规定的收益则完成所有权移交；如未达到，则可继续拥有或通过续租方式获得运营权，但这在前期合同谈判中需要加以明确。

4. 适用范围不同

BOT 模式采用财源自立模式，通过经营收费维持运营成本，一般用于收益性较高的基础设施建设；而 PFI 模式既可用于收益性较高的基础设施建设，也可用于收益性不高的社会公益性项目。BOT 模式多用于外资引进项目；PFI 模式则主要用于国内民间资金及私人资金运用，已成功地应用于许多行业和领域，如芬兰的收费公路、瑞典的轻轨铁路、葡萄牙的桥梁、英格兰到苏格兰的格拉斯哥道路建设、英国国家储蓄系统和监狱等项目都是典型的成功案例。

7.3.5　PFI 模式与 PPP 模式的区别

PFI 模式与 PPP 模式由于其融资模式的内涵不同，因此二者也存在明显的区别。

1. 概念上的区别

联合国训练研究所将 PPP 模式定义为：不同社会系统倡导者之间的所有制度化合作方式，目的是解决当地或区域内的某些复杂问题。广义的 PPP 泛指公共部门与私营部门为提供公共产品或服务而建立的合作关系；而狭义的 PPP 更强调政府在项目中的所有权（持有股份）以及与企业合作过程中的风险分担和利益共享。

英国财政部相关文件中指出：PFI 模式是公共部门基于一项长期协议以合同的方式从私人部门购买高质量的服务，包括提供一定的交付成果、相应的维护和维修或者建设必要的基础设施，以充分地利用私人部门由于私人融资必须承担风险从而产生激励的管理技能。

从广义上来讲，PPP 模式的概念更为宽泛，只要存在公私部门长期的、广度的合作，都可以称作 PPP 模式，因此 PFI 模式通常也被看作其中的一种类型。从狭义上来看，PPP 模式是一种所有权关系结构，外资企业介入较多；PFI 模式是一种被应用的（政府）采购工具，更强调民间资金的主动介入，政府的目的在于获得有效的服务，而非最终的设施所有权。

2. 起源不同

1992 年英国政府提出了 PFI 模式，旨在加强公共服务的效率和质量并促进经济发展，并于 1994 年宣布所有资本投资项目均须进行 PFI 模式可行性的全面测试，且由过去注重“公共设施建设”的想法，逐渐转为强调“公共服务的提供”，主要是用于政府支付的公用事业和社会事业，如学校、医院、养老院、监狱等。

20 世纪 80 年代从美国发展起来的电力承购协议模式是 PPP 契约模式的模板，其核心思想主要体现在两点：以项目公司为中心的融资结构体系和“项目融资”技术的采用。20 世纪 90 年代初，这种契约模式传到了欧洲，其标志就是英国电力产业的私有化，但早期的 PPP 模式更强调狭义 PPP 的概念；后来的 PPP 模式则更加广义。

从产生背景看，两者都是各国政府迫于公共项目建设支出的巨大压力将私人资金引入公共事业的发展结果，都是为了实现公共事业的更大经济价值和公共部门风险的转移。PPP 模式中公共部门介入项目较多并掌控着绝对权力；PFI 模式中项目的设计、建造、融资和维护等具体运作都由私人部门完成，政府部门只是服务的购买者和项目的推动者。

3. 组织运作方式不同

1）项目发起方不同

PPP 项目的发起人既可以是政府，也可以是私人投资者。但 PFI 模式由政府部门根据发展规划和社会需求确定若干个满足这种需求项目的初步方案，并对这些方案的内容、成本、维护和运营费用、预计效益、资金支持等进行评估，以确定该项目能否应用 PFI 模式，项目的发起人通常是政府部门。

2）组织机构与组织运行模式不同

PPP/PFI 项目通常由三部分主体构成，包括：政府部门、SPV、第三方资助（股东、贷款银行及债券持有者等）。

PPP 模式下，政府部门与 SPV 之间是以特许权合同来建立契约关系的，SPV 合营实体除私人部门以外，还有公共部门参与。SPV 主要以项目未来现金流为承诺来获得第三方的资金资助。

PFI 模式下，政府通过政府采购的形式与 SPV 签订长期服务合同来建立契约关系，政府与 SPV 保持相互独立，通常私人部门承担项目建设的全部资本成本，并由政府逐期按服务的“有效性”予以偿还。

3）运行程序不同

PPP 模式和 PFI 模式的项目运行程序均可以分为：立项与可行性研究、选择合伙人、项目建设、运营、移交等阶段，但英国 PFI 模式在契约签订前的审批程序更加严格。

◆ 案例　北京地铁 4 号线融资实例

一、项目背景

北京市作为我国的政治和经济中心，由于其交通压力较大，因此也是我国最早开通轨道交通的城市，但 2000 年以前北京市轨道交通发展速度缓慢。2000 年后北京市经济发展迅速并进而导致城市规模迅速扩张，对公共交通的需求增长也很快，特别是对轨道交通的需求明显增长，轨道交通已经成为人们出行的首选。北京市政府意识到轨道交通的重要性，计划加快轨道交通项目建设的进程。随着北京申办 2008 年奥运会的成功，北京市轨道交通迎来了前所未有的发展机遇。根据《北京交通发展纲要（2004—2020）》，2003 年北京市城市轨道交通运营里程为 114 公里，2010 年城市轨道交通运营里程为 250～300 公里。但是北京地铁当时的经营体制已无法承担新建轨道交通项目的资金重担，如何在全球地铁经营不景气的情况下开创出一条新的经营体制改革之路，成了当时北京市必须解决的一个问题。

从所有权与经营权的关系上看，当时北京地铁的运营模式属于典型的“国有国营”模式，即由政府负责地铁建设项目的投资和建设、地铁建设项目所形成的经营资产所有权归政府所有、地铁的运营也由政府部门或国有企业负责的一种传统运营模式。有关专家曾指出，世界上采用相同运营模式的城市地铁没有一家是盈利的。而当时北京地铁的亏损状况也是人人皆知，每年国家都要为北京地铁的运营提供数亿元的补贴。在这一背景下，北京市新的轨道交通建设项目要解决地铁运营期的亏损局面就必须改变其传统的融资模式与运营模式。到 2003 年，北京市政府逐渐认识到轨道交通项目不是纯公益性的，也可以具有一定的经营性，经营得好可以在一定程度上减轻政府的财政负担。基于这一考虑，北京市政府决定探索使用新的建设和运营模式去进行地铁 4 号线的建设。北京市政府为了既能实现地铁的成功建造，又能使得实际承担的投资成本在自己的可承受范围内，于 2003 年通过了《北京市城市基础设施特许经营办法》和《关于本市深化城市基础设施投融资体制改革的实施意见》两个政策性文件，为使用项目融资模式尝试公私合作进行准公共设施的建设奠定了政策和法律基础。

其实在地铁的建设和运营模式方面，国际上也存在着一些可以参考的成功案例，如新加坡的“国有民营”模式、泰国的“民有民营”模式等。为此，国家发展改革委经过慎重考虑核准了北京地铁 4 号线建设项目采用特许经营 PPP 模式，这是国家核准的第一个中外合作特许经营城市轨道交通项目。

二、项目基本情况

北京地铁 4 号线（不含大兴线）是连通北京南北的主要线路，2009 年 9 月 28 日投入运营的线路总长度为 28.2 公里，南起马家楼（正式站名为公益西桥站），北到龙背村（正式站名为安河桥北站），共设置 24 个车站。线路所经区域既有清华、北大等高等名校，又有西单、新街口等商业繁华区，还有颐和园、圆明园等旅游名胜区。4 号线工程概算总投资为 153 亿元，于 2004 年 8 月正式开工，2009 年 9 月 28 日通车并开始试运营，截至 2010 年 3 月 27 日日均客流量达到 64.7 万人次以上。

从 2004 年开始，京投公司作为北京市政府的代表开始编制招商文件等工作，在北京市政府有关部门的领导下组织、参与了 4 次大型推介会，对该项目进行国际招商。直到 2006 年 4 月，特许经营协议才正式签署，谈判历时两年多的时间。

作为少数几家实现盈利的地铁运营公司，香港铁路有限公司（简称港铁）并不是当时北京市政府谈判的唯一对象。参与 4 号线投标的除港铁外，还有中信、西门子、新加坡地铁等 10 余家公司，他们都表达了明确的投资意向。

由于轨道交通行业专业性较强，而且北京地铁 4 号线的特许经营期长达 30 年，京投公司在选择社会投资人时格外谨慎，将符合条件的投资者锁定在“西门子–中铁建联合体”、港铁-首创联合体两家。由于香港地铁公司是集投资、建设、运营于一体的专业化公司，其专业运作方式和思路是其他投资者所不具备的，而且其提供的实施方案对协议的响应更加周全，对于PPP模式及风险的认识都较为深刻，而政府在土建设施租金方面和香港地铁公司分歧也相对较小，因此港铁-首创联合体最终胜出。

三、项目投融资结构

1. 项目投资结构设计

整个项目分为A、B两部分，其中A部分主要由北京市基础设施投资有限公司（京投）全资子公司即4号线投资公司全权负责投资建设，投资额高达107亿元，占整个投资的近七成，主要负责土木建设和工程部分；B部分则主要由港铁、京投和北京首都创业集团有限公司（首创）共同组建的北京京港地铁有限公司负责投资建设，投资额度为46亿元，占总体投资的三成，主要负责机电设备和服务系统的建设，具体建设内容包括车辆、自动售检票系统等。该项目的投资结构如图7-11所示。

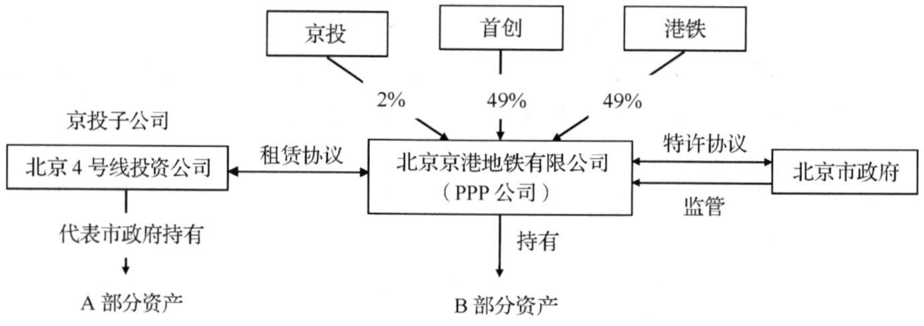

图7-11 北京地铁4号线投资结构

特许经营公司设立由5名董事组成的董事会，其中京投委派董事1名、首创委派董事2名、港铁委派董事2名，由京投委派的董事担任董事长，首创和港铁各委派的2名董事分别担任副董事长和董事。这种投资结构设计不仅仅是为了引进社会化资本解决政府的融资难题，其更深层次的目标是打破行业壁垒，注入市场的活力，引进社会先进的技术和管理经验，这种设计将企业与政府的利益目标捆绑在了一起，企业出于对利润的追求以及对风险的厌恶，必然会在合作期间为了实现自己的商业目标而充分发挥自己的资源和经验优势，努力提高服务水平；而政府除由相关部门对项目的建设和运营过程进行监管以外，代表政府出资的京投在董事会中也占有1个席位，保持了对项目相关决策的影响权，有利于在项目的建设和运营过程中维护公共利益和社会利益。

2. 公私合作方式

为了明确政府方与PPP公司在项目建设和运营过程中的权利和义务，项目特许经营公司与政府达成了如下协议。

（1）北京市政府授权北京京港地铁有限公司负责地铁4号线的运营管理，特许经营期30年。

（2）北京京港地铁有限公司的支出包括：建造 B 部分，向 4 号线公司租赁 A 部分资产，在租赁期间负责维护除洞体以外的全部设施。

（3）北京京港地铁有限公司的经营收入包括：地铁票款收入及站内商业经营收入。

（4）北京市政府以北京京港地铁有限公司租赁 A 部分资产的租金作为调节机制，当客流低于预测导致地铁票款减少时调低租金，弥补北京京港地铁有限公司收入缺口；反之，则调高租金，避免北京京港地铁有限公司产生超额利润。

（5）特许经营 30 年期满后，北京京港地铁有限公司将 A 部分项目设施归还给 4 号线公司，将 B 部分项目设施完好、无偿地移交给市政府指定部门。

3. 项目资金筹措

北京地铁 4 号线 A 部分土建项目的资金筹措主要由北京市政府负责，在资金筹措的方案中，北京市政府选择了多元化运作、多渠道筹资方式，政府向专门为该项目成立的 4 号线投资公司注资的 59.2 亿元资金由北京市财政、京投和沿线区政府一起分担，其他 47.8 亿元的资金则由政府提供担保向银行和金融机构申请贷款加以解决。B 部分机电设备资金的筹措由特许经营公司——北京京港地铁有限公司负责，北京京港地铁有限公司的股份结构设计是港铁和首创各占 49%，京投占 2%，这种股权结构的设计使得政府的 2%的出资处于一个双方都需要拉拢的地位，便于政府对项目的监管和平衡中外两家企业的利益，进而充分保证了公众的利益。B 部分资金的 30%也就是 13.8 亿元由北京京港地铁有限公司以资本金的形式解决，其他部分则以公司资产抵押、质押等向银行或金融机构进行项目融资贷款。

4. 项目建设安排

为了保障 4 号线建设项目的建设过程能够顺利进行，该项目相关各方约定将工程项目建设阶段的全部管理工作全权委托给了建设管理公司，这样就能避免 A、B 两部分工程由不同公司负责导致的在整体设计、建造和质量等方面的不协调，大大减少了建设期间可能出现的一些不稳定因素。在建设管理上，特许权协议中规定由 4 号线投资公司和北京京港地铁有限公司共同委派代表成立建设期协调委员会，专门负责沟通、协调、解决建设期间出现的一些双方存在争议的问题，以保障各自的利益不受损害。同时，协议允许北京京港地铁有限公司利用自己先进的技术和工艺等对原始设计方案进行改良和优化，并鼓励北京京港地铁有限公司对 A 部分的建设提出自己的意见和建议。

5. 项目运营和移交

在北京地铁 4 号线项目的投融资安排中，前期土建工程部分（总投资 107 亿元）由作为主投资方的北京市政府负责规划建设，建成之后通过租赁方式将资产租赁给特许经营公司进行经营，在 30 年特许经营期内政府按约定从项目经营收入中取得租金收入，30 年后政府收回全部资产。政府对项目的资金支持包括：国债投入、土地注入、财政税金的返还，其次则是债务融资、信托融资和银行贷款。项目建设期内的设备、设施等（46 亿元）的投资建设则通过引入民间资本来解决，这样既可以缓解政府资金压力，又能促进民营资本的发展。在项目的筹资方案中还包括吸引多方社会投资者参与投资，参股共同成立一个特许经营公司，通过后期的票价收入以及周边配套服务、广告收入等实现盈利。由于这个项目属于政府投资项目，政府也提供了明确的资金和政策支持，所以在项目筹资的前期比较顺利地吸引了民营资本参与投资，而且不管是从银行借贷融资还是从其他金融机构融资都会大大降低融资难度和减少融资成本。

四、项目的风险分担机制

城市轨道交通建设可能会面临各种各样的风险，既包括一些不可抗拒的系统性风险，如政治风险、金融风险、自然风险等；也包括一些非系统性风险，如工程建设中设计、材料、质量等建设风险，后期经营中的财务风险、管理风险、市场风险等。可控的非系统性风险在地铁4号线项目中主要体现在完工风险、客流风险和票价风险。完工风险主要是指4号线投资公司和特许经营公司负责的A、B部分工程能否按期顺利完成；客流风险则是指项目进入运营阶段后，客流量未达到预期水平从而导致项目无法产生充足的经营收入的风险；票价风险是指由政府负责确定的地铁票价水平高低引起的对企业进行补贴收入的差异风险。

在该项目的风险分担责任方面，双方约定谁可控、谁承担；或者执行谁获取了利益，谁承担相应的风险，收益与风险一致的原则；或者由双方对风险相关事件的参与程度决定，对于不可控风险则双方协商解决。在北京地铁4号线项目中，由于政府负责前期土建工程的建设，所以这方面的风险由政府负担；在特许经营期内，由于收益都归属于北京京港地铁有限公司，所以运营风险则由其承担大部分责任，这样将风险承担责任进行适当划分，各负其责，使风险可控。

平衡风险和收益机制的设定是保障PPP模式中民营资本利益的一个重要举措，如果由客流量等风险造成后期特许经营公司出现亏损，政府有责任对其进行一定的补偿，同时也限制了民营资本为了自身利益可能损害民众利益的行为，如票价的制定权由政府掌握。经过不断摸索，4号线建设项目融资设计中最终设立了以下平衡风险和收益的机制。

（1）票价调整机制。北京地铁4号线投入运营时的票价标准被政府强制定价为2元，这一定价标准在一定程度上与市场定价背离，于是为了保证北京京港地铁有限公司的盈利，政府做出对调整后票价与政府定价的差额进行补偿和返还。

（2）客流风险分担机制。未来的客流量决定了项目的盈利程度，因此社会投资机构为保障自己的利益，在进入前与政府确定了如果客流量低时的补偿机制和相应的处理办法。

（3）租金调整机制。政府通过对A部分资产的控制，通过租金浮动来调节北京京港地铁有限公司的风险和收益，使其风险和利益协调一致。

（资料来源：根据中国知网相关文献整理）

◆ 思考题

1. 什么是BOT模式？它有哪些优缺点？
2. BOT模式的主要参与方有哪些？他们参与项目时所关注的问题有哪些？

3. BOT 模式的实施分成哪些步骤?
4. BOT 模式中的特许权协议的内容有哪些?
5. BOT 项目存在哪些风险? 这些风险是如何在项目参与方之间进行分配的?
6. 阐述 PPP 模式的概念和内涵。
7. 列举 PPP 模式的优点。
8. PPP 模式的典型操作方式有哪些? 它们的应用情境是什么?
9. PPP 模式成功的必要条件是什么?
10. PPP 模式与 BOT 模式有哪些不同?
11. 什么是 PFI 模式?
12. 说出 PFI 模式的运作程序。
13. 列举 PFI 模式的优缺点。
14. PFI 模式与 BOT 模式有哪些不同?
15. PFI 模式与 PPP 模式有哪些不同?

第 8 章

项目融资模式之三——ABS 融资模式

◆ 本章导读

本章主要介绍 ABS 融资的概念、运作程序、使用范围、种类、特点及作用等内容。本章的主要知识点包括：

- ABS 融资的定义；
- ABS 融资的基本要素；
- ABS 融资的主要当事人；
- ABS 融资的运作程序；
- MBS 融资的使用范围；
- MBS 的基本种类；
- ABS 融资的主要特点；
- ABS 融资在金融市场中的作用。

◆ 引导讨论

美国次贷危机与资产证券化

2007 年末，一场新的次贷危机在美国突然爆发。由于当时的经济环境下世界各国联系日益密切且各国的市场也更加开放，这场危机不仅引起了美国国内经济的衰退，而且在全世界范围内引起了一轮经济的普遍倒退和恐慌。人们在审视此次次贷危机时，也从不同角度和层面对资产证券化这项金融创新进行了新的认识。

在次贷危机爆发之前，美国房地产市场的繁荣带动了经济的强劲增长，而资产证券化市场则为房地产市场的持续繁荣提供了必不可少的资金流动性支持。资产证券化就是金融机构将持有的缺乏流动性，但能够在未来产生稳定现金流的资产通过一定的结构安排进行重组，并配合相应的信用评级和增级，以原始资产为担保创设的可以在金融市场流通的金融产品。可见，金融机构通过将其持有的流动性较差的资产进行证券化实现了流动性的扩大，同时随着金融创新的不断发展，在初始证券化的基础上又产生了各类衍生品，为金融市场提供了源源不断的流动性。

资产证券化对金融市场的流动性支持必须以良好的经济前景为前提，资产证券化为金融市场提供流动性的过程不可避免地会造成资产价格泡沫，只要市场处于看涨的行情，资产证券化就能源源不断地为金融市场提供流动性。但是资产价格泡沫达到一定程度时必定会导致通货膨胀，这时中央银行就会通过紧缩性的货币政策来抑制通货膨胀，这就有可能刺破资产价格泡沫，资产证券化为金融市场提供流动性的能力就会降低，这一过程在次贷危机中表现得淋漓尽致。在次贷危机中，美联储为了抑制由资产价格泡沫引起的通货膨胀而提高了基准利率，由此刺破了房地产市场的价格泡沫，房价在下跌的过程中必然导致以房地产为基础资产的证券化资产以及衍生品的信用评级降低，并出现价值缩水，这时投资者为了避免损失向市场套现而减少资金的供给，并对持有的证券化资产进行抛售，导致市场出现流动性危机，市场流动性危机的出现又会引起资产的进一步减值和抛售，资金的供给又会进一步减少，市场由此进入资产价值不断缩水和抛售行为不断发生的恶性循环，并最终传导至银行体系。当银行体系的证券化资产出现价值缩水时，其持有的抵押贷款也难以实施证券化，同时已经设计好的证券也失去了销路，银行所持有的非流动性资产将无法通过证券化来扩充流动性，由此银行也会发生流动性危机，因此资产证券化所导致的金融市场流动性逆转是危机爆发的重要原因。

（资料来源：摘录自中国知网相关文献）

在第 6 章和第 7 章介绍了一些以特殊信用结构为基础的融资模式和适用于基础设施项目的几种融资模式，这些模式都是针对具体项目的特殊性所设计的融资形式。然而在所有的项目融资中，融资项目的资产和项目运营期的现金流量状况都是项目参与各方所关注的问题。近些年，在一些发达国家出现了一种新的融资方式，即以项目资产和未来的预期收入为基础，通过在资本市场上发行证券来融资，这种方式被称为 ABS 融资。ABS 融资被提出后，其应用领域不断扩展，而且被认为是未来项目融资的一个重要发展趋势，本章将对 ABS 融资的基本概念、特点、运作方式等加以介绍。

■ 8.1 ABS 融资概述

ABS 融资作为一项金融创新产品和高效的制度安排，已经成为 20 世纪 70 年代以来最有生命力的金融创新产品之一。对 ABS 融资的基本概念及其产生背景的理解，既有利于掌握 ABS 融资的本质，也有利于分析 ABS 融资在中国应用的可能。

8.1.1 ABS 融资的定义

ABS 是英文 asset-backed securitization 的缩写，在国内往往被称为资产支持证券化或资产证券化。在 ABS 模式发展过程中，资产证券化的定义也经历了不断发展变化的过程。

在 ABS 融资发展的初始阶段，资产证券化指通过在资本市场和货币市场上发行证券来筹集资金，即以直接融资方式来筹资，这种资产证券化称为一级证券化或融资证券化。运用这种方法，一个“借款人”可以向市场上的投资者直接筹资而不再需要向银行申请贷款或透支。这种类型的资产证券化会动摇银行作为资金提供者的传统地位，并最终导致“非中介化”或“脱媒”现象的出现。

在后来的发展过程中，资产证券化的形式发生了明显的变化，即把已经存在的信贷资产集中起来根据利率、期限、信用质量等标准加以组合并进行包装后转移给投资者，从而使此项资产在原持有者的资产负债表中消失。这种形式的资产证券化被称为二级证券化，也就是现在通常所讲的资产证券化。

在项目融资中所考虑的资产证券化，是指以具体项目所拥有的资产为基础，以该项目资产的未来收益为保证，通过在国际资本市场上发行高档债券来筹集资金的一种项目证券融资方式。

ABS 融资的本质是通过其特有的提高信用等级的方式，使原本信用等级较低的项目得以进入国际高档证券市场，利用该市场信用等级高、债券安全性和流动性高、债券利率低的特点，大幅度降低发行债券筹集资金的成本。按照规范化的证券市场的运作方式，在证券市场发行债券必须对发债主体进行信用评级，以揭示债券的投资风险及信用水平。债券的筹资成本与信用等级密切相关，信用等级越高，表明债券的安全性越高，债券的利率越低，从而使通过发行债券筹集资金的成本越低。例如，根据标准普尔公司的信用等级划分方法，信用等级 AAA、AA、A、BBB 为投资级，即债券的信用等级只有达到 BBB 以上级别时，才具有投资价值，才能在证券市场上发行债券募集资金。在投资级债券中，AAA 级和 AA 级属于高档投资债券，信用风险小，融资成本低。因此，利用证券市场筹集资金一般都希望进入高档投资级证券市场。但是那些不能获得权威性资信评估机构较高级别信用等级评定的企业或其他机构，则无法进入高档投资级证券市场。ABS 模式运作的独到之处就在于通过信用增级计划使得没有获得信用等级或信用等级较低的机构照样可以进入高档投资级证券市场，通过资产的证券化来筹集资金。因此，即使加入了一些前期分析、业务构造和信用增级等成本，ABS 模式仍然为融资业务提供了新的、成本更低的资金来源，而且当公司或项目靠其他形式的信用进行融资的机会很有限时，ABS 模式就成为该公司的一个至关重要的融资来源。这是因为资产支持证券的评级仅取决于作为证券支持的资产的信用质量，而与发行这些证券的公司的财务状况或金融信用无关。

8.1.2 ABS 融资产生的背景

ABS 融资作为一种融资技术的创新，最早起源于美国，后来在美、英、法、德等西方国家得到了广泛的应用。

ABS 融资之所以在美国起源的一个重要原因是美国采取了特殊的金融政策，美国历史上人们普遍认为总分行式的银行制度不利于竞争，许多州的法律都限制银行分行的发展，这就使得单一银行制在美国成为一种普遍的形式。就数量而言，单一银行组织占到美国 12 000 多家银行的一半，众多的小银行在经营中经常面临着客户要求的贷款数额大于其信贷额度的难题。为了不因拒绝提供贷款而失去客户，小银行常常通过向大银行出售其贷款以维持与关键客户的关系。随着贷款出售这一做法的发展，以获得更多的利润和优化资产结构及投资技巧逐渐演变成为主要目的。尽管被出售的贷款还不能被称为证券，但它却为证券化的产生埋下了伏笔。

ABS 融资在美国起源的第二个背景原因是银行本身面临的日益严峻的外部生存环境。一方面，由于银行业的革命，竞争日趋激烈，银行的融资成本上升，存贷利差收入下降，利润也随之下降，而另一方面，银行的利率风险和破产风险却在不断上升，到了 20 世纪 70 年代初期，美国的整个储蓄机构已面临着严峻的生存危机。此时，抵押证券市场的出现和发展成为储蓄机构走出困境的转折点，它们纷纷将低收益的固定利率资产经过技术处理通过证券市场出售给投资者，以增加流动性资产，抵御风险。而如此一来便极大地促进了美国抵押证券市场的发展，进而促进了 ABS 融资的发展。

ABS 模式在美国的产生，除与美国的金融政策和银行的经营环境有关以外，还与特定时期金融市场的实际状况和业务需求有关。ABS 模式最早可以追溯到 20 世纪 60 年代末、70 年代初美国的住宅按揭贷款融资，当时美国第二次世界大战后出生人口步入购房年龄，对住房基金需求很大，而长期以来支撑美国住宅抵押贷款体系的储蓄金融机构由于通货膨胀和利率攀升的影响以及商业银行与共同基金的冲击，运营难以为继，美国政府为了解救房地产金融，决定启动并搞活住宅抵押贷款的二级市场。于是华尔街金融机构尝试发放 MBS（mortgage-backed securities），即抵押支持证券筹资以弥补住房基金来源的不足，MBS 即 ABS 模式的雏形。以 MBS 模式为借鉴，Unisys（优利系统）公司于 1985 年 3 月率先发行了 192 亿美元的以租赁款作为支持资产的 ABS，这成为现代意义的 ABS 模式的开端。

ABS 融资这种具有革命性的业务首先始于抵押转递证券的发展，美国政府代理机构抵押证券的发行额从 1995 年开始就呈不断上升的趋势。自美国的金融机构提出并应用了 ABS 模式以后，法国、德国、英国、日本等国家都在金融业务中使用了 ABS 模式，目前 ABS 融资模式已被广泛运用到汽车贷款、信用卡贷款、应收账款、房产贷款、学生贷款、设备贷款、设备租赁、保险单、公共设施和公用事业收费、自然资源等资产的证券化融资中。国外的大量实践证明，尽管 ABS 融资模式发展历史较短，但这种融资模式具有很大的发展潜力，ABS 模式在项目融资领域的应用将是项目融资未来发展的一个重要趋势。

8.1.3　ABS 融资的基本要素

一项成功的 ABS 融资需要坚实的“基础设施”，这就是证券化融资的基本构成要素。ABS 融资的基本要素包括以下几个方面。

（1）标准化的合约。该合约要使所有的参与方确信：为满足契约规定的义务，该担保品的存在形式应能够提供界定明确而且在法律上可行的行为。

（2）资产价值的正确评估。例如，在信贷资产证券化业务中，银行家的尽职调查应能够向感兴趣的各方提供关于风险性质的描述和恰当的价值评估。

（3）一份具有历史统计资料的数据库。对于拟证券化的资产在过去不同情形下的表现，必须提供一份具有历史统计资料的数据库，以使各参与方确定这些资产支持证券的风险程度。

（4）适用法律的标准化。ABS 融资需要以标准的法律为前提，在美国第一银行曾发行过 AAA 级抵押支持转递证券，最后该证券的发行以失败而告终，其原因之一就是它未能满足美国所有各州所要求的法定投资标准。

（5）确定服务人地位的标准。这一点对于 ABS 融资也是非常关键的，一般的标准是服务人的破产或服务权的转让不应该导致投资者的损失。

（6）可靠的信用增级措施。ABS 融资的重要特点是可以通过信用增级措施发行高档债券，以降低项目融资的成本。因此，如果没有可靠的、资信较高的信用增级措施，ABS 融资将是很难操作的。

（7）用以跟踪现金流和交易数据的计算机模型也是促进证券化交易量增长的重要基础。

8.1.4 ABS 融资的主要当事人

1. 发起人或原始权益人

发起人或原始权益人即拥有 ABS 对应的权益资产的人，以抵押贷款为例，发起人发放贷款并创造出将成为担保品的资产。发起这些资产的实体包括：①商业银行，是综合性的金融机构，其主要功能是吸收存款、管理贷款；②抵押银行，主要功能是发放抵押贷款并在二级市场销售；③政府机构，尽管提供很少的贷款，但发挥的作用很大。

一般地，在抵押贷款中发起人的主要作用是：①收取贷款申请；②评审借款者申请抵押贷款的资格；③组织贷款；④从借款人手中收取还款；⑤将借款还款转交给抵押支持证券的投资者等。

发起人的收入来源主要是：①发起费，以贷款金额的一定比例表示；②申请费和处理费；③二级销售利润，即发起人售出抵押贷款时其售价和成本之间的差额。

发起人大多同时也是证券的出售人和承销商，因为对发起人来说，保留证券的承销业务可获得一定的费用收入。

发起人一般通过“真实出售”或所有权转让的形式将其资产转让到资产组合中。尽管发起人破产并不直接影响资产支持证券的信用，但发起人的信誉仍然需要考虑。因为如果发起人的信誉恶化，那么就会影响包括发起人的资产在内的担保品的服务质量。

2. 服务人

服务人通常由发起人自身或指定的银行来担任。服务人的主要作用体现在两个方面：一是负责归集权益资产到期的现金流，并催讨过期应收款；二是代替发行人向投资者或投资者的代表——受托人支付证券的本息。

服务的内容包括收集原借款人的还款以及其他一些为确保借款人履行义务和保护投资者的权利所必需的步骤，因此资产支持证券的大多数交易与服务人（通常就是发起人）的信用风险存在着直接的关系。因为服务人持有那些要向投资者分配的资金，信用风险的高低是由服务人把从资产组合中得到的支付转交给投资者时的支付频率决定的。

3. 发行人

发行人可以是中介公司，也可以是发起人的附属公司、参股公司或者投资银行，有时受托管理人也承担这一责任，即在证券化资产没有卖给上述的公司或投资银行时，它常常被直接卖给受托管理人。该受托管理人是一个信托实体，一般是一家有特殊用途的实体，其创立的唯一目的就是购买拟证券化的资产和发行资产支持证券。该信托实体控制着作为担保品的资产并负责管理现金流的收集和支付，信托实体经常就是发起人的一家子公司，或承销本次证券发行的投资银行的一家子公司。在某些情况下，由于各单个发起人的资产都不足以创造一个合格的资产组合，此时就要由几个发起人的资产共同组成一个资产组合。

当发行人从原始权益人手中购买权益资产，并获得所购买权益资产对应的在未来收取一定现金流的权利后，对该资产权益进行组合包装，然后以发行证券的方式将其在二级市场上出售给投资者。在资产证券化最早出现的美国，充当住房抵押贷款支持证券发行人的主要机构有两类：一类是政府性质的机构，如联邦国民抵押贷款协会（Federal National Mortgage Association，FNMA），购买无政府保险的住房抵押贷款并使之证券化；政府国民抵押贷款协会（Government National Mortgage Association，GNMA），使有担保的住房抵押贷款证券化；联邦住房贷款抵押公司（Federal Home Loan Mortgage Corporation，FHLMC），购买未经政府保险但经私人保险的常规抵押贷款并以之为担保在资本市场上发行债券。另一类是非政府性质的机构，如住房融资公司（Residential Funding Corporation）等，它们购买不符合联邦国民抵押贷款协会、政府国民抵押贷款协会、联邦住房贷款抵押公司等政府或政府资助机构有关条件的住房抵押贷款并使之证券化。

4. 证券商

资产支持证券由证券商承销。证券商或者向公众出售其包销的证券，或者私募债券。作为包销人，证券商从发行人处购买证券，再出售给公众。如果是私募债券，证券商并不购买证券，而只是作为发行人的代理人，为其提供更多的购买者，发行人和证券商必须共同合作，确保发行结构符合法律、规章、财会、税务等方面的要求。

5. 信用强化机构

在 ABS 过程中有一个环节显得尤为关键，这就是信用增级环节。从某种意义上说，资产支持证券投资者的投资利益能否得到有效的保护和实现主要取决于证券化产生的信用保证。信用增级就是指信用等级的提高。经信用保证而得以提高等级的证券将不按照原发行人的等级或原贷款抵押资产等级来进行交易，而是按照提供担保的机构的信用等级来进行交易。

信用增级一般采取两种方式：发行人提供的信用增级即内部信用增级和第三者提供的信用增级即外部信用增级。

（1）内部信用增级（internal credit enhancement）。由发行人提供的内部信用增级有两种基本的方法，即直接追索权和超额担保，两种形式均完成同样的目的，即减少投资者承担的与资产组合有关的信用风险。具体又可通过三种操作方法，即设计优先/次级证券结构、建立超额抵押和建立储备基金账户等形式来提高信用等级。SPV 可以单独使用其中某一种方式，也可以同时使用这三种方式或者其中的某两种方式。

第一，设计优先/次级证券结构（senior-subordinated security structure）。这种结构是指所有的损失首先由次级债券承担，即次级债券充当优先级债券的缓冲器，其最大承担额相当于该类债券的总额。这种方法是用高收益的次级证券在本金和利息支付顺序上的滞后处理，来保证低收益的优先证券获得本金和利息的优先支付，从而提高优先证券的信用级别。

第二，建立超额抵押（over-collateralization）。超额抵押是指抵押资产组合中的资产价值超过所发行证券的金额，如果抵押价值下降到该水平之下，信用强化就必须以新的抵押品弥补该缺口。在信贷资产证券化中，则要求被证券化的项目贷款的实际价值高于证券的实际发行额，也就是要求所发行的债券总额不得超过作为基础资产的项目贷款组合的一定比例，如 85%。

第三，建立储备基金账户（reserve fund account）。储备基金账户是指通过事先设立用以弥补投资者损失的现金账户以防范风险，在信贷资产证券化中就是 SPV 将收到的项目贷款的本息与债券支付成本之间的差额，以及 SPV 在现金收付之间因时间差异而产生的再投资收入存入基金账户，在项目贷款出现违约时，动用基金账户以保证对证券投资者的支付。

（2）外部信用增级（external credit enhancement）。由第三者提供的外部信用增级可分为部分信用增级和完全信用增级两种形式，部分信用增级的目的是降低投资者承担的组合资产的信用风险，完全信用增级的目的则不仅仅要降低这种风险而且还要完全消除这些风险。与发行人提供的信用增级不同的是第三者信用增级一般不带有相关风险的特征，这是因为第三者的信用质量总的来说与被提高的信用资产质量没有关系。

外部信用增级方式通常是通过提供银行信用证担保。相关方担保由一家单线保险公司提供保险以及第三者设立的储备账户基金来形成。这些信用增级依赖于担保人而不是资产池本身的信用等级。

6. 信用评级机构

信用评级机构就像给公司债券评定等级一样给资产支持证券评级，资产支持证券的投资人依赖信用评级机构为其评估资产支持证券的信用风险和再融资风险。主要的评级机构有穆迪、标准普尔等公司，这些评级机构从整体来看，其历史记录和表现一直很好，特别是在资产支持证券领域口碑更佳。信用评级机构须持续监督资产支持证券的信用评级，证券的发行人要为评级机构提供的服务支付费用。因为如果没有评级机构的参与，这些结构复杂的资产支持证券可能就卖不出去。当存在评级机构时，投资者就可以把投资决策的重点转移到对市场风险和证券持续期的考虑上。所以，信用评级机构是证券化融资的重要参与者之一。

发行人需要评级机构的评级是因为他们希望证券的流通性更强，其支付的利息成本更低。当投资者通过评级系统的评级而相信了证券的信用质量时，他们对投资的收益要求通常就会降低。许多受到管制的投资者未被允许购买那些级别低于投资级的证券，更不能购买那些未经评级的证券。所以证券评级机构的存在拓宽了投资者的范围，创造了对证券的额外需求，对发行人来说，节省的成本也非常可观。

7. 受托管理人

在证券化的操作中，受托管理人是不可或缺的，它充当着服务人与投资者的中介，也充当着信用强化机构和投资者的中介。受托管理人的职责包括三个方面。

一是作为发行人的代理人向投资者发行证券，并由此形成自己收益的主要来源。

二是将借款者归还的本息或权益资产的应收款转给投资者，并且在款项没有立即转给投资者时有责任对款项进行再投资。

三是对服务人提供的报告进行确认并转给投资者，当服务人不能履行其职责时，受托人应该并且能够起到取代服务人角色的作用。

8. ABS 的投资者

投资者是购买资产支持证券的市场交易者。由于投资者的风险偏好不同，因此不同风险程度的证券都有其市场。ABS 的风险-收益结构可以进行动态调节，更能满足投资者特定的风险-收益结构要求。投资者不仅包括大量机构投资者，也包括众多个人投资者。

■ 8.2　ABS 融资的运作程序

ABS 融资在实际操作中要涉及很多的技术性问题，但是证券化过程的基础是比较简单的。发起人将要证券化的资产进行组合后，并以组合资产为担保或将其出售给一个特设的交易机构，由特设的交易机构向投资者进行证券融资。ABS 融资过程一般要经过以下阶段。

1. 确定 ABS 融资的目标

原则上，投资项目所附的资产只要在未来一定时期内能带来稳定可靠的现金收入都可以进行 ABS 融资。能够带来现金流入量的收入形式可以是：信用卡应收款；房地产的未来租金收入；飞机、汽车等设备的未来运营收入；项目产品的出口贸易收入；等等。一般情况下，这些代表未来现金收入的资产本身具有很高的投资价值，但由于各种客观条件的限制，它们无法获得权威性资信评估机构授予的较高级别的资信等级，因此无法通过证券化的途径在资本市场上筹集项目建设资金。

通常将拥有这种未来现金流量所有权的企业或公司称为原始权益人。原始权益人将这些未来现金流的资产进行估算和信用考核，并根据 ABS 的目标确定要把多少资产用于证券化，最后把这些资产汇集组合形成一个资产池。

2. 组建 SPV

成功组建特别目的公司（SPV）是 ABS 融资的基本条件和关键因素。为此，SPV 一般是由在国际上获得了权威资信评估机构给予较高资信评定等级（AAA 或 AA 级）的投资银行、信托投资公司、信用担保公司等与证券投资相关的金融机构设立。有时 SPV 由原始权益人设立，但它是以 ABS 为唯一目的的、独立的信托实体，其经营有严格的法律限制，如不能发生证券化业务以外的任何资产和负债、在对投资者付讫本息之前不能分配任何红利、不得破产等，其收入全部来自资产支持证券的发行。为降低 ABS 的成本，SPV 一般设在免税国家或地区，如开曼群岛等处，设立时往往只投入最低限度的资本。

3. 实现项目资产的"真实出售"

SPV 成立之后，与原始权益人签订买卖合同，原始权益人将资产池中的资产过户给 SPV。这一交易必须以"真实出售"的方式进行，买卖合同中应明确规定：一旦原始权益人发生破产清算，资产池不列入清算范围，从而达到破产隔离的目的。破产隔离使资产池的质量与原始权益人自身的信用水平分割开来，投资者对资产支持证券的投资就不会再受到原始权益人的信用风险的影响，这也正是项目融资的本质特点。

如何才能达到项目资产或收益的"真实出售"呢？主要有三种操作方式。

（1）债务更新，即先行终止发起人与资产债务人之间的债务合约，再由 SPV 与债务人之间按原合约还款条款订立一份新合约来替换原来的债务合约，从而把发起人与资产债务人之间的债权债务关系转换为 SPV 与资产债务人之间的债权债务关系，这种方法一般用于资产组合仅涉及少数债务人的场合。

（2）转让，即通过一定的法律手段把待转让资产项下的债权转让给 SPV，在转让前待转让资产的可转让性需要经过严格的法律程序加以认可。资产权利的转让要以书面形式通知资产债务人，如无资产转让书面通知，资产债务人享有终止支付的法定权利。

（3）从属参与，即 SPV 与资产债务人之间无合同关系，发起人与资产债务人之间的原债务合约继续有效，资产也不必从发起人手中转让给 SPV，而是由 SPV 先行发行资产支持证券，取得投资者的款项，然后再转贷给发起人，转贷金额等同于资产组合金额。贷款附有追索权，其偿还资金来源于资产组合的现金流量。

无论采取何种形式，资产的出售均要由有关法庭判定其是否为"真实出售"，以防范在 ABS 下涉及的发起人违约破产风险。影响法庭裁定"真实出售"的主要因素是：①当事人意图符合证券化目的；②发起人的资产负债表已进行资产出售的财务处理；③出售的资产一般不得附加追索权；④资产出售的价格不能盯着贷款利率；⑤出售的资产已经过"资产分离"处理，即已通过信用增级的方式将出售的资产与发起人的信用风险分离。

不符合上述条件的将不能被视为"真实出售"，而是被当作担保贷款或信托。

与资产出售相对应的是资产的购买。SPV 购买资产的形式有两种：一是整批买进一个特定的资产组合；二是买进资产组合中的一项不可分割的权利。

前者与票据的直接转让相似，SPV 买下特定资产项下卖方的全部权益，资产转归买方所有，这种形式主要用于期限较长的 ABS。在后一种形式下，SPV 的权益不限于组合中的特定资产，因此这项权益不会由于某一特定资产的清偿而终止，随着组合中资产的清偿，新资产的不断补进，SPV 的权利也随之周转，这种形式适合于资金期限较短，周转速度较快的资产组合，主要用于工商贷款与交易应收款的证券化。

4. 完善交易结构，进行内部评级

为完善 ABS 的交易结构，SPV 须与原始权益人或其指定的资产服务公司签订服务合同、与原始权益人一起确定一家受托管理银行并签订托管合同、与银行达成必要时提供流动性的周转协议、与证券承销商达成证券承销协议等协议安排，然后请信用评级机构对这个交易结构以及设计好的资产支持证券进行内部评级。信用评级机构通过审查各种合同和文件的合法性及有效性，对交易结构和资产支持证券进行考核评价，给出内部评级结果。一般而言，这时的评级结果并不理想，较难吸引投资者。

5. 划分优先证券和次级证券，办理金融担保

为吸引更多的投资者、改善发行条件，SPV 必须提高资产支持证券的信用等级，即必须进行信用增级。信用增级如前所述可通过外部信用增级和内部信用增级来实现，但无论采取哪种信用增级措施，为了操作的方便必须做到以下几点。

第一是要做到“破产隔离”，剔除掉原始权益人的信用风险对投资收益的影响，提高资产支持证券的信用等级。

第二是划分优先证券和次级证券，通过把资产支持证券划分为两类，使对优先证券支付本息先于次级证券，付清优先证券本息之后再对次级证券还本，这样就降低了优先证券的信用风险，提高了它的信用等级。

第三是进行金融担保，即特别目的公司向信用级别很高的专业金融担保公司办理金融担保，由担保公司向投资者保证特别目的公司将按期履行还本付息的义务，如特别目的公司发生违约，由金融担保公司代为支付到期证券的本息。

6. 进行发行评级，安排证券销售

信用增级后，SPV 应再次委托信用评级机构对即将发行的经过担保的 ABS 债券进行正式的发行评级，评级机构根据经济及金融形势、发起人及证券发行人等有关信息、SPV 和原始权益人资产债务的履行情况、信用增级情况等因素将评级结果公布于投资者，然后由证券承销商负责向投资者销售资产支持证券。由于这时资产支持证券已具备了较好的信用等级-投资收益的组合，能以较好的发行条件售出。

7. SPV 获得证券发行收入，向原始权益人支付购买价款

SPV 从证券包销商那里取得证券的销售收入后，即按资产买卖合同签订的购买价格向原始权益人支付购买资产池的价款，而原始权益人则达到了筹集资金的目的，可以用这笔收入进行项目投资和建设。

8. 实施资产管理

原始权益人或由 SPV 与原始权益人指定的服务公司对资产池进行管理，负责收取、记录由资产池产生的全部收入，并把这些收款全部存入托管行的收款专户。托管行按约定建立积累金，准备用于 SPV 对投资者还本付息。

9. 按期还本付息，对聘用机构付费

到了规定的期限，托管银行将积累金拨入付款账户，对投资者付息还本。待资产支持证券到期后，还要向聘用的各类机构支付专业服务费。由资产池产生的收入在还本付息、支付各项服务费之后，若有剩余则全部退还给原始权益人，整个 ABS 过程至此结束。

以上过程（以抵押贷款资产证券化为例）可用图 8-1 表示。

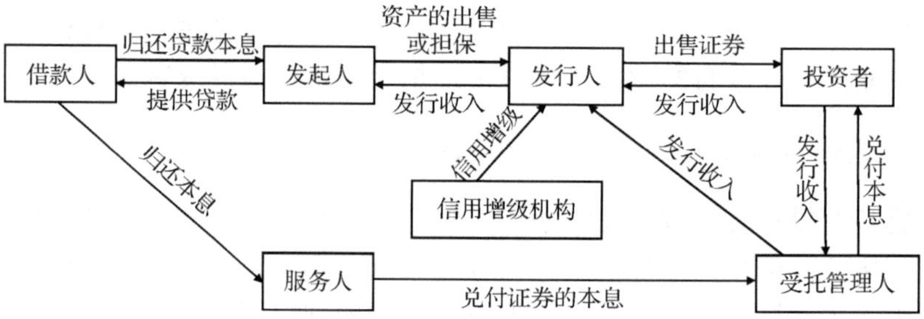

图 8-1　抵押贷款资产证券化的简单示意图

■ 8.3　MBS 的使用范围和种类

ABS 融资作为一种创新性的融资模式，尽管信用增级是其典型特征，然而 ABS 融资模式的基础仍然是证券化的资产的质量，ABS 融资有其特定的使用范围和适用领域。

尽管被证券化的项目资产已经很多了，但是到目前为止运用得最多的还是以抵押贷款这一金融资产为对象的抵押支持证券（MBS）方式，所以本节的内容就以 MBS 为例来剖析资产支持证券融资的基本内容。

8.3.1　MBS 融资的使用范围

并不是所有的资产都可以证券化，根据已有的证券化交易实例，一种可证券化的理想资产应该具有以下特征：①能在未来产生可预测的稳定现金流；②持续一定时期的低违约率、低损失率的历史记录；③本息的偿还分摊于整个资产的存活期间；④金融资产的债务人有广泛的地域和人口统计分布；⑤原所有者已持有该资产一段时间，有良好的信用记录；⑥金融资产的抵押物有较高的变现价值；⑦金融资产具有标准化、高质量的合同条款。

而不利于证券化的资产属性包括：①服务者经验缺乏或财力单薄；②资产组合中资产的数量较少或金额最大的资产所占的比重过高；③本金到期一次偿还；④付款时间不确定或付款间隔期过长；⑤金融资产的债务人有修改合同条款的权利。

到目前为止，在北美、欧洲和新兴市场上已被证券化的资产种类繁多，可以做如下分类：①居民住宅抵押贷款；②私人资产抵押贷款、汽车销售贷款、其他各种个人消费贷款、学生贷款；③商业房地产抵押贷款、各类工商企业贷款；④信用卡应收款、转账卡应收款；⑤计算机租赁、办公设备租赁、汽车租赁、飞机租赁；⑥交易应收款；⑦人寿、健康保险单；⑧航空公司机票收入、公园门票收入、俱乐部会费收入、公用事业费收入；⑨石油/天然气储备、矿藏储备、林地；⑩各种有价证券（包括高收益/垃圾债券）组合。

8.3.2 MBS 的基本种类

虽然被证券化的金融资产有很多，但到目前为止，MBS 的基本形式只有三种，即过手证券、资产抵押债券和转付债券。

1. 过手证券

MBS 最普遍的形式就是过手证券，过手证券代表对具有相似的到期日、利率和特点的组合资产的直接所有权。这些信托资产保存于信托机构，所有权证书则出售给投资人。发起人要为这些资产提供服务，并收取本金和利息，从中扣除服务费，将剩余款项过手给投资人。组合资产的所有权归投资人，因此过手证券不是发起人的债务义务，而且通常情况下不出现在发起人的财务报表中。其发行过程如图 8-2 所示，其现金流如图 8-3 所示。

图 8-2 所表示的过手证券的发行程序为：发起人/服务人将资产出售给 SPV，然后受托管理人代表 SPV 签发证书给投资银行，并由投资银行销售给最终投资者，每个证书即代表整个贷款组合的不可分割的利益。随着贷款的出售，为了维护投资者的利益，在信用提高的前提下，发起人把资产的各项权益如资产所有权、利息以及收取所有到期付款的权利转让给 SPV。

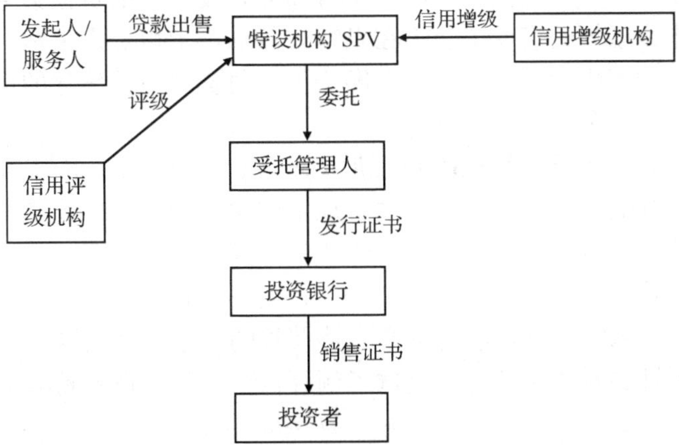

图 8-2 过手证券的发行结构

图 8-3 描述的过手证券结构下的现金流情况为：过手证券一旦发行后，债务人按照贷款合同向作为服务人的银行偿还本金和利息；服务人将收到的款项存入受托人持有的、以受托人名义开立的托收账户，该账户以债券投资者为受益人，每到付款日期，受托管

理人就用托收账户中的款项向投资人支付每期的本金和利息，并向服务人每月支付服务费；SPV 负责支付受托人费用和信用增级费用，受托管理人有权要求信用增级机构履行担保义务，付款并存入托收账户，以弥补债务人拖欠和违约的款项。

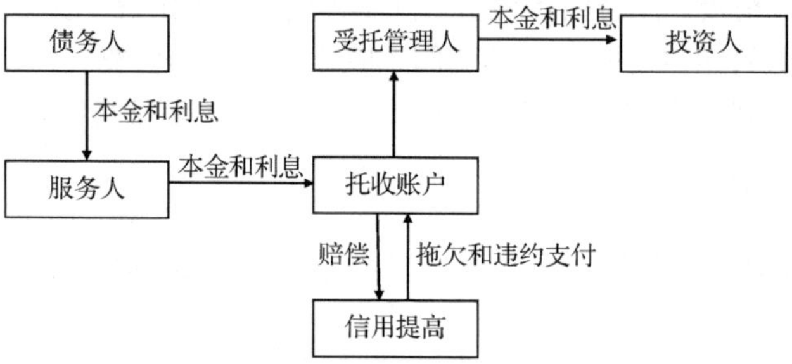

图 8-3　过手证券结构下的现金流示意图

过手证券具有以下特征：对抵押贷款发起人（一般为银行）而言，过手证券的发行有利于解决资产流动性、利率风险及违约风险的问题；对发行人而言，此类证券不出现在发行人的资产负债表中，发行人只起管理的作用，从借款人处收取的本息都将按一定比例“过手”给投资者；债券的发行人只收取一定的服务费；现金流是按月支付，利率是月利率；如果被证券化的贷款组合提前偿付，所产生的再投资风险由投资者承担。

过手证券的弱点是：存在较明显的结构性弱点，各种转手证券的实际到期日都有一定的不确定性，短期投资者不感兴趣；现金流预测比较困难；市场利率下降时，面临较大的提前偿付风险。

2. 资产抵押债券

资产抵押债券（asset-mortgaged securities）是指投资者拥有以特定资产为抵押的债权凭证。以抵押贷款支持债券为模型，资产支持债券是发行人的负债义务，这项义务以贷款组合为抵押。作为抵押的贷款组合仍在发行人的账本上以资产表示，资产抵押债券以负债表示。由抵押物产生的现金流并不立即用于支付资产支持债券的本金和利息，利息通常半年支付一次，本金到期才支付。

资产支持债券的一个重要特征就是通常要求 SPV 为所发行的资产抵押债券提供超额抵押，并且当抵押的价值低于债券契约中规定的水平时，为保证安全就要求在抵押物中增加更多的贷款或证券。资产支持债券的超额抵押有三个原因。

首先，因为贷款组合的现金流归属于 SPV，而不是资产组合或者债券持有者，所以任何一个贷款组合的未结余额可能比资产支持债券的本金下降更快。

其次，超额抵押物对债券持有人提供了额外保护，保护债券持有人免受组合中个别贷款违约的影响。

最后，超额抵押保护债券持有人免受在估价期间抵押物市价下降的影响。违约和抵押物贬值风险的保险费可以从资产债券的收益中取得，但是因为支付本金和利息的款项是首先归于 SPV 且可以用这些款项进行再投资，所以，SPV 一般愿意进行超额抵押。

资产抵押债券的发行过程如图 8-4 所示，其现金流如图 8-5 所示。

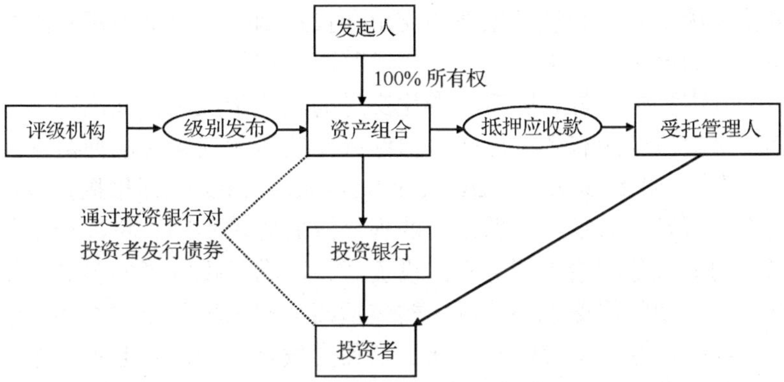

图 8-4　资产抵押债券的一般结构

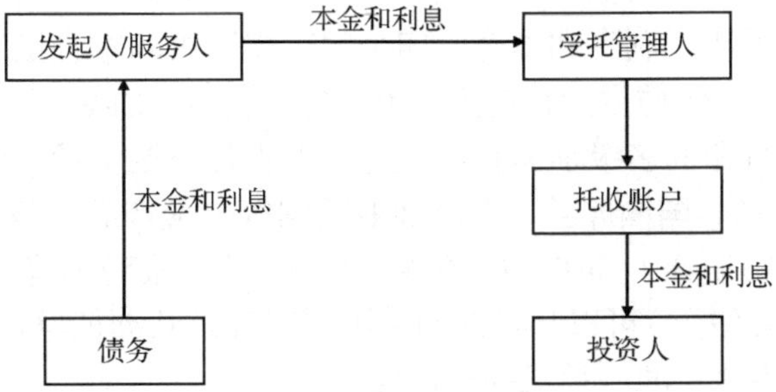

图 8-5　资产抵押债券的现金流示意图

如图 8-4 资产抵押债券结构图所示，发起人将自己的资产进行组合并以此作为发行债券的担保，担保物的价值必须超过所发行债券的价值（即超额担保），否则发起人必须购买信用或保单，即以信用增级来替代或补充超额抵押。

资产抵押债券的现金流安排为：抵押资产的债务人到期支付本金和利息给发起人/服务人；发起人/服务人将本息现金流转给受托管理人，受托管理人将该笔现金流存入为 SPV 单独设立的、以投资者为受益人的托收账户，受托人在债券确定的偿付日将本金和利息支付给投资人。

资产抵押债券与过手证券之间最大的区别包括以下几点。

（1）前者是一种债权凭证，后者是一种所有权凭证。在资产抵押债券结构下，被证券化资产组合的所有权属于 SPV，作为资产出现在 SPV 的资产负债表中，以此为基础发行的债券作为债务也出现在 SPV 的资产负债表中。

（2）资产抵押债券的投资者按照债券载明的条款获得稳定的收益，不承担证券化资产组合提前偿付而产生的再投资风险，该风险由 SPV 承担，而过手证券正好相反。

（3）过手证券对投资者的偿付与资产组合的本息偿付在时间上完全一致，而资产抵押债券的本金、利息支付方式与资产组合不一致。

3. 转付债券及其衍生形式

这种债券既有过手证券的特征，也有资产支持债券的特征。它是由一组资产组合作担保，并且作为负债仍保留在发行人的资产负债表中，这一点与资产支持债券相似。但是资产的现金流是用来支付为债券服务的支出和投资回报，投资者承担因被证券化的资产提前偿还而产生的再投资风险。这一点与过手证券相似。

除以上三个基本种类以外，随着证券化交易的进一步发展，又出现了许多新的衍生结构形式，其中比较流行的有两种形式即担保抵押债券和剥离式抵押担保证券。

担保抵押债券（collateralized mortgage obligation，CMO），即根据投资者对风险、收益和期限等的不同偏好而对抵押贷款组合的现金流的要求不同，将证券划分为不同的级别，使风险以不同形式分配给不同类别的投资者，以满足投资者的多品位要求，这就是担保抵押债券。最典型的担保抵押债券结构包括四个“正规”级债券和一个“剩余”级债券。前三个正规级债券（A、B、C 三级）自债券发行结束之日起就开始付息，并依次偿还本金。第四个正规级债券（称为 Z 级）在前三级本金未偿清之前只按复利计算利息，并不进行实际支付（所以，Z 级债券又被称为“应计”债券）。当前三级本息全部支付完毕后，Z 级债券才开始支付利息和本金。四个“正规”级的本息偿清后，所有剩余的现金流量全部属于“剩余”级债券的持有人。由于这一特点，CMO 有效地创立了具有不同最后期限和不同平均寿命的多级别债券，因此可吸收各类投资者。例如，支付最快的债券（如 A 债券）可以和美国国库券、欧洲商业票据等金融产品竞争，吸引短期投资者；支付不算快也不算慢的债券（如 B、C 债券）可以和公司债券竞争吸引中期投资者；而支付最慢的债券（如 Z 债券）可以和长期的美国国库券及欧洲债券竞争吸引长期投资者，从而使 CMO 成为应用最广的一种抵押支持证券。

1983 年 6 月，美国联邦国民抵押贷款协会发行了首批 CMO。每批发行三类到期顺序不同的担保抵押债券，各类债券的利息都是半年支付一次，但本金则按顺序依次偿付。第一类债券持有者收到了本金的第一期付款和第一类债券付清以前的所有预付款。接着，第二类债券持有者依次收到本金和预付款，最后第三类债券持有者才收到本金付款。每级债券都是半年付息一次，各级按顺序偿还本金。此后，这种多等级的转付证券得到了迅速发展，1988 年美国发行的 CMO 总额已超过 1983 年的 16 倍。现在发行的 CMO 包括 3 到 6 个以上不同期限的债券。

典型的 CMO 结构如图 8-6 所示，其现金流如图 8-7 所示。

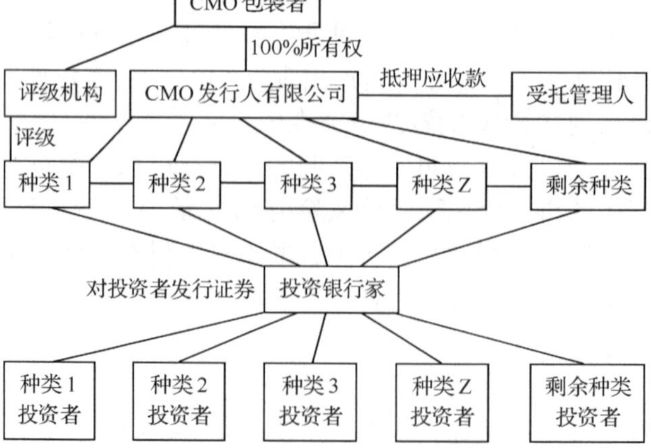

图 8-6　典型的 CMO 结构示意图

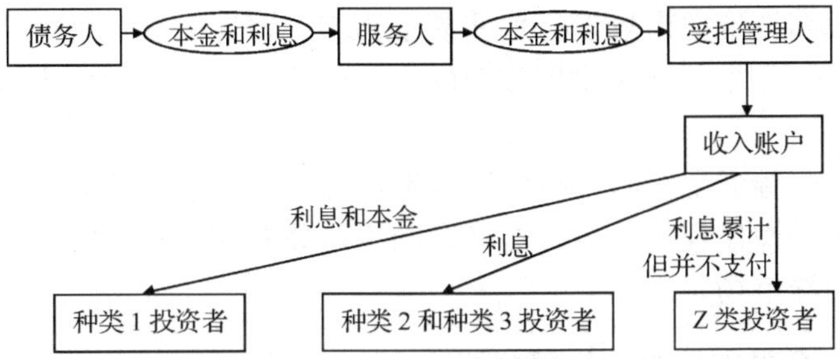

图 8-7 典型的 CMO 现金流示意图

剥离式抵押担保证券是在 20 世纪 80 年代下半期出现的一种技术，它是在抵押担保债券基础上进一步创新的金融工具，抵押过手证券把基础抵押组合中的现金流按等比例分配，当把本金和利息从等比例分配给证券所有人改成非比例分配时，就产生了剥离的抵押支持证券。例如，平均合同利率为 10%的一组居民抵押贷款组合被剥离成息票利率为 14%的溢价证券和息票利率为 6%的折价证券。最典型的剥离形式是发行利息证券和本金证券。即抵押贷款收回的利息支付给利息证券的持有者，而收回的本金支付给本金证券的持有者。

这种证券的吸引力在于它对投资者和发行者都有益。剥离证券的发行人能够通过分割过手证券得到比只发行一种过手证券更多的收入。投资者能够获得溢价抵押证券，同时只需付出很低的预付费率，哪怕在利率下降期间也是如此，同时那些想要用高预付款得到折价抵押证券的投资者即使在利率上升时期也可以做到。

■ 8.4 ABS 融资的特点及作用

8.4.1 ABS 融资的主要特点

归纳起来，ABS 融资具有以下特点。

（1）ABS 融资的最大优势是通过在国际高档证券市场上发行债券筹集资金，债券利率一般较低，从而降低了筹资成本，而且国际高档证券市场容量大，资金来源渠道多样化，因此 ABS 融资特别适合大规模的筹集资金。

（2）通过证券市场发行债券筹集资金是 ABS 融资不同于其他项目融资方式的一个显著特点，无论是产品支付融资还是 BOT 融资模式，都不是通过证券化形式融资的，而证券化融资代表着项目融资的未来发展方向。

（3）ABS 融资隔断了项目原始权益人自身的风险，使其清偿债券本息的资金仅与项目资产的未来现金收入有关，加之在国际高档证券市场上发行的债券是由众多的投资者购买，从而分散了投资风险。

（4）ABS 融资是通过 SPV 发行高档债券募集资金的，这种负债不反映在原始权益人自身的资产负债表上，从而避免了原始权益人资产质量的限制。同时，SPV 利用成熟的项目融资改组技巧将项目资产的未来现金流量包装成高质量的证券投资对象，充分显示了金融创新的优势。

（5）作为证券化项目融资方式的 ABS，由于采取了利用 SPV 增加信用等级的措施，从而能够进入国际高档证券市场发行那些易于销售、转让以及贴现能力强的高档债券。与 BOT 等融资模式相比，ABS 融资涉及的环节较少，在很大程度上减少了酬金、手续费等中间费用。

（6）由于 ABS 融资是在国际高档证券市场筹资，其接触的多为国际一流的证券机构，按国际上规范的操作规程行事，这将有助于培养东道国在国际项目融资方面的专门人才，规范国内证券市场。

8.4.2 ABS 融资在金融市场中的作用分析

在金融市场效率演变历程中，金融体系的发展可分为三个阶段。在最初阶段，金融体系处于银行本位时期，银行是积累储蓄和进行投资的主要渠道。当资本市场成为融通大量储蓄的主渠道时，金融体系就向市场本位时期发展，进入第二阶段。当金融机构日渐对其资产进行处理与交易时（ABS），金融体系就发展到了强市场本位时期的最高阶段。因此，ABS 就具有了非同一般的作用，它代表着金融市场融资的方向。

ABS 的本质含义是将贷款或应收账款转换为可流通的金融工具的过程。例如，它能够将批量贷款进行证券化销售，或者将小额、非市场化且信用质量不同的资产重新包装为新的流动性债务证券，以使信用增级，并且提供出与基本担保品不同的现金流量。

所以归纳起来，ABS 融资具有以下几方面的作用和意义。

（1）对于那些信用等级较低的金融机构，存款和债务凭证的发行成本高昂；如能证券化和出售一部分资产组合，可以充分利用证券化过程中的信用增级措施和证券组合设计获得较低的发行成本。

（2）证券化能够使金融机构减少甚至消除其信用的过分集中，同时继续发展特殊种类的组合证券。

（3）证券化使得金融机构能够更充分地利用现有的能力，实现规模经济。

（4）证券化能够将非流动资产转换成可流通证券，使其资产负债表更具有流动性，而且能改善资金来源。

（5）证券出售后将证券化的资产从其资产负债表中移出，可以提高资本比率。

另外，ABS 融资还具有明确的金融创新意义。ABS 具有信用风险转移创新、提高流动性创新和信用创造创新的作用。从其功能作用看，ABS 并非迫使银行为其客户提供不同的服务，而是显示了商业银行在竞争中取胜所必须具备的技术和必须遵循的原则。从某种意义上说，这是重新定义了什么是银行，或者说重新修正了对银行的定义。

◆ 案例　TRS 公司赊账卡应收账款的证券化过程

一、美国运通旅行服务公司简介

美国运通公司（American Express）是在全球从事多领域投资的旅游和金融服务公司，公司全部或部分拥有的旗下公司有：旅行服务公司（Travel Related Services，TRS）、投资者多元化服务公司（Investor Diversification Services，IDS）、美国运通银行和希尔森雷曼兄弟（Shearson Lehman Brothers）持股公司（简称雷曼兄弟公司）。

TRS 为个人和企业提供各种金融和旅游服务，它通过美国运通卡（即绿卡）、美国运通金卡、白金卡、公司卡和运显卡，提供赊账和消费信贷等金融服务业务，还通过美国运通旅行支票为顾客提供旅行结算方便。1991 年末，TRS 把坐落在全球 120 个国家的 1878 个办公室和独立代理机构联成网络，利用网络提供旅游服务，其中包括零售、批发和传统的旅游业务，如行程安排、预订买票等。同时，TRS 还拥有美国运通出版公司，该公司出版《旅游与闲暇》《美食与美酒》等杂志，这些服务通常都与运通卡联系在一起。

到 1991 年末，世界各地有 3600 万张运通卡在使用，有 350 万家企业接受使用运通卡结算。仅 1991 年这一年，运通卡的交易总额就达 1110 亿美元，其中美国持卡人占了 766 亿美元。TRS 的经营战略之一是为持卡人提供高水平的服务，其发放的金融卡除 Optima 卡外，其余卡均为赊账卡。

TRS 赊账卡的主要特点具体如下。

第一，没有预定的支出限制，使用方便。如果持卡人过去的消费和付款记录以及个人资信良好的话，则用赊账卡购物时会自动核准进行购物支付；如果不符合上述要求，则只要在购物地点的持卡人同 TRS 代表进行一次简短的电话谈话就可以解决，这一特点使这种卡在全球流行起来。

第二，持卡人结算时必须一次付清全部款项。对于运通赊账卡而言，持卡人在清算时必须付清全部款项，不能延期付款，而如果是 Optima 卡，则可以在付息的情况下延期付款，这一特点表明赊账卡的违约风险相对较低。

第三，TRS 结算赊账卡时，收入较为稳定。一般地，TRS 在持卡人购物后的一段时间内才付款给零售商，而且所付金额为商品面值减去折扣，折扣多少要看零售商的类型、赊账数额、付款时间和方式等，这就给 TRS 带来了较为稳定的卡费收入。例如，在 1991 年这一年中，TRS 总赊账金额为 1110 亿美元，它从折扣中所得收入就达 35 亿美元。

但是由于 TRS 付款给零售商和持卡人付款给 TRS 之间存在着一定的时间差，持卡人只有在清算时才付款，这就意味着持卡人每一次购物都会产生应收账款。

二、雷曼兄弟公司①的证券化建议

最初为 TRS 应收账款融资的任务一直落在它完全拥有的子公司——美国运通信贷公司的身上。该信贷公司成立于 1962 年，于 1965 年被美国运通公司收购并在 1983 年成为 TRS 完全拥有的子公司，其主要业务是为 TRS 的赊账卡应收账款提供周转资金。所有应收账款由信贷公司收购，不占用 TRS 的资金。

但是在接下来的几年中，许多投资银行都提出通过证券化为其应收账款提供资金。到了 20 世纪 80 年代美国资产证券化交易已逐渐活跃，成为各种发行人的主要融资手段。已证券化的资产有信用卡应收款、汽车贷款、住房贷款及其他资产，但是到 1991 年末还未对赊账卡应收账款证券化。

在这一背景下，作为美国运通公司所拥有的投资银行——雷曼兄弟公司就向 TRS 提

① 受宏观环境和自身经营等因素影响，雷曼兄弟公司于 2008 年 9 月 15 日已申请破产保护。

出了对 TRS 的赊账卡应收款进行证券化的建议。经过谨慎考虑之后，TRS 的财务主管杰伊·斯特维尔曼和主管融资及财务分析的副总裁阿特·伯曼决定接受这一建议。

雷曼兄弟公司是美国最早的投资银行之一，近 150 年来该公司一直为金融机构、公司和政府委托人提供融资服务。它的业务部门主要有五个，分别是投资和商业银行部，固定收入部，权益证券部，互换和金融产品部，外汇、期货和商品部。

雷曼兄弟公司把美国运通 TRS 赊账卡证券化作为其业务能力的一个重要标志，希望以此来进一步确立它作为有创新意识的主要资产抵押证券承销人的地位。为此，雷曼兄弟公司在固定收入部设立了不同的业务组来完成 TRS 赊账卡证券化项目融资过程，具体如下。

资产抵押证券银行业务组：主要负责与评级机构磋商，并在系统、会计和法律方面给 TRS 提出建议。

资产抵押证券交易组：负责为新发行证券发现一级市场和维持二级市场。

固定收入调查组：负责制订计划使投资人认识证券的价值，便于新证券的发行。

固定收入银团组：负责新证券的定价并协调承销银团承销证券。

筹资保证组：为 TRS 提供所有资金增值策略，负责雷曼兄弟公司与 TRS 之间的投资银行业务联系。

三、TRS 证券化的处理过程

1992 年，TRS 决定接受雷曼兄弟公司的建议，对运通消费者赊账卡的应收账款的一部分进行证券化，包括运通卡（绿卡）、金卡、白金卡产生的近 24 亿美元应收账款。TRS 决定在证券化的初始阶段只将 5 年期和 7 年期的两种各 5 亿美元的应收账款出售给投资者，其余由 TRS 保留，如首次发行成功并且实际需要则可以再发行。

为了满足证券化的需要，TRS 必须对其赊账卡的财务报表和业务信息系统进行处理，以使指定账户独立出来达到风险隔离的目的。为此，TRS 与资产抵押证券银行业务组的代表多次拜访了 TRS 西部区业务中心，它负责赊账卡业务的服务、收款和维护赊账卡资产组合的信息系统。1992 年 5 月，在 TRS 消费者（绿卡、金卡和白金卡）赊账卡的合格账户中抽出了 6 995 152 个账户，这些就是所指定的账户，要对其应收账款进行证券化，总计金额约 24 亿美元，分散在美国各地。其中，加利福尼亚州占 15%、纽约州占 15%，得克萨斯州占 9.3%、新泽西州占 6.5%、其余的分布在剩下的 45 个州，各州均不超过 4.3%，符合资产证券化要求的资产分散的特点。同年 6 月初，西部区业务中心已将这些指定账户分离出来的计算机程序完成，并由一名独立审计员批准生效。

根据雷曼兄弟公司的建议，这些指定账户被转到一个特别指定的债券信托公司，该信托公司需要得到指定赊账卡账户上的各种现在和将来的应收账款，这些账户需要在开始时就指定，并且是从指定账户中随机取得的。该信托公司应该是一家主信托，它要给 TRS 足够的灵活性，如发放多种债务、在不同的时期发放债务、在后期增加或减少账户。

使用主信托和指定账户可以说是赊账卡应收账款证券化的典型特征。

四、评级机构的评级过程

雷曼兄弟公司于 1992 年 2 月获得 TRS 的同意后，立即通知评级机构要马上进行证券化。同年 6 月初，该评级机构取得了关于 TRS 服务和收款能力的报告以及赊账卡业务的详细情况。默里・维斯是雷曼兄弟公司资产抵押证券银行业务组的副经理，作为主要负责与评级机构磋商的负责人，他必须向评级机构证明该证券化资产的信用等级，所以他主要向评级机构强调了以下三点。

第一，TRS 已把指定账户从其他赊账卡中独立出来，以使评级机构相信 TRS 的业务和管理目标是符合证券化目标的。

第二，主信托公司对 TRS 赊账卡应收账款的收购和服务协议是合法的。

第三，强调赊账卡应收账款与信用卡应收账款的重要区别，以表明赊账卡应收款证券化比信用卡应收账款证券化更有优势。赊账卡的优势体现在以下几点。

一是持卡人无权调用赊账款余额，所以运通赊账卡应收账款证券的周转率一直较高而且稳定，而周转率是用来衡量证券从支出到取得回报的循环频率的，如在 1989～1991 年，周转率为每年 7.5～7.7 次，假定有 3%的收益率因子和 7.5 的周转率，则该证券的每年总收益率就为 22.5%（7.5×3%=22.5%）。

二是 TRS 对付信贷损失的能力较强，因为赊账卡实行的是实时清算原则，即持卡人的所有购物都要在购买时由 TRS 勾销，且清单时持卡人必须付清全部账款，这样有助于减少违约事件的发生。

三是指定账户的稳定性较高，因为这些持卡人资格保持时间长，而且账户的地区分散化，有助于进行证券化融资。

由于运通卡购物是不付利息的，因此在具体运作上雷曼兄弟公司想出一种特殊的结构，以增加信托公司的收入。解决办法是让 TRS 在账面价值的基础上打折将应收账款卖给信托公司，最初定的折扣率 3%，即为信托公司收取应收账款的收益率，这样信托公司收购应收账款时按 100%减去收益率计算。因此，信托公司每收购 100 美元应收账款就可以分成 3 美元的利息和 97 美元的本金。

最后经过考虑，雷曼兄弟公司建议最初公开发行 10 亿美元的 A 类债券，该 A 类债券取得了 AAA 级信用等级，并私募发行 3500 万美元 B 类债券作为次级债券，以构造一种超额担保结构。

◆ 思考题

1. ABS 融资的基本要素有哪些？
2. ABS 融资中有哪些当事人？
3. 在 ABS 融资中，有哪些信用增级措施？
4. 进行 ABS 融资的步骤有哪些？
5. 可证券化的理想资产应具有哪些特征？
6. ABS 融资的主要特点有哪些？
7. ABS 融资在金融市场中有哪些作用？

第9章

项目融资的资金选择

◆ 本章导读

本章主要介绍项目资金结构选择、项目主要的权益资金来源及形式、主要的债务资金来源及形式以及租赁融资等内容。

本章的主要知识点包括：

- 项目资金结构的选择；
- 股本资金和准股本资金的形式；
- 债务资金的来源和基本结构问题；
- 商业银行贷款和国际银团贷款；
- 欧洲债券市场的优缺点及主要的债券形式；
- 项目融资中使用的商业票据形式；
- 租赁融资的种类和特征；
- 双货币贷款/双货币债券和商品关联贷款在项目融资中的应用。

◆ 引导讨论

大学生创业筹资渠道

党的十九大报告指出："创新是引领发展的第一动力，是建设现代化经济体系的战略支撑。"①近年来，"大众创业、万众创新"持续向更大范围、更高层次和更深程度推进，创新创业与经济社会发展深度融合，对推动新旧动能转换和经济结构升级、扩大就业和改善民生、实现机会公平和社会纵向流动发挥了重要作用，为促进经济增长提供了有力支撑。

大学生（高校毕业生和在读学生）由于具有一定的知识储备和较强的开拓进取精神，而且接受了创新创业教育，因此成为创业大军中的重要一员。然而对于大学生而言，由

①《习近平：决胜全面建成小康社会 夺取新时代中国特色社会主义伟大胜利——在中国共产党第十九次全国代表大会上的报告》，https://www.gov.cn/zhuanti/2017-10/27/content_5234876.htm。

于受自身资信水平的影响，难以依靠自己的力量在资本市场上筹措到创业所需资金，资金问题成为阻碍大学生创业成功的重要因素。

为解决大学生创业过程中筹资难的问题，国务院及各政府部门出台了多项支持政策，例如，2014 年《人力资源社会保障部等九部门关于实施大学生创业引领计划的通知》的发布旨在扩大和提高大学生创业的规模和比例。针对大学生创业资金不足的问题，“引领计划”提出四点要求：一是落实小额担保贷款政策，加大对创业大学生的支持力度；二是充分发挥中小企业发展专项资金的作用，更多支持大学生创业实体；三是鼓励企业、行业协会、群团组织、天使投资人等以多种方式向创业大学生提供资金支持，设立重点支持创业大学生的天使投资和创业投资基金；四是有条件的地区要对现有各类高校毕业生就业创业基金进行整合，完善管理体制和运营机制。2015 年《国务院关于大力推进大众创业万众创新若干政策措施的意见》中提出深入实施大学生创业引领计划，整合发展高校毕业生就业创业基金。除此之外，各地政府也相继推出了多项扶持大学生创业的优惠政策。

目前，大学生创业资金来源主要依靠内部资金支持和外部资金支持，内部资金支持主要以父母、亲朋好友的资助和个人积蓄为主；外部资金支持则以银行小额信贷、天使投资、创业扶持基金、风险投资基金等为主。内部资金支持金额少，方式较为简单；外部资金支持金额较大，但受限条件较多。

（资料来源：根据中国知网论文和互联网公开资料整理）

■ 9.1　项目资金的结构与选择

第 1 章曾经介绍过在项目资金筹集过程中有很多资金来源可供选择，主要资金来源可以分为权益资金来源和债务资金来源两大类。采取项目融资方式筹集资金的项目同样也可以有多个资金来源，在其投资结构基本确定以后，也要涉及资金的来源和筹资的方式问题。因此在项目融资结构设计中，资本结构和债务资金的来源是必须考虑的一个关键问题。由于各种资金来源在成本和风险等方面存在差异，因此这一问题往往会影响到项目融资的成败及效果。当然，资金的来源与筹资方式也与项目的融资模式有着密切的关系，因此这一问题的考虑通常是与项目的投资结构和融资模式设计联系十分紧密的。

从项目资金的来源及其性质上看，项目融资的资金构成有三个部分：股本资金、准股本资金（也称为从属性债务或初级债务资金）、债务资金（也称为高级债务资金）。虽然这三部分资金在一个项目中的构成以及相互之间的比例关系在很大程度上受制于项目的投资结构、融资模式和项目的信用保证结构，但是也不能忽略资金结构安排和资金来源选择在项目融资中可能起到的特殊作用。通过灵活、巧妙地安排项目的资金构成比例，选择恰当的资金形式可以达到既减少项目投资者自身资金的直接投入，又能够提高项目综合经济效益的双重目的。

项目中债务资金和股本资金之间的比例关系、项目资金的合理使用结构以及税务安排对融资成本的影响，是确定项目的资金结构和资金形式时需要考虑的三个主要因素。

9.1.1 债务和股本资金的比例

由于项目的债务资金和权益资本在资金成本和风险程度上存在差异，因此项目资本结构的确定事实上是项目资金成本和可承受风险的权衡问题。由于按照各国的相关法律，债务资金本金和利息的偿付可以在税前进行，因此项目贷款的实际利息成本得以降低，实际债务资金成本为

$$\mathrm{IC} = \mathrm{ID} \cdot (1 - t)$$

式中，IC 表示实际债务资金成本；ID 表示贷款利率；t 表示公司所得税税率。

由于在考虑税收影响的情况下，债务资金的成本通常要低于股本资金的成本，因此理论上如果一个项目的资金全部是债务资金，此时项目的资金成本是最低的，然而项目的财务状况和抗风险能力则会由于承受过高的债务而变得相对脆弱起来；相反，如果一个项目使用的资金全部是股本资金，则项目将会有一个非常稳固的财务基础，而且项目的抗风险能力也会由于减少了金融成本得以加强，但是这样一来却大大提高了资金使用的“机会成本”，使得综合资金成本变得很高。因而对于绝大多数的项目来说，实际的资金构成和比例是在以上两个极端中间加以选择的。项目融资没有标准的“债务/股本资金比率”可供参照，确定一个项目资金比例的主要依据是该项目的经济强度，而且这个比例也会随着项目所属行业、投资者情况、融资模式等因素的不同而发生变化，并在一定程度上反映出安排资金当时当地的借贷双方在谈判中的地位、金融市场上资金供求关系和竞争状况以及贷款银行承受风险的能力。

项目融资的一个重要特点是可以提高项目的债务承受能力。在项目融资中，贷款银行所面对的对象是一个相对简单的独立项目，通过对项目的全面风险分析可以确定项目最小现金流量水平和债务承受能力；通过对整体融资结构（包括投资结构、融资模式、资金结构、信用保证结构四个方面）的综合设计，可以减少和排除许多风险因素和不确定因素，对潜在的风险会有较为清楚的认识。因此与公司融资相比较，采用项目融资方式可以获得较高的债务资金比例。但是项目融资的这一特点并不意味着项目融资可以不需要或很少需要股本资金投入而完全依靠贷款来解决项目的全部资金需求。事实上，项目融资所做到的只是使股本资金的投入形式多样化，最大限度地利用项目的信用保证结构来消除项目经济强度的不确定性。由于 20 世纪 80 年代末 90 年代初期的世界经济萧条、银行业不景气，一些项目融资即使在具备强有力的担保结构作为支持的情况下，贷款银行仍会要求投资者在项目中注入相当数量的股本资金，以确保投资者有足够的经济利益来激励他们以最有效的方式建设项目、经营项目，保证项目获得成功。

债务覆盖率是决定债务资金在全部项目资金中所占比例的一个重要指标。

9.1.2 确定项目资金合理使用结构须考虑的因素

统筹考虑项目资金的合理使用结构无论是对于项目投资者还是对于提供融资的贷款

银行来说都是十分重要的。确定项目资金的合理使用结构除需要建立合理的债务资金和股本资金的比例关系之外，至少还需要考虑以下四方面的内容。

1. 项目的总资金需求量

在项目融资中为了确定合理的资本结构及筹资规模，一个重要的前提条件是能够准确地制订出项目的资金使用计划及总资金需求量。如果资金需求量和资金使用计划测算不够准确，往往导致资金筹集和资金使用之间出现不一致的现象，增加项目资金筹集成本和运行风险，甚至导致项目失败，国际上存在着大量因为资金使用计划不周所造成的失败案例。

通常在进行一个新建项目的资金预算时主要应考虑三个方面的资金需求：①项目资本投资（包括土地、基础设施、厂房、机器设备、工程设计和工程建设等费用）；②投资费用超支准备金，即不可预见费用（一般为项目总投资 10%～30%）；③项目流动资金。

为避免在项目运行中出现资金不足的现象而影响项目的运行，同时也为了避免项目融资规模过大造成项目成本过高的局面出现，做好项目总资金预算以及项目各阶段的资金需求量及现金流量预算是重要的一环。

2. 资金使用期限

项目的权益资金和债务资金在使用期限上也存在差异。理论上，项目资金中由投资者所投入的股本资金是项目中使用期限最长的资金，其回收只能依靠项目的投资收益。但是项目中的任何债务资金都是有固定期限的，如果能够针对具体项目的现金流量特点，根据不同项目阶段的资金需求采用不同的融资手段、安排不同期限的贷款，就可以起到优化项目债务结构、降低项目债务风险的作用。例如，利用短期贷款形式为项目安排长期资金是不经济的，然而对于流动资金的贷款则可以采用较灵活的方式，如银行信用额度、银行透支、商业票据等，根据项目的实际生产资金需求安排提款和还款。项目长期贷款应根据项目的经济生命期和项目现金流量状况来决定，项目融资贷款期限通常比公司融资要长，根据项目情况可以达到 8～10 年，有些项目贷款期限可以达到 20 年。

3. 资金成本和构成

项目资本中由投资者投入的股本资金成本是一种相对的成本概念，因而在有些情况下也被称为一种"机会成本"。在评价股本资金成本时，除要参照投资者获取该部分资金时的实际成本、当时当地的资本市场利率因素和在可供选择的投资机会之间的比较利益及比较成本等客观因素之外，投资者的长期发展战略以及一些潜在的相关投资利益也是十分重要的考虑因素。然而项目的债务资金成本则是一种绝对的成本，这就是项目贷款的利息成本（或者以其他名目出现的同样性质的成本），尽管在考虑到公司所得税因素以后债务资金成本可能要比股本资金成本便宜，但对于项目直接投资者来说，无论项目经营情况和现金流量情况如何，项目债务资金的利息通常是必须按期偿还的。项目债务资金的利率风险是项目融资的主要金融风险之一，项目融资可以选用固定利率、浮动利率或者两种利率的结合，也可以选用利率封顶、限底等手段相对降低利率风险。利率结构的选择首先需要考虑项目现金流量的性质，对于收入相对稳定的项目来说，选择固定利率有利于较准确地做出项目资金预算，减少金融风险；其次，选择利率结构应考虑利率的发展变化趋势。采用固定利率，可以准确计划出一定年限内的利息支出，并且在利率上升时期起到保护项目利益的作用。然而如果将项目贷款的全部或大部分利率完全固定，则在利率下降阶段会增加项目的机会成本，降低项目产品在市场上的竞争能力。另外，选用固定利率将限制项目重新融资的灵活性。

4. 混合结构融资

混合结构融资是指不同利率结构、不同贷款形式或者不同货币种类的贷款的结合。混合结构融资如果安排得当，可以起到降低项目融资成本、减少项目风险的作用。例如，根据项目产品的市场分布和销售收入的货币币种比例相应安排对应货币种类的融资，可以起到一种自然保值的作用，减少项目的汇率风险。

9.1.3 利息预提税的考虑

预提税（withholding tax）是一个主权国家对外国资金的一种管理方式，预提税可以分为红利预提税和利息预提税两大类，其中以利息预提税应用最为广泛。利息预提税率通常为贷款利息的 10%～30%，是世界多数国家对非居民在其司法管辖地获取的利息收入进行征税的有效手段。利息预提税一般由借款人交纳，其应付税款金额可以是从向境外支付的利息总额中扣减，也可以是在应付利息总额之上的附加成本，取决于借贷双方之间的安排。但是项目贷款人所关心的问题是如何保证所获取的利息收入不受到或者尽可能少地受到利息预提税的影响，从而利息预提税成本最终将以不同的形式转嫁到借款人身上。

对于以国际债务资金作为重要资金来源的项目融资来说，利息预提税无疑增加了项目的资金成本，因此在考虑项目的资金结构时也应将利息预提税问题作为一个重要课题加以研究。

国际金融界存在着一些比较成熟和比较常用的合法减免利息预提税的做法，在这里选择两种比较有代表性的方法进行简单介绍，以供在安排融资时参考。需要说明的是各国法律背景不同，在一个国家适用的方法在另一个国家未必适用，然而基本思路则是具有一定的启发和借鉴作用的。

第一种方法是建立在一些国家之间的避免双重征税条约的基础上。借款人通过向条约国的金融机构贷款，或者在借款人与国际银团之间安排一家条约国的金融机构作为中介实现避免征收利息预提税，从而降低贷款的综合成本的目的。例如，中国和美国、加拿大等国的双边征税条约规定，一方政府对另一方金融机构在本国的贷款活动不征收利息预提税。按照这一规定，中国在美国、加拿大等地的海外企业从中国的金融机构安排融资在成本上就会明显优于没有这种优惠条件的另外一些国家的金融机构。又如，在塞浦路斯从英国安排贷款需要支付 10%的利息预提税，但是根据双边条约，塞浦路斯与爱尔兰、爱尔兰与英国之间则不征收利息预提税，从而理论上如果将塞浦路斯与英国的直接贷款安排成为塞浦路斯-爱尔兰-英国之间的贷款关系就可以节约 10%的利息预提税成本。当然，这种安排需要具有一定的商业理由，否则有可能被项目所在国政府认为是一种单纯的逃税行为。

针对国际金融市场上对减免利息预提税的需求，一些国家的金融机构经常利用本国政府与其他国家政府之间的税务条约为一些大型国际项目融资提供上述性质的服务，并在提供服务时收取一定的费用。

减免利息预提税的另一种方法是将境外融资转化成为境内融资，或者采用不需要支付利息预提税的融资方法。例如，按照一些国家的法律，如果外汇债务不是来自境外的银行或其他金融机构，而是来自“公众”（如通过发行欧洲债券、欧洲期票、美国商业票据等方式筹集的资金），则其利息可以不用缴纳利息预提税。还有一些国家规定，本国公司向本国银行支付利息不用缴纳利息预提税，而本国银行向外国银行支付利息时也不需要交纳利息预提税。在这种情况下，借款人通过本国银行安排外汇资金贷款，就可以将境外融资转为境内融资（图 9-1），降低项目的融资成本。

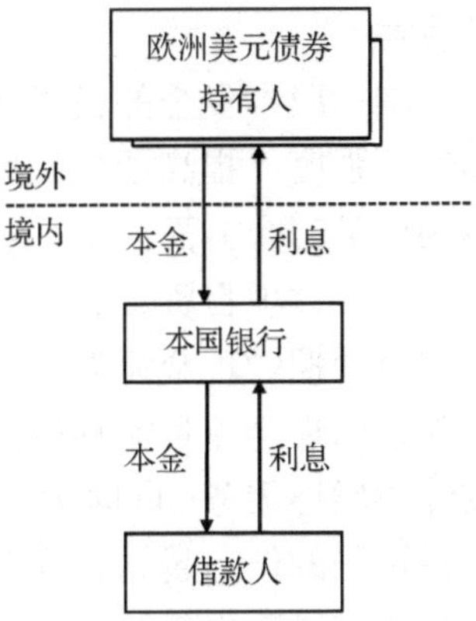

图 9-1　利用境外融资安排利息预提税结构

■ 9.2　股本资金与准股本资金

虽然相对于贷款银行提供的债务资金而言，股本资金与准股本资金在项目融资中没有本质上的区别，承担的风险也是相同的，只是在形式上有所不同，但是对于项目投资者来说，准股本资金相对于股本资金来说在安排上则具有较高的灵活性，并在资金序列上享有较为优先的地位。图 9-2 是项目融资中股本资金和准股本资金的几种形式。

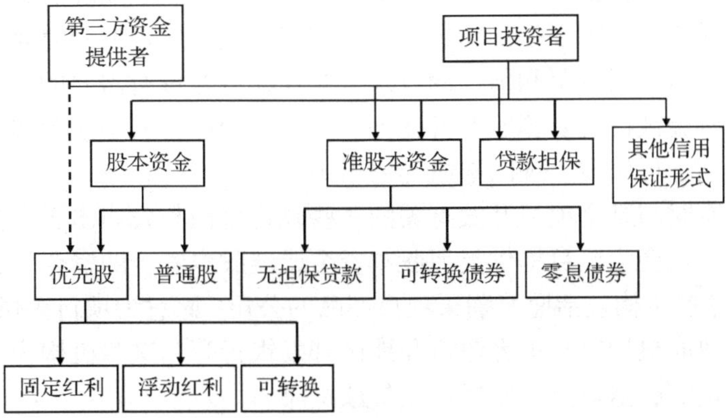

图 9-2　项目融资中股本资金、准股本资金的几种形式

9.2.1 股本资金

项目投资中的股本资金在收益分配和风险承担上的特殊性，往往使项目的股本投入具有风险资本的性质。由于债务资金相对股本资金来说具有优先清偿权，因此贷款银行往往把股本资金看作其融资的安全保障。然而对于项目投资者来说，股本资金不仅有其承担风险的一面，更重要的是由于项目具有良好的发展前景从而能够为其带来相应的投资收益。

增加股本资金的投入实际上并不能改变或提高项目的经济效益，但是可以增加项目的经济强度、提高项目的风险承受能力。在项目融资中，股本资金所起到的作用可以归纳为以下三个方面。

第一，项目资金总额中股本资金所占比例往往影响到项目债务资金的风险程度。由于项目预期的现金流量（在偿还债务之前）在某种意义上讲是固定的，贷款银行通常希望项目的现金流量能够按照计划支付项目的生产成本、必要的资本开支、管理费用，并按计划偿还债务，同时为各种可能发生的不可预见风险提供充分的资金余地。毫无疑问，项目承受的债务越高，现金流量中用于偿还债务的资金占用比例就越大，贷款银行所面对的潜在风险也就越大；相反，在项目中股本资金投入越多，项目的抗风险能力就越强，贷款银行的风险也就越小。

第二，投资者在项目中投入资金的多少与其对项目管理和前途的关心程度是成正比的。贷款银行总是希望项目投资者能够全力以赴地管理项目，尤其是在项目遇到困难的时候千方百计地渡过难关。从贷款银行角度来说，要求项目投资者投入一定数量的股本资本无疑能够起到约束项目投资的经营行为、提高项目投资者在项目经营中的责任心和积极性，保证项目经营的稳定性和经营效率的作用。

第三，投资者在项目中的股本资金代表着投资者对项目的承诺和对项目未来发展前景的信心，对于组织项目融资可以起到很好的心理鼓励作用。

在项目融资的结构中，应用最普遍的股本资金形式是认购项目公司的普通股和优先股。在过去很长一段时间内，项目公司的股本资金来源也相对比较简单，基本上来自投资者直接资金投入，这类股本资金被称为投资者自有资金（unquoted equity）。20 世纪 80 年代以来在项目融资中出现了一种新的情况，在安排项目融资的同时直接安排项目公司上市，通过发行项目公司股票和债券的方式来筹集项目融资所需要的股本资金和准股本资金。这类股本资金被称为公募股本资金（quoted equity），其中较为典型的例子有欧洲海底隧道和欧洲迪士尼乐园（现巴黎迪士尼乐园）两个项目。

除此之外，有时与某个项目开发有关的一些政府机构和公司出于政治利益或经济利益等方面的考虑，也会为项目提供类似股本资金或准股本资金的资金，这类资金被称为“第三方资金”。这些机构包括愿意购买项目产品的公司、愿意为项目提供原材料的公司、工程承包公司、政府机构以及世界银行和地区开发银行等，这些机构为了促使项目的开发有可能提供一定的股本资金、软贷款或贷款担保。

9.2.2　准股本资金

准股本资金是指项目投资者或者与项目利益有关的第三方所提供的一种从属性债务。准股本资金是相对股本资金而言的，准股本资金需要具备以下性质。

（1）债务本金的偿还需要具有灵活性，不能规定在某一特定期间强制性地要求项目公司偿还从属性债务。

（2）从属性债务在项目资金优先序列中要低于其他的债务资金，但是高于股本资金。

（3）当项目公司破产时，在偿还所有的项目融资贷款和其他的高级债务之前，从属性债务将不能被偿还。从项目融资银行的角度，准股本资金将被看作股本资金的一部分。

准股本资金可作为一种与股本资金和债务资金平行的形式进入项目，也可作为一种准备金形式用来支付项目建设成本超支、生产费用超支以及其他贷款银行要求投资者承担的资金责任。根据资金的从属性质，准股本资金又可以分为一般从属性债务和特殊从属性债务两大类。一般从属性债务是指该种资金在项目资金序列中低于一切其他债务资金形式；而特殊从属性债务则在其从属性定义中明确规定出该种资金相对于某种其他形式的债务（典型的是项目融资中的长期债务）的从属性，但是针对另外的一些项目债务，则具有平等的性质。

对于项目投资者来说，为项目提供从属性债务要比提供股本资金具有以下几个方面的优点。

第一，投资者在安排资金时具有较大的灵活性。作为一个投资者，任何资金的使用都是有成本的，特别是如果在项目中投入的股本资金是投资者通过其他渠道安排的债务资金，投资者就会希望利用项目的收入承担部分或全部的融资成本。从属性债务一般包含了比较具体的利息和本金的偿还计划，而股本资金的红利分配则带有较大的随机性和不确定性。

第二，在项目融资安排中对于项目公司的红利分配通常有着十分严格的限制，但是可以通过谈判减少对从属债务在这方面的限制，尤其是对债务利息支付的限制。然而为了保护贷款银行的利益，一般要求投资者在从属性债务协议中加上有关债务和股本资金转换的条款，用以减轻在项目经济状况不好时的债务负担。

第三，从属性债务为投资者设计项目的法律结构提供了较大的灵活性。首先，作为债务来说利息的支付是可以抵税的；其次，债务资金的偿还可以不用考虑项目的税务结构，而股本资金的偿还则会受到项目投资结构和税务结构的各种限制，其法律程序要复杂很多。

项目融资中最常见的准股本资金有无担保贷款、可转换债券和零息债券三种形式。无担保贷款是贷款中最简单的一种形式，这种贷款形式上与商业贷款相似，贷款协议中包括贷款金额、期限、利率、利息支付、本金偿还等主要条款，但是贷款没有任何项目资产作为抵押和担保，本息的支付也通常带有一定的附加限制条件。

可转换债券是从属性债务的另一种形式。可转换债券在其有效期内只需支付利息，但是在一定的特定时期（通常为债券到期日或者某一段时间）内，债券持有人有权选择将债券按照规定的价格转换成为公司的普通股。如果债券持有人选择不执行期权，则公司需要在债券到期日兑现本金。可转换债券的履行没有任何公司资产或项目资产作为担保，债券利息一般也比同类贷款利息要略低一点。这种形式对于债券持有人的吸引力在于如果公司或项目经营良好，公司股票价格或项目资产价值高于现已规定的转换价格，则债券持有人通过转换可以获得资本增值；相反，如果公司或项目经营结果较预期为差，债券持有人仍可以在债券到期日收回债券面值。国外一些项目融资结构中的投资者出于法律上或税务上的考虑希望推迟在法律上拥有项目的时间，常常采用可转换债券的形式安排项目的股本资金。

零息债券也是项目融资中常用的一种从属性债务形式。零息债券计算利息，但是不支付利息。在债券发行时，根据债券的面值、贴现率（即利率）和到期日贴现计算出其发行价格，债券持有人按发行价格认购债券。例如，面值为 1000 元，贴现率为 8%，10 年到期的零息债券的发行价格是 463.19 元。因而，零息债券持有人的收益来自债券购买价格与面值的差额，而不是利息收入。

深贴现债券（deep discount bond）是零息债券的一种变通形式。深贴现债券需要定期支付很低的利息，同时在发行时也采用贴现的方法计算价格，因而这种债券的收益也主要是来自贴现而不是来自利息收入。零息债券作为一种准股本资金形式在项目融资结构中获得较为普遍的应用，其主要原因是这种资金安排既带有一定的债务资金特点（如每年的名义利息可以取得税务扣减），同时又不需要实际支付利息，减轻了对项目现金流量的压力。因而如果由于种种原因项目投资者没有在项目中投入足够的股本资金，贷款银行则通常会要求投资者以零息债券或深贴现债券形式为项目提供一定数额的从属性债务作为投资者在项目中的股本资金，债券的期限原则上等于或略长于项目融资期限。

上述三种形式从属性债务的特点归纳在表 9-1 中。从项目投资者安排资金的角度，选择从属性债务形式的优先顺序应是由表中从上至下排列；然而从贷款银行的角度，则希望由下至上的排列顺序，因为这样的选择可以减少项目融资期间的利息负担，从而增加融资的安全系数。

表 9-1　三种从属性债务的主要特性分析

债务形式	债务金额	利息	本金偿还	转换性	担保／抵押
无担保贷款	贷款协议规定金额	等于或略高于商业贷款利率	按贷款协议规定	无	无
可转换债券	按债券面值购买	低于商业贷款利率	在到期日按面值支付	可在有效期内转换成公司股票	无
零息债券	按债券贴现价格购买	无利息或极低利息	在到期日按面值支付	无	无

9.2.3　以贷款担保形式出现的股本资金

以贷款担保形式作为项目股本资金的投入，是项目融资中具有特色的一种资金投入方式。在项目融资结构中投资者不直接投入资金作为项目公司的股本资金或准股本资金，而是以贷款银行接受的方式提供固定金额的贷款担保作为替代。对于项目的投资者来说，这是利用资金的最好形式，由于项目中没有实际的股本资金占用，项目资金成本最低。

然而从贷款银行的角度，项目风险高于投资者直接投入股本资金的形式，因为银行在项目的风险因素之外又增加了投资者自身的风险因素。因此，采用贷款担保形式作为替代投资者全部股本资金投入的项目融资结构是较少见的，多数情况是贷款担保作为项目实际投入的股本资金或者准股本资金的一种补充。只有在项目具备很好的经济强度，同时承诺担保责任方本身具有很高的政治、商业信誉的双重条件下的项目融资结构，才有可能以贷款担保形式百分之百或者接近百分之百地替代项目投资者实际的股本资金投入。中国国际信托投资公司（中国中信集团有限公司）在澳大利亚波特兰铝厂和加拿大塞尔加纸浆厂两个项目的融资成功地做到了这一点。

贷款担保作为股本资金有两种主要形式：担保存款（security deposit）和备用信用证担保（standby letter of credit）（图 9-3）。

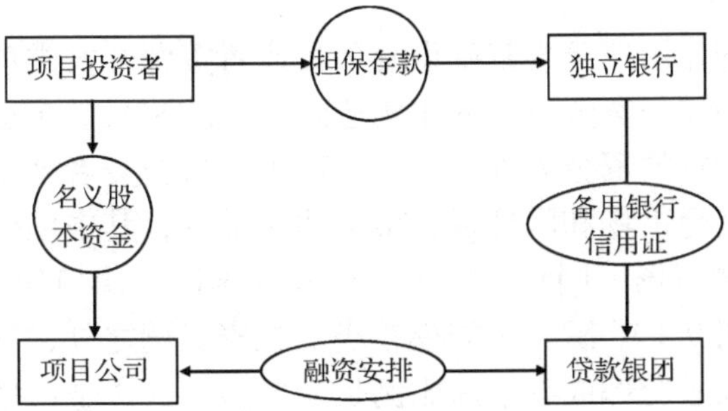

（a）担保存款

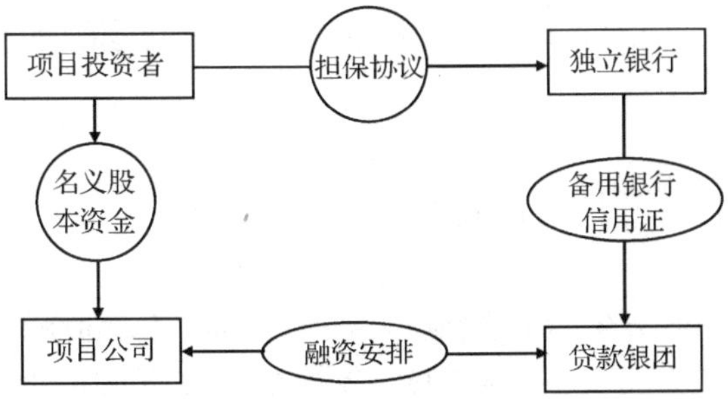

（b）备用信用证担保

图 9-3　两种贷款担保形式

担保存款是项目投资者在一家由贷款银团指定的第一流银行中存入一笔固定数额的定期存款，存款账户属于项目投资者，存款的利息也属于投资者，但是存款资金的使用权却掌握在贷款银团的手中，如果项目出现资金短缺，贷款银团可以调用担保存款。

备用信用证担保是比担保存款对项目投资者更为有利的一种形式，投资者可以根本不用动用公司的任何资金，而只是利用本身的资信作为担保。由于这种方式贷款银团要承担投资者的信用风险（如投资者出现财务危机，或投资者不履行担保协议等情况），所以一般坚持要求备用信用证由一家被接受的独立银行开出，从而实现将风险转移。

贷款担保在项目融资结构中的作用同样也分为两种形式：一种形式是一般性贷款担保，即如果项目出现资金短缺，或者出现项目到期债务无法偿还的情况时，运用贷款担保弥补资金短缺或偿还债务，从贷款担保中获取的资金将按比例在贷款银行之间分摊；

另一种形式是针对性贷款担保，即该贷款担保只针对项目资金中的某一家银行或某一部分资金，而这家银行或这部分资金将在整个融资结构中扮演从属性债务的角色。

9.2.4 其他信用担保形式作为股本资金

有时，项目担保人提供的某种形式的担保协议（如BOT模式中的特许权协议）在项目融资中也会被视为股本资金来处理。

■ 9.3 债务资金

9.3.1 项目债务资金的主要来源

项目融资最典型的作用在于为基础设施项目或者资源开发类项目筹集大量的债务资金，通常在这类项目中债务资金所占的比例达到70%～80%甚至更高，因此项目债务资金的筹集是解决项目融资的资金需求的核心。对于项目投资者来说，他所面对的债务资金市场可以分为本国资金市场和国外资金市场两大部分，其中国外资金市场又可以进一步划分为特定国家金融市场、国际金融市场以及外国政府出口信贷/世界银行/地区开发银行的政策性信贷（图9-4）。除一些规模较小的融资案例之外，发展中国家多数大型项目的融资的债务资金几乎全部或者很高比例是来自国外的资金市场。即使是像加拿大、澳大利亚这样的工业国家，在资源性项目和公共基础设施项目等方面的融资中，外国资金也占有相当大的比重。因此，讨论项目融资债务资金问题的重点无疑应该放在国外金融市场这一方面。

- 债务资金来源
  - 本国资金
    - 国内金融市场
    - 政府信贷
  - 国外资金
    - 特定国家金融市场
    - 国际金融市场（如欧洲货币市场、亚洲货币市场等）
    - 外国政府出口信贷／世界银行／地区开发银行的政策性信贷

图9-4　项目融资的债务资金来源

图9-5是西方工业国家比较典型的金融机构与市场之间关系的结构图，从图中可以看出，在一个发育比较成熟的、活跃的金融市场上，不仅有银行系统的存在，各种财务公司、保险公司、养老基金等金融机构也起着十分重要的作用。这些金融机构为本国的企业，也为大量的国外企业提供了重要的资金来源，美国的金融市场就是其中一个比较突出的例子。例如，美国商业票据市场在20世纪80年代被欧洲货币市场超过之前，一直是世界上规模最大的、最活跃的资金市场，大量的公司（包括美国公司和外国公司）通过在这个市场上发行商业票据为项目开发筹集债务资金，也有许多的外国银行通过从这个市场获得的资金为本国企业提供美元贷款。各种类型的养老基金、人寿保险基金组织也在美国金融市场上扮演着十分重要的角色。这些机构资金充足，是企业兼并和项目融资等领域的重要的债务资金提供者。

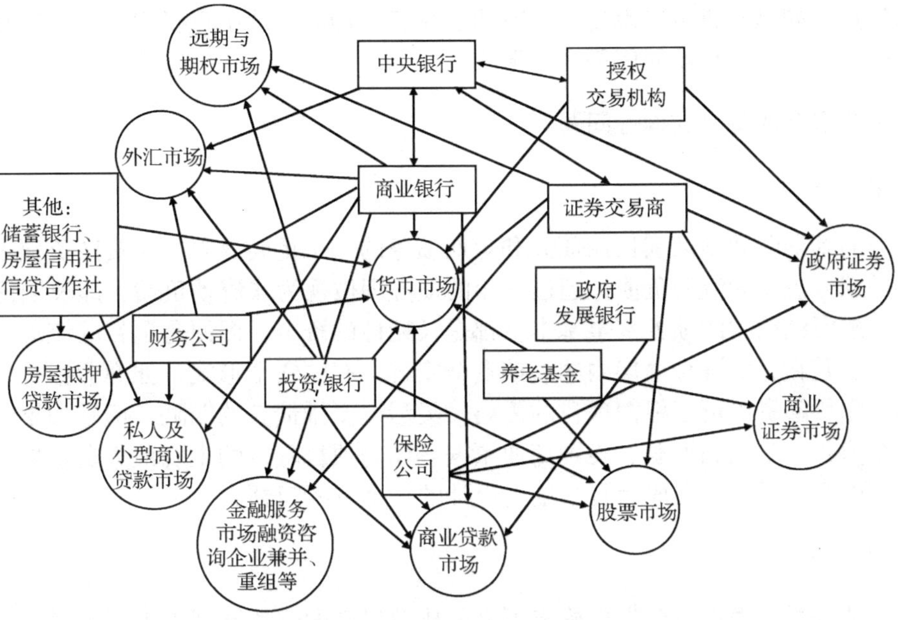

图 9-5　西方工业国家的金融机构与市场

资料来源：Juttner（1990）

国际金融市场的核心是欧洲货币市场，早期被称为欧洲美元市场。欧洲美元起源于 20 世纪 50 年代，由于东西方关系恶化，当时的苏联和东欧一些国家将存放在美国国内银行的美元存款转移到欧洲银行中以避免美国政府的控制。在此基础上，欧洲银行开始对外进行美元贷款业务，并且因为不受到美国联邦储备法和有关银行法律的限制而迅速发展起来。随后，美国银行也通过在欧洲建立分行的方式在这一新的市场中参与竞争。欧洲货币市场以伦敦为中心，几十年来，欧洲货币市场规模发展越来越大，20 世纪 80 年代中期第一次超过美国商业票据市场而成为世界上最大的金融市场。20 世纪 60 年代后期，随着生产和资本国际化的进一步发展以及亚洲“四小龙”的经济起飞，继欧洲货币市场之后又出现了以新加坡和中国香港为中心的亚洲货币市场，成为亚太地区一个重要的美元借贷中心。除此之外，东京离岸金融市场也被认为是经营亚洲美元的重要基地。

活跃在上述金融市场上的债务资金具有多种多样的形式和种类，例如，商业银行贷款、银团贷款、欧洲债券、美国商业票据等。作为一个借款人，应该如何选择适合于具体项目融资需要的债务资金呢？这个问题的解决需要分为两个步骤。

第一步，根据融资要求确定债务资金的基本结构框架。债务资金形式多种多样，并且每种形式均具有一些与其他形式不同的特征。借款人只有在众多的资金形式中抽象出具有共性的主要特征，才能根据项目的结构特点和项目融资的特殊要求，在一个共同的基础上对各种形式的债务资金加以分析和判断，确定和选择出债务资金的基本框架。

第二步，根据市场条件确定债务资金的基本形式。在确定了债务资金的基本框架之后，还需要根据融资安排当时当地的市场条件（这些条件包括借款人条件、项目条件，以及当时当地金融市场和条件等）进一步确定几种可供选择的资金形式，针对这些资金形式的特点（如融资成本、市场进入时间、税务结构等）从中选择出一种或几种可以保证项目融资获得最大利益的债务资金形式。

9.3.2 债务资金的基本结构性问题

1. 债务期限

债务的到期时间是区别长期债务和短期债务的一个重要界限。在资产负债表中，短于一年的债务被视为流动负债，超过一年的债务则被视为非流动负债，即长期债务。

项目融资结构中的债务资金基本上都是长期性的资金，即便是项目的流动资金，多数情况下也是在长期资金框架内的短期资金安排。有的资金形式，如商业银行贷款、银团贷款、租赁融资等可以根据项目的需要较灵活地安排债务的期限，但是如果使用一些短期资金形式，如欧洲期票、美国商业票据等作为项目融资的主要债务资金来源，如何解决债务的合理展期就会成为资金结构设计的一个重要问题。

2. 债务偿还

长期债务需要根据一个事先确定下来的比较稳定的还款计划表来还本付息。对于从建设期开始的项目融资，债务安排中一般带有一定的宽限期，在宽限期内贷款的利息可以资本化。由于项目融资的有限追索性，还款需要通过建立一个由贷款银团经理人控制的偿债基金方式来完成。每年项目公司按照规定支付一定数量的资金到偿债基金中，然后由经理人定期按比例分配给贷款银团成员。如果资金形式是来自金融市场上公开发行的债券，则偿债基金的作用就会变得更为重要。

项目融资的借款人通常希望保留提前还款的权利，即在最后还款期限之前偿还全部的债务。这种安排可以为借款人提供较大的融资灵活性，根据金融市场的变化或者项目风险的变化对债务进行重组，获得成本节约。但是某些类型的债务资金安排对提前还款有所限制。例如，一些债券形式要求至少在一定年限内借款人不能提前还款。又如对于固定利率的银团贷款来说，因为银行安排固定利率的成本原因，如果提前还款则借款人可能会被要求承担一定的罚款或分担银行的成本。

3. 债务序列

无论是公司融资还是项目融资，债务安排都可以根据其依赖于公司（或项目）资产抵押的程度或者依赖于有关外部信用担保的程度而划分为由高到低不同等级的序列。高级债务是指由全部公司（或项目）资产作为抵押的债务或者是得到相应强有力信用保证的债务；低级债务则是相对于高级债务而言的，一般是指无担保的债务，低级债务也称为初级债务和从属性债务，项目融资中的准股本资金就属于这一类型。在公司（或项目）出现违约的情况下，公司（或项目）资产和其他抵押、担保权益的分割将严格地按照债务序列进行。从属性债权人的位置排在有抵押权和担保权的高级债权人之后，只有在这些债务获得清偿之后，才有权从公司（或项目）资产和其他来源获得补偿。

项目融资中的银团贷款（或类似性质的债务资金）是最高级的债务资金形式，这是因为有限追索的性质决定了贷款银团在项目融资中要求拥有最高的债权保证。投资者在项目中的贷款或其他类似性质的贷款是项目公司的从属性债务，对于贷款银团来说具有股本资金的性质。因此，已经安排了项目融资的项目基本上是不可能再以该项目资产为基础从其他渠道获得相似性质的融资了。

4. 债权保证

债权保证是债务资金的提供者最为关心的一个问题，项目融资的债权保证在形式上和内容上都与公司融资有一定程度的区别。公司债务可以分为有债权保证和无债权保证两类，有债权保证的债务多以公司的资产（如工厂设备、房地产、有价证券等）作为抵押，形式比较简单；无债权保证的债务则主要依赖于公司的资信、经营能力、有时也依赖于公司提供的消极担保条款作为保证。

项目融资的债权保证在含义上要广泛得多，除包括以项目资产作为抵押外，还包括：对项目现金流量使用和分配权的控制；对项目公司银行往来账户的控制；对有关项目的一切重要商业合同（包括工程合同、市场销售合同、原材料供应合同等）权益的控制；对项目投资者给予项目的担保或来自第三方给予项目的担保及其权益转让的控制等，项目融资中的债权保证是项目信用保证结构需要重点解决的问题。

5. 违约风险

一种债务在公司（或项目）债务中的序列及债权保证，并不能确保该项债务是无风险的。一种债务资金形式可以是高序列并且是有保证的，但是仍然会具有一定风险。在公司融资中，人们可以比较容易划分出股本资金风险和债务资金风险。但是在项目融资中，这种划分有时就不是很容易了，因为如果项目失败了，贷款银行就可能会发现他们的地位与股本投资者没有太大的区别，这是由项目融资的特点所决定的。

项目融资出现借款人违约而债务无法获得偿还的可能性主要有三种情况。

第一，项目的现金流量不足以支付债务的偿还。

第二，项目投资者或独立第三方不执行所承担的具有债权保证性质的项目义务。

第三，在项目公司违约时，项目资产的价值不足以偿还剩余的未偿还债务。

6. 利率结构

项目融资中的债务资金利率主要为浮动利率、固定利率以及浮动/固定利率三种机制。使用较为普遍的债务资金形式，如国际银团贷款、欧洲期票、美国商业票据等，采用的多为浮动利率，计算利率的基础（以美元贷款为例）一般为 LIBOR、美国银行的优息利率，有时也使用美国财政部发行的证券收益率，然后根据项目的风险情况、金融市场上的资金供应状况等因素在这个基础上加上一个百分数，形成借款人的实际利息率。浮动利率债务一般的利率变动期间为三个月和六个月，在此期间内利率是固定的。

采用固定利率机制的债务资金有两种可能性：一种可能性是贷款银团所提供的资金

本身就具有固定利率的结构，如一些长期债券和财务租赁；另一种可能性是通过在金融掉期市场上将浮动利率转换成固定利率而获得的，利率被固定的期间可以是整个融资期，也可以是其中的一个部分。

评价项目融资中应该采用何种利率结构需要综合考虑三方面的因素：①项目现金流量的特征；②金融市场上利率的走向；③借款人对控制融资风险的要求。

首先，项目现金流量的特征起着决定性的作用。有一些类型的项目，如一些火力发电厂项目、一些专门为发电站供应煤炭的煤矿项目和一些运输系统项目等，由于政府部门作为项目产品（或服务）的承购方将产品（或服务）的价格以固定价格加通货膨胀因素的公式确定，因而项目的现金流量相对稳定，可预测性很强。对于这类项目采用固定利率机制有许多优点，有利于项目现金流量的预测，减少项目风险。另一种类型的项目，如资源和原材料项目，虽然可以有“无论提货与否均需付款”或“提货与付款”性质的产品销售安排，但是产品价格是由国际市场价格规定的。这类项目的现金流量极不稳定，价格好时，项目现金流量就很好；价格坏时，项目现金流量就很差。对于这类项目，采用固定利率就有一定的缺点，在产品价格不好时将会增加项目的风险。而国际金融市场上的浮动利率，其基本变化趋势是跟随各主要工业国家的经济情况和政府金融政策而变化的，国际市场上的资源和原材料价格的变化趋势与世界经济的繁荣和衰退趋势也基本吻合，因此此类项目采用活动利率较为合适。在经济衰退期，各工业国家为了刺激经济的发展，多用降低利率作为一种主要手段。因此，采用浮动利率机制，当产品价格不好时，虽然项目现金流量较差，但是由于利率也较低，相应也降低了项目的风险。

其次，对金融市场中利率的走向分析在决定债务资金利率结构方面也起着很重要的作用。在利率达到或接近谷底时，如果能够将部分或全部浮动利率债务转化成为固定利率债务，无疑对借款人来说是一种有利的安排，这样可以在较低的成本条件下将一部分融资成本固定下来。

最后，任何一种利率结构都有可能为借款人带来一定的利益但也会相应增加一定的成本，但最终取决于借款人如何在控制融资风险和减少融资成本之间权衡。如果借款人将控制融资风险放在第一位，那么在适当时机将利率固定下来是有利的，然而短期内可能要承受较高的利息成本；如果借款人更趋向于减少融资成本，那么问题就变得相对复杂得多，要更多地依赖于对金融市场上利率走向的分析。因此近些年来在上述两种利率机制上派生出了几种具有固定利率特征的浮动利率机制，以满足借款人的不同需要。

简单地说，具有固定利率特征的浮动利率机制是相对浮动利率加以封顶。对于借款人来说，在某个固定利率水平之下利率可以自由变化，但是利率如果超过该固定水平，借款人只按照该固定利率支付利息，这种利率安排同样是需要成本的。

7. 货币结构与国家风险

项目融资债务资金的货币结构可以依据项目现金流量的货币结构加以设计，以减少项目的外汇风险。另外，为了减少国家风险和其他不可预见因素，国际上大型项目的融资安排往往不局限于在一个国家的金融市场上融资，也不局限于一种货币融资。事实证明，资金来源多样化是减少国家风险的一种有效措施。

9.3.3　债务资金的种类

债务资金形式多种多样，在本书中不能详细叙述所有的债务资金的形式。因此，在接下来的几节中将重点介绍几种在项目融资中被广泛应用的债务资金形式，包括：商业银行贷款和国际银团贷款、欧洲债券和欧洲期票、美国商业票据、租赁、双货币贷款和商品关联贷款、发展中国家的债务/资产转换计划。

9.4　商业银行贷款和国际银团贷款

9.4.1　商业银行贷款

商业银行贷款是公司融资和项目融资中最基本和最简单的债务资金形式。商业银行贷款可以由一家银行提供，也可以由几家银行联合提供。贷款形式可以根据借款人的要求来设计，包括定期贷款、建设贷款、流动资金贷款等。

商业银行贷款的基本法律文件包括两个部分：贷款协议、资产抵押或担保协议。

贷款协议的主要内容如下。

（1）贷款目的。

（2）贷款金额。

（3）贷款期限和还款计划表。

（4）贷款利率。

（5）提款程序和提款先决条件。

（6）借款人在提款时的保证，包括：①贷款资金的正确使用；②借款人的财务状况；③公司资产所有权；④无重大法律纠纷；⑤无不可预见的债务责任；⑥借款人具有的法律地位和签署贷款协议的授权。

（7）保证性契约，包括：①借款人依照所在国法律从事商业活动，交纳税款；②保证一切项目设备设施正常运行，保持项目资产保险；③获得必要的政府批准；④定期向贷款银行提供公司的财务报告；⑤保证不利用借款人资产做其他抵押；⑥对借款人的资产兼并、资产出售或改变公司经营方向的限制；⑦对利润分配政策的限制。

（8）财务性契约，包括：①对借款人进一步举债的限制；②规定借款人必须保持的最低财务指标，包括总资产/总债务比率、流动资产/流动债务比率、债务覆盖比率等。

（9）利息预提税的责任。

（10）贷款成本、贷款建立费和贷款承诺费（针对未使用贷款额度收取的费用）。

（11）违约和对违约情况的处理，包括：①违约情况：技术性违约、一般性违约和交叉违约；②违约情况下的补救措施；③在违约条件下贷款银行可行使的权利。

商业银行贷款的资产抵押或担保协议的形式与内容与各国法律有直接的关系，因而在不同国家以及不同项目之间其文件形式将有较大的差别。贷款的资产抵押或担保协议是项目融资结构的一个重要法律文件。

9.4.2 国际银团贷款

国际辛迪加银团贷款（international Syndicated loan），简称国际银团贷款，是商业银行贷款概念在国际融资实践中的合理延伸。国际上大多数大型项目融资案例，因其资金需求规模之大结构之复杂，只有大型跨国银行和金融机构联合组织起来才能承担得起融资的任务。

在项目融资中使用国际银团贷款有以下几个主要优点。

（1）有能力筹集到数额很大的资金。国际银团贷款市场是国际金融市场中规模最大、竞争最激烈的一个组成部分，在同样的项目风险条件下，在这个市场上可以筹集到数量较大、成本较低的资金。从项目融资的借贷实践来看，在发展中国家一般超过 3000 万美元，在工业国家一般超过 1 亿美元数额的债务资金必须通过国际银团贷款的方式才能解决。

（2）贷款货币的选择余地大，对贷款银行的选择范围同样也比较大，这一点为借款人提供了很大的方便。借款人可以根据项目的性质、现金流量的来源和货币种类来组织最适当的资金结构。

（3）参与国际银团贷款的银行通常是国际上具有一定声望和经验的银行，具有理解和参与复杂项目融资结构以及承担其中信用风险的能力。

（4）提款方式灵活，还款方式也比较灵活。

国际银团贷款的基本法律结构与商业银行贷款近似，但是在资金安排中有以下几个问题值得注意。

1. 资金安排程序

理论上讲，安排任何一笔国际银团贷款都需要包含两个步骤的金融活动。

第一步，为了向借款人提供资金，贷款银行需要在伦敦银行同业拆借市场（即欧洲货币市场，有时也使用亚洲货币市场）获得一笔与该银行在银团贷款协议中所承担的义务（包括货币、金额、期限）相似的存款。

第二步，贷款银行将这一存款按照贷款协议的要求贷给借款人。在贷款有效期中的每一个利息期这组金融活动都在重复进行。

因此，国际银团贷款在每个利息期的利率通常以同期的 LIBOR 为基础。这个利率是指在贷款中规定的参与银行（一般至少规定四个参与银行）向其他主要活跃在欧洲货币市场上的银行提供存款报价所获得的平均利率，并在每个利息期生效的第一天之前的两个工作日确定下来。如果国际银团贷款的参与银行使用的是亚洲货币市场，利率则有可能以新加坡银行同业拆放利率或者香港银行同业拆放利率作为基准。

2. 收益保障性贷款

由于国际银团贷款来自伦敦银行同业拆借市场的存款，所以贷款银行较一般商业贷款更关心借款人能否准时偿还债务。如果借款人偿债不准时，贷款银行就有可能遭受损失，因为在这种情况下贷款需要被迫重新安排，可能得不到同样的利率条件。基于这一原因，贷款银行在贷款协议中会要求借款人对其违反提款通知书中的承诺所造成的损失做出赔偿。

另一项重要的收益保障性条款是在市场发生紊乱或者市场不复存在的情况下对贷款处理方法的规定。这种情况包括，贷款银行无法在市场上获得相应的存款以实现其贷款承诺、伦敦银行同业拆借市场出现紊乱以至于无法获得 LIBOR 的报盘价格或者贷款银行获得的利率报价不能代表其实际资金成本等种种情况。

这项条款一般规定一旦出现上述情况而借贷双方又无法就新的贷款结构和利率达成协议时，借款人必须在一个有限的时间内按一个规定的利率支付利息，这个利率通常规定为贷款银行的资金成本再加上一定的银行收益。除非在该期间内借贷双方可以就新的融资结构达成协议，否则在该期间结束时借款人必须将贷款全部偿还。

其他有关的收益保障性条款还包括以下两点。

第一，贷款协议规定借款人向银行支付的利息必须为"净利息"，即贷款银行收到利息之后，无须再向借款人所在国支付任何利息预提税。如果所在国政府有关法律规定贷款银行必须缴纳利息预提税，则借款人需要在偿付利息时加上这部分成本，使得贷款银行的净收入保持不变。

第二，贷款协议一般要求借款人补偿贷款银行因为借款人所在国政府法律或法规改变或者解释上的改变所造成的贷款成本增加，保护贷款银行的收益。

然而由于贷款银行在国际银团贷款中要求具有上述种种保护性措施，反过来一般也允许借款人在贷款成本增加或者贷款在法律上出现问题的情况下有权提前偿还全部或部分贷款。

3. 多货种选择权

国际银团贷款一般允许借款人在贷款期间改变借款的币种，给予借款人在不同时间提取不同币种的贷款选择权，但是往往还有以下几方面的规定。

（1）确定以一种货币作为贷款协议的基本货币，用来确定贷款的总金额和利率结构。

（2）供选择的货币必须是所有贷款银行可以接受的并且可以自由地与基本货币相兑换的货币。

（3）对供选择货币种类做出一定的限制。

（4）如果因为借款人选择其他货币而造成贷款银行成本的增加（在基本货币贷款成本之上），则借款人需要承担这部分附加费用。

借款人在使用多种货币选择权时，有两个问题要特别加以注意。

第一，将贷款由一种货币转换成另一种货币的转换机制问题。早期的银团贷款要求借款人先将"旧货币"贷款全部还清，然后银行再提供"新货币"贷款。随着国际金融市场的发展，现在已不再需要将全部的银行贷款进行转换，而是由国际银团贷款参与银行根据当时的汇率计算出用以偿还"旧货币"债务所需要的"新货币"数量，然后借贷双方做出相应的差额调整。

第二，以供选择货币形式提供的贷款和基本货币之间的汇率变化的影响问题。银团贷款金额以及项目风险评价都是以基本货币贷款作为基础的，如果以供选择货币形式提供的贷款在金额上由于汇率波动超出基本货币贷款金额，无疑将增加贷款银行在项目中的风险。因此一般贷款协议都规定当汇率变动超过一定的幅度（如 5%）就需要在借贷双方之间进行贷款余额的调整，而具体调整方向则取决于相关汇率的运动方向。例如，如果基本货币汇率上升，贷款银行可能需要继续履行其贷款承诺，尽管贷款银行在此之前已支付了全部资金；反之如果基本货币汇率下降，以供选择货币形式提供的贷款按下降后的汇率计算就有可能超出基本货币贷款金额，这时贷款银行也会要求借款人偿还一部分贷款，以保证按基本货币计算的贷款总金额不变。

4. 利息期

国际银团贷款将整个贷款期划分成若干个时间段，每个时间段称为一个利息期，借款人有权在允许的范围内（一般为 1～6 个月）选择每一笔提款的利息期。

在项目融资中，借款人通常会根据项目建设的资金需要分别安排提款，因而可能在同一时期内有许多笔提款同时存在，需要分别支付利息和安排贷款延期。这样就出现了一个问题：是应该在第一个利息期结束时将以前的若干提款合并成一项提款，还是应该将提款分别延期直到最后的贷款偿还。从管理的角度对于借贷双方来说无疑应该选择前者；但是在借贷实践中有时应该考虑将部分贷款分开管理。这样考虑是出于两个方面的原因。

一方面是从降低融资成本的角度考虑，如果贷款数额过大，同时延期可能导致市场上 LIBOR 报价提高，从而增加借款人的融资成本。

另一方面是从降低利率风险的角度考虑，对贷款实行有限度地分开管理可以获得不同的利息成本，在适当时机可以对一部分提款的利率在市场上进行保值处理，采用较长的利息期，将这部分贷款的利率相对固定下来，从而减少利率波动的风险。

贷款银行一般可以接受借款人采用不同利息期的要求，但是也会限制在同一时间段内不同利息期的提款数量。

5. 银团代理行

银团贷款任命一家银行作为银团代理行，并在贷款协议中详细规定出代理行的权利和义务。代理行负责监管借款人的财务活动、管理贷款和保持银团与借款人之间的联系。

银团代理行的主要工作包括以下五个方面。

（1）建立和保持贷款活动的历史纪录。

（2）监管借款人的经营活动，特别是贷款协议中规定的贷款条件和借款人的各种保证性条款是否得到满足。

（3）代表银团收取贷款的利息和本金偿还，并按出资比例在银团成员中进行分配。

（4）负责向银团通报有关借款人执行贷款协议的情况，向银团提供有关借款人的财务信息。如果是项目融资，银团代理行也需要向银团及时通报项目的建设、经营情况以及出现的重大问题。

（5）在出现违约情况时处理有关事宜。

6. 按比例分配偿债资金

国际银团贷款的一个基本原则是每个贷款银行应该按其贷款比例分配从借款人方面取得的任何偿债资金，借款人不能歧视其中任何一家银行。所有借款人的偿债资金都支付给代理行，然后由代理行再按比例分配给每一家贷款银行。

国际银团贷款做出这样规定的目的是限制银团中某一家银行行使其债务抵消权（right of offset）或者合并借款人银行账户的权利而损害其他贷款银行的利益，因为持有借款人存款的贷款银行有可能利用该存款抵消借款人在国际银团贷款中所欠债务，而其他银行则未必有此便利，故而得不到相同比例的补偿，尤其是在借款人发生还款困难的情况下。

综合上述几点可以看出，国际银团贷款由于涉及的银行数目多，有时这些银行又在不同的国家，无论是在谈判上、在准备法律文件的具体程序上，还是在贷款的管理上均要比商业银行贷款复杂。图 9-6 是组织国际银团贷款的步骤说明。

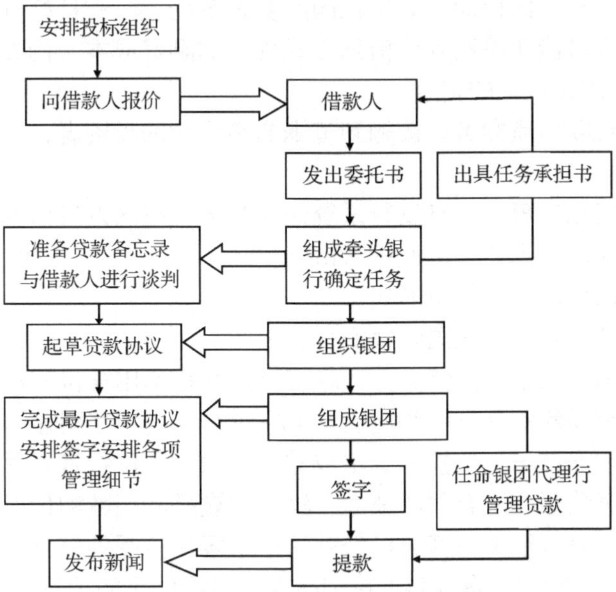

图 9-6　组织国际银团贷款的步骤

■ 9.5　欧洲债券和欧洲债券市场

欧洲债券是为借款人提供从欧洲货币市场为数众多的金融机构投资者和个人投资者手中获得相对成本较低的债务资金的一种有效形式，与一般国家发行的本国债券或外国债券（如美国的扬基债券、日本的武士债券）不同，欧洲债券的发行和交易超出国家的界线，不受任何一个国家的国内金融市场的法律法规限制。欧洲债券与本国债券、外国债券的主要区别列于表 9-2 中。

表 9-2 欧洲债券与本国债券、外国债券的主要区别

项目	债券特征	欧洲债券	本国债券	外国债券
发行地	发行人国家与发行地一致		√	
	发行人国家与发行地不一致			√
	在国际金融市场柜台交易	√		
法规控制	遵守发行地法律		√	√
	可不遵守发行地法律	√		
市场交易	证券交易市场	√	√	√
	柜台交易	√		

资料来源：张极井（1997）

利用欧洲债券市场为项目筹集债务资金有以下几个方面的优点。

第一，筹资成本相对比较低。对于在国际金融市场上具有良好资信的借款人，利用欧洲债券市场融资有可能获得比其他借款方式更低的融资成本。例如，发行欧洲期票可以筹集到利率在 LIBOR 以下的资金。

第二，通过发行欧洲债券可以接触到范围非常广泛的投资者，这是其他债务资金形式都无法比拟的。

第三，集资时间比较短。一旦发行系统建立起来，每次发行债券所需要的时间非常短，这样可以有效地抓住机会，迅速进入市场。

第四，借款可以采用多种货币形式。

第五，在还款日期安排上比国际银团贷款灵活。

第六，在一些国家采用欧洲债券方式融资可以获得不用支付利息预提税的优惠。

尽管欧洲债券市场筹资具有一些优点，但它也存在着一些明显的缺点。

（1）由于欧洲债券市场上的投资者组成非常分散，所以投资者很难掌握一个复杂的项目融资结构并愿意购买与之有关的债券，这个问题是利用欧洲债券市场为项目筹集债务资金的主要障碍。只有很少一部分已经被这个市场所接受的借款人可以比较容易地利用该市场筹资，对于多数的融资项目（特别是在发展中国家的项目），都需要有类似银团贷款那样的银团组织作为发行债券的后盾（由该银团承担项目的风险）。例如，作为债券发行的担保人或者直接以银团名义发行，该银团收取一定的费用作为提供项目信用保证的代价，然而，这样一来也就相对减少了利用欧洲债券市场融资的成本优势。

（2）由于组织欧洲债券发行的程序比较复杂，因而只有具有一定的发行金额才能具备规模经济效益。对于长期债券，一般要求发行金额至少不低于 5000 万美元的价值；对于中短期债券，一般也要求发行金额不能低于 2000 万美元。

根据债务资金的期限，欧洲债券市场可以进一步划分为长期债券市场和中短期债券市场。

一是长期债券市场。欧洲债券（Euro-bond）是长期债券市场的主要资金形式，欧洲债券历史较长，是与欧洲美元市场一起发展起来的一种融资工具。欧洲债券的期限一般

在五年以上，最长期限可以达到几十年。

二是中短期债券市场。中短期债券市场中有两种主要资金形式：欧洲期票（Euro note）和欧洲商业票据（Eurocommercial paper），两者均开始于 20 世纪 70 年代。中短期债券期限一般为 30～180 天，但是有时也有期限为 1 年到 2 年的债券在市场上发行。

长期债券和中短期债券都可以作为项目融资的债务资金来源，所不同的是由于项目融资安排的是长期债务，在使用中短期债券市场时必须引入债券的循环机制。

9.5.1　欧洲债券

1. 欧洲债券的种类和特征

欧洲债券分为固定利率、变动利率和浮动利率三种基本债券类型（表 9-3）。

表 9-3　欧洲债券的种类

欧洲债券	具体形式
固定利率债券	简单形式债券 零息债券 可转换债券
变动利率债券	分期利率债券 最低/最高利率债券
浮动利率债券	标准浮动利率债券 混合利率结构债券 利率封顶债券 利率保底债券

1）固定利率债券

常用的固定利率债券形式包括以下三种。

（1）简单形式债券是欧洲债券中最简单最常用的一种形式，占市场发行比例的 70%，这种债券具有固定的利率和兑现日期，通常为每年支付一次利息，兑现日偿还本金。

（2）零息债券是简单形式债券的一种创新。这种债券不支付利息，而是以比其面值低得多的实际发行价格发行，债券持有人的收益来自债券承兑时的资本增值。

（3）可转换债券是一种债券持有人有权按照规定的价格将债券转换成债券发行人的股票的债券形式。

2）变动利率债券

变动利率债券的利率可以按照事先规定的条件调整，但是无论变动的频率还是变动的幅度均小于浮动利率债券。这类债券包括以下几种形式。

（1）分期利率债券：在一定的年限内支付一种利率，在债券的剩余时间内支付另一种利率。

（2）最低/最高利率债券：确定利率的方法与浮动利率债券相似，也是以 LIBOR 作为基础，但是规定利率变动的上下限。早期的最低/最高利率债券是作为浮动利率债券发行的，但是由于这类债券利率上下限变化范围非常小，所以现在被归类为变动利率债券。

例如：

丹麦政府债券　1995 年 5 月 15 日　到期

利率　　$LIBOR+\frac{3}{16}\%$

（利率下限　10%　利率上限　11.875%）

3）浮动利率债券

20 世纪 70 年代以来，国际金融市场上利率变化趋于激烈，造成一些固定利率债券持有人的实际资产价值受到侵蚀，因而一些带有资本保值性质，使债券持有人的实际收益高于现金存款收益的浮动利率债券应运而生。

浮动利率债券按照预先规定的定价公式和定价周期决定债券的利率，浮动利率债券的定价周期一般为 3～6 个月，利息也按照这个周期支付。利率通常以 LIBOR 或者美国财政部债券利率作为定价基础再加上一个贴水。由此可见，对借款人来说浮动利率债券在性质上与国际银团贷款有相似之处。这种债券在 20 世纪 80 年代初期风行一时，到了 80 年代后期，使用范围就逐渐缩小了。

根据确定利率的方式，浮动利率债券又可以划分为以下四种形式。

（1）标准浮动利率债券（floating rates notes，FRNs）预先规定利率定价公式（如 6 个月 $LIBOR+\frac{1}{4}\%$）、利息支付期、债券年限，在债券有效期内固定不变。

（2）混合利率结构债券采用不同的定价期和定价公式。这类债券又可以分为两种形式：一是以 6 个月 LIBOR 作为定价基础，每月定价一次，每半年支付一次利息；二是按照预先给定因素将利率确定在一个变量的较高值或较低值上。例如，一种债券以 1 个月 LIBOR 的 103%作为利率定价公式，每个月定价一次，每半年支付一次利息。但是如果在某个定价日一个月 LIBOR 高于 6 个月 LIBOR，则利率定价公式为 6 个月 $LIBOR+\frac{3}{16}\%$，固定为 6 个月。

（3）利率封顶债券对债券有效期内的最高利率做出限制。

（4）利率保底债券设有最低利率限制，在实际发行中利率保底债券要比利率封顶债券更为普遍。

欧洲债券除上述类型以及其主要特征之外，有时还会带有其他的一些特征，这些特征包括：可提前承兑债券、可延期债券、附有债券持有人可以要求提前承兑期权的债券等。这些特征使得评价欧洲债券作为一种债券资金形式的利弊工作变得更为复杂。对于项目融资来说，应该注意到债券的可提前承兑特征。无论是固定利率、变动利率还是浮动利率债券，在发行时通常都允许借款人拥有更改债券到期日的期权，提前偿还债券这种安排增加了借款人在还款时间上的自由度。但是如果借款人行使期权，则一般需要支付一定的罚金。

2. 欧洲债券的发行

欧洲债券市场分为债券发行、市场经销、市场交易、清算交割四个组成部分（图 9-7），四个部分相互关联组成一个完整的市场结构。然而由于本章主要是介绍项目融资安排的债务资金，因此在这里只介绍在一级市场上发行欧洲债券的程序、步骤和有关法律问题，有关欧洲债券在二级市场上的流通问题将不进行讨论。

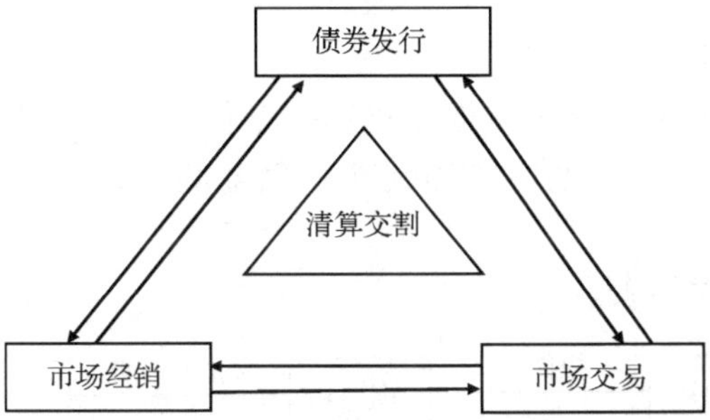

图 9-7　欧洲债券市场结构

在欧洲债券市场上发行一种新的债券的方式大致是相同的，基本不必考虑债券的类型或货币种类。能够迅速将一种新的债券引入市场，即从建立概念到实际发行所需时间之短是借款人选择欧洲债券市场作为融资来源的基本原因之一，这个时间有时可以短到只需要一天。

1）债券发行的参加者

除借款人（债券发行人）之外，债券发行过程中的主要参加者有主经理人、共同经理人、债券承购人、推销组和债券投资人（持有人）。

主经理人（lead manager）是债券发行的主要组织者，一般由欧洲货币市场中主要的投资银行、证券公司担任。主经理人接受债券发行人的委任负责组织和安排债券的发行工作，主经理人的工作主要包括以下几项。

（1）分析债券发行人的资信和财务状况，预测债券市场接受其发行的债券的可能性。

（2）向债券发行人建议最佳的发债条件。

（3）与债券发行人谈判发行债券的总额、收费标准以及发行时间。

（4）组织共同经理人、债券承购人、推销组。

（5）协助债券发行人编制发债说明书和其他有关工作。

共同经理人（co-manager）参与大金额的债券发行。对于大金额债券，主经理人通常选择若干家银行和证券公司作为共同经理人一起承担发行的组织工作。选择共同经理人的标准有以下几条：①与借款人（债券发行人）的关系；②发行债券的经验和市场推销能力；③是否作为共同经理人参加过主经理人以前组织的债务发行工作。

共同经理人在一次债券发行中的数目根据债券发行金额决定，一般可以有 5～25 家。

债券承购人（underwriter）由主经理人选择的金融机构担任，有时主经理人同时也兼任债券承购人。债券承购人的任务是向债券发行人做出保证，不管债券是否最终全部出售，债券发行人都可以获得预定的发行金额。如果债券不能全部推销出去，则债券承购人需要按照各自认购的比例购入未售出债券。

推销组（selling group）由活跃在欧洲债券市场的各国金融机构和证券公司担任，多数情况下债券承购人也同时兼任推销组成员。推销组的工作是参与债券的分配和推销以收取佣金，但是除兼任债券承购人的成员外，一般推销组成员不承担任何市场风险。

主经理人、共同经理人、债券承购人和推销组一起统称为债券发行辛迪加集团。

债券投资人（bond investors）包括个人、金融机构、各国的中央银行以及各国政府机构。

2）债券发行的时间表

选择债券发行的时间取决于三方面因素：一是债券发行人对现时利率的看法；二是市场资金状况，如市场上的到期债券和到期利息金额等；三是债券发行有无任何掉期安排。

图 9-8 是债券发行时间表。

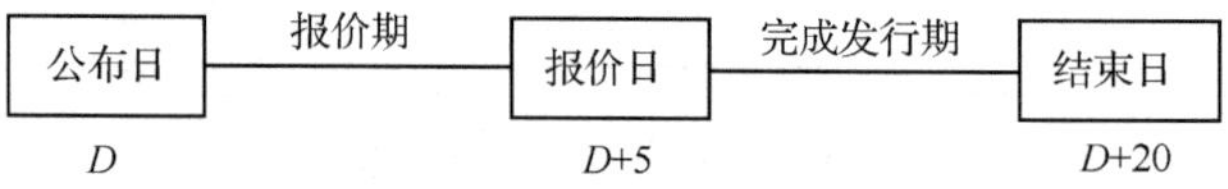

图 9-8　欧洲债券发行时间表

在债券发行日的前几天，主经理人需要从债券发行人处获得有关发行条件的认可，并做好债券发行文件的准备工作。在公布日，主经理人组织起债券发行的经理组（即主经理人和共同经理人），通过新闻发布形式宣布债券发行的具体条件，并以电传或传真的形式邀请债券承购人和推销组加入债券的发行。在电传或传真中将列出债券发行的条件、主要的时间表和对债券承购人与推销组的具体要求。多数情况下债券的发行条件是事先确定好的，但是对于浮动利率债券来说，利率条件只有在实际发行日之前两天才能确定。

在报价日（offering day），根据报价期内市场对债券发行条件的反映，最后确定债券的发行条件和发行价格，并对债券发行的责任以及数量在债券发行辛迪加集团成员之间具体加以分配，债券被正式提供给市场。大约两个星期之后，在债券发行的结束日债券发行辛迪加集团成员向主经理人支付他们所承诺份额的债券发行金额，至此一次债券发行工作就结束了。有时对于一个不被市场所熟悉的债券发行人或者一种比较复杂的债券发行，从报价日到结束日之间的时间可能要长达三个月。

3）债券发行的费用

债券发行辛迪加集团成员在发行债券过程中收取相应的费用或佣金，费用的多少是根据各个成员在发行过程中所承担的风险和参与的程度决定的。费用随着债券期限的增长而增加，以抵消更大的发行风险，特长期债券（12～30 年）的发行要支付一定的附加费用。

3. 有关欧洲债券发行的法律文件

有关欧洲债券发行的法律文件分为两类：一类属于发行文件，规定债券发行人与债券发行辛迪加集团之间、债券发行辛迪加集团成员内部之间的法律关系；另一类属于债券的结构性文件，规定债券持有人的权益、债券利息和本金偿还机制等内容。

1）债券的发行文件

发行协议（subscription agreement）是债券发行人和经理（包括主经理人和共同经理人）之间的原则协议。在该协议中，债券发行人同意以推销组协议中的条款发行债券，经理组同意按照双方商定的条件在发行结束日认购或推销债券。

推销组协议（selling group agreement）是规定债券的发行价格，推销组的佣金（或价格折扣）和其他发行条件，推销组协议由主经理人代表债券发行人与推销组成员签署。

承购协议（underwriting agreement）规定在债券销售出现缺额时，债券承购人同意认购未售出的数额比例和条件。

经理人协议（managers agreement）规定经理组成员之间在债券发行过程中的义务和责任，以及在主经理人和共同经理人之间的发行费用的分配方式。

发债说明书（information memorandum），有时也称为发债计划书（prospectus）或者发债通知（offering circular），详细介绍债券发行人（如果发行有担保的话，也包括担保人）的经营业务和财务情况以及发行目的等，有时也包括对欧洲债券市场的分析和对某个工业领域的分析（如果发行人的筹资目的是用于某一个工业项目投资的话）。

2）债券的结构性文件

信托契约：传统上是规定债券持有人权益的原则性文件。根据信托契约任命一个独立的受托管理人作为债券持有人的代表持有债券的全部权益，收取债券利息和本金并分配给债券持有人。在债券发行人出现违约时，信托人将代表债券持有人采取必要的法律行动。

财务代理人协议（fiscal agency agreement）：有的欧洲债券的发行采取任命一个财务代理人而不是受托管理人的方式，财务代理人协议由债券发行人和任命的财务代理人签署。财务代理人与受托管理人的主要区别是，受托管理人是债券持有人的代理，而财务代理人是债券发行人的代理。财务代理人不承担保护债券持有人利益的任何责任，财务代理人的职责是接收债券发行人的付款并将其分配给债券持有人，同时管理债券的运作。因此，采用这种发行结构时每个债券持有人对债券发行人都拥有直接的追索权利，债券发行人有卷入众多法律纠纷的风险。

债券证书（bond certificate）：是欧洲债券的实际法律证书。债券证书中包括：发行人的付款承诺；债券形式和转让条件；债券的法律性质；消极担保条款；利率、利息支付和本金兑现的时间和方式；税务问题；违约条款；其他条件，包括债券的有效期、债券持有人会议、债券丢失或被盗窃的处理方法、对受托管理人的保护条款等内容。

付款代理人协议（paying agency agreement）：债券发行人任命一个付款代理人作为其代理负责维持债券的正常运作机制，职责包括支付到期利息和本金，更换丢失、失窃或毁坏的债券。在采用财务代理人结构的债券发行中，财务代理人一般兼任付款代理人；但是在采用信托契约的发行结构中，债券发行人要单独任命一个付款代理人执行上述职责。

图 9-9 是欧洲债券发行及运行过程中各个阶段参加者之间的法律关系结构的抽象说明。

图 9-9 中①和⑥是债券发行人通过受托管理人、付款代理人或财务代理人和债券持有人之间所建立的法律和商业关系。这种关系通过信托契约、财务代理人协议和付款代理人协议来实现。图中②所代表的是债券发行人与经理组之间的法律和商业关系，通过发行协议和经理人协议实现。但是在经理组找到足够数量的债券承购人之前，这种关系一般是不生效的。图中③说明了在经理组和债券承购人之间通过承购协议建立起来的法律关系，这样通过作为中介的经理组，债券发行人和债券承购人之间也建立起来一种合

作关系。图中④代表根据推销组协议，经理组将债券直接分配给推销组，最后推销组在市场上将债券出售给债券的投资人（即持有人），即图中的⑤。

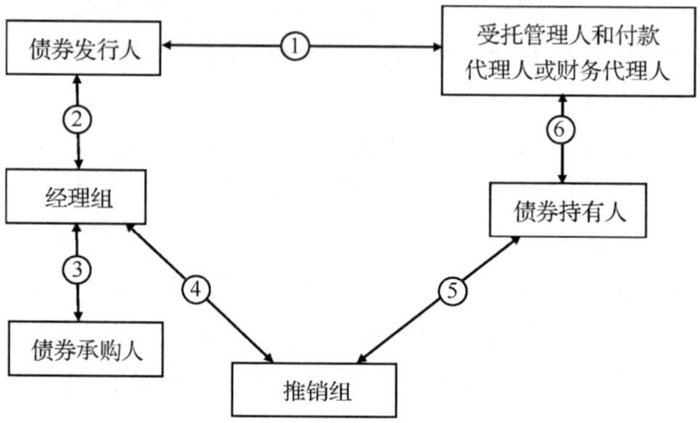

图 9-9　欧洲债券发行及运行中各个阶段参加者之间的法律关系结构

9.5.2　欧洲期票

1. 欧洲期票的种类和特征

欧洲期票作为欧洲债券市场的一个组成部分，公认开始于 1978 年 12 月新西兰航运公司在市场上的融资行动。1978 年新西兰航运公司在国际金融市场上计划筹集一笔可循环使用的为期六年的 3000 万美元浮动利率国际银团贷款，美国花旗银行（Citi Bank）中国香港分行结合欧洲货币短期存款证的低成本和国际银团贷款的灵活性两方面优势，创造出一种被称为承诺期票购买贷款的新型融资工具并在激烈的竞争中获胜，这种新型融资工具就是欧洲期票的雏形。

欧洲期票具备低成本和高灵活性的特征，自问世以来得到了迅速的发展。国际金融界认为，1984 年是欧洲期票发行进入成熟期的一年，这一年欧洲期票发行总额超过 180 亿美元，发行方式和期票种类也逐步规范化。在性质上，欧洲期票由于增加了低成本以及避免了利息预提税等方面的优点，而更接近国际银团贷款，自 20 世纪 80 年代以来成为项目融资的一种重要的债务资金来源，中国冶金进出口公司在澳大利亚恰那铁矿项目的融资结构中就是使用了带有各种选择期权的欧洲期票作为债务资金。

目前，在欧洲期票市场上使用的主要融资工具有以下几种类型。

1）欧洲期票贷款

欧洲期票贷款（Euronotes facility）包括欧洲期票发行贷款、期票发行贷款和辛迪加期票发行贷款等几种形式。这类期票是欧洲期票中比较简单的一种类型，期票发行人在一个确定的期限内（一般为 3～7 年）利用招标组等多种手段发行短期的可转让票据筹集资金，票据期限一般为 1～6 个月。这类欧洲期票发行的一个特点是通常没有期票承购组来作为发行的后盾，因此一般只适用于为欧洲期票市场所熟悉的、信誉好的政府机构及大公司的融资活动。

2）可循环承购贷款

可循环承购贷款（revolving underwriting facilities）包括标准可循环承购贷款、可转让循环承购贷款、期票和备用承购的借方期权等几种形式。

循环承购实际上是在欧洲期票发行程序中加入了承购的机制，是欧洲期票最具典型的结构，也是使用最为普遍的一种形式，绝大多数使用欧洲期票作为债务资金来源的项目融资案例都是使用这个结构或者其改进形式。可循环承购贷款由一组金融机构提供中期承购承诺，在这个承购允诺下借款人通过发行短期（1～6 个月）期票筹集资金，任何未能在招标中售出的期票由承购人买入。在承购期内，每次期票到期时通过发行新的票据替代到期期票达到使贷款资金不断循环使用的目的。循环承购贷款也可以作为一种备用资金来源，与银团贷款或欧洲浮动利率债券等资金形式比较，循环承购贷款费用较低、结构更灵活，其中一个重要的原因是在循环承购贷款结构中的中期风险承担者（即期票承购人）和实际资金提供者（即期票持有人）的角色是分离的，而正是因为这种分离以及期票承购人自身提供资金的可能性较低，使得循环承购贷款的承购费比银团贷款的承诺费要低。

可循环承购贷款的法律结构与欧洲期票贷款基本相似，只是增加了有关期票承购的内容。

3）综合期票贷款

综合期票贷款（global note facilities）包括多期权贷款和标准综合期票贷款等几种形式。这类利用欧洲期票形式的融资活动具有更大的灵活性，在确定的最大贷款额度内，期票发行人（即借款人）可以通过在欧洲债券市场发行欧洲期票，也可以通过在美国商业票据市场发行商业票据，或者通过直接贷款等其他规定方式筹集所需要的债务资金。有时期票发行人可以在几个市场上进行贷款掉期，甚至可以同时在几个市场上筹集资金，只要债务资金不超过限定总额就可以了。

综合期票贷款灵活性更大，相对法律结构就更复杂，这是因为其法律文件需要涵盖不同市场的法律规定，保证期票发行人可以在几个不同市场上发行债券和从事债券掉期。

2. 欧洲期票的发行

欧洲期票的发行程序实质上是以投资银行或证券公司为期票发行安排人，将一组准备提供中期的期票承购义务的金融机构与期票发行人连接起来的过程。期票发行安排人的作用与欧洲债券发行中的经理人的作用基本一致。以可循环承购贷款为例，期票的发行人、承购人和安排人将为发行欧洲期票达成一个原则贷款协议，根据这一协议，作为承购人的金融机构同意在一定的年限内（很少超过 10 年）承购发行人所发行的可流通的短期欧洲期票。在此年限内，如果发行人决定实际提取贷款，则通知承购人并委托发行代理人开始期票的推销活动（推销期），将准备发行的欧洲期票直接推销给公开市场的投资者，任何在市场上没有售出的欧洲期票则配售给承购人。欧洲期票与大多数欧洲债券的发行程序的区别之一在于欧洲期票的市场销售工作和承购安排需要在确定利率之前完成。

正常情况下，承购人希望将准备发行的期票全部销售给公开市场上的投资者，而自己收取一定的年度承购费作为承担中期承购责任的补偿。一旦承购人获得部分配售的欧洲期票，承购人将继续收取承购费，并同时获得投资于欧洲期票的收益。图 9-10 是欧洲期票发行流程图。

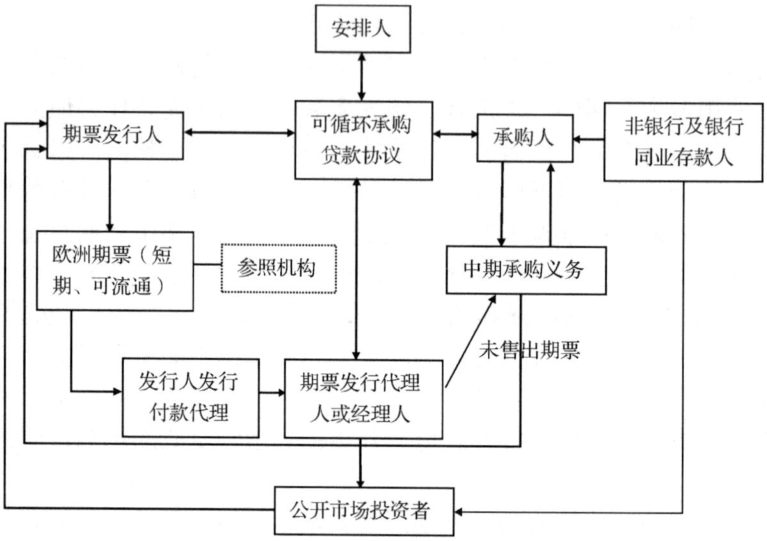

图 9-10 欧洲期票发行流程图

1）欧洲期票的发行准备工作和时间表

发行一种新的欧洲期票所需要的准备工作和典型时间表如图 9-11 所示。从决定发行

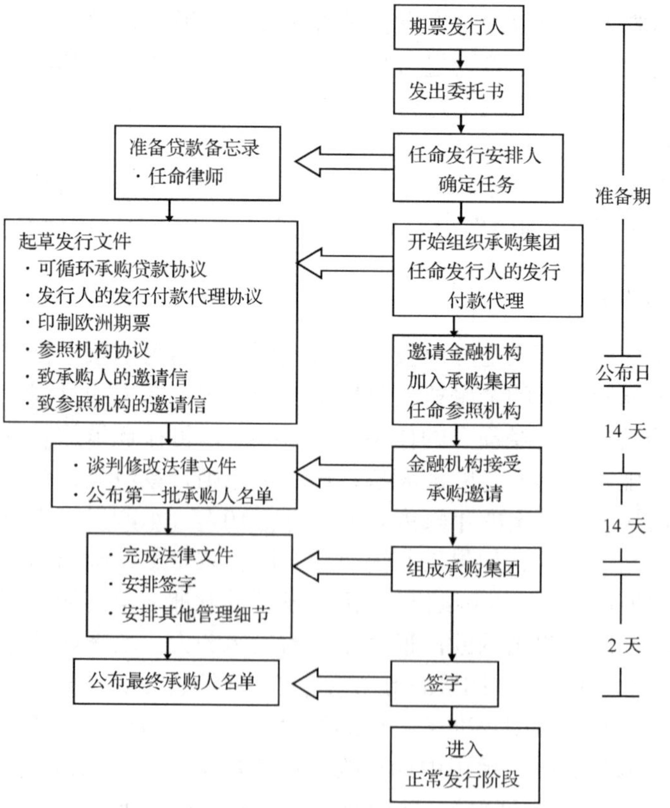

图 9-11 组织发行欧洲期票的工作步骤和时间表

（公布日）到组织起承购集团，完成所有的文件工作大致需要 30 天左右的时间。但是在一切准备就绪后，每一次具体的发行所需要的时间就非常短了，最少的时候只需要不到一天的时间。

2）欧洲期票的发行方式

一旦上述发行准备工作就绪，即欧洲期票发行的整体结构安排好之后，使用欧洲期票为公司或项目筹集资金就是一件十分灵活的事了，既可以将其作为一种长期贷款（在循环的基础上），也可以将其作为一种备用资金来源。如果发行人希望通过其发行筹集资金，需要选择一种有效的发行方式在市场上将欧洲期票按计划推销出去。欧洲期票市场上主要使用的发行方式有：多元代理、单一代理、标准招标组和连续招标组等四种。

多元代理方式是早期欧洲期票发行中使用的一种方式，其做法是将计划销售的期票自动按比例配售给承购人，再由承购人自行决定是转手出售还是自己保留。这种方式有两个优点。

第一，每个承购人可以事先知道自己所拿到的期票数量，因而可以向期票投资者报出实盘。

第二，这种方式也为承购人提供了持有期票而获得最大合同收益率的机会。

但是这种方式也存在一定的问题。首先，如果采用这种方式，那么每个承购人所配售的期票数量有限，很难建立并拥有一个由众多投资者组成的市场基础。其次，由于期票发行是按合同收益率分配给承购人的，发行人无法分享任何低于合同收益率的发行好处。

单一代理方式从 1981 年起开始在欧洲期票市场上使用，其原型来自美国商业票据市场上经常使用的单一交易人制度（sole dealership）。利用单一代理方式，发行人只任命一家投资银行或证券公司作为其独家代理销售欧洲期票，其优势是这类独家代理手中掌握多种期票的发行因而可以建立起一个强有力的广泛的投资者网络。但是与上一种方式一样，单一代理的收入来源是从发行人手中买入的合同收益率与实际销售价格之差，发行人得不到任何销售过程中的利益。

标准招标组方式自 1983 年开始在市场上应用，目的是克服前两种发行方式所存在的问题。采用这种方式，众多的发行代理人在一个规定时间内对欧洲期票的发行权进行投标，那些能以较低收益率（对于发行人来讲，即为较低利率）发行的投标者将中标获得期票的发行代理权。这样如果中标的收益率低于最大合同收益率的话，发行人就可以分享到其中的一部分利益。但是由于在投标阶段投标人向他的客户（即期票投资者）的询价和报价带有试验性质，一旦最后的销售结果与原先设想的不同，就会带来许多的问题（包括时间上和经济上的问题），甚至使得有些投标人以及他们的客户不愿意继续参加这类投标活动，因而有可能出现若干成功的投标组垄断市场的局面，失去竞争机制。

为了克服以上三种方式的缺点，1984 年 9 月欧洲期票市场上开始使用连续招标组方式发行期票。采用这种方式，由发行人任命类似单一发行代理的连续招标组经理人承担以低收益率水平将欧洲期票分配出去的责任。每一次发行时，首先由经理人和发行人议定一个发行收益率和期票价格，然后再征询招标组成员是否愿意按照这个价格购买欧洲期票并将其推销给最终投资者，从而减少了招标组成员在投标时的不确定因素。在这种发行方式中，招标组成员的角色与传统欧洲债券发行中的推销组角色类似。

目前在欧洲期票市场中上述四种发行方法同时存在和使用。

3. 欧洲期票的融资成本

从借款人角度来看，以欧洲期票作为融资手段进行筹资，其融资成本包括以下三部分。

（1）期票承购费。期票承购费以一个欧洲期票发行计划的总值作为计算基础（不考虑实际上发行与否或发行的数额）支付给该发行计划的承购人，作为其在规定年限内提供期票的发行与再发行承购责任的补偿。承购费按年计算，每 1 年支付 1～2 次。

（2）管理费。管理费同样根据欧洲期票发行计划的总值计算，在发行文件签字时支付给期票发行安排人。

（3）期票收益和最大合同收益率。对于借款人来说，期票收益在概念上与银行贷款利率没有差别，只是表现形式不同而已。对于债券投资者来说，购买欧洲期票的目的就是获得相应的投资收益。

购买期票所获得的收益来自两个部分：期票上注明的名义利息率（通常以 LIBOR 作为参照标准）和期票面值的发行折扣。通过将名义利息率定得较低，而以折扣的方式发行期票可以给发行人带来较大的灵活性。在发行一笔欧洲期票之前，首先需要确定期票的最大合同收益率，承购人将按这个最大合同收益率购入任何未能售出的期票。然而在成功的招标过程中，发行人往往可以获得实际收益率低于最大合同收益率的发行结果，即实际期票发行面值高于依照最大合同收益率计算出来的发行价格，从而降低融资成本。下面是欧洲期票发行价格的计算公式。

由于在期票到期日，期票的收入总值不可能超出期票面值加上利息所得，因而：

$$\text{发行价格}+\left[\text{发行价格}\times\left(\text{最大合同收益率}\times\frac{\text{期票有效期}}{360}\right)\right]$$

$$=\text{期票面值}+\left[\text{期票面值}\times\left(\text{名义利率}\times\frac{\text{期票有效期}}{360}\right)\right]$$

即

$$\text{发行价格}+\left[\text{发行价格}\times\left(\text{最大合同收益率}\times\frac{\text{期票有效期}}{360}\right)\right]$$

$$=\text{期票面值}\times\left[1+\left(\text{名义利率}\times\frac{\text{期票有效期}}{360}\right)\right]$$

因此：

$$\text{发行价格}=\frac{\text{期票面值}\times\left[1+\left(\text{名义利率}\times\frac{\text{期票有效期}}{360}\right)\right]}{1+\left(\text{最大合同收益率}\times\frac{\text{期票有效期}}{360}\right)}$$

例如：假定

期票总面值=5 000 000 美元

名义利率=LIBOR−0.250%（年利率）

期票期限：182 天

最大合同收益率：LIBOR+0.125%（年利率）

并且假定 6 个月 LIBOR 为 6.500%

则

$$\text{发行价格}=\frac{5\,000\,000\times\left[1+\left(6.250\%\times\dfrac{182}{360}\right)\right]}{1+\left(6.625\%\times\dfrac{182}{360}\right)}=4\,990\,828.03$$

即该种期票配售给承购人的价格为 4 990 828.03 美元，但是在实际发行时，发行人则希望通过招标获得高于该价格的发行价格。

4. 有关欧洲期票发行的法律文件

（1）欧洲期票贷款协议（Euronotes facility agreement）：这是欧洲期票发行的主协议，包括了欧洲期票的主要条款、发行方式、承购人责任、发行先决条件等主要内容，参加签署该协议的包括发行人、安排人和所有的承购人。

（2）发行代理协议（issue agency agreement）：根据这一协议，发行人将任命一个发行代理人代表发行人组织每一次的发行工作。

（3）支付代理协议（paying agency agreement）：根据这一协议，发行人将任命一个支付代理人代表发行人偿还到期的欧洲期票。在期票到期日发行人将还款资金支付给支付代理人，再由支付代理人支付给期票持有人。

（4）参照机构协议（reference agency agreement）：在欧洲期票发行中参照机构的作用是在每次发行活动中代表发行人协调招标活动和确定利率或贴现率的参照标准。有时参照机构同时又担任发行和支付代理，这样上述三个协议就可以合并成为一个协议。

（5）招标组协议（tender panel agreement）：这个协议的内容将随着实际采用的发行方式而变化。

（6）欧洲期票证书（definitive note）：这是欧洲期票的实际法律证书。根据欧洲期票贷款协议中的规定，在证书上列出期票面值、名义利率、由发行人向持有人的付款责任和其他一些条件。

9.5.3　欧洲商业票据

欧洲商业票据最早的发行可以回溯到 1971 年，当时少数美国公司针对美国政府外国直接投资办公室对企业长期外债的规定，在欧洲债券市场上安排发行了类似美国商业票据的欧洲商业票据。但是只有在欧洲期票出现之后，欧洲商业票据才开始真正地发展起来，因而很多时候欧洲商业票据被认为是欧洲期票市场的一个组成部分。然而自 1986 年在市场上安排的欧洲商业票据的数目第一次超过欧洲期票之后，欧洲商业票据开始成为一种独立的融资工具。

欧洲商业票据的大多数特征与欧洲期票中的可循环承购贷款近似，主要的区别在两个方面。

（1）可循环承购贷款是由承购人全部或部分承购的，但是欧洲商业票据没有承购机制，因而资信卓著的公司或政府机构可以在这个市场上获得成本更低的资金。

（2）在发行方式上，可循环承购贷款一般是通过招标形式发行，而欧洲商业票据则是通过一组交易人（一般为1～5个）发行，更近似于美国商业票据的发行。交易人没有责任一定要购入商业票据，除非他们确信可以将其有利可图地转售出去。

欧洲商业票据的这两个特点限制了这种融资方式在一般项目融资中的应用，只有在引入银行备用信用证作为信用担保或承购担保之后，欧洲商业票据才有可能成为一种项目融资的有效工具。但是在这种情况下，除发行方式外欧洲商业票据和欧洲期票已没有任何本质的区别了。

在项目融资中，利用欧洲债券市场集资与国际银团贷款相比较，一方面发行程序复杂、涉及方面较多，不为一般的借款人所掌握；另一方面由于债券的发行对象是广泛的非银行机构的投资者，而采用项目融资的项目又往往是新项目且无经营历史，信用保证结构复杂，又不被一般的投资者所了解。所以在项目融资中使用欧洲债券作为债务资金形式比国际银团贷款相对较少，但是如果运用得当就会取得很好的效果，特别是在降低综合融资成本方面。

国际银团贷款与欧洲债券中性质比较近似的资金形式的简单比较列于表9-4中。

表 9-4　国际银团贷款、浮动利率债券和可循环承购贷款的特征比较

贷款特征	国际银团贷款	浮动利率债券	可循环承购贷款
融资成本（1）已用贷款	高	低	低
（2）备用贷款	高	—	低
灵活性（如利息期、使用范围等）	高	低	高
资金来源多样化	无	有	有
筹集资金能力	大	大	大
贷款期限和平均贷款寿命	较长	非常长	长
对借款人的质量要求	较宽	严格	较宽
多货币选择权	有	无	较困难
组织贷款银团的风险	低	低	低
标准文件	没有	有	没有
贷款转让的难易程度	难	易	比较容易
在二级资本市场上的流通性	非常低	非常高	较高
贷款人/承购人质量对借款人的重要性	重要	不太重要	重要
吸收利息预提税的可能性	比较困难	有可能	有可能

9.6　美国商业票据和美国商业票据市场

商业票据（commercial paper）是美国国内金融市场上主要的也是最古老的金融工具之一。美国商业票据市场为借款人提供了一种成本低、可靠性高而且可以通过不断展期来满足长期资金需求的短期债务资金形式。最早的商业票据是美国的公司、银行和金融机构用来筹集流动资金的，自 20 世纪 70 年代以来，美国商业票据开始逐渐成为非美国公司的一种重要资金来源，成为国际银团贷款、欧洲债券市场的一种具有竞争力的替代方式。但是与在欧洲债券市场上安排融资一样，对于缺乏知名度的外国公司以及为项目安排融资来说，利用商业票据市场多数情况下也需要某种形式的银行信用作为后盾。利用美国商业票据市场融资的优点主要表现在以下三个方面。

1）低成本

追求降低融资成本是大批美国公司和许多大型项目融资进入美国商业票据市场的最大原动力，同时能够获得低成本的资金也是美国商业票据市场能够和欧洲货币市场竞争的一个主要原因。一般来说，在同等条件下从美国商业票据市场上获得的资金可以比 LIBOR 或美国银行优惠利率为基础的银团贷款在利息成本上更低。有关资料分析，美国公司利用商业票据集资的利息成本可以比美国优惠利率为基础的利息平均低 2.3%，可以比以 LIBOR 为基础的利息低 0.67%，但是对于外国公司来说，由于要加上外国风险因素，其优惠就没有这样明显了。

2）资金来源多元化

这一优点与使用欧洲债券市场是一样的。借款人通过使用商业票据市场获得广泛的资金来源，从而避免过分依赖少数商业银行和投资银行。对于偶尔组织一次项目融资活动的公司来说，这一优点似乎并不明显，但是对于任何跨国公司或者希望积极介入国际金融市场的公司来说，资金来源多元化是分散风险的一项重要措施。

3）资金使用的灵活性

美国商业票据市场为票据发行人在票据期限和发行时间上提供了很大的灵活性，从而可以满足票据发行人的各种具体需要。一般的国际银团贷款要求提款必须预先通知，提前量在 5～30 天不等。但是使用商业票据市场可以做到同一天发行票据并获得资金，不需要任何提前通知。

9.6.1 美国商业票据市场结构

商业票据是一种附有固定到期日的无担保的本票。在美国市场上发行的商业票据有记名和无记名的两种形式，其中无记名占绝大多数。美国《1933 年证券法》规定，公募商业票据没有登记和发行计划书的要求，但是规定票据期限不得超出 270 天，市场上发行的商业票据的期限大多数在 90～180 天。

商业票据的利率以银行贴现率为计算基础。传统的商业票据以零息票据形式发行，但近些年以付息形式发行的商业票据成为一种发展趋势。绝大多数情况下，商业票据的最小单位为 10 万美元。

商业票据的发行人包括美国的金融机构、外国的金融机构、美国和外国的工业公司、石油公司、矿业公司等。根据美国法律，商业票据不能直接售予个人，因此票据持有人（投资者）多为活跃在金融市场上的投资基金、保险公司、银行、养老基金等金融机构以及一部分工业公司。这些机构在市场上寻找稳定的短期流动性强的投资时往往选择商业票据，因为商业票据期限灵活，其收益真正反映了公开市场的收益率，而不像银行利率那样受到政府法规的限制。在结构和概念上，美国商业票据市场与欧洲期票市场很近似，但是相对简单。

1. 美国商业票据市场的参加者

除票据发行人和票据投资者之外，商业票据市场的其他参加者还包括以下几类。

1）交易人

商业票据的市场发行采用两种形式：一种是直接发行，发行人直接将票据销售给投资者，这类发行占发行总额的45%左右，但是具有直接发行能力的机构只局限于美国的大银行和金融机构。对于大多数商业票据发行人来说，特别是工业公司、矿业公司和为项目融资专门成立的项目公司，最常用、最有效的发行方式是交易人（dealer）发行方式。

交易人的首要任务是在票据发行人和最终投资者之间建立一个有效的通道，为发行人提供一个稳定的资金来源。在发行票据时，发行人将票据出售给交易人，然后再由交易人将票据销售给最终投资者，除此之外交易人还向发行人提供下列服务。

（1）提供及时和准确的市场信息。

（2）开发和建立多元化、稳定的投资者基础。

（3）通过维持票据在二级市场上的流动性来支持发行人的商业票据发行计划。

（4）负责管理商业票据发行计划的日常运作。

（5）必要时，如果在市场上暂时找不到合适的投资者，用自己的资金支持票据发行人。

需要说明的是，尽管交易人是将票据购入后再出售，但是交易人并没有法律责任一定要去购买某一种商业票据，市场风险（如市场紊乱，或者市场拒绝接受某种商业票据发行等）仍然是发行人的风险。

2）资信评级机构

对发行人的资信评级在商业票据发行中是至关重要的，这一点与欧洲债券市场有所不同。美国两家资信评级机构（rating agency）——穆迪公司和标准普尔公司，是美国商业票据市场的重要评级机构。一般的要求是发行人需要同时获得两个机构的评级，并以“A—1”和“P—1”级别作为商业票据发行的最高资信级别，投资者在很大程度上依赖于资信评级机构对发行人的分析和判断。为了保证发行人获得资金的连续性，惯常的做法是在安排商业票据发行计划的同时安排一个金额相等的备用银行信用额度作为对商业票据发行计划的支持。但是需要说明的是，这种银行信用额度并不能决定对发行人的评级，除非是以不可撤销的形式出现，这时候的评级工作就不仅包括发行人的资信情况，也要包括出具信用担保的银行资信了。

3）托管银行、发行代理人和支付代理人

托管银行（depositary bank）在发行商业票据过程中的任务是保管发行人未签字的票据和其他法律文件，如担保银行的信用证等，在发行日托管银行将这些文件交予发行代理人验证，并由发行代理人（issuing agency）将签字后的商业票据交予交易人并收取付款。在票据到期时，支付代理人（paying agency）将从发行人处得到付款并支付给票据持有人。多数情况下，托管银行、发行代理人和支付代理人由同一家金融机构担任。

4）担保银行

为了获得较低的成本和打开进入商业票据市场的通路，近年来越来越多的公司从美国银行或外国银行获得不可撤销的信用额度担保作为发行商业票据的支持。这个概念开始于 20 世纪 70 年代，现在已成为商业票据市场的一个重要组成部分。具有银行信用额度担保的商业票据发行计划对发行人的评级实质上是对银行的评级，因而提供这类信用支持的银行也成为商业票据市场的一个参加者了。

2. 美国商业票据的发行程序

对于一个希望进入商业票据市场的公司，第一步要做的工作就是建立一个商业票据的发行计划。发行计划包括选择和任命公司商业票据的交易人、申请资信评级、准备有关法律文件、选择和任命托管银行及发行代理人和支付代理人、安排银行备用信用证或其他不可撤销的信用额度等一系列工作。完成上述整个程序对于美国公司来说大致需要 4～6 个星期，对于外国公司则可能需要六个月甚至更长的时间。

3. 确定商业票据的利率

商业票据的利率由短期货币市场的供求关系决定。对商业票据利率影响最大的有存款证利率、银行承兑票据利率、美国财政部债券收益率等；另外，美国银行的优惠利率、同业银行之间的拆放利率以及长期资本市场上的融资成本也对其有一定的影响。

不同的评级结果也直接影响发行人所发行的商业票据的利率水平。评级标准低，被认为投资风险大，毫无疑问要支付较高的利率。

零息商业票据的发行价格的计算公式为

$$P = \mathrm{FV} - D_d = \mathrm{FV} - \mathrm{FV} \times r_d \times \frac{n}{360} = \mathrm{FV} \times (1 - r_d \times \frac{n}{360})$$

式中，P 表示票据的发行价格，单位为美元；FV 表示票据面值，单位为美元；D_d 表示贴现金额，单位为美元；r_d 表示贴现率，单位为%；n 表示票据有效期，即发行日和到期日之间的天数，单位为日。

假设发行 100 万美元面值 30 天期的商业票据，贴现率 r_d =8%，则根据上述公式可以计算出该票据的发行价格 P 为

$$P = 1\,000\,000 \times \left(1 - 0.08 \times \frac{30}{360}\right) = 993\,333.33$$

从发行人角度，商业票据的利息成本为

$$\mathrm{FV} - P = 1\,000\,000 - 993\,333.33 = 6\,666.67$$

从票据持有人角度，投资该商业票据的实际利息率为

$$\text{实际利率} = \frac{D_d}{\mathrm{FV} - D_d} \times \frac{360}{n} = \frac{6\,666.67}{1\,000\,000 - 6\,666.67} \times \frac{360}{30} = 8.05\%$$

4. 商业票据的发行与承兑

美国商业票据市场和欧洲期票市场一样，一旦建立起一个完整的发行计划之后，通

过发行票据筹集资金就成为一件十分迅速和灵活的事情了。美国商业票据被形容为是一种“一天结算”的金融工具。从做出发行决策、票据推销、票据的发行与交割直到付款结算均可以在同一天内完成。同样，在票据到期日，从票据回收注销到付款承兑也是在同一天内完成。

图 9-12 是商业票据发行流程的说明。

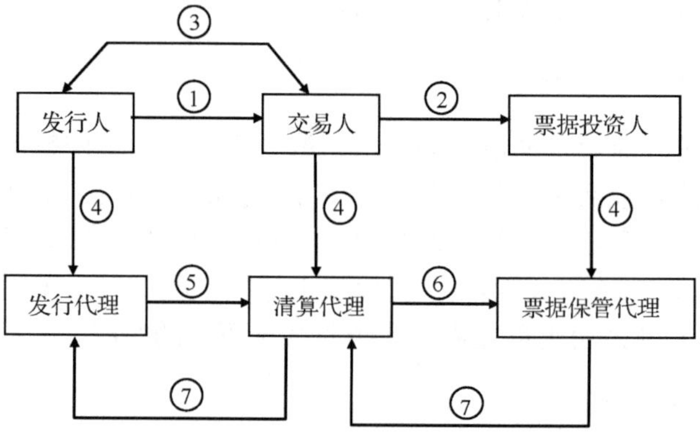

图 9-12　商业票据的发行流程图

图 9-12 中：①在发行日当天，发行人通知交易人准备出售一定数量的商业票据（极少数情况，也有在发行日的前一天发出通知）；②交易人将买入的商业票据推销给票据投资人；③交易人将销售的详细情况报告给发行人；④各方分别指示其代理安排有关商业票据的发行工作；⑤和⑥发行人的发行代理将商业票据送交交易人的清算代理，再转交给票据投资人的票据保管代理；⑦最后，在发行人收到所需资金之后，一次发行工作就完成了。

在票据到期日，与此类似的程序再次发生，发行人的支付代理人承兑到期票据并加以注销。图 9-13 是商业票据的承兑流程图。

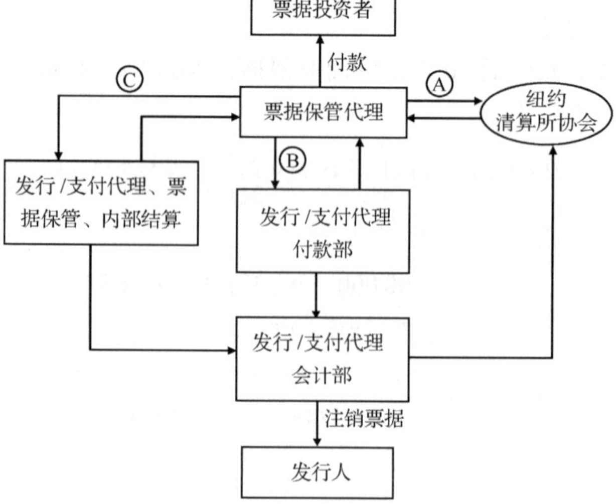

图 9-13　商业票据的承兑流程图

在美国商业票据市场，承兑商业票据有三个途径：①通过纽约清算所协会（New York Clearing House Association，NYCHA）承兑Ⓐ；②通过发行人的发行/支付代理人的付款部直接承兑Ⓑ；③当票据持有人的保管代理与发行人的发行/支付代理为同一个金融机构时，通过机构内部渠道承兑Ⓒ。

根据不同的承兑渠道采取相应的清算手段，付款给票据持有人，最后发行人回收注销的商业票据。这样，一次商业票据发行在市场上的活动就全部结束了。

5. 有关商业票据发行的法律文件

（1）商业票据。这是商业票据的实际法律证书，是一种可转让的本票。根据美国统一商业法典规定，商业票据的内容必须包括：由发行人签署、无条件付款承诺、付款条件（见票即付或在指定日付款）、付款的规定（付款给指定人或票据持有人）。

（2）发行人的董事会决议。其内容包括董事会授权发行人：发行商业票据、任命交易人、任命发行/支付代理人，以及做出其他相关规定，如最大发行数量，授权签字人等。

（3）发行人授权签字证书，由发行人公司秘书签署。

（4）发行/支付代理人协议。这个文件规定发行人和代理人之间的关系，主要内容包括代理权限、设立专门银行账户、是否要求代理人为票据发行人安排贷款以及有关贷款的条件等。

（5）法律意见书。这是由美国证券交易委员会出具的法律文件，说明有关商业票据发行计划的法律文件已经律师审查，证明：发行人是合法注册的公司法人、发行人具有签署与商业票据发行有关的法律文件的全部授权、发行人所发行的商业票据是合法的和有效的、对发行人具有法律约束力、有关商业票据发行计划是合法的和有效的、有关文件对签字各方均具有法律约束力。

（6）银行信用协议。如果发行人使用银行信用证或不可撤销银行信用额度作为发行计划的信用支付，则需要具有这一文件。

（7）发行人情况备忘录。这是一个惯例文件，由发行人指定的交易人准备并提供给可能的票据投资人，说明发行人的公司财务状况和商业票据发行计划的目的。内容包括：发行人业务发展计划、发行人最新财务报告，如果发行人是非美国公司，说明发行人所在国会计制度与美国会计制度的区别。

9.6.2　项目融资中使用的商业票据形式

如前文所述，美国商业票据是一种无担保可转让的短期票据，票据投资人的投资决策主要取决于发行人的资信评级。这一特征对于希望利用该市场作为项目融资主要债务资金来源的项目投资者来说，面临着两个必须解决的问题。

一是项目公司的资信和在市场上的知名度问题。专为项目融资组织起来的项目公司没有经营历史，信用保证结构复杂，无论是公司资信还是知名度都是比较弱的，如果单独以项目公司作为发行人在市场上将很难找到踊跃的票据投资人。

二是项目融资寻求的主要是长期债务资金，虽然可以利用市场的流动性通过不断发行新商业票据偿还到期债务以达到循环使用资金的目的，但是过分依赖市场的流动性来满足项目长期债务资金的需求具有潜在的风险。

为了解决这个问题，项目融资结构通常采用国际大银行开出的信用证来担保商业票据的市场发行。采用这种结构，银行的角色与银团贷款中的贷款银行角色实质上是一样的，对于大型项目融资的债务安排，银行信用证也是由一个贷款银团联合开出。对于借款人，这种结构具有两个优点。

第一，因为票据投资人的风险由项目公司转移到银行，评级公司的注意力也就转移到银行资信上，从而避免了项目公司因资信不足无法发行商业票据的问题。

第二，项目融资安排要求银行担保信用的期限与项目融资期限一致，并且在利用商业票据市场出现困难时可以直接为项目提供资金，从而避免了在项目某一阶段出现资金不足的风险。

银行信用证担保具有两种形式：备用银行信用证和直接付款银行信用证。备用银行信用证只有在发行人违约时才使用，而直接付款银行信用证则是在票据到期日直接付款给票据持有人。两种形式在项目融资的商业票据发行计划中的结构分别如图 9-14 和图 9-15 所示。

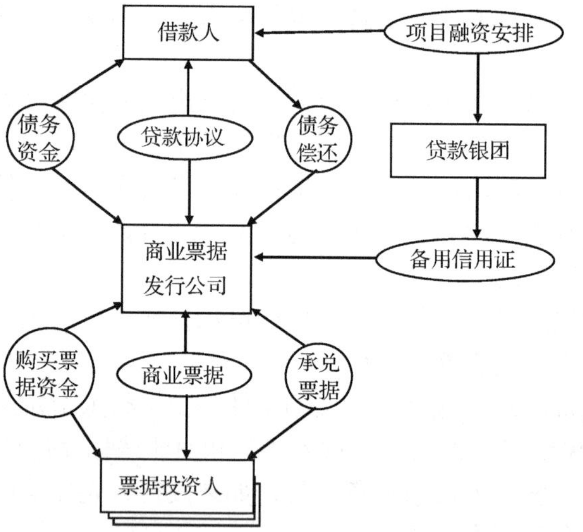

图 9-14　以备用银行信用证支持的项目融资商业票据发行计划

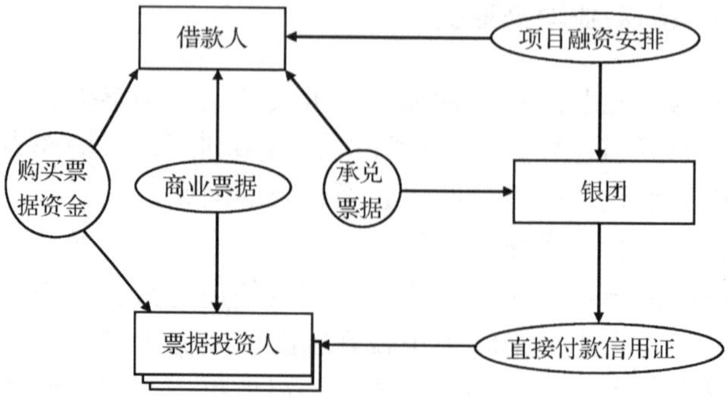

图 9-15　以直接付款银行信用证支持的项目融资商业票据发行计划

需要注意的是，采用备用银行信用证作为商业票据发行计划的担保，根据美国现有联邦破产法案的相关规定，需要在美国成立一个单一目的公司，这个公司的作用就是发行商业票据并将其资金转借给借款人。这种结构的目的是将票据发行人和最终借款人分开，防止美国破产法中的有些条款对票据投资人的不利影响。但是对于海外项目利用美国商业票据市场融资来说，这种结构可能会产生另外一个问题，即有些国家规定以发行美国商业票据、欧洲债券筹集的资金在偿还利息时可以豁免利息预提税，但在这种结构下由于贷款活动名义上发生在单一目的公司与海外借款人之间，而不是在票据投资人和海外借款人之间，利息预提税的豁免优惠就有可能不存在了，采用直接付款银行信用证结构的商业票据发行可以避免成立单一目的公司的要求。

■ 9.7　租 赁 融 资

租赁融资对于大多数人来说已不是一个陌生的事物。随着我国经济的改革开放进程，20 世纪 80 年代初期中国国际信托投资公司率先在国内引入国际上通行的租赁融资概念，成功地扶植了一批急需资金的企业。现在我国已建立了一批专业化的租赁公司，许多专业银行也开辟了租赁业务。

除杠杆租赁外，租赁还经常被使用在其他项目融资结构中作为一种重要的债务资金来源。项目融资所希望达到的一些目标可以通过租赁融资的手段实现。

9.7.1　租赁融资的种类和特征

租赁是一种其使用者（即承租人）可以获得某一设备或某一工厂的使用权用以增加生产而不需要在使用初期支付该设备或工厂全部资本开支的一种融资手段，任何一个租赁协议都包括两个主体，即承租人和出租人。在西方工业国家，根据在租赁协议中承租人和出租人双方所承担的责任以及租赁期间资产的使用价值占该资产全部使用价值的比重，将租赁分为经营租赁和财务租赁两种基本类型，两种租赁类型在项目融资的债务安排中都占有重要的位置。

经营租赁是指一般租赁期较短并且在租赁期内承租人有权取消租约将租赁物退还给出租人的租赁形式。经营租赁期在被出租资产的使用寿命中通常只占有较小的一个部分，在经营租赁期间出租人承担对被出租资产的保养和维修责任，承租人的责任只局限于按期交纳租金，在租赁期结束时有权选择是将租赁资产退还给出租人还是将其购入。典型的经营租赁的租赁物包括厂房、土地、轮船、飞机、卡车、建筑机械、铁路运输设备等通用性强或易于移动的资产。

经营租赁具有两方面的特征。

第一，在多数工业国家经营租赁一般不被视作公司的一种债务责任，因而可以成为非公司负债型融资的一个重要来源。在会计处理上经营租赁不作为公司负债列入资产负债表，而只需要在资产负债表的注释中作为一种固定的费用支出加以说明。

第二，经营租赁为其使用者提供了较大的灵活性。项目融资的贷款协议经常包括一些对借款人的限制性条款，其中包括对资产负债比率的限制、对安排新的债务的限制等，但是经营租赁往往不在此列，因为经营租赁通常被视作生产经营活动的一个组成部分。这一特点对于矿山项目十分重要，项目公司可以根据矿山地质情况的变化，在特定时间内采用经营租赁的方式增加一定的矿山机械来提高产量，而不需要把大量的时间花费在征得贷款银团的批准上，并且在不需要这些设备时可以将设备退还给出租人，从而也避免了大量的项目资本性投入。

与经营租赁相反，财务租赁是一种租赁期限相对较长，承租人不能随意提前终止的租赁协议。在财务租赁期内资产的使用价值在该资产的全部使用价值中占有较高的比重，有时可以高达 90%。在财务租赁期间，出租人虽然拥有被出租的资产，但是实质责任只限于提供一种融资，占有和使用被出租资产所需要的一切费用和成本，包括维修、保养、保险，以至有关税收（出租人本身的公司所得税除外）均需要由承租人负担。承租人按照租赁协议定期支付租金，并且向出租人保证在租赁期满时支付一笔资金购进所租赁资产。财务租赁的应用范围十分广泛，小到一个机械设备，大到一个完整的工程项目都可以成为租赁的对象。

根据财务租赁的性质，严格地说财务租赁协议是一种特殊形式的贷款协议。财务租赁协议与一般贷款协议的主要区别表现在两个方面。

第一，被出租资产的所有权属于贷款方（出租人）而不是借款方（承租人），借款方所拥有的只是资产的使用权。

第二，借款方向贷款方所支付的租赁费包括利息和本金两种成分，全部可以作为项目的经营费用在税前支出。而正常的贷款只有利息部分可以在税前支出，本金偿还不能抵税，财务租赁在会计处理上相对比较复杂。

为了规定经营租赁和财务租赁的界限，财务租赁被定义为：租赁协议允许在租赁期结束之前将被出租资产的所有权转移给承租人；在租赁期结束时承租人可以用一个名义价格（即比实际资产价值低得多的价格）购买所租用的资产；租赁期至少占被出租资产经济寿命的 75%以上；在租赁期内租赁费用的现值应至少等于 95%的被出租资产价值，凡是不符合上述规定的租赁协议均被认为是经营租赁。

财务租赁在公司财务报告中的资产及负债的表现形式也与通常概念下的资产购置或借债的会计处理不同。在进入财务报表的期初，财务租赁表现在资产栏中的价值不是被租赁资产的实际购置成本或建设成本，而是租赁期间承租人所需支付的租赁费用经贴现后的现值；同样，财务租赁表现在负债栏目中的总额也不是实际贷款的本金，而是与资产栏目中数值相等的租赁费用的现值。在此之后，租赁资产将在租赁期内摊销，与一般机器设备的折旧概念相似，而租赁债务被划分为债务本金及利息两个部分处理。但是财务租赁的上述会计处理原则与财务租赁的税务处理是完全分开的，这是在西方国家使用财务租赁安排融资的一个重要特点。

按照租赁的结构，财务租赁又可以进一步分为直接租赁和杠杆租赁两个种类。

直接租赁是指只有出租人和承租人两方参与的简单租赁形式，出租人自己安排资金购买被出租资产然后将其租赁给承租人（图 9-16），直接租赁的租赁费分为固定费用（多用在期限较短或者金额较小的租赁协议中）和浮动费用（根据银行利率浮动，多用在期限较长或金额较大的租赁协议中）两种形式。

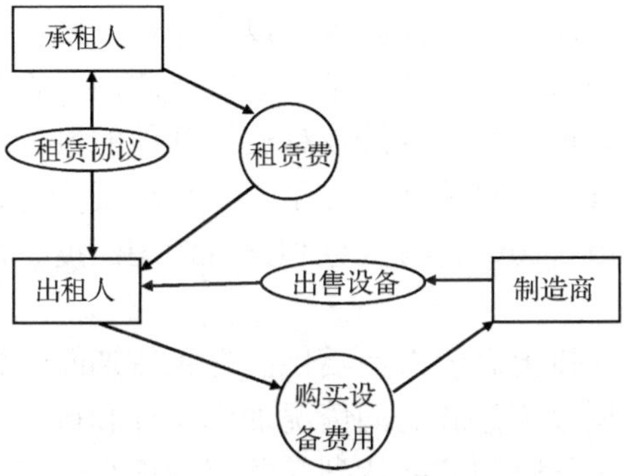

图 9-16　直接租赁示意图

杠杆租赁作为一种融资模式在前文已经有所介绍，事实上杠杆租赁不仅可以作为一种完整的项目融资模式，也可以作为一种债务资金形式作为大型项目融资结构中的一个组成部分。但是由于杠杆租赁的结构复杂，一种较普遍的看法是杠杆租赁的最小经济规模应不低于 500 万美元。表 9-5 列出国外常用的几种租赁形式。

表 9-5　国外常用的几种租赁形式

租赁形式	特征
标准租赁	由出租人准备的标准租赁协议，多用于小型机器设备的租赁
“纯”租赁	在租赁期终止时租赁资产实际价值可能低于租赁剩余价值的租赁，在这种租赁中，出租人承担租赁期满承租人不按租赁剩余价值购买租赁资产的风险
卖方租赁	由设备制造商或销售商提供的租赁服务，其目的是扩大产品销售，多用于通用设备的融资
跨国租赁	即出租人和承租人分别在不同国家的租赁，主要目的是利用不同国家的税务优惠结构，多用于飞机、船舶等交通运输工具的融资
“交钥匙”租赁	由出租人负责项目的建设，租赁期在项目正式投产时开始
净租赁	大多数财务租赁均为净租赁，即一切与拥有和使用租赁资产有关的费用均由承租人负担的租赁
“销售和回租”租赁	由承购人将自有资产卖给出租人，然后再从出租人手中租赁回来

项目融资的租赁安排可以来自以下三个方面。

（1）专业租赁公司，包括银行和财务公司。这些机构可以为项目安排财务租赁，包括直接租赁和作为股本参加者安排杠杆租赁。

（2）设备制造商和一部分专业化租赁公司，这些机构可以为项目安排经营租赁。

（3）项目的投资者以及与项目发展有利益关系的第三方也可以采取租赁融资形式将资金投入项目中，包括经营租赁、直接租赁和杠杆租赁等。

9.7.2　租赁融资的优点

与其他的债务资金形式比较，租赁融资的优点表现为能够增加项目投资者在财务安排、税务安排以及经营安排三个方面的灵活性。

1. 租赁融资在财务安排方面的灵活性

租赁融资在财务安排方面的灵活性表现在以下几个方面。

（1）租赁是百分之百的融资。在考虑了税收因素之后，百分之百的融资是成本最低的一种项目资金结构，而这种资金结构是较难通过其他的融资方式获得的。

（2）增加投资者运用资金的灵活性。由于租赁具有百分之百融资的特性，采用这种方式可以使项目投资者保留较高的自有资金和银行信用额度，用于其他的投资和业务发展机会。

（3）财务租赁在会计安排上有较大灵活性。在租赁期间，租赁费用可以比一般债务资金更灵活地根据项目的现金流量和利润情况加以设计和调整。一个项目在完成了主要的资本投入之后，需要一定的时间才能达到其预期的现金流量水平和利润水平。如果资产是由投资者购买的，则初期较高的利息和折旧费用将会大大减少这段时间内的公司收益；而采用租赁融资则有可能做到保持公司的收益有一个相对平稳发展的水平。

（4）租赁有可能安排成为非公司负债型融资。参照财务租赁的定义，在许多情况下可以把租赁设计成为一种经营租赁，从而避免进入公司的资产负债表。无论是项目融资还是公司融资，贷款银行对公司的资产负债比率、举借新债等方面均会有较为严格的限制，采用租赁融资特别是经营租赁在一定程度上可以避开这类限制。

2. 租赁融资在税务安排方面的灵活性

租赁融资对于那些项目公司不能将税务好处直接转移给投资者使用的合资结构有着明显的吸引力。这类项目在建设期和生产期拥有大量的税务亏损无法利用，如果选择适当的租赁融资方式（主要是财务租赁），利用有些资产出租人可以比承租人更好地运用因投资而产生的税务好处，并将一部分利益以降低租赁费用的方式转让给承租人，可以较为有效地降低投资成本并提高项目的综合经济效益。

3. 租赁融资在经营安排方面的灵活性

租赁融资在经营安排方面的灵活性主要表现在经营租赁方式上。

首先，经营租赁的期限较为灵活，可以从几天到几年，承租人可以根据项目的实际需要而灵活地确定租赁期限。

其次，经营租赁可以提前终止，承租人同样可以根据项目的实际需要在任何时间终止租赁协议，减少不必要的财务负担。

最后，经营租赁的资产出租人多数情况下同时提供资产的保养和维修，可以减少承租人许多人工和管理费用。

经营租赁的这些特点对于中小型项目的开发和经营很有好处。例如，有些项目需要根据市场季节或者资源情况的变化安排生产，如果购买过多的机器设备而在一定的时间内闲置下来显然是一种不合理的安排。另外中小型项目由于经济规模的不同，很多情况下较难维持一个完整的机器设备维修系统，如果采用经营租赁的方式则一定程度上可以避免这个矛盾。

9.7.3　租赁融资的成本效益分析

是否选择租赁作为项目融资的债务资金来源，归根到底是要在可供选择的租赁融资形式和其他债务资金形式之间做出比较，根据成本效益分析确定采用租赁方式是否可以获得更好的综合经济效益。

下面通过一个简化的例子来说明如何进行租赁融资的成本效益分析。作为一个企业，购买一台设备无非有三种可供选择的融资方案：使用自有资金、自有资金加贷款来购买以及安排租赁。在不考虑安排贷款或租赁的交易成本以及为购买设备而发生的一些其他费用的前提下，这三种选择在资金占用、现金流量分配和税务扣减等三个方面的关系列在表 9-6 中。

表 9-6　自有资金购买、贷款+自有资金购买和租赁三者的比较

三种融资方案	自有资金占用	资产可比使用期内现金流量分配	税务扣减
自有资金购买	100%设备购买价格	100%现金流量为投资者收入	折旧
贷款+自有资金购买 （假定 30%自有资金，70%贷款）	30%设备购买价格	支付利息、偿还贷款本金，剩余部分为投资者收入	折旧 贷款利息
租赁	0	支付租赁费（实际上为利息+本金） 在租赁期结束时支付购买资产残值费用 剩余部分为投资者收入	租赁费 收购资产残值后的资产折旧

假设设备成本 10 万元、使用年限 10 年，采用以下四种不同的融资方案，其投资净现值具体如下。

（1）100%自有资金：投资净现值为 545 元。

（2）30%自有资金，70%银行贷款，利率 10%，7 年分期偿还本金：投资净现值为 14 208 元。

（3）100%银行贷款，利率 12%，7 年分期偿还本金：投资净现值为 16 912 元。

（4）财务租赁，实际利率 12%，租赁期 7 年，设备残值 20%：投资净现值为 19 898 元。

计算过程使用的基本数据为：年销售收入 50 000 元、直接生产成本 25 000 元、年折旧 10 000 元、所得税率 33%，详细计算过程略。

■ 9.8　双货币贷款/双货币债券和商品关联贷款

面对日益复杂多变的国际经济环境，项目投资的汇率风险、利率风险、产品价格风险等因素成为项目投资者、经营者、贷款银行越来越关注的问题。近些年来多种以降低利率风险和价格风险为目标，以使用国际金融市场、国际商品交易市场上现代化的交易方式（如期权、掉期、远期等衍生工具）为手段的融资工具应运而生。在国际银团贷款基础上形成了一种新型的债务资金来源，并在项目融资中获得越来越多的重视和运用。这些融资工具形式多种多样，双货币贷款/双货币债券和商品关联贷款是其中两种较为典型的金融产品。双货币贷款将贷款问题中的利率和汇率问题联结在一起，在一定程度上

减轻了借款人的利息负担，同时也减少了项目资金的汇率风险。商品关联贷款起步较晚，它将贷款问题中的利率问题和产品价格结合起来，在一定的价格波动范围内有效地降低了贷款利率，增强了项目现金流量的可预测性和可计划性。

9.8.1 双货币贷款／双货币债券

双货币贷款（dual currency loan）或者双货币债券（dual currency bonds）是在单一货币的银团贷款或债券的基础上发展起来的一种债务资金形式。双货币贷款 1981 年首次在国际金融市场上出现，由于其具有某些方面的明显优势，在国际融资活动中获得了迅速发展。

双货币贷款或双货币债券实际上是指一种带有固定利息收入的贷款或债券，其利息的计算和支付采用的是一种货币，本金的计算和支付采用的是另一种货币。一般情况下，双货币贷款使用低利率货币（如瑞士法郎、德国马克、日元等）作为计算利息的货币，使用相对高利率货币（如美元、加拿大元、澳大利亚元等）作为计算本金的货币。作为一种贷款或债券，其结构和法律文件与前面讨论的单一货币贷款或债券基本上是一致的，但是由于双货币贷款/双货币债券增加了两种货币之间的转换机制，为了适应这一特点在法律文件中需要考虑到不同货币市场以至不同国家外汇法规等方面的要求。表 9-7 是双货币债券的一个实例。

表 9-7 双货币债券

项目	GTE 财务公司双货币债券具体内容
发行价格（面值）	5000 瑞士法郎
利息	352 瑞士法郎／年（每年支付 1 次，第 1 次在 1987 年 9 月 15 日）
债务期限兑现	20 年最后兑现每张债券 3870 美元，日期为 2006 年 9 月 15 日
提前兑现	1. 债券持有人有选择权提前在： —1998 年 9 月 15 日，按每张债券 3317 美元兑现；或者 —2002 年 9 月 15 日，按每张债券 3356 美元兑现 2. 债券发行人有选择权提前在： —1998 年 9 月 15 日，按每张债券 3600 美元兑现；或者 —2002 年 9 月 15 日，按每张债券 3825 美元兑现
发行日期	1986 年 9 月 15 日

资料来源：Antnl（1989）

对于项目融资中的借款人，在考虑使用双货币贷款作为债务资金结构时要同时兼顾项目的汇率风险和利率风险两方面的因素，可以根据项目现金流量的货币结构有的放矢地选择一种当时市场上相对利率较低的货币作为计算利息的货币，而选择项目所在国货币或者一种与项目现金流量密切相关的货币作为偿还本金的货币。这里讲得有的放矢，主要是指在设计双货币贷款结构的过程中要综合地、全面地平衡项目的资金需求，包括购置项目设备的资金币种、项目收入的货币结构和项目支出的货币结构等一系列因素，其基本原则是通过选择双货币贷款，使整个项目融资同时实现既获得潜在的低利息成本又尽可能降低汇率风险的双重目的。

从贷款银行或债券持有人的角度来看，提供双货币贷款或投资双货币债券的主要吸引力是可以获得比单一货币贷款更高的利息收入。例如，对于一个瑞士的投资者，如果购买单一瑞士法郎的债券，也许只能得到 3%～4%的利息收入，但是如果购买了类似表 9-7 中那种形式的双货币债券，就可以获得 7.04%的利息收入。然而需要指出的是，对于借贷双方来说双货币贷款无疑存在着一定的汇率风险，因为其贷款或者债券的内在价值是根据双货币贷款的定价原理用远期汇率确定下来的。在实际经济生活中，还款日的汇率由于受到种种不可预测的国际政治、经济、军事、金融等方面因素的影响，有可能偏离这一预先确定的远期汇率，其结果可能只是对一方有利而对另一方不利，这是借贷双方为了在其他方面获得利益所必须承担的风险。应该如何看待和解决双货币贷款/双货币债券的这一弱点呢？一方面应该看到近些年来双货币贷款/双货币债券在借贷实践中注意加入限制汇率变化范围的机制，保护借贷双方的利益；另一方面双货币贷款作为应用在项目融资中的一种债务资金，只要项目的资金结构设计合理、贷款本金的货币与项目现金流量的主要货币紧密联系在一起，就可以将汇率风险减少到最低的程度，起到一种自然保值的功能，其可能的汇率损失将只是一种机会成本的损失。

9.8.2　商品关联贷款

商品关联贷款（commodity-linked loan）在机理上与双货币贷款近似，主要通过贷款人参与产品价格波动来实现降低融资成本的目的。近些年来，随着国际金融市场和国际商品交易市场的交易手段的不断更新和现代化，与商品有关的新型融资工具层出不穷，融资期限也在不断延长。例如，在 1986～1987 年商品关联贷款的期限一般只能安排两年左右，更长时间的融资就失去了明显的优势，而在 1991～1992 年类似的融资可以安排到 5～7 年。

能够安排商品关联贷款的项目一般要求其产品是国际流通性较强、具有国际统一质量标准和统一定价标准的商品，如石油、天然气、贵金属、有色金属等。由于生产这类商品的项目也是项目融资最为活跃的领域之一，因而商品关联贷款正在成为项目融资中越来越受到重视的一种债务资金来源。然而由于商品关联贷款的复杂结构，对于借贷双方来讲要做出正确的决策都需要对国际金融市场和国际商品市场具有较为充分的认识，并且具有抗意外风险的能力。基于这一原因，商品关联贷款的市场范围较小，对借贷双方的质量要求都比较严格，目前阶段实际应用范围局限在国际大型银行和金融机构（贷方）与资信较好的工业公司（借方）之间。

目前在国际金融市场上使用较为普遍的商品关联贷款大致上可以分为两种类型：一种类型是贷款本金的商品价格参与；另一种类型是贷款利息的商品价格参与。虽然前一种类型的商品价格参与最终可以反映融资成本的增加或减少，但是两种类型融资的表现方式和风险分析方法是有所区别的。

贷款本金商品价格参与类型的融资工具的工作机理是将贷款的本金与某一种商品的价格联系在一起，而贷款的利率则低于同样条件下的商业贷款或国际银团贷款的利率水平。在还款日，贷款本金的偿还数额部分的或全部的决定于当时该种商品的价格，如果该种商品当时的价格低于某一预定价格，则借款人只需要偿还贷款本金现值；如果商品价格高于这一预定价格，则需要偿还的贷款本金数额将会按照一个预定的公式增加。然而在商品价格上升时，生产该种商品的项目经济效益也会增加，因而借款人也有能力承受较高的债务。

贷款利息商品价格参与类型的融资工具（也称为商品指数债务融资）的工作机理略微复杂一些，是将贷款期限内的贷款利率水平与某种商品价格在同一期限内的变化水平联系起来，如果在这一时期内实际商品价格的变化与预测的商品价格的变化相吻合或者接近，则借款人可以获得较低的贷款利率；反之，借款人将要承担较高的贷款利率。由于这种资金形式可以根据借款人对未来商品价格的预测来设计贷款利率，便于项目投资者加强债务管理和项目现金流量管理，具有较明显的优势，所以这种类型的融资工具在20世纪90年代出现以后，有取代前一种类型商品关联融资的趋势。

■ 9.9 发展中国家的债务/资产转换计划

通过债务/资产转换计划可以在某些发展中国家获取廉价的当地货币资金，是在这些国家进行项目投资、组织项目融资所不应忽视的一种有效的资金来源。中国农村信托投资公司[①]1989年在智利投资的鱼粉项目就曾考虑部分采用债务/资产转换计划安排资金。

发展中国家的债务/资产转换计划是一个特定历史时代的特定产物，是与一些发展中国家特别是拉丁美洲国家的债务危机密切联系在一起的。20世纪70年代初期受到第一次石油危机的影响，中东阿拉伯国家一夜之间成为巨富，获取了大量的石油美元。这些石油美元很大一部分存在工业国家的国际商业银行中，在市场供求关系的支配下，工业国家的这些国际性商业银行放宽贷款条件，大量贷款流入发展中国家的政府部门和私人部门，造成这些国家的债务在短短的12年内增长了800%，由1971年的900亿美元增加到1983年的8170亿美元，相应的债务偿还数目也增加了1000%，在1982年底超过1310亿美元。但是大部分发展中国家的外汇收入主要依赖于原材料、资源产品和其他初级产品的出口，石油价格的波动性加剧了国际金融市场、国际原材料市场的不稳定性，自20世纪80年代初期开始的原材料市场的全面衰退以及与此同时的美元高利率促使许多发展中国家的国际收支急剧恶化，这是造成发展中国家债务危机的主要原因。另外，一些国家政府过分热衷使用外资建设庞大的基础设施和社会改造工程，而由于种种原因投资又不能达到预期的经济效果，也是造成债务偿还能力恶化的另一个重要原因。1982年墨西哥首先宣布无力偿还外债，随后其他一些拉丁美洲国家也纷纷宣布加入这一行列，形成了发展中国家的“债务危机”的局面。虽然通过债务重整债权国和债务国共同做了大量的努力，但是债务危机问题并没有从根本上得到解决。由于美国等工业国家的贸易保护主义的增强，在一定程度上又加深了一些国家的债务危机。

发展中国家债务/资产转换计划就是在这种历史条件下出现的一种为寻求解决债务危机，由债务国和债权银行共同开发出来的计划。债务/资产转换并不是一个新的概念，

① 该公司于1990年2月经国务院批准并入国家农业投资公司。

在资本主义国家中经常出现当一个公司濒临破产时，债权人将其在公司中的债务转换为该公司的股本资金支持公司继续发展，并期待从公司的未来发展中收回投资的情况，发展中国家的债务/资产转换计划的概念与之近似。

对于那些发生债务危机的发展中国家，通常伴随着居高不下的通货膨胀、不切实际的本国货币价值、缺乏外汇储备等经济通病，虽然在有些情况下这些国家的政府部门和私人企业可能已经获得所需偿还外债的等值本国货币并已将其存入本国的中央银行（巴西、阿根廷等国家均有此规定），但是由于缺乏外汇而无法实际偿还到期的外国债务，形成在这些国家内有一大批被锁住的贷款，以及一些外国银行愿意将这些贷款低价转让的事实。愿意在这些国家投资的外国公司或银行可以在国际金融市场中的二级市场上以较高的贴现价格购买某一国际商业银行在该国的外债，并将其带到该国的中央银行兑换成该国的货币或者在该国国内金融市场上兑换成为可以流通的金融证券作为其投资的资金，投资或收购在该国的项目。通过这种方式，许多外国公司或者银行成为这些发展中国家的房地产和工业项目的股份持有人。

图 9-17 以墨西哥为例展示了发展中国家债务/资产转换计划的市场机制。虽然这种转换计划并没有给债务国带入任何新的外国资金，只是现有的外国债务被交易或者被交换，但是对参与债务转换的各方都带来了一定的利益。债权银行通过转换债务可以减价出售被锁住的贷款而减少其在该国的贷款额度；外国公司通过债务转换可以获得廉价的资金进行在该国的投资，从而能够提高投资项目的综合经济效益；而债务国政府通过债务转换则可以利用本国货币抵偿一部分外债，减少国家的外债总额；同时又促进了国内投资的发展，增强国家潜在的生产能力。智利在这方面是一个成功的例子，1985～1988年智利通过债务/资产转换计划成功地将该国的商业银行外债由 140 亿美元减少到 115 亿美元。例如，由荷兰皇家壳牌石油公司、苏格兰造纸公司和美国花旗银行等组成的合资企业将大约 3.5 亿美元的智利外债转换成当地货币投资于一个纸浆项目，并且还为该项目注入新的外资 7000 万美元。

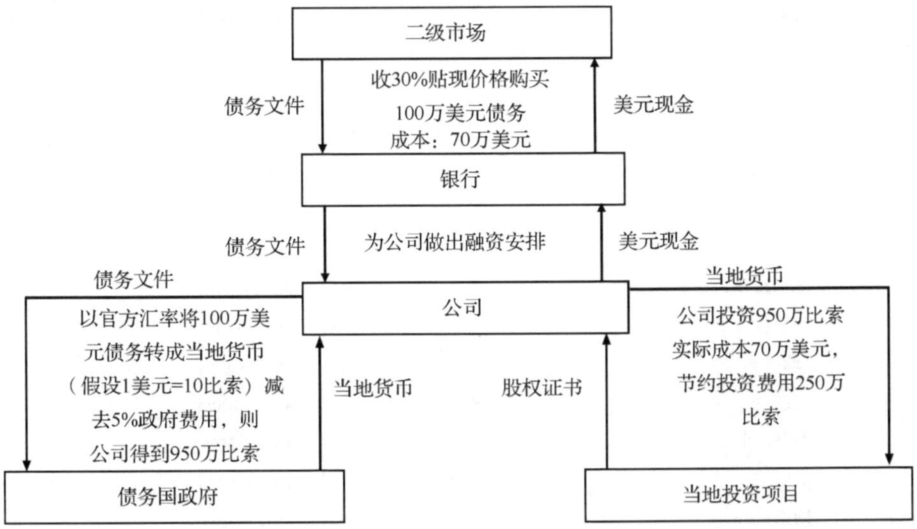

图 9-17　债务/资产转换机制

实施债务/资产转换计划的关键是发展中国家债务的二级市场。这个市场作为发展中国家债务危机的产物，在 20 世纪 80 年代后期发展较为迅速。1985 年底规模大约在 20 亿美元，1986 年达到 30 亿美元，1987～1988 年就上升到 50 亿～90 亿美元。形成这个市场有三个主要原因。

第一，有些银行愿意将它们的贷款从债务危机的国家和地区撤出来，转移到其他被认为是更为合适的国家和地区去。

第二，有些贷款规模较小的银行不希望继续卷入无休止的债务重整谈判，愿意将全部的债务以某一个可以接受的贴现价格卖出去。

第三，债务国政府也愿意在可能的条件下，利用现有市场上的贴现条件，或者将这部分外债购回，或者将其纳入债务/资产转换计划中。

活跃在纽约和伦敦的发展中国家债务二级市场上的金融机构几乎全部是国际商业银行和一些规模较大的美国区域性银行。对于那些在债务危机国家贷款规模较大，或者并不准备将债务全部出售的银行来说，这个市场同样有着重要的价值。同业银行之间的问题债务的调整、掉期可以帮助这些银行提高或平稳债务结构、获取费用或其他收入，以及将银行的注意力集中在少数几个国家上。这些交易活动包括税务掉期、费用掉期、风险掉期等。

对于跨国公司的投资者，债务/资产转换计划的最大吸引力来自其低成本。表 9-8 列出部分债务危机国家的债务贴现获得的折扣比率，从中可以看出许多发展中国家实际上可以得到 30%～50%的资金折扣，有些甚至高达 70%～100%。跨国公司在购买这些外债之后，通过与债务国政府以及中央银行的谈判，放弃外债形式的所有权，但是必须以外国投资的形式注册，将所得的本国货币投资到当地的项目中。

表 9-8　部分债务危机国家债务贴现获得的折扣比率

国家	折扣比率
阿根廷	30%～60%
玻利维亚	20%～40%
巴西	35%～60%
智利	30%～60%
古巴	70%
伊拉克	15%～30%
伊朗	15%～30%
墨西哥	30%～50%
尼加拉瓜	20%～50%
秘鲁	40%～70%
菲律宾	10%～40%
波兰	50%～100%
罗马尼亚	15%～50%
南非	10%～50%
南斯拉夫	25%～50%

为了较为清楚地说明在项目融资中如何使用债务/资产转换计划安排资金，再来看一看项目融资资金的三个组成部分：股本资金，准股本资金和债务资金。这三个组成部分在发展中国家又可以进一步分解为国内资金来源（本国货币）和外国货币来源（外国货币）。

A. 国内资金来源（本国货币）

（1）股本资金——项目投资者或经营者提供。

（2）融资支持——准股本资金，项目融资担保或者所在国政府的一些间接支持，如税务减免等。

（3）本国货币贷款。

B. 外国货币来源（外国货币）

（1）出口信贷——由项目设备供应商提供。

（2）国际商业银行贷款。

（3）发展援助——世界银行、地区开发银行等提供。

（4）项目出口产品的外汇收入。

利用债务/资产转换计划，无疑可以为项目提供股本资金——A（1）、部分融资支持——A（2）和本国货币贷款——A（3）。对于一些基础设施类型的项目，如发电站、公路、桥梁的建设，主要需要的是本国货币资金，其项目收入也基本是本国货币。如果利用债务/资产转换计划的公司是外国公司的话，则列在 A（1）的股本资金可以被划到 B 类资金来源中，因为是使用外国货币资金转换获取的本国货币资金。但是必须针对项目的类型和收入的情况，分别通过长期销售协议（或设施使用协议）以及建立项目融资的银行监管账户等手段，保证项目投资者用以购买债务的外国货币资金可以得到有效回收。

尽管债务/资产转换计划成功地运用到了一些发展中国家的项目投资和项目融资结构中，但是具体设计一个项目融资结构时会遇到许多的困难和问题，这些问题包括以下三点。

（1）项目的有限性。具有吸引力的并且被批准使用债务/资产转换计划的投资机会数目很少，在实践中会发现能够找到一个比较理想的项目不是一件容易的事情。

（2）政治上的敏感性。有债务危机问题的发展中国家政府对于是否应使用债务/资产转换计划、能否从中获得利益长期以来一直抱有矛盾的心理，时有政治争论发生。

（3）法律的不稳定性。由于这些国家政府的不稳定性，有关债务/资产转换计划的法律法规经常被修改，有时甚至被取消。

实践证明，债务/资产转换计划受政治的影响很大。一些发展中国家如墨西哥，时常出现有关债务/资产转换计划问题的政治辩论，有些人认为债务/资产转换计划会带来通货膨胀、国有资产的私有化、外国投资者廉价获取本国资产等一系列问题。由于政治舆论上的压力，这些国家对债务/资产转换计划的政策时进时退，为实际运用这一计划带来许多不确定因素和风险。

在实际操作层面，由于上述问题造成的影响，设计有限追索的项目融资结构是一项艰巨、费时、复杂的工作，银行需要全面考虑这些国家不稳定的政治、经济环境，国际收支不平衡等因素。使用债务/资产转换计划需要注意的另一个问题是，尽管债务/资产转换计划的基本概念是一样的，但是由于历史、政治、经济等方面的原因，在不同国家所采用的具体债务/资产转换机制之间有较大的差异，对一些关键性问题有许多不同的规定，如对投资者债务转换资金和新投资资金比例的规定，以及对于投资利润汇出的规定等。准备采用债务/资产转换计划的投资者，应注意聘请有经验的律师、会计师和投资银行帮助解决这一系列问题。

◆ 案例　欧洲迪士尼乐园项目融资

一、项目背景

欧洲迪士尼乐园（现巴黎迪士尼乐园）位于法国首都巴黎的郊区，其建设筹划于20世纪80年代后期，是一个广受关注同时又备受争议的项目。一方面，美国文化与欧洲文化传统的冲突使得这个项目经常成为新闻媒体跟踪的目标；另一方面，不时传出来的有关项目经营出现困难的消息也在国际金融界广受关注。

然而从项目融资的角度来说，欧洲迪士尼乐园项目的融资和建设安排具有相当的创造性和典型意义。

首先，欧洲迪士尼乐园并不属于适合采用项目融资方式筹集资金的传统领域，即资源型和能源型工业项目、大型基础设施项目等，其项目边界以及项目经济强度的确定要比工业和基础设施项目复杂得多，因而其融资结构也必将与传统的项目融资模式有所不同。

其次，对于项目的发起人——美国迪士尼公司来说，欧洲迪士尼乐园项目融资安排是一个非常成功的实践范例，这不仅体现在美国迪士尼公司只用了很少的自有资金就撬动了这项复杂工程的投资和融资（以项目第一期工程为例，总投资为149亿法郎，按当时汇率折合23.84亿美元，美国迪士尼公司只出资21.04亿法郎，仅占总投资的14.12%），而且表现在该公司对项目的完全控制权上，这在一般的项目融资操作中是比较难以实现的，因为贷款银行总是要求对项目具有一定的影响力和控制权。

二、项目融资结构

1）欧洲迪士尼乐园项目的投资结构

1987年3月，美国迪士尼公司与法国政府签署了一项原则协议，在法国巴黎的郊区兴建欧洲迪士尼乐园。

法国东方汇理银行被任命为项目融资的财务顾问，负责项目的投资结构和融资结构的设计和组织工作。美国迪士尼公司对投资结构设计提出了三点具体要求。

（1）融资结构必须保证可以筹集到项目所需资金。

（2）项目的资金成本必须低于“市场平均成本”。

（3）项目发起人必须获得高于“市场平均水平”的经营自主权。

对美国迪士尼公司的第一个目标要求，法国东方汇理银行从一开始就不认为是一个难以实现的重要问题，然而其第二和第三个目标要求则是对项目融资结构设计的一个重大挑战。

首先，欧洲迪士尼乐园项目是一个极为复杂的工程，其开发时间前后长达 20 年，在一个 2000 公顷的土地上不仅要建设迪士尼乐园，而且还要开发饭店、办公楼、小区式公寓住宅、高尔夫球场、度假村等多种设施，这就直接导致从项目融资的视角来看该项目与传统的融资项目有所不同，它没有一个清楚的项目边界的界定（如项目产品、生产和原材料供应），并且与项目开发有关的各种参数、变量也是相对模糊而非明确和具体的，在这种条件下要实现低于“市场平均成本”的项目融资，无论是从融资结构的复杂性还是从成本控制的角度，其难度都是可以想象的。

其次，由于在美国迪士尼公司与法国政府签署的原则协议中规定欧洲迪士尼项目的多数股权必须掌握在欧洲共同体居民手中，这样限制了美国迪士尼公司在项目中的股本资金投入比例，同时也增加了实现其要求获得高于“市场平均水平”的经营自主权目标的难度。

法国东方汇理银行通过建立项目现金流量模型，以 20 年期的欧洲迪士尼乐园及其周边相关的房地产项目开发作为输入变量，以项目税收、利息成本、投资者收益等为输出变量，对项目开发作了详细的现金流量分析和风险分析，在大量方案筛选、比较的基础上，最后设计出建议美国迪士尼公司使用的项目投资结构。

欧洲迪士尼项目的投资结构由两个部分组成（图 9-18）：欧洲迪士尼财务公司、欧洲迪士尼经营公司。

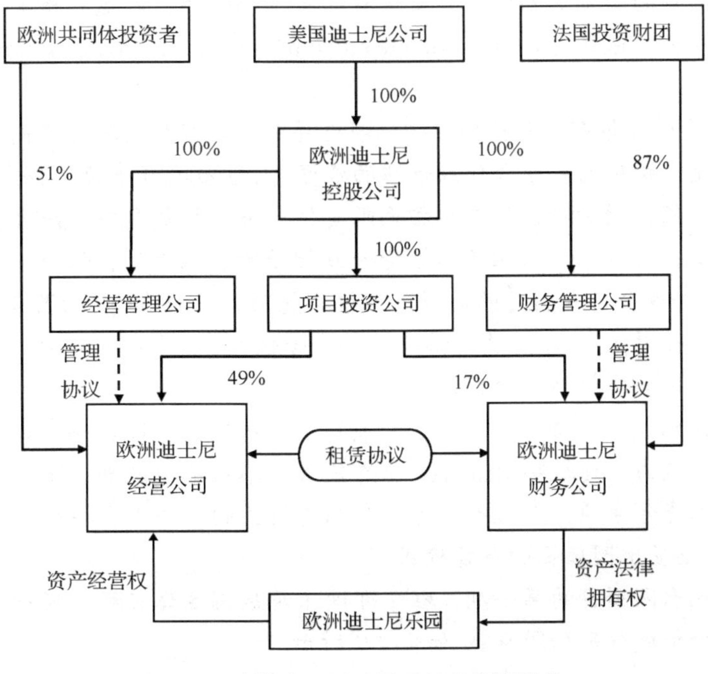

图 9-18　欧洲迪士尼乐园项目的投资结构

欧洲迪士尼财务公司的设计目的是有效地利用项目的税务优惠和由巨额税务亏损所带来的避税效应。欧洲迪士尼乐园项目与所有利用项目融资方式安排资金的大型工程项目一样，由于其初期的巨额投资所带来的高额利息成本，以及由于资产折旧、投资优惠等所形成的税务亏损无法短期内在项目内部有效地消化掉；而且由于这些高额折旧和利息成本的存在，项目也无法在早期形成会计利润，从而也就无法形成对外部投资者的吸引力。

为了有效地利用这些税务亏损、降低项目的综合资金成本，在欧洲迪士尼乐园项目的投资结构中部分地使用了类似杠杆租赁融资结构的税务租赁模式。欧洲迪士尼财务公司所使用的 SNC（société en nom collectif，共同名义公司）结构是一种近似于本书在项目投资结构中所介绍的普通合伙制结构，SNC 结构中的投资者（合伙人）能够直接分享与其投资比例相应的项目税务亏损（或利润），与其他来源的收入合并纳税。在项目融资结构中，欧洲迪士尼财务公司将拥有迪士尼乐园的资产，并以一个 20 年期的杠杆租赁协议将其资产租赁给欧洲迪士尼经营公司。根据预测在项目的最初 10 年，由于利息成本和资产折旧等原因项目将产生高额的税务亏损，而这些税务亏损将由 SNC 投资结构中的“合伙人”所分享。在为期 20 年的财务租赁协议终止时，欧洲迪士尼经营公司将从 SNC 结构手中以其账面价值（完全折旧后的价值）把项目资产所有权购买回来，而 SNC 结构则被解散。

欧洲迪士尼经营公司的设计目的则是解决美国迪士尼公司对项目的绝对控制权问题。正如前文所述，美国迪士尼公司被限制只能在项目中占有少数股权，同时项目融资结构又往往对项目的投资者和经营者有种种的限制和制约，在这种情况下项目融资顾问建议美国迪士尼公司选择了 SCA（société en commandite simple par actions，股份两合公司）投资结构。

SCA 结构是一种与有限合伙制近似的投资结构，其投资者被分为两种类型：一类是具有有限合伙制结构中的普通合伙人性质的投资者，这类投资者负责任命项目管理班子，承担项目管理责任，同时在项目中承担无限责任；另一类是具有有限合伙人性质的投资者，这类投资者在项目中只承担与其投资金额相等的有限责任，但是不能直接参与项目管理，即在没有普通合伙人同意的前提下无权罢免项目管理班子。从图 9-18 中可以看出，由于美国迪士尼公司是 SCA 结构中唯一的普通合伙人，尽管在欧洲迪士尼公司中只占有少数股权，但也完全地控制着项目的管理权。

同时，SCA 结构还具备一种有限合伙制所没有的特点，即具备在证券市场通过发行股票方式筹资的能力。通过项目直接上市筹集资金不仅成为欧洲迪士尼乐园项目融资结构中主要的股本资金来源，而且也成为这个融资结构的一个重要特征。

2）欧洲迪士尼乐园项目的融资模式

欧洲迪士尼乐园项目的第一期工程（即迪士尼乐园主体工程）耗资 149 亿法郎，其融资结构和资金构成分别如图 9-19 和表 9-9 所示。

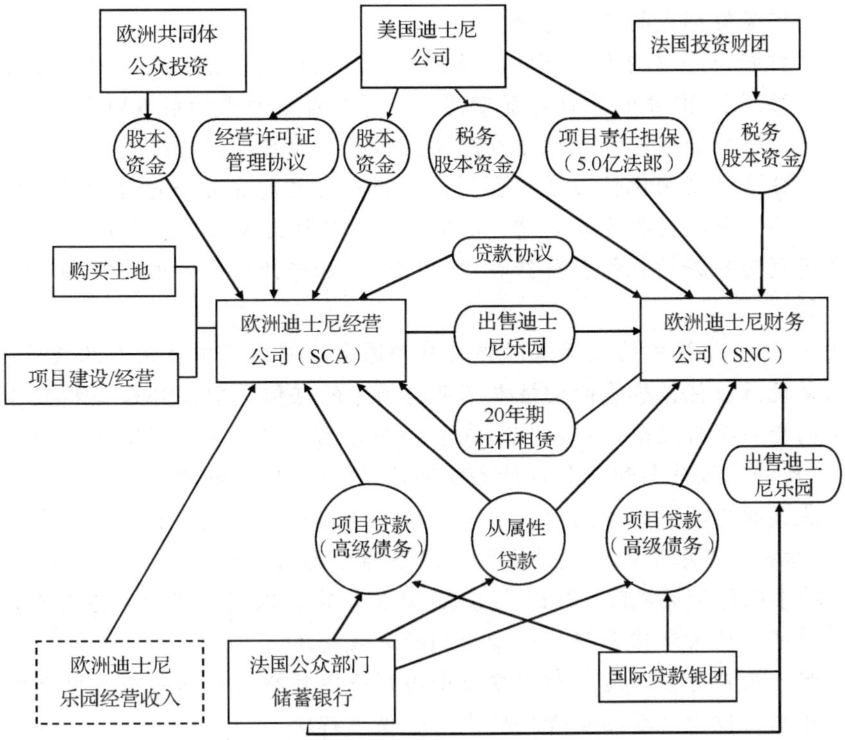

图 9-19　欧洲迪士尼乐园项目融资结构

表 9-9　欧洲迪士尼项目一期工程的资金结构

资金构成	占比	SNC 结构资金/百万法郎	SCA 结构资金/百万法郎	总资金/百万法郎
股本资金	38%	—	—	—
SNC 结构的股本资金	—	2 000	—	2 000
SCA 结构的股本资金	—	—	3 600	3 600
SCA 结构对 SNC 结构的贷款	—	1 000	–1 000	—
从属性债务	19%	—	—	—
法国公众部门储蓄银行	—	1 800	1 080	2 880
高级债务	43%	—	—	—
国际贷款银团	—	4 219	281	4 500
法国公众部门储蓄银行	—	1 200	720	1 920
总计	100%	10 219 69%	4 681 31%	14 900 100%

从表 9-9 中可以看出项目资金是由四个部分组成的。

A. SNC 结构股本资金

以 SNC 结构组织的 20 亿法郎税务股本资金，这部分资金具有以下三个特点。

（1）其资金投入是一种不可撤销的承诺，并且是一种具有极强股本性质的从属性债务，从属于任何其他形式的债务资金。

（2）由于杠杆租赁结构可以有效地吸收项目前期巨额税务亏损，所以这部分资金具有低成本的特性。在20年的项目融资期间，这部分资金的平均成本低于7%，在整体上降低了项目的综合资金成本，也就是在总体上增强了项目的经济强度。

（3）这部分资金使用比较灵活，在税务亏损产生之前这部分资金即可被提取（在普通合伙人可以实际吸收税务亏损之前，其资金使用需要收取正常的贷款利息），而在通常以处理税务问题为基础的杠杆租赁结构中，股本参加者的资金一般是在项目商业完工时才投入项目的。

然而由于SNC结构中的投资者同样具有普通合伙制结构中合伙人的特性，即在SNC结构中承担着无限责任，尽管他们根本不参与项目的任何管理，SNC结构投资者也同样面临着一定的潜在项目风险。这些风险来自两个方面：银行债务风险（在项目第一期工程中SNC结构的高级债务和从属性债务就高达72亿法郎）和项目责任风险（由美国迪士尼公司与法国政府签署的原则协议继承而来）。为了吸引以税务利益为主要目的的投资者参加SNC结构，在融资结构设计上做了以下两方面的安排。

第一，对于银行债务风险，通过在SNC结构与贷款银团之间的无追索贷款协议，以银行放弃对普通合伙人法律责任的追索权利的方式解决。

第二，对于项目责任风险，则以安排由美国迪士尼公司出具一个担保上限为5.0亿法郎的针对原则协议中主要项目责任的有限担保来解决。

B. SCA结构股本资金

在SCA结构下的股本资金中的大部分（51%）是通过在证券市场上公开发行股票筹集的，其余49%的股本资金则是由美国迪士尼公司投资。尽管欧洲迪士尼项目结构复杂，但是股票发行却获得超额认购取得成功，说明在当时资本市场上这个项目是很受欢迎的。

C. 从属性债务

项目第一期工程中的28.8亿法郎从属性债务是由法国公众部门储蓄银行提供，是项目开发原则协议的一个组成部分。这部分资金的成本是很优惠的，同时法国公众部门储蓄银行也为项目提供一部分高级债务。

D. 项目贷款——高级债务

占项目第一期工程总资金需求量43%的项目贷款是一种无追索的高级债务，由国际贷款银团和法国公众部门储蓄银行两个部分组成。

欧洲迪士尼项目融资结构通过以上四部分资金的安排和组合，实现了两个重要的目标。

第一，提高了项目的经济强度。从贷款银行的角度来看，项目第一期工程所需要的149亿法郎资金中有将近60%的比例是股本资金和准股本资金，从而在很大程度上降低了项目的债务负担。

第二，由于项目经济强度的增强，实现了一个节约资金成本的正循环，即SNC结构税务股本资金以及法国公众部门储蓄银行贷款的低成本增强了项目的债务承受能力，从而使得项目有可能获得条件优惠低成本的银团贷款；而总体的低债务资金成本又可以帮助项目在市场上筹集大量的股本资金；股本资金的增加又进一步降低了项目的债务资金比例。

三、融资结构简评

（1）对于项目发起人即美国迪士尼公司来说，欧洲迪士尼乐园项目的融资安排是一个成功的有限追索项目融资结构，并且美国迪士尼公司所投入的股本资金在项目第一期工程全部资金中只占有 14.12%的比例。

欧洲迪士尼乐园项目融资开创了一个先例，即在非传统项目融资领域如何利用公众资金以及如何充分利用项目的特殊性（如税务亏损）来安排结构复杂的项目融资，而这样的融资安排往往单纯依赖项目发起人的公司资信或资产负债表是无法组织起来的。

（2）这一案例说明项目的投资结构设计在实现项目投资者目标要求的过程中，以及在项目整体融资结构设计的过程中可以起到关键性的作用，这些作用有时是通过其他融资安排可能达不到的。

（3）此后，采用欧洲迪士尼乐园项目概念的项目融资结构在西方工业国家的一些大型工程项目和基础设施项目中获得重视和运用。例如，1996 年上半年在澳大利亚就同时有两个大型工程项目，即悉尼 2000 年奥林匹克体育场和墨尔本市区高速公路网项目采用了类似的投资结构和融资概念。这两个项目均使用一种信托基金结构来拥有项目资产、吸收项目前期的巨额税务亏损并将项目资产以长期的财务租赁形式租给项目的经营公司，同时项目经营公司将在澳大利亚股票交易所上市。采用这种有限追索项目贷款、税务股本资金和公众股本资金三者相结合的方式，可以发挥欧洲迪士尼乐园项目融资结构的同样作用，即增强项目的经济强度、降低项目的资金成本，同时项目发起人只需要投入有限的资金。这种项目融资模式的使用对于项目生命期长、前期资本量大、前期税务亏损金额较高的非生产型项目（如基础设施项目、公益设施项目）的开发都有一定的借鉴意义。

◆ 思考题

1. 确定项目资金的合理使用结构时须考虑哪些主要因素？
2. 试分析利息预提税对项目融资的影响。
3. 项目融资中可以使用的股本资金和准股本资金形式有哪些？
4. 项目债务资金的来源有哪些？
5. 安排项目债务资金时需要着重关注的基本结构性问题有哪些？
6. 商业银行贷款协议的主要内容有哪些？
7. 国际银团贷款的优点有哪些？
8. 国际银团贷款有哪些需要特别注意的问题？
9. 利用欧洲债券筹集项目资金有哪些优缺点？
10. 欧洲债券市场有哪些主要的债券形式？
11. 利用美国商业票据市场融资的优点有哪些？
12. 项目融资中经常使用的商业票据形式有哪些？
13. 租赁融资有哪些特点？在项日融资中所使用的租赁有哪些种类？
14. 简述双货币贷款/双货币债券和商品关联贷款在项目融资中的应用。

参考文献

白娟. 2014. 资产证券化及次贷危机关系的分析. 成都: 四川师范大学.

北京市基础设施投资有限公司. 2014. PPP 方式建设管理北京地铁四号线. 城乡建设, (12): 15-16.

陈有安, 王学军, 尉维斌, 等. 2000. 项目融资与风险管理. 北京: 中国计划出版社.

戴大双. 2018. 项目融资/PPP. 3 版. 北京: 机械工业出版社.

郭上. 2014. 北京地铁四号线 PPP 模式案例分析. 中国财政, (9): 32-33.

赫辑. 2015. 城市轨道交通项目的 PPP 融资模式研究: 基于北京地铁四号线建设融资的案例分析. 长春: 吉林财经大学.

胡振. 2005. PFI 的科学内涵及经济效果. 建筑经济, (7): 49-53.

滑思忠. 2005. 利用 PPP 模式发展我国城市公共交通事业的研究. 西安: 长安大学.

姜越. 2018. 我国基础设施投融资体制改革问题研究. 长春: 吉林大学.

蒋先玲, 2008. 项目融资. 3 版. 北京: 中国金融出版社.

李波, 冯革, 徐萍. 2010. 项目融资管理. 上海: 上海交通大学出版社.

李佳. 2010. 资产证券化对金融市场流动性的影响. 经济论坛, (12): 67-69.

李景友. 2001. 三峡工程筹资模式分析. 中南财经大学学报, (1): 89-94, 128.

李沫萱, 张佳仪. 2010. 北京地铁四号线的产权关系及其经营模式分析. 北京交通大学学报（社会科学版）, 9(2): 58-67.

李永安. 1994. 论三峡工程筹资的总体策略. 中国三峡建设, (0): 34-36.

李永安. 2003. 大型水电项目融资与资本运作: 三峡工程 10 年来的融资策略及实践. 中国工程科学, (10): 1-7.

李永安. 2004. 三峡工程与资本市场. 水力发电, 30(12): 32-36.

刘婉婧. 2015. 我国基础设施财政投融资改革问题研究. 北京: 首都经济贸易大学.

刘亚臣, 包红霏. 2019. 工程项目融资. 2 版. 北京: 机械工业出版社.

娄洪. 2002. 中国经济增长中的基础设施投资问题研究. 北京: 清华大学.

卢家仪, 卢有杰, 等. 1998. 项目融资. 北京: 清华大学出版社.

路军. 2016. 蒙牛乳业公司融资路径研究. 长春: 吉林大学

马秀岩, 卢洪升. 2002. 项目融资. 大连: 东北财经大学出版社.

麦婵婵, 许林涛, 陈宁. 2008. 基础设施项目开发的 PFI 模式的探讨. 山西建筑, 34(12): 236-237.

彭华. 2007. 我国公共基础设施建设 PPP 模式探讨. 成都: 西南交通大学.

秦凤华. 2007. 揭密北京地铁 4 号线 PPP 模式. 中国投资, (9): 104-107.

任淮秀. 2013. 项目融资. 2 版. 北京: 中国人民大学出版社.

孙黎. 1999. 国际项目融资. 北京: 北京大学出版社.

孙玉梅. 2016. 工程项目融资. 成都: 西南交通大学出版社.

王广斌, 安玉侠. 2016. 项目融资. 上海: 同济大学出版社.

王虹, 徐玖平. 2008. 项目融资管理. 北京: 经济管理出版社.

王乐, 杨茂盛. 2016. 工程项目融资. 北京: 中国电力出版社.

王立国. 2002. 工程项目融资. 北京: 人民邮电出版社.

王守清, 柯永建. 2008. 特许经营项目融资(BOT、PFI 和 PPP). 北京: 清华大学出版社.

王霞. 2005. 我国 ABS 项目融资方式的关键问题研究. 青岛: 中国海洋大学.

吴承锋. 2006. 基础设施 PPP 项目融资模式应用研究. 武汉: 武汉理工大学.

谢军蓉, 鲁艳艳. 2013. PPP 模式在北京地铁 4 号线中的应用. 财务与会计, (4): 16-19.

叶苏东. 2018. 项目融资. 北京: 清华大学出版社.
张朝兵. 2006. 项目融资理论与实务. 北京: 经济管理出版社.
张极井. 1997. 项目融资. 北京: 中信出版社.
朱会冲, 张燎. 2002. 基础设施项目投融资理论与实务. 上海: 复旦大学出版社.
Antnl B. 1989. Management of Currency Risk. London: Euromoney Publication PLC.
Juttner D J. 1990. Financial Markets, Interest Rates and Monetary Economics. Melbourne: Longman Cheshire.

附　录

我国与项目融资相关的政策法规

一、对项目融资有影响的法律

1. 《中华人民共和国期货和衍生品法》，2022 年颁布
2. 《中华人民共和国反垄断法》，2007 年颁布，2022 年修正
3. 《中华人民共和国民法典》，2020 年颁布
4. 《中华人民共和国外商投资法》，2019 年颁布
5. 《中华人民共和国证券法》，1998 年颁布，2019 年修订
6. 《中华人民共和国环境影响评价法》，2002 年颁布，2018 年修正
7. 《中华人民共和国企业所得税法》，2007 年颁布，2018 年修正
8. 《中华人民共和国公司法》，1993 年颁布，2023 年修订
9. 《中华人民共和国招标投标法》，1999 年颁布，2017 年修正
10. 《中华人民共和国商业银行法》，1995 年颁布，2015 年修正
11. 《中华人民共和国政府采购法》，2002 年颁布，2014 年修正
12. 《中华人民共和国合伙企业法》，1997 年颁布，2006 年修订
13. 《中华人民共和国企业破产法》，2006 年颁布
14. 《中华人民共和国信托法》，2001 年颁布

二、与项目融资有关的行政法规

1. 《防范和处置非法集资条例》，国务院令第 737 号
2. 《中华人民共和国招标投标法实施条例》，国务院令第 613 号
3. 《中华人民共和国企业所得税法实施条例》，国务院令第 512 号
4. 《中华人民共和国外商投资法实施条例》，国务院令第 723 号
5. 《优化营商环境条例》，国务院令第 722 号
6. 《政府投资条例》，国务院令第 712 号
7. 《期货交易管理条例》，国务院令第 489 号
8. 《融资担保公司监督管理条例》，国务院令第 683 号
9. 《企业投资项目核准和备案管理条例》，国务院令第 673 号
10. 《中华人民共和国政府采购法实施条例》，国务院令第 658 号

11. 《征信业管理条例》，国务院令第 631 号

12. 《企业债券管理条例》，国务院令第 121 号

13. 《中华人民共和国外汇管理条例》，国务院令第 532 号

三、与项目融资有关的行政规章或政策文件

1. 《中共中央、国务院关于促进民营经济发展壮大的意见》，2023 年

2. 《国务院关于进一步优化外商投资环境加大吸引外商投资力度的意见》，国发〔2023〕11 号

3. 《国务院办公厅转发国家发展改革委、财政部〈关于规范实施政府和社会资本合作新机制的指导意见〉的通知》，国办函〔2023〕115 号

4. 《国家发展改革委关于进一步抓好抓实促进民间投资工作努力调动民间投资积极性的通知》，发改投资〔2023〕1004 号

5. 《国家发展改革委等部门关于实施促进民营经济发展近期若干举措的通知》，发改体改〔2023〕1054 号

6. 《财政部关于印发〈国际金融组织和外国政府贷款项目全生命周期管理暂行办法〉的通知》，财国合〔2023〕22 号

7. 《商务部、国家发展改革委、金融监管总局关于推动商务信用体系建设高质量发展的指导意见》，2023 年

8. 《国家金融监督管理总局关于促进金融租赁公司规范经营和合规管理的通知》，金规〔2023〕8 号

9. 《公司债券发行与交易管理办法》，中国证券监督管理委员会令第 222 号

10. 《关于深化债券注册制改革的指导意见》，中国证券监督管理委员会公告〔2023〕46 号

11. 《中国证监会关于进一步推进基础设施领域不动产投资信托基金（REITs）常态化发行相关工作的通知》，2023 年

12. 《国务院办公厅关于进一步推进省以下财政体制改革工作的指导意见》，国办发〔2022〕20 号

13. 《国务院办公厅关于进一步盘活存量资产扩大有效投资的意见》，国办发〔2022〕19 号

14. 《国家发展改革委关于进一步完善政策环境加大力度支持民间投资发展的意见》，发改投资〔2022〕1652 号

15. 《国家发展改革委办公厅关于做好盘活存量资产扩大有效投资有关工作的通知》，发改办投资〔2022〕561 号

16. 《中国银保监会、中国人民银行关于推动动产和权利融资业务健康发展的指导意见》，银保监发〔2022〕29 号

17. 《中国证监会、国家发展改革委、全国工商联关于推动债券市场更好支持民营企业改革发展的通知》，证监发〔2022〕54 号

18. 《国务院办公厅关于鼓励和支持社会资本参与生态保护修复的意见》，国办发

〔2021〕40 号

19.《国家发展改革委关于进一步推进投资项目审批制度改革的若干意见》，发改投资〔2021〕1813 号

20.《国家发展改革委办公厅关于建立全国基础设施领域不动产投资信托基金（REITs）试点项目库的通知》，发改办投资〔2021〕35 号

21.《中国银保监会办公厅关于印发金融租赁公司项目公司管理办法的通知》，银保监办发〔2021〕143 号

22.《中国银保监会办公厅关于保险资金投资公开募集基础设施证券投资基金有关事项的通知》，银保监办发〔2021〕120 号

23.《征信业务管理办法》，中国人民银行令〔2021〕第 4 号

24.《中国人民银行、国家外汇管理局关于调整企业跨境融资宏观审慎调节参数的通知》，银发〔2021〕5 号

25.《国资委关于加强中央企业融资担保管理工作的通知》，国资发财评规〔2021〕75 号

26.《公司债券发行与交易管理办法》，中国证券监督管理委员会令第 222 号

27.《证券市场资信评级业务管理办法》，中国证券监督管理委员会令第 181 号

28.《中共中央、国务院关于新时代加快完善社会主义市场经济体制的意见》，2020 年

29.《国家发展改革委关于企业债券发行实施注册制有关事项的通知》，发改财金〔2020〕298 号

30.《国家发展改革委、财政部、住房城乡建设部、交通运输部、人民银行、市场监管总局、银保监会、证监会、能源局、铁路局、民航局、中国国家铁路集团有限公司关于支持民营企业参与交通基础设施建设发展的实施意见》，发改基础〔2020〕1008 号

31.《财政部关于印发中央本级政府购买服务指导性目录的通知》，财综〔2020〕57 号

32.《政府购买服务管理办法》，财政部令第 102 号

33.《中国证监会、国家发展改革委关于推进基础设施领域不动产投资信托基金（REITs）试点相关工作的通知》，证监发〔2020〕40 号

34.《可转换公司债券管理办法》，中国证券监督管理委员会令第 227 号

35.《公开募集基础设施证券投资基金指引（试行）》，中国证券监督管理委员会公告〔2020〕54 号

36.《中国证监会办公厅关于公开发行公司债券实施注册制有关事项的通知》，证监办发〔2020〕14 号

37.《中共中央、国务院关于营造更好发展环境支持民营企业改革发展的意见》，2019 年

38.《国务院关于加强固定资产投资项目资本金管理的通知》，国发〔2019〕26 号

39.《国务院关于进一步做好利用外资工作的意见》，国发〔2019〕23 号

40.《中共中央办公厅、国务院办公厅印发〈关于做好地方政府专项债券发行及项目配套融资工作的通知〉》，2019 年

41.《鼓励外商投资产业目录》，定期更新

42.《外商投资准入特别管理措施（负面清单）》，定期更新

43.《国家发展改革委关于依法依规加强 PPP 项目投资和建设管理的通知》，发改投资规〔2019〕1098 号

44.《国务院办公厅关于保持基础设施领域补短板力度的指导意见》，国办发〔2018〕101 号

45.《国家发展改革委、财政部、商务部、人民银行、中国银行保险监督管理委员会、证监会关于引导对外投融资基金健康发展的意见》，发改外资〔2018〕553 号

46.《财政部关于规范金融企业对地方政府和国有企业投融资行为有关问题的通知》，财金〔2018〕23 号

47.《中国银行保险监督管理委员会关于印发银行业金融机构联合授信管理办法（试行）的通知》，银保监发〔2018〕24 号

48.《文化和旅游部、财政部关于在旅游领域推广政府和社会资本合作模式的指导意见》，文旅旅发〔2018〕3 号

49.《文化和旅游部、财政部关于在文化领域推广政府和社会资本合作模式的指导意见》，文旅产业发〔2018〕96 号

50.《存托凭证发行与交易管理办法（试行）》，证监会令第 215 号

51.《国务院关于扩大对外开放积极利用外资若干措施的通知》，国发〔2017〕5 号

52.《国务院办公厅关于进一步激发民间有效投资活力促进经济持续健康发展的指导意见》，国办发〔2017〕79 号

53.《国务院办公厅关于进一步激发社会领域投资活力的意见》，国办发〔2017〕21 号

54.《国务院办公厅关于创新农村基础设施投融资体制机制的指导意见》，国办发〔2017〕17 号

55.《财政部关于印发〈国际金融组织和外国政府贷款赠款项目财务管理办法〉的通知》，财国合〔2017〕28 号

56.《中国保监会关于保险资金投资政府和社会资本合作项目有关事项的通知》，保监发〔2017〕41 号

57.《中共中央　国务院关于深化投融资体制改革的意见》，2016 年

58.《国家发展改革委、中国证监会关于推进传统基础设施领域政府和社会资本合作（PPP）项目资产证券化相关工作的通知》，发改投资〔2016〕2698 号

59.《国家发展改革委关于印发〈传统基础设施领域实施政府和社会资本合作项目工作导则〉的通知》，发改投资〔2016〕2231 号

60.《国家发展改革委、住房城乡建设部关于开展重大市政工程领域政府和社会资本合作（PPP）创新工作的通知》，发改投资〔2016〕2068 号

61.《国家发展改革委关于切实做好传统基础设施领域政府和社会资本合作有关工作的通知》，发改投资〔2016〕1744 号

62.《国家发展改革委、农业部关于推进农业领域政府和社会资本合作的指导意见》，发改农经〔2016〕2574 号

63.《国家发展改革委、国家林业局关于运用政府和社会资本合作模式推进林业建设的指导意见》，发改农经〔2016〕2455 号

64.《中国银监会、发展改革委、工业和信息化部等关于融资担保机构支持重大工程建设的指导意见》，银监发〔2016〕1号

65.《国家能源局关于在能源领域积极推广政府和社会资本合作模式的通知》，国能法改〔2016〕96号

66.《国家林业局、财政部关于运用政府和社会资本合作模式推进林业生态建设和保护利用的指导意见》，林规发〔2016〕168号

67.《国务院关于调整和完善固定资产投资项目资本金制度的通知》，国发〔2015〕51号

68.《国务院关于促进融资担保行业加快发展的意见》，国发〔2015〕43号

69.《国务院办公厅关于促进金融租赁行业健康发展的指导意见》，国办发〔2015〕69号

70.《国务院办公厅关于加快融资租赁业发展的指导意见》，国办发〔2015〕68号

71.《国家发展改革委、国家开发银行关于推进开发性金融支持政府和社会资本合作有关工作的通知》，发改投资〔2015〕445号

72.《国家发展和改革委员会、财政部、水利部关于鼓励和引导社会资本参与重大水利工程建设运营的实施意见》，发改农经〔2015〕488号

73.《国家发展改革委、财政部、国土资源部、中国银监会、国家铁路局关于进一步鼓励和扩大社会资本投资建设铁路的实施意见》，发改基础〔2015〕1610号

74.《基础设施和公用事业特许经营管理办法》，国家发展改革委、财政部、住房城乡建设部，交通运输部、水利部、中国人民银行令第17号

75.《财政部关于实施政府和社会资本合作项目以奖代补政策的通知》，财金〔2015〕158号

76.《民政部、发展改革委、教育部等关于鼓励民间资本参与养老服务业发展的实施意见》，民发〔2015〕33号

77.《国务院关于创新重点领域投融资机制鼓励社会投资的指导意见》，国发〔2014〕60号

78.《国务院关于进一步促进资本市场健康发展的若干意见》，国发〔2014〕17号

79.《国务院关于发布政府核准的投资项目目录的通知》，定期更新

80.《国家发展和改革委员会关于开展政府和社会资本合作的指导意见》，发改投资〔2014〕2724号

81.《天然气基础设施建设与运营管理办法》，国家发展和改革委员会令第8号

82.《国务院关于改革铁路投融资体制加快推进铁路建设的意见》，国发〔2013〕33号

83.《国务院办公厅转发发展改革委、财政部、交通运输部关于进一步完善投融资政策促进普通公路持续健康发展的若干意见》，国办发〔2011〕22号

84.《国务院关于鼓励和引导民间投资健康发展的若干意见》，国发〔2010〕13号

85.《国务院关于鼓励支持和引导个体私营等非公有制经济发展的若干意见》，国发〔2005〕3号

86.《建设部市政公用事业特许经营管理办法》，建设部令第 126 号

◆ 说明：

1. 附录中只列出与项目融资相关性较强的法律法规和行政规章、政策文件，不包含不具备长期指导意义或相关性较弱的工作通知；

2. 附录中未列出与政府债券有关的行政法规或部门规章；

3. 法律及行政法规根据国家法律法规数据库整理；

4. 政策文件根据国务院政策文件库整理；

5. 法律法规依发布时间或最新修订时间排序；

6. 法律法规和行政规章整理的截止日期为 2023 年 11 月 26 日。